화양국지 華陽國志

【하】

화양국지【하】華陽國志 下

1판 1쇄 인쇄 2023년 1월 20일
1판 1쇄 발행 2023년 1월 31일

—

편 자ㅣ상 거
역주자ㅣ이은상·임승권
발행인ㅣ이방원

—

발행처ㅣ세창출판사
　　　신고번호·제1990-000013호ㅣ주소·서울 서대문구 경기대로 58 경기빌딩 602호
　　　전화·02-723-8660ㅣ팩스·02-720-4579
　　　http://www.sechangpub.co.kr ㅣ e-mail: edit@sechangpub.co.kr

—

ISBN 979-11-6684-162-0 94910
　　　979-11-6684-160-6 (세트)

—

·이 책은 한국연구재단의 지원으로 세창출판사가 출판, 유통합니다.
·잘못된 책은 구입하신 서점에서 바꾸어 드립니다.

—

이 번역서는 2019년 대한민국 교육부와 한국연구재단의 지원을 받아 수행된 연구임 (NRF-2019S1A5A7069102).

화양국지 華陽國志

권9~권12

Annotated Translation of
the Records of the Countries South of Mount Hua

【하】

상거(常璩) 편찬

이은상·임승권 역주

세창출판사

동진(東晉, 317~420) 때 상거(常璩, 대략 291~361)가 편찬한 《화양국지(華陽國志)》는 현존하는 중국 최초의 지방지(地方誌)이다. 이 책은 신화의 시대에서 시작하여 동진 영화(永和) 3년(347)에 이르기까지 지금의 사천(四川)·운남(雲南)·귀주(貴州)·감숙(甘肅)·섬서(陝西)·호북(湖北) 지역의 역사·정치·군사·문화·풍속·인물 등 비교적 풍부한 중국 서남 지역의 고대 민족 사료를 보존하고 있다. 따라서 해당 지역과 민족의 역사와 문화뿐만 아니라 이 지역의 지리, 정치사, 경제사, 민족사를 연구하는 데 사료적 가치가 매우 높은 텍스트이다.

상거는 자가 도장(道將)이며, 촉군(蜀郡) 강원현[江源縣, 지금의 사천성 숭경현(崇慶縣)] 사람이다. 그의 집안은 후한(後漢, 25~220) 때부터 진(晉, 265~420)나라 때까지 강원 지역에서 대대로 관리를 지낸 문벌사족이었다. 서진(西晉, 265~317) 말에 저족(氐族) 사람 이웅(李雄, 274~334)이 촉(蜀) 지역의 성도(成都)에 성한(成漢, 304~349) 왕조를 세웠다. 상거는 이 성한 왕조의 세 번째 황제인 이기(李期, 재위 334~338)와 네 번째 황제인 이수(李壽, 재위 338~343)의 시대에 사관(史官)으로 재직하면서 《양익이주지지(梁益二州地志)》·《파한지(巴漢志)》·《촉지(蜀志)》·《남중지(南中志)》를 저술했다. 여기에서 우리는 당시 수많은 지방정권 가운데 하나인 성한 왕조의 통치자들이 대내외적으로 그 정통성을 인정받고자 왕조의 역사서를 편찬하는 데 많은 노력을 기울였음을 알 수 있다.

작은 지방정권의 사관이었던 상거는 정치적, 사회적 상황이 급변했던 시대적 상황에 직면하여 새로운 환경에서 서남을 바라보게 되었다. 동진 영화 3년(347)에 환온(桓溫, 312~373)이 촉 지역을 정벌하자 그는 성한의 마지막 황제인 이세(李勢, 재위 343~347)에게 투항할 것을 권했다. 상거는 그 공을 인정받아 중원(中原)의 문벌사족들이 주축을 이룬 동진 정부에서 관직 생활을 했지만 지역 차별로 인해 그의 벼슬길이 그리 순탄하지는 않았다. 이에 그는 멸망한 성한 왕조에 대한 회한과 고향에 대한 그리움으로 예전에 저술했던 《양익이주지지》·《파한지》·《촉지》·《남중지》 등을 모아 중국 서남 지역의 역사인 《화양국지》를 편찬했다. 상거는 제국에 소속된 사관이 아니라 지방정권인 성한의 사관으로서 파(巴)·한중(漢中)·촉(蜀)·남중(南中) 등 지역의 정체성을 표상하는 《화양국지》를 기술하여 최초로 중국 서남 지역의 역사를 썼다.

《서경(書經)》〈우공(禹貢)〉에 "화산(華山)의 남쪽과 흑수(黑水)를 경계로 양주(梁州)가 있다.[華陽黑水惟梁州.]"라고 했다. 구주(九州)의 하나인 양주(梁州)는 지금의 섬서성, 사천성 일대와 운남성 일부 및 귀주성 일부가 포함된 지역이다. 바로 《화양국지》에서 다루고 있는 지역들이다. '화양(華陽)'은 화산(華山)의 남쪽을 뜻한다. 화산은 서한(西漢, 기원전 202~8)의 수도였던 장안(長安)에서 멀지 않은 곳에 있다. 촉 땅에 터전을 잡은 성한 왕조가 자신들의 정체성을 서한 왕조에서 찾은 것이다. 상거를 비롯한 성한 왕조의 사람들은 진나라를 중앙으로 인정하지 않고 스스로를 화산의 남쪽에 위치했던 서한을 계승했다고 자부했다.

《화양국지》 권12 〈서지(序志)〉에 "촉 땅이 개벽(開闢)한 것에서부터 시작하여 영화(永和) 3년(347)에서 끝맺는다."라고 했다. 《화양국지》는 영화 4년인 348년 가을에서 영화 10년인 354년까지의 기간에 편찬되었다.

《화양국지》는 권1 〈파지(巴志)〉, 권2 〈한중지(漢中志)〉, 권3 〈촉지(蜀志)〉, 권4 〈남중지(南中志)〉, 권5 〈공손술유이목지(公孫述劉二牧志)〉, 권6 〈유선주지(劉先主志)〉, 권7 〈유후주지(劉後主志)〉, 권8 〈대동지(大同志)〉, 권9 〈이특웅기수세지(李特雄期壽勢志)〉, 권10 〈선현사녀총찬(先賢士女總贊)〉, 권11 〈후현지(後賢志)〉, 권12 〈서지(序志)〉 등 모두 12권이다. 그 내용은 크게 두 부분으로 나뉜다. 전반부인 1권부터 4권까지는 지리에 관한 내용으로, 북쪽으로는 지금의 섬서성과 감숙성 남부, 남쪽으로는 지금의 운남성 서남부 변경, 서쪽으로는 지금의 사천성 서부 지역, 동쪽으로는 장강(長江) 삼협(三峽)을 아우른다. 즉, 파(巴)·촉(蜀)·한중(漢中)·남중(南中) 네 지역의 건치연혁(建置沿革)을 상세하게 기록함으로써 중국 서남의 지리적 연혁을 유기적으로 보여 주고 있다. 또한 각 주(州)의 역사, 군현(郡縣)의 연혁, 치성(治城)의 소재(所在), 유명한 산천, 주요 도로, 지역 특산물과 풍속, 민족, 신화, 전설, 권문세가의 분포 등을 소개했다. 상거는 특히 촉 땅의 신화를 수집, 기록함으로써 중원과는 다른 독자적인 정통성을 제시했다.

후반부 5권부터 12권까지는 중국 서남부 지역의 중요한 역사 사건과 인물에 관해 서술하고 있는데, 잠총(蠶叢)과 어부(魚鳧)의 전설에서부터 시작하여 동진 때인 347년까지, 특히 공손술(公孫述, 36년 졸)과 유언(劉焉, 194년 졸)이 촉을 점거했던 시기, 삼국(三國) 촉한(蜀漢, 221~263) 시기, 성한(成漢, 304~349) 시기를 중점적으로 다루었다. 후반부를 다시 둘로 나눌 수 있는데, 5권부터 9권까지는 이 지역을 다스린 역대 통치자들에 대해서 서술했다. 서한 말 공손술부터 시작하여 동한 말 유언과 유장(劉璋) 부자(父子), 촉한의 유비(劉備, 161~223)와 유선(劉禪, 207~271) 부자 그리고 성한의 이특(李特, 303년 졸)에서 이세(李勢)에 이르기까지 그 흥망의 역사를 총체적으로 분석, 고찰했다. 개별적이고 분절된 역사를 통사적으로 엮음으로써 서남 지역의 역사를 재구성한 것이다.

10권과 11권은 서한 때부터 동진 초기까지 현사(賢士)와 열녀(烈女) 401명의 이름·관직·본적지·사적(事迹) 등을 기록했다. 상거는 인물 이름 앞에 고상(高尙)·덕행(德行)·문학(文學)·인의(仁義)·충정(忠正)·술예(術藝) 등의 항목을 설정했으며, 지역적 특성에 의거하여 인물을 배치했다. 예를 들면, 어떤 지역은 교육에 종사한 인물 위주로, 어떤 지역은 정치적 업적이 뛰어난 인물 위주로, 어떤 지역은 상업적 능력이 탁월한 인물 위주로 서술하는 방식을 택했다.

상거는 중앙의 시선이 아닌 지방정권의 주체적인 입장에서, 시간적으로는 원고시대부터 성한이 멸망하기까지, 공간적으로는 화산 남쪽에 위치한 파·촉·한중·남중 네 개 지역, 즉 현재의 사천·운남·귀주·감숙·섬서·호북에 이르는 중국 서남 지역의 역사, 지리, 풍속에 관해 서술했다. 또한 파(巴)·촉(蜀)·저(氐)·강(羌) 등 30여 개 소수 민족들의 명칭과 분포 상황, 역사와 풍속뿐만 아니라 한족 정권과의 관계를 기록했다. 형식은 사마천(司馬遷) 《사기(史記)》의 영향을 받아 편년체와 기전체가 결합된 전통적인 역사서의 서술방식을 따르면서 역사, 지리, 인물 등 세 가지 측면에서 화양의 역사를 편년체로 정리했다. 또한 각 지방별 물산과 문벌 사족, 인재를 서술했다.

《화양국지》는 체제가 완비되고 자료가 풍부하며, 고증 또한 충실하여 책이 편찬되자마자 세인(世人)의 주목을 받았다. 특히 범엽(范曄, 398~445)의 《후한서(後漢書)》, 배송지(裴松之, 372~451) 주(注) 《삼국지(三國志)》는 이 책에서 많은 부분을 인용했으며, 이후에도 최홍(崔鴻, 478~525)이 저술한 《십육국춘추(十六國春秋)》라든가 역도원(酈道元, 466~527)이 쓴 《수경주(水經注)》, 남북조(南北朝) 양(梁, 502~557)나라 때 역사가 유소(劉昭)가 주(注)한 《후한지(後漢志)》 등 중국 서남 지역 역사를 다룰 때마다 이 책을 인용하지 않은 것이 없을 정도로 사료적 가치가 매우 높다. 따라서 정사(正史) 위주의 역사 서술이 주류를 이루는 상황에서 정사에서 다루지 않는 지방의 역사를 돌아봄으로써 중국 역사 연구의 편향이 어느 정도 극복되기를 기대한다.

《화양국지》의 판본은 매우 많다. 현존하는 《화양국지》 판본은 30종에 이른다. 문헌에 기재되어 있는 《화양국지》 최초의 판본은 북송(北宋, 960~1127) 때인 1080년에 여대방(呂大防, 1027~1097)이 성도(成都)에서 간행한 것인데, 현재 이 판본은 전해지지 않고 여대방이 쓴 서문만 남아 있다. 남송(南宋, 1127~1279) 때 단릉(丹稜) 사람 이기(李㞰)가 구본(舊本)에 잘못된 부분이 많았으므로 독자가 이해할 수 없다고 여겼고, 이에 교정(校正)을 가하여 1204년에 임공(臨邛)에서 다시 간행했는데, 이를 '가태본(嘉泰本)'이라 칭한다. 명(明, 1368~1644)나라 이후에 간행된 《화양국지》는 모두 이 가태본을 원각본(原刻本)으로 삼았으나 널리 유통되지는 않았다. 명나라 때 전숙보(錢叔寶)가 가태본을 초록(抄錄)했으며, 청(淸, 1616~1912)나라 순치(順治, 1644~1661) 연간에 풍서(馮舒, 1593~1649)가 또 가태본을 초록했다.

명나라 때 장가윤(張佳胤, 1526~1588)이 1564년에 포주(蒲州)에서 판각한 《화양국지》는 현존하는 가장 오래된 각본(刻本)이다. 장가윤은 당시 저명한 시인으로, 교감은 그의 전문 분야가 아니었다. 그는 원본을 자기 마음대로 고쳐서 원본의 진면모를 많이 손상시키는 오류를 범했다. 장가윤의 각본이 나온 1564년에 성도(成都)에서 유대창(劉大昌)의 각본이 나왔다. 이 밖에도 만력(萬曆, 1573~1620) 연간에는 하우도(何宇度) 각본이 나왔고, 천계(天啓) 6년인 1626년에는 성도에서 이일공(李一公)의 각본이 간행되었다.

명나라 때 초본(抄本)이 많다. 전곡(錢穀, 1508~1572)이 가태본을 초록한 것을 《사부총간(四部叢刊)》에서 영인(影印)했다. 이 밖에도 1567년에 간행된 오수(吳岫) 초본, 우충당(愚忠堂) 초본, 산수원두(山水源頭) 초본이 있다. 《사고전서(四庫全書)》에 수록된 《화양국지》는 오수본이다.

청나라에 들어와서 건륭(乾隆, 1736~1796) 연간에 정걸(丁杰)은 전곡이 소장하고 있던 또 다른 초본을 교감했다. 후에 이것을 이조원(李調元, 1734~1803)에게 주었는데, 이조원은 1782년에 판각하여 그가 편집한 총서(叢書)인 《함해(函海)》에 포함시켰다. 1814년에 간행된 제금관본(題襟館本)은 저명한 교감학자인 고광기(顧廣圻, 1766~1835)가 교감하고, 사천 인수(鄰水) 사람 요인(廖寅, 1751~1824)이 간행한 것이다. 《사부비요(四部備要)》에서 이 간본을 배인(排印)했으며, 20세기 초에 성도(成都) 지고당(志古堂)에서 번각(飜刻)했다. 이조원과 요인의 교감본 이외에도 청나라 때 하작(何焯, 1661~1722), 혜동(惠棟, 1697~1758), 노문초(盧文弨, 1717~1795) 등 저명한 학자들이 《화양국지》를 교감했는데, 이들의 교감이 대부분 여러 판본들을 대조하는 데 그친 반면에 고광기는 수많은 관련 역사서들과 《화양국지》를 대조하여 기존의 판본들에서 나타난 오류들을 많이 바로잡아서 《화양국지》 판본들 가운데 수작(秀作)이라는 평을 받는다. 하지만 애석하게도 고광기는 전곡의 초본, 장가윤과 유대창 그리고 이일공의 각본, 이조원의 《함해》본을 살펴보지 않았고, 그가 저본(底本)으로 삼은 상숙(常

熟) 풍씨(馮氏) 공거각본(空居閣本)과 그 밖에 오수 초본과 하우도 각본 같은 그가 참조한 판본들은 모두 선본(善本)이 아니다. 그가 한 교정(校訂) 또한 간혹 꼼꼼하게 살피지 않아 이로 인해 오류가 많이 발생했다.

현대로 들어와서 임내강(任乃强, 1894~1989)이 수십 년에 걸쳐 교주(校注)한 노작(勞作)인 《화양국지교보도주(華陽國志校補圖注)》가 상해고적출판사(上海古籍出版社)에서 1987년에 출판되었으며, 유림(劉琳)이 교주한 《화양국지교주(華陽國志校注)》가 1984년에 파촉서사(巴蜀書社)에서 출간되었다.

역자가 《화양국지》 번역을 위해 저본(底本)으로 쓴 텍스트는 제노서사(齊魯書社, 2010)에서 출판된 《화양국지(華陽國志)》이다. 유림이 교주한 《화양국지교주》와 임내강이 교주한 《화양국지교보도주》 등의 자료들을 참고하여 교감하고, 각주를 달았다. 《화양국지》는 그 글이 전아(典雅)하고 고박(古朴)하나 오랜 세월에 걸쳐 여러 사람의 손을 거쳐 전사(轉寫)하고 판각되는 과정에서 잘못 표기하거나 글자가 빠지거나 더해지는 등 수많은 오류가 발생하여 지금의 독자들이 읽기에는 매우 난해한 텍스트가 되었다.

중국의 '중앙'인 중원(中原)과 다른 독특한 문화를 지닌 중국 '변방'의 역사서 《화양국지》가 중국 서남 지역의 로컬 정체성을 이해하고 연구하는 데 매우 유용한 기초 자료로 활용될 수 있기를 기대한다.

2023년 1월 16일
역주자 삼가 씀.

화양국지
(華陽國志)

—

권9
이특웅기수세지
(李特雄期壽勢志)

이특(李特)은 자가 현휴(玄休)이며 약양(略陽) 임위(臨渭) 사람이다. 조상 대대로 본래 파서(巴西) 탕거(宕渠)의 종인(賨人)이었다. 종족이 굳세고 용맹하며, 풍속은 귀신과 무속을 좋아한다. 한(漢)나라 말에 장로(張魯)가 한중(漢中)에 살면서 귀도(鬼道)로 백성들을 가르쳤는데, 종인들이 그를 경신(敬信)했다. 〈그의 조상이〉 천하의 대란(大亂)을 만나 파서의 탕거에서 한중으로 옮겨 들어왔다. 위 무제(魏武帝)가 한중을 평정하고 이특의 증조부인 이호(李虎)는 두호(杜濩), 박호(朴胡), 원약(袁約), 양거(楊車), 이흑(李黑) 등과 함께 약양 북쪽 땅으로 옮겨 와서 사람들은 또 그들을 '파인(巴人)'이라 불렀다. 이특의 아버지 이모(李慕)는 동강엽장(東羌獵將)[1]이 되었다. 이특의 형제는 5명이다. 맏형 이보(李輔)는 자가 현정(玄政)이다. 둘째가 이특이다. 이특의 아우 이상(李庠)은 자가 현서(玄序)이다. 이상의 아우 이류(李流)는 자가 현통(玄通)이다. 이류의 아우 이양(李驤)은 자가 현룡(玄龍)이다. 모두 날래어 무장의 재간이 있다. 이특의 맏아들 이탕(李蕩)은 자가 중평(仲平)으로, 배우기를 좋아하며 풍채가 좋다. 작은아들 이웅(李雄)은 자가 중준(仲雋)이다. 처음에 이특의 처 나씨(羅氏)는 두 줄기 무지개가 문에서부터 하늘로 올라가는 꿈을 꿨는데, 한 무지개가 중간에 끊어졌다. 나씨가 말하기를, "나의 두 아들 중에 한 녀석이 먼저 죽으면 살아남은 녀석은

1 　동강엽장(東羌獵將): 동강교위(東羌校尉)에 예속된 엽장(獵將)이다. 엽장은 사냥을 주관하는 군관이다.

반드시 크게 귀하게 될 것이다."라고 했다. 이웅이 어렸을 때 신염(辛冉)이 그를 매우 귀하게 여겼다. 유화(劉化)라는 자가 있었는데, 도사(道士)였다. 말하기를, "관농(關隴)의 백성들은 모두 남쪽으로 옮겨 가야 합니다. 이씨의 아들 중에 오직 중준만이 선천적으로 타고난 맵시가 기이하여 결국에는 인주(人主)가 될 겁니다."라고 했다. 향리의 많은 사람들이 그를 좋아했다. 이웅은 숙부 이상과 더불어 강렬한 의기(義氣)로 이름이 나서 많은 사람들이 그에게 귀부(歸附)했다. 성도(成都)가 함락되고 무리들이 모두 굶주리게 되자 이양은 백성들을 데리고 처왕성(郫王城)으로 들어가 곡식과 토란을 먹게 했다. 이웅이 편지를 보내 범현(范賢)을 받들어 맞이하여 그를 〈수령으로〉 추대하려 했으나 범현이 허락하지 않고 도리어 이웅에게 스스로 왕으로 설 것을 권했다.

영홍(永興) 원년(304) 겨울 10월에 양포(楊褒)와 양규(楊珪)가 함께 이웅(李雄)에게 칭왕(稱王)할 것을 권하여, 이웅은 마침내 성도왕(成都王)을 칭했다. 증조부 이용(李庸)을 파군공(巴郡公)으로, 조부 이모(李慕)를 농서왕(隴西王)으로, 부친 이특을 경왕(景王)으로, 모친을 태후(太后)로 추존했다. 백부[世父] 이보(李輔)를 제열왕(齊烈王)으로, 중부 이상(李庠)을 양무왕(梁武王)으로, 중부 이류(李流)를 진문왕(秦文王)으로, 형 이탕(李蕩)을 광한장문공(廣漢壯文公)으로 추시(追諡)하고, 숙부 이양(李驤)을 태부(太傅)로, 서형(庶兄) 이시(李始)를 태보(太保)로, 이종사촌형 이국(李國)을 태재(太宰)로, 이국의 아우 이리(李離)를 태위(太尉)로, 사촌아우 이운(李雲)을 사도(司徒)로, 이황(李璜)을 사공(司空)으로, 염식(閻式)을 상서령(尙書令)으로, 양포(楊褒)를 복사(僕射)로, 양발(楊發)을 시중(侍中)으로, 양규(楊珪)를 상서(尙書)로, 양홍(楊洪)을 익주 자사(益州刺史)로, 서여(徐興)를 진남장군(鎭南將軍)으로, 왕달(王達)을 군사(軍師)로 삼았다. 백관을 갖추어 설치했다. 죄를 사면했다. 연호를 '건흥(建興)'²이라 했다. 범현(范賢)을 맞아 승상으로 삼았다. 이웅의 사촌아우 이치(李置)는 이류의 아들인데 〈범현을 맞이하는〉 대열에 동참하지 않았다는 이유로 주살되었다. 범현이 도착하여 천지태사(天地太師)로 존봉(尊奉)하고 서산후(西山侯)에 봉하고 그의 부곡(部曲)을 회복했다. 군대 정벌에 참여하지 않고 조세는 모두 범현의 집으로 들어갔다. 범현은 이름이 장생(長生)이며, 일명 연구(延久), 또 다른 이름은 구중(九重)이다. 이름 하나는 지(支)라고 하며, 자는 원(元)이고 부릉(涪陵) 단흥(丹興) 사람이다.

광희(光熙) 원년(306)에 이웅이 칭제(稱帝)하고 연호를 안평(晏平)이라 고쳤다.

영가(永嘉) 3년(309)에 나양(羅羕)과 굉기(訇琦) 등이 재동(梓潼)에서 이리(李離)를 죽였다. 그때 염식(閻式)이 이웅(李雄)을 떠나 이리에 의지했는데, 함께 죽임을 당했다. 이양(李驤)이 공격했으나 이기지 못했는데, 그때 이운(李雲)과 이황(李璜) 모두 전사했다.

이듬해에 문석(文碩)이 이국(李國)을 죽였다. 파서(巴西)와 재동(梓潼)이 진(晉)나라 땅이 되었다. 평구장군(平寇將軍) 이봉(李鳳)이 진수현(晉壽縣)에 있었다. 양주(梁州)가 앞서 이미 이웅(李雄)에 의해 공략되어 머물러 지키지 않았다. 그리고 초등(譙登)이 부성(涪城)에 있었는데, 평서참군(平西參軍) 상분(向奮)이 한안(漢安)의 의복(宜福)에 군사를 주둔했다. 장라(張羅)는 평무(平無)에 주둔하여 이웅을 핍박했다. 이웅의 장수 장보(張寶)의 아우 장전(張全)이 굉기의 휘하에 있었다. 이웅이 장보를 보내 〈굉기에게〉 돌아가는 군대에 내간(內奸)이 되게 하고, 이리를 대신할 것을 허락했다. 장보는 평소 흉악하고 용감하여, 먼저 사람을 죽이고 난 뒤 〈굉기가 있는〉 재

---

2 건흥(建興): 원문은 '태무(太武)'이나 오기로 보고 바로잡았다.

동으로 달아나 은밀히 심복의 관계를 맺었다. 마침 나상(羅尙)이 사신을 보내 굉기를 위문하여, 굉기 등이 성문을 나와 사신을 배웅했는데 장보가 뒤에서부터 성문을 닫았다. 굉기 등이 파서로 달아났다. 이웅이 재동을 얻고 장보를 태위(太尉)로 임명했다. 이웅이 친히 상분을 공격하자 상분이 도주했다. 이웅은 이양을 보내 초등을 공격했다. 초등은 애초에 이양의 아들 이수(李壽)로 이양을 유인하려 했다. 이양의 맹공에 구원군이 이르자 않아 이양에게 이수를 돌려줬다.

광희(光熙) 5년(310) 봄에 이양(李驤)이 초등(譙登)을 붙잡았다. 이시(李始)를 보내 이봉(李鳳)을 거느리고 파서(巴西)를 공격하여 문석(文碩)을 죽였다. 이해에 이웅(李雄)의 이종사촌 동생인 임소(任小)가 장라(張羅)의 모집을 받아 이웅의 목을 찔러 이웅이 죽을 뻔했다. 연호를 '옥형(玉衡)'이라고 쳤다. 이후에 부풍(扶風)의 등정(鄧定)과 양호(楊虎) 등이 각각 앞뒤로 유민(流民) 수천 가구를 이끌고 촉(蜀) 땅으로 들어갔다. 이웅은 이봉(李鳳)을 정북장군(征北將軍)과 양주 자사(梁州刺史), 임회(任回)를 진남장군(鎭南將軍)과 남이교위(南夷校尉)와 영주 자사(寧州刺史), 이공(李恭)을 정동장군(征東將軍)과 남만교위(南蠻校尉)와 형주 자사(荊州刺史)로 임명했는데, 모두 대장군이요 교위에다 자사였다. 이웅과 이양은 안으로 백성을 구휼하는 데 힘쓰고, 이봉과 임회 그리고 이공이 밖으로 유민들을 모집하여 공을 세웠다. 저인(氐人) 부성(符成)과 외문(隗文)이 〈이웅에게〉 투항했다가 다시 반란하여 이웅의 모친에게 상처를 입혔다. 그들이 다시 왔을 때 〈이웅은〉 그들의 죄를 모두 면해 주고 후하게 베풀고 접대하고 받아들여 모두 장군으로 삼았다. 천수(天水)의 진안(陳安)이 농우(隴右)를 공략하고 와서 투항했다. 무도군(武都郡) 저왕(氐王) 양무수(楊茂搜)가 공물을 받들고 칭신(稱臣)했다. 두도(杜弢)가 상주(湘州)로부터 사신을 보내 구원을 청했다. 진(晉)

나라 양주 자사(涼州刺史) 장준(張駿)이 편지를 보내 우호 맺기를 표했다. 한가군(漢嘉郡) 이왕(夷王) 충귀(沖歸)[3]는 아들을 보내 〈촉으로〉 들어가 인질이 되게 했다. 얼마 안 있어 주제군(朱提郡)의 뇌소(雷炤)[4]가 백성들을 이끌고 투항했고, 건녕군(建寧郡)의 흔량(釁量)과 몽험(蒙險)이 귀순[委誠]했다. 그 나머지 가운데 귀부한 자들은 밤낮으로 이르렀다. 이웅은 이에 자기를 비우고 사람들을 받아들였으며, 부세와 노역을 너그럽고 온화하게 하여 먼 곳에서 이르렀고 가까운 곳은 안녕했으며 풍년이 들었다. 문교(文敎)를 일으켰고, 학관(學官)을 세웠다. 부세는 성인 남자가 1년에 곡식 3곡(斛), 성인 여자는 1곡 5두(斗), 아픈 사람은 그 반이었다. 한 호(戶)에서 걷는 비단[絹]이 수 장(丈)을 넘지 않았고, 무명[綿]은 수 량(兩)을 넘지 않았다. 전쟁의 일이 적고 노역이 드물어 백성들 대부분이 부유했다. 밤이 되어도[5] 이문(里門)을 닫지 않았고, 길에서는 남이 떨어뜨린 것을 줍지 않았으며, 감옥에는 체류(滯留)하는 죄수가 없었다. 형벌은 함부로 시행하지 않았다. 그러나 〈이웅의〉 나라 다스림에는 위의(威儀)가 없었고, 관원들에게는 녹봉이 없었으며, 관직과 관아가 중복되어 쌓였고, 배열에 구별이 없었으며, 통치자[君子]와 일반 백성[小人] 간에 복식이 다르지 않았고, 뇌물이 공공연하게 행해졌으며, 권징(勸懲)이 분명하지 않았다. 행군에 호령이 없었고, 용병에 군진(軍陣)의 대오가 없었다. 전쟁에서는 승리하면 서로 양보하지 않았으며, 패하면 서로 구해 주지 않았다. 성읍을 공략할 때는 노획을 우선했다. 그러므로 나라의 법강(法綱)과 풍기(風氣)가 칭할 게 없었다.

---

3 충귀(沖歸): 《자치통감(資治通鑑)》 권89에 의거하여 '귀(歸)' 자를 보충했다.
4 뇌소(雷炤): 원문은 '심소(審炤)'이나 《자치통감》에 의거하여 바로잡았다.
5 밤이 되어도: 원문은 '지내(至乃)'이나 '지야(至夜)'의 오기로 보고 번역했다.

이봉(李鳳)이 북쪽에 있었는데, 여러 차례 전쟁과 투항자를 모으는 데 공이 있었다. 그때 이탕(李蕩)의 아들 이치(李稚)가 진수(晉壽)에 진을 치고 있었는데, 이봉의 공로를 시기했다.

대흥(大興) 원년(318)에 이봉(李鳳)은 파서(巴西)에서 반란했다. 이양(李驤)이 이를 토벌했는데, 오래도록 재동(梓潼)에 주둔하며 나아가지 않았다. 이웅(李雄)이 친히 부성(涪城)에 이르렀기에 이양이 드디어 이봉의 목을 베었다. 이웅은 이수(李壽)를 이봉 대신으로 양주지북사(梁州知北事)[6]에 임명했다.

대흥(大興) 2년(319)에 이양(李驤)이 월수군(越巂郡)을 토벌하고, 또 〈군대를〉 나누어 주제군(朱提郡)을 토벌했다.

대흥(大興) 3년(320)에 〈이양(李驤)이〉 〈월수(越巂)〉 태수 서이교위(西夷校尉) 이쇠(李釗)를 붙잡았다. 여름에 영주(寧州)를 공격하여 당랑(螳螂)에서 대패하고 돌아왔다. 처음에 저왕(氐王) 양무수(楊茂搜)의 아들 양난적(楊難敵)과 양견두(楊堅頭)가 유요(劉曜)에게 패하여 진수(晉壽)로 달아났다. 진수의 수장(守將) 이치(李稚)는 이탕(李蕩)의 둘째 아들인데 뇌물을 받고 그들을 성도(成都)로 압송하지 않았다. 유요가 군대를 이끌고 돌아온 뒤 이치는 양난적 형제를 보내 무도(武都)로 돌아가게 했는데, 그들은 곧 이치를 배반했다. 이치는 오산한 것을 후회하고 곧이어 이웅(李雄)에게 저인(氐人)을 토벌할 것을 요청했다. 이웅이 이를 허락했다. 여러 신하들이 많이 간했으나 이웅은 따르지 않았다. 이치의 형 이함(李玲)을 시중(侍中)과 중령군(中領軍)으로 임명하여, 이치를 통솔하고 양난적을 공격하여 백수(白

6　양주지북사(梁州知北事): 원문 '이지주정사(以知州征事)'는 '위양주지북사(爲梁州知北事)'가 되어야 옳다.

水)로부터 들어가게 했다.⁷ 이수(李壽)를 보내⁸ 이치의 동생인 이오(李玝)와 함께 음평(陰平)으로부터 들어가 두 갈래 길로 저인을 토벌하게 했다. 양 난적 등은 먼저 이수와 이오를 막았다. 이오와 이수가 나아가지 않았다. 이함과 이치는 곧장 하변(下辨)에 이르렀는데, 적진 깊숙이 들어갔으나 후원이 없어 저인에 의해 크게 패했고, 이지와 이함은 모두 죽었다. 죽은 자가 천여 명이다. 이웅은 심히 자책하여 백성들에게 사죄했다. 이함은 이탕의 적장자로 명망과 고상한 마음과 뜻이 있었다. 이웅이 그를 후계자로 삼고자 했기에 매우 애통해 했다. 이웅의 처 임씨(任氏)는 아들이 없어 이함의 동생 이반(李班)을 아들로 삼았다. 이웅에게는 서자가 15명 있었는데, 여러 신하들이 후계를 세울 것을 상소했다. 이웅이 말하기를, "손중모(孫仲謀손권(孫權))가 강동(江東)을 할거하고, 백부(伯符손책(孫策))가 기틀을 잡았는데,⁹ 손책의 아들은 단지 후작에 봉해져서 《삼국지(三國志)》는 이를 부끄럽게 여겼다. 송 선공(宋宣公)이 아들을 버리고 아우를 세워 군자가 지혜로운 사람이라 여겼다. 나는 《삼국지》가 부끄럽게 여기는 것을 미봉하여 선공의 미덕을 계승하려고 한다."라고 했다. 이양이 사도(司徒) 왕달(王達)과 함께 간하여 옳지 않다고 여겼으나 이웅이 따르지 않았다.

영창(永昌) 원년(322) 겨울에 이웅(李雄)이 이반(李班)을 태자로 삼았다. 이양(李驤)이 읍소하여 말하기를, "환란이 여기에서 시작됩니다."라고 했다.

태녕(泰寧) 원년(323)에 월수군(越巂郡)의 사수(斯叟)가 반란하여 임회(任

---

7 백수(白水)로부터 들어가게 했다: 원문 '유백수도(由白水道)'는 '유백수입(由白水入)'이 되어야 옳다.

8 이수(李壽)를 보내: 원문은 '수견(壽遣)'이나 '견수(遣壽)'가 되어야 옳다.

9 기틀을 잡고: 원문은 '기조(基兆)'인데 '조기(兆基)'가 되어야 옳다.

回)와 태수 이겸(李謙)을 포위하여 공격했다. 이웅이 정남장군(征南將軍) 비흑(費黑)을 보내 구원하게 했다.

함화(咸和) 원년(326) 여름에 사수(斯叟)가 패했다. 2년(327)에 이겸(李謙)이 군민을 촉(蜀)나라로 이주시켰다.

3년(328) 겨울에 이양(李驤)이 죽어 상국(相國)을 추증하고 시호를 '한헌왕(漢獻王)'이라 했다. 이수(李壽)가 상을 치르기 위해 돌아왔다. 이웅(李雄)은 이오(李玝)를 정북장군(征北將軍)과 양주 자사(梁州刺史)에 임명하여 이수를 대신하게 했다. 이반(李班)을 무군장군(撫軍將軍)에 임명하여 진수(晉壽)의 진지를 짓게 했다.

5년(330)에 이수(李壽)를 도독중외제군대장군(都督中外諸軍大將軍)과 중호군(中護軍)과 서이교위(西夷校尉)에 임명하여 이양(李驤)과 같이 상서(尚書)의 일[10]과 총통(總統)을 맡게 했다. 겨울에 이수는 정남장군(征南將軍) 비흑(費黑)과 정동장군(征東將軍) 임소(任邵)를 이끌고 파동(巴東)을 정벌하여 건평(建平)에 이르렀다. 〈진나라 파동〉감군(監軍) 무구오(毋丘奧)가 퇴군하여 의도(宜都)를 보호했다.

6년(331) 봄에 이수(李壽)가 돌아와 임소(任邵)를 보내 파(巴)에 진을 치게 했다. 이웅(李雄)이 아들 이월(李越)을 거기장군(車騎將軍)으로 삼아 광한(廣漢)에 주둔하게 했다. 가을에 이수가 음평(陰平)을 정벌했다. 겨울에 부현(涪縣)에 성을 쌓았다.

7년(332) 가을에 이수(李壽)가 영주(寧州)로 남정했는데, 비흑(費黑)을 사마(司馬)로 삼아 소반(邵攀) 등과 함께 전군(前軍)이 되어 남광(南廣)에서 들어가게 했다. 또 따로 임회(任回)의 아들 임조(任調)를 보내 월수(越巂)에서

---

10 상서(尚書)의 일: 원문 '녹상서(錄尚書)' 뒤에 '사(事)' 자가 빠져 보충하여 번역했다.

들어가게 했다. 겨울 10월에 이수와 비흑은 주제(朱提)에 이르렀다. 주제 태수 동병(董炳)이 성을 굳게 지켰다. 영주 자사(寧州刺史) 윤봉(尹奉)이 건 녕 태수(建寧太守) 곽표(霍彪)와 대성(大姓) 흔심(爨深) 등을 보내 동병을 돕게 했다. 그때 이수는 이미 성을 포위하고 그들을 맞아 막으려 했다. 비흑이 말하기를, "성 안에 식량이 적을 것이 예상됩니다. 곽표 등이 이른다 하 더라도 식량이 많지 않습니다. 마땅히 그들을 성으로 들어가게 해서 함 께 그 곡식을 소비하게 해야 합니다. 오히려 구원병이 적을 것을 염려해 야지 어찌 성으로 들어가는 것을 막으려 하십니까?"라 했다. 곽표 등이 모두 성으로 들어갔다. 성이 오래도록 함락되지 않자 이수는 급공(急攻) 하려 했다. 비흑이 간하여 말하기를, "남중(南中)의 도로는 험난하고 이곳 사람들은 반란하기를 좋아합니다. 마땅히 그들의 거짓 용맹함이 곤궁해 질 때를 기다려야 합니다. 다만 시간을 들여 그들을 제압하여, 군사가 무 사히 온전하게 승리를 거두어서 그 여력으로 〈영주를〉 공격해야 합니다. 더러운 우리 속 물건에 급급할 필요가 있겠습니까?"라고 했다. 이수는 전쟁을 하고자 했으나 과연 전세가 불리하여 군사(軍事)를 임흑(任黑)에게 넘겼다.

8년(333) 봄 정월에 동병(董炳)과 곽표(霍彪) 등이 성문을 나와 〈이수(李 壽)에게〉 투항했다. 〈이로써 영주(寧州)〉 13개 군에 위세를 떨쳤다. 3월에 영주 자사(寧州刺史) 윤봉(尹奉)이 영주 전체를 들어 귀부하여, 〈이웅(李雄) 은〉 윤봉을 촉(蜀)으로 전임시켰다. 이수가 영주를 통솔했다. 남이(南夷) 가 비로소 평정되어 금령(禁令)이 매우 엄했다. 후에 바뀌어 백성들을 업 신여기고 노략질했다. 가을에 건녕(建寧) 사람[11] 모연(毛衍)과 나둔(羅屯) 등

---

11 사람: 원문 '주(州)'는 연문(衍文)으로 보인다.

이 모반하여 태수 소반(邵攀)을 죽였다. 장가 태수(牂柯太守) 사서(謝恕)가 군 전체를 들어 진(晉)나라에 투항했는데, 이수가 그들을 무찔렀다.

9년(334) 봄에 〈이웅(李雄)은〉 영주(寧州)를 나누어 교주(交州)를 설치했다. 곽표(霍彪)를 영주 자사(寧州刺史)로, 건녕(建寧)의 흔심(爨深)을 교주 자사(交州刺史)로 삼았다. 이수(李壽)를 건녕왕(建寧王)으로 봉했다. 장준(張駿)이 참군(參軍) 부영(傅穎)과 치중(治中) 장순(張淳)을 파견하여 이웅에게 편지를 보내 존호(尊號)를 없애고 진(晉)나라에 귀부할 것을 권했다. 이웅이 그들을 불러서 만나 말하기를, "나는 분에 넘치게 사대부들의 추거를 받아 왕이 되었으나 본래 제왕에는 마음이 없었소. 귀하의 주장(州將)[12]의 명령이 하주(河州)와 사주(沙州)에서 행해지는 것은 내가 항상 바라던 것이오. 나아가면 모두 진나라 왕실을 위해 국가의 발전에 힘쓰는 공적[元功]을 세우는 신하가 될 것을 생각하고, 물러나면 모두 번진(藩鎭)을 지키는 장수가 되기를 바라오. 티끌을 쓸어 내어 제왕의 전우(殿宇)를 편안하게 하오.[13] 그런데 진나라 왕실이 점차 쇠퇴하여 덕망이 떨쳐지지 않아 목을 빼고 동쪽을 바라본 지 여러 해가 되었소. 장준 그대가 보내 준 편지를 받아 보니 그대의 심정이 저와 암중(暗中)에 깊이 상통하니 어떻게 잊을 수 있겠소?"라고 했다. 부영과 장순이 그렇다고 생각하여 서로 초빙함을 계속했다. 파군(巴郡)이 일찍이 급함을 알려 진나라 군대[東軍]가 있다고 말했다. 이웅이 말하기를, "나는 항상 석륵(石勒)이 발호하여 낭야(琅琊)를 침범할 것이 염려되어 마음이 편치 않았소. 생각지도 않게 진나라가 거병하여 〈석륵을 토벌〉할 수 있으니 사람으로 하여금 기쁘게 하

---

12 귀하의 주장(州將): 양주 자사(涼州刺史) 장준(張駿)을 가리킨다.

13 티끌을 쓸어내어 … 편안하게 하오: 티끌을 뜻하는 원문 '분애(氛埃)'는 전란(戰亂)을 비유하는 말로 쓰인다. 제왕의 전우를 뜻하는 원문 '제우(帝宇)'는 천하를 비유한다.

오."라고 했다. 이웅의 도량 넓은 말투는 대체로 이와 같다. 3월에 이수가 환군했다. 여름 6월 계해일에 이웅이 병으로 죽었다. 그때 나이 61세였다. 허위로 시호(諡號)를 '무제(武帝)', 묘호(廟號)를 '태종(太宗)'이라 했다. 스스로 왕이 된 것이 30년이다. 겨울 12월 병인일에 성도(成都)에 장사 지내고, 묘호(墓號)를 '안도릉(安都陵)'이라 했다.

이반(李班)의 자는 세문(世文)이며, 이탕(李蕩)의 넷째 아들이다. 어렸을 때 이웅(李雄)이 맡아 길렀다. 16세에 태자가 되었다. 배움을 좋아하고 선비를 아꼈다. 서전(書傳)을 읽을 때마다 그의 사우(師友)인 천수(天水)의 문기(文夔)와 농서(隴西)의 동융(董融) 등에게 말하기를, "제가 보니 주 경왕(周景王)의 태자 진(晉)과 위(魏)나라 태자 조비(曹丕)와 오(吳)나라 태자 손등(孫登) 등은 문장과 견식이 초연히 탁월하여 부끄러워하는 기색을 드러낸 적이 없습니다. 어찌 옛사람은 미치기가 어려운지요?"라고 하며 나아가고 그치며 일을 주선함에 있어 자문하기에 힘썼다. 그러나 성질이 들뜨고 방정맞으며, 그의 과실은 사냥을 좋아하는 데 있었다. 6월 갑자일에 왕위를 물려받았다. 이오(李玝)가 와서 분상(奔喪)하고, 이반에게 이웅의 아들 이월(李越)을 보내 강양(江陽)으로 돌아가게 하고, 이기(李期)로 하여금 자기를 대신하여 북방의 일을 맡게 할 것을 권했으나, 이반은 아직 장사가 끝나지 않았기에 허락하지 않고 이오를 보내 부현(涪縣)으로 돌아가게 했다. 겨울 10월 계해일에 이기와 이월은 임차(臨次곡을하는곳)에서 이반을 죽이고 아울러 이반의 둘째 형인 영군장군(領軍將軍) 이도(李都)를 죽였다. 아우 이오는 진(晉)나라로 도망했다. 이기는 허위로 이반의 시호를 '여태자(戾太子)'라 하고, 이수를 추시(追諡)하여 '애황제(哀皇帝)'라고 했다. 이반의 아들 이유(李幽)와 이옹(李顒)은 이기에 의해 살해되었다. 이반의 형제 5명은 모두 전사(戰死)했다. 〈이오(李玝)를 제외한〉 4명은 후사가 없었다.

이오는 진나라에 있으면서 파군(巴郡)과 양양(襄陽)과 의도(宜都) 태수, 용양장군(龍驤將軍)을 역임했다. 영화(永和) 3년(347)에 정서대장군(征西大將軍)을 따랐다가 산양(山陽)에서 전사했다.

이기(李期)의 자는 세운(世運)이며, 이웅(李雄)의 넷째 아들이다. 모친 염(冉)은 비천하여 이웅의 처 임씨(任氏)가 양자로 키웠다. 어렸을 때 학문을 닦아 용모와 몸가짐이 훌륭했다. 이웅이 살아 있었을 때 여러 아들들에게 부곡(部曲)을 소집하게 했는데, 많아야 겨우 수백 명을 얻었으나 이기만 홀로 천여 명을 얻었다. 안동장군(安東將軍)이 되었다. 이웅이 죽자 이월(李越)이 강양(江陽)에서 와서 분상(奔喪)했는데, 형제가 앙앙(怏怏^{마음에 섭섭하거나 시뻐서 앙심을 품은 모양})했다. 이반(李班)이 이웅의 소생이 아니고 또 이오(李玝)가 자기에게 이롭지 않을 수 있다는 생각에 이기는 형 이월과 함께 은밀히 이반을 해할 것을 도모했다. 태사령(太史令) 한약(韓約)이 이반에게 상소를 올려 말하기를, "궁궐에 전쟁을 음모하려는 기운이 있습니다. 친척을 경계하셔야 합니다."라고 했다. 이반이 깨닫지 못했다. 드디어 밤에 곡상할 때를 틈타 이월이 이반을 죽였다. 이기가 스스로 왕이 되고 이월을 상국(相國)으로 삼아 이수와 함께 상서(尙書)의 일을 맡게 했다. 진(晉)나라는 이수(李壽)를 대도독(大都督)으로 승진시키고 한왕(漢王)에 봉하고 부성(涪城)에서 이오를 토벌하게 했다. 이월을 건녕왕(建寧王)에 봉했다. 중형(仲兄)인 이패(李覇)는 중령군(中領軍)과 진남장군(鎭南將軍)으로, 아우 이보(李保)는 진서장군(鎭西將軍)과 서이교위(西夷校尉)와 문산 태수(汶山太守)로, 종형(從兄) 이시(李始)는 정동장군(征東將軍)으로 삼아 이월을 대신하게 했는데, 모두 대장군(大將軍)이다. 이오가 도주하고 나서 이기는 곧바로 이수를 양주 자사(梁州刺史)에 제수하여 북방의 일을 주관하게 했다.

함강(咸康) 원년(335) 봄 정월에 〈이기(李期)는〉 처 염씨(閻氏)를 황후로 삼고 사면을 반포하고 연호를 '옥항(玉恒)'이라 고쳤다. 가을에 사례교위(司隷校尉) 경건(景騫)을 상서령(尚書令)으로, 정남장군(征南將軍) 비흑(費黑)을 사례교위로, 이반(李班)의 외숙 나연(羅演)을 복야(僕射)로 삼았다. 외숙 나연은 한왕상(漢王相) 천수(天水) 사람 상관담(上官澹)과 함께 이기를 습격하여 이반의 아들 이유(李幽)를 세울 것을 모의했다. 음모가 누설되어 이기는 나연과 상관담을 죽이고 더불어 이반의 모친 나씨(羅氏)와 이함(李玲)의 아들 이암(李礎)과 이치(李稚)의 처 잠씨(眘氏)를 주살했다.

함강(咸康) 2년(336)에 〈이기(李基)는〉 조카 이재(李載)가 다재다예(多才多藝)함을 시기하여 다른 일을 핑계로 그를 주살했는데, 이패(李霸)와 이보(李保)가 급병에 걸려 죽었다. 이에 대신들이 스스로 의심을 품어 골육끼리도 서로 화목하지 않았다. 그러나 이기의 뜻은 더욱 넓어져 부친 때 공경(公卿)들을 깔보고 업신여겼고, 정치와 형벌이 조치를 잘못했다.

함강(咸康) 4년(338) 여름 4월에 이수(李壽)는 부성(涪城)에서 환군하여 이기(李期)를 습격했다. 이월(李越)과 경건(景騫)을 죽이는 것을 빌미로 삼았다. 이월은 이기에게 재물을 풀어 모병하여 항전할 것을 청했다. 이기는 이수가 자신을 박하게 대하지 않는다 하여 허락하지 않았다. 이수는 이월과 경건을 주살하고 난 뒤 이기를 폐하여 공도현공(邛都縣公)으로 삼고, 5월에 이기를 죽이고 이시(李始) 등을 주살하고 이기의 형제 10여 명을 살해했다. 이기가 죽었을 때 나이 24세였다. 시호를 '유왕(幽王)'이라 했다.

함강(咸康) 5년(339)에 이수(李壽)는 이기(李基)의 처자식을 월수(越嶲)로 이주시켰다. 이세(李勢)는 또 사람을 월수로 보내 이기의 아들을 죽이게 했다.

이수(李壽)의 자는 무고(武考)이고, 일을 처리하는 재간과 기량이 있으며, 학문의 이치를 숭상했으며, 지향하는 바가 어릴 때부터 다른 아들들과 달라 이웅(李雄)이 그를 기특하게 여겼다. 이수는 아버지를 대신하여 장령(將領)이 되고서부터 공명에 뜻을 두었기에 동쪽을 치고 남쪽에서 싸울 때마다 공을 세웠다. 이웅이 병에 걸렸을 때 이수가 그의 곁에서 병을 간호했다. 좌우 시신(侍臣)들은 이웅의 임종 전 유조(遺詔)를 이수에게 맡겼다. 이기(李期)가 이반(李班)을 죽이고 난 뒤 이시(李始)가 처음으로 이수에게 귀부하여 함께 이기를 토벌할 것을 도모하려 했으나 이수는 감히 하지 못했다. 이시가 노하여 이기에게 이수를 취하도록 설득했다. 이기는 이오(李玝)가 북쪽에 있는 것을 꺼려 하여, 이수를 돕는 것을 빙자하여 그를 치려고 했기에 허락하지 않았다. 이수는 한왕(漢王)에 봉해진 이후 북쪽으로 이오를 토벌했는데, 이오에게 거취와 이해관계를 이야기하여 길을 빌렸다. 그리하여 이오는 파군(巴郡) 순수(順水)를 거쳐 동쪽으로 오(吳)나라 땅으로 내려갈 수 있었다. 이수는 비록 이오를 대신하여 부성(涪城)을 진수(鎭守)했지만 연말에는 마땅히 입조하여 알현해야 하기에 항상 스스로 불안하여, 곧이어 한중(漢中) 수장(守將) 장재(張才)의 급서(急書 ^{급한 일을 알리는 편지})를 날조하여 경계 밖[方州]에 외적이 침입할 조짐이 있음을 보고했다. 함강(咸康) 2년(336) 겨울에 이수는 북쪽으로 한중으로 들어가 사마훈(司馬勳)을 무찔러 도주하게 했다. 이수는 이기와 이월(李越) 형제 10여 명이 나이가 한창 장대(壯大)하고 수하에 강병(强兵)이 있는 것을 보고 자신을 보전하지 못할 것이 두려워 수차례 고사(高士)인 파서(巴西) 사람 공장(龔壯)을 초빙했다. 공장은 응하지 않았지만 해를 당할 것이 두려워 부득이하게 수차례 이수를 만났다. 당시에 민산(岷山)이 붕괴되고 강물이 말랐는데, 이수는 유향(劉向)이 한 말[14] 때문에 이를 싫어하여 매번 공장에

---

14 유향(劉向)이 한 말: 《한서(漢書)》 〈오행지(五行志)〉에 "한 성제(漢成帝) 원연 3년(10) 정월 병

게 스스로 안락할 수 있는 방법을 물었다. 공장의 부친과 숙부는 모두 이특(李特)에 의해 죽임을 당해 남의 손을 빌려 복수하려 했으나 아직까지 그 방법을 찾지 못하여 이로 인해 말하기를, "일을 세우는 데 작은 것을 버리고 큰 것을 따라 위험한 것을 편안한 것으로 바꾸는 것이 어떻습니까? 나라의 문을 열고 땅을 쪼개어 제후가 되십시오. 명성이 제 환공(齊桓公)이나 진 문공(晉文公)보다 높고 공훈이 백세(百世)에 유전(流傳)될 것입니다."라고 했다. 이수가 그의 말을 따랐다. 은밀히 장사(長史) 약양(略陽) 사람 나항(羅恒)과 파서(巴西) 사람 해사명(解思明)과 함께 성도(成都)를 취하여 진(晉)나라에 번(藩)을 칭할 것을 공모했다. 마침 이수의 양제(養弟)인 이유(李攸)가 성도에서 병이 생겨 돌아오다 도중에 죽었다. 이수는 이월(李越)이 독살했다고 거짓말을 했다. 또 매부인 임조(任調)의 편지를 날조하여 이기와 이월이 이수를 폐하려 한다고 하여 군신들을 미혹시켰다. 이에 이수는 문무백관들에게 경계하고 성도 성안의 재화를 상으로 주는 것을 허락하여 수천 명을 얻었다.

이수(李壽)는 남쪽으로 성도(成都)를 공격했다. 아들 이세(李勢)가 성문을 열고 내응(內應)하여 이기(李基)와 이월(李越)을 포획하고 그 종족 10여 명을 주살했다. 군대가 성안으로 진입하여 민가를 약탈하고, 이웅(李雄)의 공주와 이씨 부녀들을 간음하고, 많은 사람을 살해했다. 수일이 지나서야 진정되었다. 나항(羅恒)은 해사명(解思明), 이혁(李奕), 왕리(王利) 등과 이수에게 진서장군(鎭西將軍)과 익주 목(益州牧) 그리고 성도왕(成都王)을 자

인일에 촉군에 있는 민산이 붕괴되고 강이 막혀 강물이 역류했는데 3일이 지나서야 통했다. 유향은 주나라 때 기산이 붕괴되고 3개 하천이 말랐는데 그러고서 유왕이 망했다고 여겼다.[元延三年正月丙寅, 蜀郡岷山崩, 壅江, 江水逆流, 三日乃通. 劉向以爲周時岐山崩, 三川竭, 而幽王亡.]"라고 했다. 여기서 말하는 3개 하천은 경수(涇水), 위수(渭水), 낙수(洛水)를 가리킨다.

칭하고, 공장(龔壯)을 장사(長史)로 삼고 백성들에게 알릴 것을 권했다. 또한 이기를 진(晉)나라로 보낼 것을 권했다. 임조(任調)와 사마채흥(司馬蔡興), 시중(侍中) 이염(李艷)과 장열(張烈) 등이 이수에게 스스로 왕으로 설 것을 권했다. 이수 또한 마음이 생겨 드디어 해사명이 펼친 계책을 위배하고 '한황제(漢皇帝)'라 칭했다. 아버지 이양(李驤)을 높여 헌제(獻帝)라 하고, 어머니 잠씨(昝氏)를 태후(太后)라 했다. 사면을 행하고 연호를 고쳐 '한흥(漢興)'이라 했다. 나항을 상서령(尙書令)으로 삼고, 해사명을 광한 태수(廣漢太守)로 삼고, 임조를 진북장군(鎭北將軍)과 양주 자사(梁州刺史)로 삼아 북쪽 일을 주관하게 하고[15] 동강교위(東羌校尉)에 임명했으며, 이혁을 진서장군(鎭西將軍)과 서이교위(西夷校尉)로 삼았다. 여러 군(郡)의 장관과 집정대신(執政大臣)[卿佐]들을 모두 교체하여 오래 사귄 친구들과 자신의 막료를 등용했다. 교주(交州)를 폐지하고, 조카인 이권(李權)을 진남장군(鎭南將軍), 남이교위(南夷校尉), 영주 자사(寧州刺史)로 삼았다. 이에 성도의 여러 이씨 자제들[16]은 다시는 병마(兵馬)를 거머쥘 형세가 없었고, 이웅 때의 옛 신하들과 6개 군 사람들은 모두 배척되었다. 가을 7월에 이혁의 종형인 이건(李乾)과 대신들이 공모하여 이수를 폐하려 했다. 이수가 두려워 아들 이광(李廣)을 보내 대신들과 맹서하여 형제가 되게 했다. 이굉(李閎)을 정동장군(征東將軍)과 형주 자사(荊州刺史)로 봉하고 군사를 옮겨 파군(巴郡)을 진수(鎭守)하게 했다. 8월에 하늘에 연이어 음우(陰雨,날이 흐르고 비가 내림)가 내려 농작물이 해를 입었고 백성들이 굶주리고 역병이 돌았다. 초야에 사는 신하[草莽之臣]인 공장이 밀봉한 상소문을 올려 말하기를, "신이 듣기로

---

15 북쪽 일을 주관하게 하고: 유림(劉琳)의 교주를 따라 원문 '지(知)' 뒤에 '북사(北事)'가 빠진 것으로 보고 보충하여 번역했다.

16 성도의 여러 이씨 자제들: 이특(李特)과 이웅(李雄)의 자제들을 가리킨다.

남몰래 베푸는 덕[陰德]은 반드시 눈에 보이는 보답[陽報]이 있다고 합니다. 그래서 우공(于公)이 사건을 심리(審理)할 때 〈억울한 백성들이 없었기에〉 높은 문을 세워 자손들의 책봉을 기다렸습니다. 엎드려 생각건대, 헌황제(獻皇帝 이수의 아버지 이양(李諒))께서 너그럽고 어질며 두터이 자애로우셨고, 많은 사람들의 죄를 너그럽게 용서하셨으며, 신령한 덕이 크고 넓으셔서 폐하께서 물려받으신 겁니다. 폐하는 천성이 충후(忠厚)하고 독실(篤實)하여 〈이웅의〉 유명(遺命)을 받들어 〈대장군이 되어〉 부절(符節)을 잡으셨습니다. 뜻하는 바가 주공(周公)과 곽광(霍光)과 같으며,[17] 진실로 신명(神明)을 관통하셨습니다. 하지만 〈이기의〉 마음이 이치에 어긋나[18] 임종 전의 유조(遺詔)가 무너졌습니다. 관숙(管叔)과 채숙(蔡叔) 같은 이가 발흥하면 참소하고 아첨하는 풍조가 널리 퍼지게 됩니다.[19] 폐하께서는 대의(大義)로 멸친(滅親)하시어 난을 바로잡고 위기에서 구제하셨습니다. 위로는 성신(星辰)을 가리키고, 천지에 밝게 알리며, 피를 마시어 동맹을 맺고, 온 나라를 들어 진(晉)나라에 칭번(稱藩)하셨습니다. 하늘이 응하니 사람들이 기뻐하고, 흰 물고기가 배 위로 올라왔으며,[20] 천둥소리가 위엄을 거들고, 매

---

17 뜻하는 바가 … 같으며: 주공은 주 무왕(周武王)의 유조(遺詔)를 받들어 어린 조카인 성왕(成王)을 보필했으며, 곽광은 한 무제(漢武帝)의 유조를 받들어 소제(昭帝)를 보좌했다.

18 〈이기의〉 … 어긋나: 위에서 언급한 "이기(李期)의 뜻은 더욱 넓어져 부친 때 공경(公卿)들을 깔보고 업신여겼고, 정치와 형벌이 조치를 잘못했다."라고 한 것을 가리킨다.

19 관숙(管叔)과 … 퍼지게 됩니다: 주 무왕(周武王)의 아우 선(鮮)이 관(管)에 봉해져 '관숙(管叔)'이라 칭했고, 도(度)는 채(蔡)에 봉해져 '채숙(蔡叔)'이라 칭했다. 무왕이 죽고 성왕(成王)이 어려 주공 단(周公旦)이 섭정하자 관숙과 채숙이 유언(流言)을 퍼뜨려 말하기를, "공이 장차 어린 아이에게 이롭지 않을 것이다.[公將不利於孺子.]"라고 했다. 주공이 동도(東都)에 피거(避居)했는데, 후에 성왕이 주공을 맞아 돌아오게 하니, 주공이 관숙과 채숙을 토벌했다. 《尚書 金縢》《史記 周本紀》여기서 관숙과 채숙은 이월(李越) 등을 가리킨다.

20 흰 물고기가 배 위로 올라왔으며: 《사기(史記)》〈주본기(周本紀)〉에 무왕(武王)이 주왕(紂

서운 바람이 의로움을 따랐습니다. 신령이 즐거워하고 해와 달이 빛납니다. 그러나 〈진나라에 항복하는 것을〉 논박하는 자들은 아직 〈하늘의 뜻을〉 깨우치지 못하고, 때를 저울질하여 제도를 정했습니다.[21] 장맛비로 물이 범람하니, 100일이나 비가 쏟아져 농작물이 해를 입었고 기근과 역병까지 더하여 백성들은 근심하고 원망합니다. 혹자는 하늘이 폐하에게 경고하는 것이라고 합니다. 게다가 예전의 거사(舉事)[22]는 단지 환란을 구제하기 위함이었습니다. 폐하의 더없이 성실한 마음은 본래 크게 도모하려고 한 것이 아니었습니다. 그런데 지금 오래도록 변하지 않으셨지만 천하 사람들 누가 분명하게 폐하의 본심을 알겠습니까? 하물며 현궁(玄宮)의 예언[23]은 예측하기 어렵지만 맹서를 위배했고, 하루아침에 전장에 긴급한 상황이 발생하여 내외가 소동이 일어나 오래도록 자손들을 위한 장구지책(長久之策)을 깊이 생각하지 않을 수 없습니다. 저는 마땅히 앞의 맹서를 지키고, 오군(吳郡) 및 회계군(會稽郡)[24]과 결맹하여 천자[25]와 친해야 한다고 생각합니다. 천자는 반드시 폐하를 존숭하여 역대로 제후에 봉할 것입니다. 비록 계급이 한 단계 내려가지만[26] 영원히 신령한 은

王)을 토벌하여 "강을 건너 중류(中流)에 이르자 흰 물고기가 왕의 배 위로 뛰어 들어와서 무왕이 몸을 굽혀 취하여 제를 올렸다.[渡河, 中流, 白魚躍入王舟中, 武王俯取以祭.]"라고 했다. 유가(儒家)에서는 이를 길조로 여겼다.

21 때를 저울질하여 제도를 정했습니다: 이수(李壽)가 맹약을 위반하고 칭제(稱帝)한 것을 가리킨다.

22 예전의 거사(舉事): 이기(李期)를 토벌한 것을 가리킨다.

23 현궁(玄宮)의 예언: 촉중(蜀中)에 내란이 일어날 거라는 예언을 말한다.

24 오군(吳郡) 및 회계군(會稽郡): 지금의 강소성과 절강성 지역으로, 여기서는 동진(東晉) 정권을 가리킨다.

25 천자: 진 성제(晉成帝)를 가리킨다.

26 계급이 한 단계 내려가지만: 황제에서 제후로 강등되는 것을 가리킨다.

덕이 됩니다. 종묘가 계속 이어지며 복지가 끝이 없습니다. 위로는 임금과 신하들이 폐하의 공훈을 새기고, 아래로는 백성들이 편안히 쉬며, 천하의 높은 이치를 통하게 하고, 성실하고 조심하는 아름다운 뜻을 넓히면 옷소매를 늘어뜨리고 팔짱을 끼고[27] 남면(南面)[28]하게 되니, 시를 노래하고 예를 일으킵니다. 위로는 대팽(大彭)과 시위(豕韋)[29]와 아름다움을 다투며, 아래로는 제(齊)나라와 진(晉)나라와 덕을 겨루니 어찌 아름답지 않겠습니까! 〈진나라에 항복하는 것을〉 논박하는 자들은 혹 이렇게 말할 수 있을 겁니다. '양주(梁州)와 익주(益州) 2개 주(州)의 사람들이 진나라에 귀부하면 반드시 영화롭게 될 것이고, 6개 군(郡)의 사람들[30]이 진나라를 섬기면 편하지 않을 것이다.'라고 말입니다. 옛날 예주(豫州) 〈목(牧) 유비(劉備)〉가 촉(蜀) 땅으로 들어왔을 때 형초(荊楚) 사람들은 귀했습니다.[31] 공손술(公孫述) 때 〈그를 따라 촉 땅으로 들어온〉 유민(流民)들은 안강(安康)하고 이득을 보았습니다. 오한(吳漢)이 촉나라를 정벌했을 때는 백성들 태반을 해쳤으며, 종회(鍾會)와 등애(鄧艾)가 전쟁을 했을 때는 병사들을 방종하게 하여 마구 노략질했으니 누가 또 초(楚)나라 사람과 촉나라 사람

---

27 옷소매를 늘어뜨리고 팔짱을 끼고: 원문 '수공(垂拱)'은 제왕의 무위(無爲) 정치를 가리킬 때 쓰는 말이다. 《서경(書經)》〈무성(武成)〉에 "믿음을 두텁게 하고, 의를 밝히며, 덕을 높이고 공이 있는 자에게 갚으시니, 옷깃을 드리우고 두 손을 맞잡고 있어도 천하가 다스려졌다.[惇信明義, 崇德報功, 重拱而天下治.]"라고 했다.

28 남면(南面): 군주는 북극성을 본받아 북쪽에 거하며 남쪽을 바라본다. 《주역(周易)》〈설괘(說卦)〉에 "성인은 남쪽을 향해 있으면서 천하를 듣는다.[聖人南面而聽天下.]"라고 했다.

29 대팽(大彭)과 시위(豕韋): 상(商)나라 때 제후들이다. 《국어(國語)》〈정어(鄭語)〉에 "대팽과 시위가 상나라의 백(伯)이 되었다.[大彭豕韋為商伯.]"라고 했다.

30 6개 군(郡)의 사람들: 촉 땅으로 이주한 농서(隴西) 지역 6개 군의 유민들을 가리킨다.

31 형초(荊楚) 사람들은 귀했습니다: 촉한(蜀漢)의 장상(將相) 대신들의 대부분이 유비를 따라 촉으로 들어온 형주(荊州) 사람들이었기에 귀하다고 한 것이다.

을 구별할 수 있겠습니까? 〈진나라에 항복하는 것을〉 논박하는 자들은 혹 안정되고 공고한 기반을 달성하지 못하고 그 명위(名位)만을 아까워합니다. 옛날 제후들은 각각 경상(卿相)과 사도(司徒)와 사공(司空) 등의 관리들이 있었으니, 송(宋)나라와 노(魯)나라가 모두 그러했습니다. 한(漢)나라 때 번왕(藩王)들 또한 승상(丞相)이 있었습니다. 지금 저 진나라로 귀부하기로 결의한 것은 중용(重用)하는 것을 추앙하는 것일 뿐 어찌 〈촉중(蜀中) 대신들의 명위(名位)를〉 깎아 줄이려는 것이겠습니까? 옛날 유씨(劉氏(劉禪))가 〈진나라에 항복한 뒤 진나라가 촉한의〉 군수(郡守)와 영장(令長)[32] 이상이었던 자들이어야 비로소 주군(州郡)의 관리로 임명할 수 있다는 〈규정을〉 만든 것은 나라가 망하고 주인이 바뀐 탓입니다. 오늘의 의거(義擧)로 군주는 영예로워지고 신하는 이득을 보게 되니 어찌 같은 날에 논할 수 있겠습니까? 〈진나라에 항복하는 것을〉 논박하는 자들은 또 말하기를, 신을 법정(法正)[33] 같은 사람이라고 합니다. 폐하께서는 신하들을 비호하시기를 하늘처럼 하시고, 신하들을 공양하시기를 땅처럼 하시며, 신하들이 편안해 하는 것을 만족스럽게 여기십니다. 명예에 이르러서는 한나라나 진나라에서 관직에 처하지 않겠습니다. 신이 어떻게 법정과 같을 수 있겠습니까? 〈진나라에 항복하는 것을〉 논박하는 자들 가운데 혹자는 이렇게 말할 겁니다. 진나라는 필시 인질과 군대를 모집하여 오랑캐[34]를 징벌할 것을 요구할 것이라고 말입니다. 어떻게 이에 응하겠습니까?

---

32 영장(令長): 진한(秦漢) 때 만 호 이상의 현을 다스리는 자는 영(令)이 되고, 만 호 미만을 다스리는 자는 장(長)이 되었다. 후에 영장은 현령을 가리키는 말로 쓰였다.

33 법정(法正): 유장(劉璋)의 부하였다. 유장이 그를 중용(重用)하지 않자 표면상으로는 유장을 섬겼으나 암암리에 유비에게 의탁하여 유비의 신임과 존경을 받는 모사(謀士)가 되었다.

34 오랑캐: 후조(後趙)를 가리킨다.

생각건대, 진나라는 척촌(尺寸)의 무기도 성가시게 하지 않으면서 하나의 나라가 귀부한다면 사해에 위세를 떨치고 만 리의 땅을 넓히게 되니 인질을 요구할 필요가 있겠습니까? 오랑캐가 북쪽에 있으니 이 또한 걱정 거리입니다. 지금 평상시에 동쪽과 북쪽의 우환이 있으니 설령 〈진나라가〉 군대를 모집하여 〈후조(後趙)를 치라고 명하더라도〉 단지 한중(漢中)을 구원하는 것일 뿐이지만 두 개 문의 경계를 줄이는 것과 같습니다.[35] 신은 심중하게 당부합니다. 제가 피로와 병고의 더러움을 잊은 것은 실제로 폐하의 각별한 대우에 감격했기 때문으로, 저의 보잘것없는 말이 적으나마 이 왕조[36]를 구원하기를 희망합니다. 항상 죽는 것이 두려워 우매한 마음을 털어놓을 수 없어 폐하의 은혜로운 보살핌을 헛되게 했습니다. 삼가 간절하게 진언하오니 엎드려 바라옵건대 저의 죄를 다스려 벌하여 주십시오."라고 했다. 이수는 기분이 좋지 않았으나 이전에 한 말을 꺼려 편지를 은밀하게 감추었다. 9월에 이웅 처의 동생인 복야(僕射) 임안(任顔)이 모반하여 주살했다. 더불어 이웅의 아들인 이표(李豹) 등을 죽였다.

5년(339) 봄 2월에 진(晉)나라 장수가 파군(巴郡)을 공격하여 이굉(李閎)을 포획했다. 이굉은 이공(李恭)의 아들이다. 처음에 이수(李壽)는 우비(牛鞞)에서부터 동쪽 땅을 잘라서 이굉에게 줄 것을 허락했으나 집정자들이 불가하다고 여겨 이내 그쳤다. 또한 이굉에게 병사를 더해 주지 않아 이

---

35 지금 평상시에 … 같습니다: 이씨가 오랑캐를 대비하고 또한 진나라를 방어하려 한다면 평상시에 동쪽과 북쪽 양쪽의 우환이 있게 된다. 만약 진나라에 칭번(稱藩)한다면 동쪽을 돌아볼 염려가 없어진다. 설령 진나라가 촉나라 병사들을 징집하여 오랑캐를 친다고 하더라도 한중(漢中)에만 출병하면 되니 동시에 두 곳을 방어하는 셈이 된다.
36 이 왕조: 밝은 시대를 뜻하는 원문 '명시(明時)'는 지금 왕조를 가리키는 말로 쓰인다.

굉의 군대는 전멸했다. 이굉의 동생인 이염(李艶)은 이로 인해 원한을 품어 조정대신[朝右]과 사이가 벌어졌다. 이때 이수는 병이 들어 나항(羅恆)과 해사명(解思明) 등이 다시 진나라를 섬기는 계책을 논의했다. 오래지 않아 파군이 함락되자 이수는 진나라에 귀부한 것으로 여겼다. 진나라가 군대로 위협할 수 있기에 스스로 결단을 내릴 수 없어 드디어 계획을 철회했다. 3월에 이혁(李奕)을 진동장군(鎭東將軍)에 임명하여 이굉을 대신하게 했다. 여름에 건녕 태수(建寧太守) 맹언(孟彦)이 주인(州人)들을 이끌고 영주 자사(寧州刺史) 곽표(霍彪)를 포박하여 진나라에 투항하여[37] 온 건녕을 들어 진나라에 귀부했다. 이수는 우장군(右將軍) 이위도(李位都)를 보내어 그들을 토벌했다. 당시 이권(李權)은 월수(越嶲)에 있었다. 가을에 또 상서(尚書) 광한(廣漢) 사람 이터(李攄)를 어사(御史)로 삼아 보내어 남중(南中)으로 들어가게 했다. 이터의 조부인 이의(李毅)는 진나라의 옛 영주 자사였는데, 예전에 남중 사람과 친분이 있었기에 이터를 보낸 것이다. 이터의 종형인 이연(李演)은 월수에서 상소문을 올려 이수에게 귀정반본(歸正返本)하여 제위를 버리고 칭왕(稱王)할 것을 권했다. 이수가 노하여 그를 죽였다. 거기장군(車騎將軍) 왕도(王韜)가 참군(參軍)이 되었다.

진 강제(晉康帝) 건원(建元) 원년(343)에 이수(李壽)가 죽었다. 이세(李勢)가 즉위하여 연호를 '태화(太和)'로 고쳤다. 태사령(太史令) 한호(韓皓)가 글을 올려 말하기를, "형혹(熒惑(화성)(火星))이 오래도록 심수(心宿)를 떠나지 않고 있으니 종묘가 지어지지 않은 것에 대한 견책입니다."라고 했다. 이세는 곧 다시 명하여 성시조(成始祖(이특)(李特))와 태종(太宗(이웅(李雄)의)(묘호))에게 제를 올리게 했는

---

37 여름에 … 투항하여: 《진서(晉書)》〈성제기(成帝紀)〉에 "〈함강(咸康) 5년 3월에〉 광주 자사 등악이 촉을 쳐서 건녕 사람 맹언이 이수의 장군인 곽표를 붙잡고서 투항했다.[廣州刺史 鄧嶽伐蜀, 建寧人孟彦執李壽將霍彪以降.]"라고 했다.

데, 사람들이 모두 '한(漢)'이라 일컫는다.

이세(李勢)의 동생 대장군 이광(李廣)은 이세가 아들이 없다는 이유로 태제(太弟)로 봉할 것을 청했으나[38] 이세는 허락하지 않았다. 마당(馬當)과 해사명(解思明)이 거듭 청하자 이를 허락했다. 이세는 이 두 사람이 이광과 함께 공모했다고 의심하여 마당과 해사명을 잡아들여 참했다. 이광은 자살했다. 해사명이 체포되어 탄식하며 말하기를, "나라가 망하지 않은 것은 나와 같은 사람들이 있었기 때문이다. 이제 나라가 위태롭겠구나."라고 했다. 해사명은 지략이 있으며, 용감하게 간쟁했다. 마당은 평소 인심을 얻어 그가 죽을 때 백성들이 애통해 하지 않은 이가 없었다.

겨울에 이혁(李奕)이 진수(晉壽)에서 거병하여 모반했다. 이혁은 홀로 말을 타고 성문을 돌파했다. 성문을 지키던 사람이 활을 쏘아 죽이니 무리들이 흩어졌다. 이세(李勢)는 경내에 대사면을 하고 연호를 '가녕(嘉寧)'이라 고쳤다. 이세는 교만하고 음란하며, 국사를 돌보지 않아 내외가 이반했다. 촉(蜀) 땅에는 요인(獠人)이 없었는데, 이때에 이르러 비로소 산에서 나오기 시작하여, 파(巴)에서부터 건위(犍為), 재동(梓潼), 포만산곡(布滿山谷)에까지 이르니 크게 백성들의 우환이 되었다. 게다가 기근이 겹쳐 경내는 매우 삭막했다.

3년(346) 봄 2월에 환온(桓溫)이 촉(蜀)을 공격하여 군대가 청의강(青衣江)에 이르렀다. 이세(李勢)가 크게 군대를 일으키고, 잠견(昝堅) 등을 보내 군대를 통솔하게 하여, 산양(山陽)에서 합수(合水)로 향하게 했다. 여러 장수들이 강남(江南)에서 매복하여 진(晉)나라 군대를 기다리려 했으나 잠견은 따르지 않고 군대를 이끌어 강북(江北)의 원앙기(鴛鴦碕)에서 강을 건

---

38 태제(太弟)로 봉할 것을 청했으나: 태제로 봉해지면 제위를 계승할 수 있다.

너 건위(犍爲)로 향했다. 환온은 친히 보병들을 이끌고 곧바로 성도(成都)에 이르렀다. 잠견은 건위에 도착하여 환온과 길이 어긋난 것을 알고 환군하여 사두진(沙頭津)에서 강을 건넜다. 〈성도에〉 이르자 환온은 이미 성도의 십리맥(十里陌)에 진을 치고 있었다. 잠견의 무리들은 저절로 무너졌다. 이세는 무리들을 이끌고 성을 나와 착교(笮橋)에서 환온과 싸웠다. 중서감(中書監) 왕하(王嘏)와 산기상시(散騎常侍) 상거(常璩)가 이세에게 투항할 것을 권하여, 이세는 밤에 동문을 열고 가맹(葭萌)으로 도주하여 산기상시 왕유(王幼)로 하여금 투항서를 환온에게 전달하게 했다. 이세는 건강(建康)에 이르러 귀의후(歸義侯)에 봉해졌다.

이씨는 거병할 때부터 멸망할 때까지 6세(世)를 거쳤고, 딱 47년을 지냈으며, 43년을 참호했다. 촉(蜀) 땅에는 또한 괴이한 일들이 있었다. 이기(李期)의 시대에는 개와 돼지가 교미했으며, 나무가 겨울에 꽃을 피웠다. 이세(李勢)의 시대에는 부릉(涪陵)에 사는 악씨(樂氏) 부인의 머리에 뿔이 났는데, 길이는 3촌으로, 모두 3개나 되었다. 또 백성들 중에 마씨(馬氏) 부인은 임신을 하여, 아기가 옆구리에서 태어났는데, 산모는 아무런 탈이 없었고 아기 또한 잘 자랐다. 말이 망아지를 낳았는데, 머리는 하나인데 몸이 둘이며 서로 붙었고, 귀는 6개이며, 하나는 수컷 또 하나는 암컷이었다. 또 강남(江南)에서는 하늘에서 피가 비로 내렸는데, 두어 이랑쯤 되었다. 이한(李漢)의 집에서 쌀을 찧는데, 쌀이 절구에서 뛰어나와 키에 모였다가 다시 뛰어나갔다. 대자리[簟]로 흘러들었다가 다시 뛰어나왔다. 원숭이가 새둥주리에 살았는데, 성 아래에 있었다. 땅에 여러 차례 지진이 나고 또 연이어 털이 자랐다. 하늘이 견책하는 것을 상세히 열거할 수 없다.

사관이 논한다.

이특(李特) 같은 무리들이 기회를 틈타 지세가 험준하고 중요한 땅을 차지했다. 이웅(李雄)은 위망(危亡)한 요소들을 제거하여 나라를 온고하게 보전했다. 황극(皇極)이 세워지지 않은 때를 만났으니[39] 이것은 천시(天時)이다. 이기(李期)가 재난의 계단으로 이끌었고, 이수(李壽)와 이세(李勢)가 종지부를 찍었다. 《시경(詩經)》에서 말하는 "난리와 근심으로 병이 깊으니, 어디로 돌아가나?[亂離瘼矣, 爰其適歸.]"[40]라는 것이다. 장로(長老)들이 초주(譙周)의 참언을 전하여 말하기를, "광한성(廣漢城) 북쪽에 큰 도적이 있는데, '유(流)'라 하고 '특(特)'이라 하며 공격해도 손에 넣기 어렵다. 목성이 현궁(玄宮)[41]에 있으니 자기들끼리 서로 해친다."라고 했다. 마지막 이 이 기술과 같았다. 닥쳐올 일을 미리 내다보고 아는 것과 예언을 살펴보는 것이 어찌 옛사람과 다르겠는가? 앞 시대의 참월하여 칭제(稱帝)한 무리들을 쭉 훑어보면 설령 살육을 자행하더라도 이 지경에는 이르지 않았다. 은(殷)나라 사람의 〈구허(丘墟)〉의 탄식[42]과 가생(賈生)의 〈과진(過

---

39 황극(皇極)이 … 만났으니: 서진(西晉)이 붕괴된 것을 가리킨다. 황극(皇極)은 황제가 건립한 준칙을 뜻한다. 《상서(尙書)》〈홍범(洪範)〉에 "다음 다섯은 황극을 세우는 것이다.[次五曰建用皇極.]"라고 했다.

40 난리로 … 돌아갈 곳인가?: 《시경(詩經)》〈소아(小雅) 사월(四月)〉에 나오는 내용이다.

41 현궁(玄宮): 무엇을 뜻하는지 자세히 알 수 없다. 《장자(莊子)》〈대종사(大宗師)〉에 "전욱이 이를 얻어 현궁에 거했다.[顓頊得之, 以處玄宮.]"라고 했다. 이이(李頤)의 주(注)에 "현궁은 북방의 궁이다.[玄宮, 北方宮也.]"라고 했다. 북쪽은 십간(十干) 가운데 임(壬)과 계(癸)와 상응하는데, 이수(李壽)가 건원(建元) 원년 계묘일(癸卯日)에 죽었다.

42 은(殷)나라 사람의 〈구허(丘墟)〉의 탄식: 《사기(史記)》〈송미자세가(宋微子世家)〉에 "기자(箕子)가 주(周)나라 왕을 배알하기 위하여 옛 은나라의 도읍지를 지나가다가, 궁실이 파괴되어 곡식이 자라고 있는 것을 보고 마음이 상했다. 소리 내어 울고 싶었으나 그럴 수 없었고, 울먹이자니 아녀자의 꼴이 되는 듯하여, '맥수(麥秀)'라는 시를 지어 그 마음을 노래했다. 그 시는 다음과 같다. '보리는 잘 자라 그 끝이 뾰족하고, 벼와 기장은 싹이

秦)〉의 논설을 생각해 보면 국가가 멸망하는 것을 거울로 삼는 것은 멀지
않다.

올라 파릇하구나. 개구쟁이 어린애야! 나하고는 사이좋게 지냈더라면.' 소위 개구쟁이
어린애는 바로 상(商)나라의 주왕(紂王)을 가리킨다. 은나라 백성들이 그것을 듣고는 모
두가 눈물을 흘렸다.[箕子朝周, 過故殷墟. 感宮室毁壞, 生禾黍, 箕子傷之. 欲哭則不可, 欲泣, 爲其近婦人, 乃
作麥秀之詩以歌咏之. 其詩曰: '麥秀漸漸兮, 禾黍油油. 彼佼童兮, 不與我好兮!' 所謂狡童者, 紂也. 殷民聞之, 皆爲流
涕.]"라고 했다.

李特雄期壽勢志

　　李特, 字玄休, 略陽臨渭人也. 祖世本巴西宕渠賨民, 種黨勁勇, 俗好鬼巫. 漢末, 張魯居漢中, 以鬼道教百姓, 賨人敬信. 值天下大亂, 自巴西之宕渠移入漢中. 魏武定漢中, 曾祖父虎與杜[濩]朴胡[袁]約楊車李黑等移於略陽北土, 復號曰巴人. 特父慕, 為東羌獵將. 特兄弟五人: 長兄輔, 字玄政. 次特. 特弟庠, 字玄序. 庠弟流, 字玄通. 流弟驤, 字玄龍. 皆銳驍有武幹. 特長子蕩, 字仲平, 好學, 有容觀. 少子雄, 字仲雋. 初, 特妻羅氏夢雙虹自門昇天, 一虹中斷. 羅曰: "吾二兒, 若有先亡, 在者必大貴." 雄少時, 辛用相當貴. 有劉化者, 道術士也, 言: "關隴民皆當南移. 李氏子中惟仲雋天姿奇異, 終為人主." 鄉里人多善之. 與叔父庠並以烈氣聞, 人多歸之. 既克成都, 衆皆饑餓, 驤乃將民入郪王城食穀芋. 雄遣信奉迎范賢, 欲推戴之. 賢不許, 更勸雄自立.

　　永興元年, 冬十月, 楊褒楊珪共勸雄稱王, 雄遂稱成都王. 追尊曾祖庸曰巴郡公, 祖父慕隴西王. 父特景王, 母曰太后. 追諡世父輔齊烈王, 仲父庠梁武王, 仲父流秦文王, 兄蕩廣漢壯文公. 以叔父驤為太傅, 庶兄始為太保, 外兄李國為太宰, 國弟離為太尉, 從弟雲為司徒, 璜為司空, 閻式為尚書令, 褒為僕射, 發為侍中, 珪為尚書, 洪為益州刺史, 徐興鎮南, 王達軍師. 具置百官. 下赦. 建元太武. 迎范賢為丞相. 從弟驤, 流子也, 以不陪列, 誅之. 賢既至, 尊為天地太師, 封西山侯, 復其部曲, 軍征不預, 租稅皆入賢家. 賢名長生, 一名延久, 又名九重. 一曰支, 字元. 涪陵丹興人也.

光熙元年, 雄稱皇帝, 改元晏平.

永嘉三年, 羅羨旬琦等殺李離於梓潼. 時閻式去雄依離, 并見殺. 驤攻不克, 時李雲李璜皆戰死.

明年, 文碩殺李國, 以巴西梓潼為晉. 平寇將軍李鳳在晉壽. 梁州先已為雄所破, 不守. 而譙登在涪, 平西參軍向奮屯漢安之宜福, 張羅屯平無逼雄. 雄將張寶弟全在旬琦中. 雄遣寶反為奸, 許以代離. 寶素凶勇, 先殺人, 而後奔梓潼, 密結心腹. 會羅尚遣使慰勞琦, 琦等出送其使, 寶從後閉城門. 琦等奔巴西. 雄得梓潼, 拜寶為太尉. 雄自攻奮, 奮走. 遣驤攻登. 登初將驤子壽, 欲以誘驤; 被攻急, 救援不至, 還驤壽.

五年春, 驤獲登. 遣李始督李鳳攻巴西, 殺文碩. 是歲, 雄姨弟任小受張羅募, 手刃雄頭, 雄幾死. 改元玉衡. 是後, 扶風鄧(芝)[定]楊虎等各率流民前後數千家入蜀. 以鳳為征北梁州, 任回鎮南南夷寧州, 李恭征東南蠻荊州, 皆大將軍校尉刺史. 雄驤勤恤百姓於內, 鳳回恭招流民於外, 稱有功. 氐符成隗文既降復叛, 手傷雄母; 及其來也, 咸釋其罪, 厚加待納, 皆以為將. 天水陳安舉隴右來降. 武都氐王楊茂搜奉貢稱臣. 杜弢自湘州使使求援. 晉凉州刺史張駿遣信交好, 漢嘉夷王冲遣子入質. 頃之, 朱提審炤率民歸降, 建寧爨量蒙險委誠. 其餘附者日月而至. 雄乃虛己受人, 寬和政役, 遠至邇安, 年豐穀登. 乃興文教, 立學官. 其賦, 民男丁一歲穀三斛, 女丁一斛五斗, 疾病半之. 戶調絹不過數丈, 綿不過數兩. 事少役稀, 民多富實. 至乃閭門不閉, 路無拾遺, 獄無滯囚, 刑不濫及. 但為國則無威儀, 官無秩祿, 職署委積, 班序無別, 君子小人,服章不殊，貨賄公行，懲勸不明．行軍無號令，用兵無部伍．其戰，勝不相讓，敗不相救；攻城破邑，動以虜獲為先．故綱紀莫稱．

李鳳在北，數有戰降之功．時蕩子稚屯晉壽，害其功．

大興元年，鳳以巴西叛．驤討之，久住梓潼不敢進．雄自至涪，驤遂斬鳳．以壽代鳳以知州征事．

二年，驤伐越嶲，又分伐朱提．

三年，獲太守西夷校尉李釗．夏，進伐寧州，大敗於螳蜋，還．初，氐王楊茂搜子難敵堅頭為劉曜所破，奔晉壽．晉壽守將李稚，蕩第二子也，受其賂遺，不送成都．曜既引還，稚遣難敵兄弟還武都．遂即(判)[叛]稚．稚悔失計，連白雄求伐氐．雄許之．群臣多諫，雄不從．遣稚兄琀以侍中中領軍統稚攻難敵，由白水道；壽遣與稚弟玝由陰平入，二道討氐．難敵等先拒壽玝．玝壽不進．而琀稚逕至下辨，以深入無繼，大為氐所破，稚琀皆死；死者千餘人．雄深自咎責，以謝百姓．琀，蕩之元子，有名望志尚，雄欲傳以後嗣，甚痛惜之．雄妻任無子，養琀弟班為子．雄自有庶子十五人，群臣上立嗣，雄曰："孫仲謀割有江東，伯符基兆子止侯爵，《國志》恥之．宣公舍子立弟，君子以為知人．吾將彌縫《國志》之恥，以繼宣公之美．"驤與司徒王達諫，以為不可，雄不從．

永昌元年冬，立班為太子．驤泣曰："亂始於是矣！"

泰寧元年，越嶲斯叟反，攻圍任回及太守李謙，遣其征南費黑救之．

咸和元年夏，斯叟破．二年，謙移郡民於蜀．

三年冬，驤死，追贈相國，謚曰漢獻王．壽以喪還．拜玝征北梁州，代壽．以班行撫軍將軍，脩晉壽軍屯．

五年，拜壽都督中外諸軍大將軍中護軍西夷校尉，錄尚書，總統如驤．冬，壽率征南費黑征東任邵伐巴東, 至建平. 監軍(毌)[冊]丘奧退保宜都.

六年春, 壽還, 遣任邵屯巴. 雄以子越為車騎, 住廣漢. 秋, 壽伐陰平. 冬, 城涪縣.

七年秋, 壽南征寧州, 以費黑為司馬, 與邵攀等為前軍, 由南廣入. 又別遣任回子調由越雟. 冬十月, 壽黑至朱提. 朱提太守董炳固城. 寧州刺史尹奉遣建寧太守霍彪大姓爨深等助炳. 時壽已圍城, 欲逆拒之, 黑曰: "料城中食少, 霍彪等雖至, 齎糧不多. 宜令人入城, 共消其穀. 猶嫌其少, 何緣拒之?"彪等皆入城. 城久不下, 壽欲急攻之. 黑諫曰: "南道險, 俗好反亂, 宜必待其詐勇已困, 但當日月制之, 全軍取勝, 以求其餘. 溷牢之物, 何足汲汲也."壽必欲戰, 果不利, 乃悉以軍事任黑.

八年春正月, 炳彪等出降. 威震十三郡. 三月, 刺史尹奉舉州委質, 遷奉於蜀. 壽領寧州. 南夷初平, 威禁甚肅. 後轉凌掠民. 秋, 建寧州民毛衍羅屯等反, 殺太守邵攀. 牂柯太守謝恕舉郡為晉. 壽破之.

九年春, 分寧州置交州. 以霍彪為寧州, 建寧爨深為交州刺史. 封壽建寧王. 張駿使參軍傅穎治中張淳遺雄書, 勸去尊號, 稱藩於晉. 雄引見, 謂曰: "吾過為士大夫所推, 然本無心於帝王也. 貴州將令行河沙, 常所希冀. 進思共為晉室元功之臣, 退冀共為守藩之將, 掃除氛埃, 以康帝宇. 而晉室陵遲, 德聲不振, 引領東望有年月矣. 會獲來睨, 情鈞闇至, 有何已已!"穎淳以為然, 使聘相繼. 巴郡嘗告急, 云有東(君)[軍]. 雄曰: "吾常慮石勒跋扈, 侵逼瑯琊, 以為耿耿. 不圖乃能舉軍, 使人欣然."雄之雅談, 多如此類. 三月, 壽還. 夏六月癸亥, 雄疾病卒, 時年六十一. 偽諡曰武帝, 廟稱太宗. 凡自立三十年. 冬十二月丙寅, 葬成都, 墓號安都陵也.

班字世文, 蕩第四子也. 少見養於雄, 年十六, 立為太子. 好學愛士. 每觀書傳, 謂其師友天水文夔隴西董融等曰:"吾見周景王太子晉魏太子丕吳太子孫登, 文章鑒識, 超然卓絕, 未嘗不有慙色. 何古人之難及乎!"進止周旋, 勤於咨問. 但性輕躁, 失在田獵. 甲子襲位. 玕來奔喪, 勸遣雄子越還江陽, 而欲令期代己知(此)[北]事. 班以未葬, 不許. 遣玕還涪. 冬十月癸亥, 期越殺班於臨次. 并殺班仲兄領軍都. 弟玕奔晉. 期偽諡班曰戾太子, 壽追諡曰哀皇帝. 子幽顥為期所殺. 班兄弟五人皆兵死, 四人無後. 玕在晉, 歷巴郡襄陽宜都太守, 龍驤將軍, 永和三年, 從征西, 於山陽戰死也.

期字世運, 雄第四子也. 母冉, 賤. 雄妻任養為子. 少攻學問, 有(客)[容]觀. 雄時, 令諸子各募合部曲, 多者纔得數百人, 而期獨得千餘人. 為安東將軍. 雄亡, 越自江陽來赴喪, 兄弟怏怏. 既以班非雄所生, 又慮玕不利己, 與兄越密謀圖班. 太史令韓約上言:"宮室有陰謀兵氣, 戒在親戚." 班不悟. 遂因夜哭, 越殺班. 期自立, 以越為相國, 與壽並錄尚書事. 進壽大都督, 徙封漢王, 使討玕於涪. 封越建寧王. 以仲兄霸為中領軍鎮南, 弟保鎮西西夷校尉汶山太守, 從兄始征東, 代越, 皆大將軍. 玕走, 即拜壽梁州知北事.

咸(熙)[康]元年, 春正月, 立妻閻氏為后, 下赦, 改元玉恒. 秋, 以司(穎)[隸]景騫為尚書令, 征南費黑為司隸, 班舅羅演為僕射. 舅羅演與漢王相天水上官澹謀襲期, 立班子幽. 謀泄. 殺[演]澹, 并誅班母羅玲子礦稚妻咨.

二年, 忌從子載多才藝, 託他事誅之. 而霸保皆暴病死. 於是大臣自疑, 骨肉不相親. 而期志益廣, 忽慢父時公卿, 政刑失錯.

四年, 夏四月, 壽自涪還襲期, 假以誅越騫為言. 越請散財募士格戰. 期謂壽不自薄, 不許. 既誅越騫, 初廢期為邛都縣公, 五月, 乃殺期, 及誅李始等,殺兄弟十餘．期死時，年二十四．諡曰幽王．

五年，徙其妻人子於越嶲．勢又使人就越嶲誅其子．

壽字武考，有幹局，愛尚學義，志度少殊於諸子．雄奇之．自代父為將，志在功名，故東征南伐，每有效事．雄疾病，侍疾左右．左右侍臣造雄顧命，寄託於壽．期之殺班也，李始初欲附壽，圖共討期．壽不敢．始怒，說期取壽．憚李玝在北，欲藉壽討之，故[不]許．壽既受漢封，北伐玝，告以去就利害，假道．故玝得由巴順水東下吳．壽雖代玝鎮涪，歲終當入朝覲，常自危嫌，輒造漢中守將張才急書，告方外寇警．咸康二年冬，北入漢中，破走司馬勳．壽見期越兄弟十餘人，年方壯大而手下有強兵，懼不自全．數聘命高士巴西龔壯．壯雖不應，恐見害，不得已，數見壽．時岷山崩，江水竭，壽緣劉向之言而惡之，每謀壯以自安之術．壯之父及叔皆為特所殺，欲假手報讎，未有其由，因說："立事何如舍小從大，以危易安．開國裂土，長為諸侯．名高桓文，勳流百代矣．"壽從之．陰與長史略陽羅恆巴西解思明共謀據成都為晉稱藩．會養弟攸從成都病還，死道中．乃佯言越藥殺之．又詐造妹壻任調書，言期越當廢壽，以惑群下．群下信之．乃誓文武，許賞城中貲財，得數千人．

南攻成都．子勢為開門內應，遂獲期越．誅其宗族十餘人．兵入，虜掠民家，奸淫雄公主及李氏諸婦，多所殘害．數日乃定．恆與思明及李奕王利等勸壽稱鎮西將軍益州牧成都王，以壯為長史，告下．又勸令送期於晉．任調與司馬蔡興侍中李豔及張烈等勸壽自立．壽亦生心，遂背思明所陳之計，稱漢皇帝．尊父驤曰獻帝，母昝氏曰太后．下赦，改元漢興．以恆為尚書令，思明為廣漢太守，任調鎮北梁州知東羌校尉，李奕鎮西西夷校尉．更代諸郡及卿佐，皆用宿人及己參佐．省交州，以從子權為鎮南南夷寧州．於是成都諸李子弟，無復秉兵馬形勢者，雄時舊臣及六郡人，皆斥廢也．秋七月，李奕從兄乾與大臣合謀，欲廢壽．壽懼，使子廣與大臣盟要，為兄弟．進李閎為征東荊州，移鎮巴郡．八月，天連陰雨，禾稼傷損，百姓飢疫．草莽臣龔壯上封事曰："臣聞陰德必有陽報．故于公理獄，高門待封．伏惟獻皇帝寬仁厚惠，宥罪甚衆，靈德洪洽，誕鍾陛下．陛下天性忠篤，受遺建節，志齊周霍，誠貫神明．而志緒違理，顛覆顧命．管蔡既興，讒諂滋蔓．大義滅親，撥亂濟危．上指星辰，昭告天地，歃血明衆，舉國稱藩．天應人悅，白魚登舟，霆震助威，烈風順義．神誠允暢，日月光明．而論者未喻，權時定制．淫雨汜瀆，垂向百日，禾稼損傷，加之饑疫，百姓愁望．或者天以監示陛下．又，前日之舉，止以救禍．陛下至心，本無大圖．而今久不變，天下之人誰復分明知陛下本心者哉？且玄宮之讖難知，而盟誓顧違，一旦疆場有急，內外騷動．不可不深思長久之策，永為子孫之計也．愚謂宜遵前盟誓，結援吳會，以親天子．彼必崇重，封國歷世．雖降階一等，永為靈德．宗廟相承，福祉無窮．君臣銘勳於上，生民寧息於下，通天下之高理，弘信慎之美義，垂拱南面，歌詩興禮，上與彭韋爭美，下與齊晉抗德，豈不休哉！論者或言：二州人附晉必榮，六郡人事之不便．昔豫州入蜀，荊楚人貴．公孫述時，流民康濟，及漢征蜀，殘民太半．鍾鄧之役，放兵大掠，誰復別楚蜀者乎？論者或不達安固之基，惜其名位．在昔諸侯，自有卿相司徒司空，宋魯皆然．及漢，藩王亦有丞相．今義歸彼，但當崇重，豈當減削．昔劉氏郡守令長方仕州郡者，國亡主易故也．今日義舉，主榮臣賴，寧可同日而論也？論者又謂，臣當為法正．陛下覆臣如天，養臣如地，恣臣所安．至於名榮，漢晉不處，臣復何為當侔法正？論者或言：晉家必責質任，及徵兵伐胡，何以應之？案晉不煩尺兵，一國來附，威卷四海，廣地萬里，何任之責？胡之在北，亦此之憂．今平居有東北之虞, 縱令徵兵, 但援漢川, 猶差二門耳. 臣託附深重, 忘疲病之穢. 實感殊遇, 冀以微言少補明時. 常懼殞歿, 不寫愚心, 辜負恩顧. 謹進悾悾, 伏願罪戮."壽不悅, 然拘前言, 祕藏之. 九月, 僕射任顏, 雄妻弟也, 謀反, 誅. 并殺雄子豹等.

五年, 春二月, 晉將伐巴郡, 獲李閎. 閎, 恭子也. 初, 壽許自牛鞞以東土斷與閎, 執政者以為不可, 乃止. 復不益兵, 故覆沒. 閎弟豔以是怨故與朝右有隙. 是時, 壽疾病, 恆思明等復議奉晉計. 尋巴郡破. 壽以為附晉, 晉當以兵威, 故不能自斷, 遂輟計. 三月, 拜李奕鎮東, 代閎. 夏, 建寧太守孟彥率州人縛寧州刺史霍彪於晉, 舉建寧為晉. 遣右將軍李位都討之. 時權在越巂. 秋, 又遣尚書廣漢李擄為御史, 入南中. 擄祖毅, 晉故寧州刺史, 以向與南人有舊, 故遣之. 擄從兄演, 自越巂上書, 勸壽歸正返本, 釋帝稱王. 壽怒, 殺之. 車騎將軍王韜爲參軍.

晉康帝建元元年, 壽卒. 勢立, 改元太和, 太史令韓皓上言:"熒惑守心, 乃宗廟不脩之譴."勢乃更命祀成始祖太宗, 皆謂之漢.

勢之弟大將軍廣以勢無子, 求為太弟, 勢不許. 馬當解思明固請, 許之. 勢疑與廣有謀, 收當思明斬之. 廣自殺. 思明被收, 歎曰:"國之不亡, 以我數人在也. 今其殆矣!"思明有智略, 敢諫諍馬; 當素得人心, 及其死, 士民無不哀之.

冬, 李奕自晉壽舉兵反, 單騎突門, 門者射殺. 眾潰. 勢大赦境內, 改年嘉寧. 勢驕淫, 不恤國事, 中外離心. 蜀土無獠, 至是始從山出, 自巴至犍為梓潼, 布滿山谷, 大為民患. 加以饑饉, 境內蕭條.

三年春二月, 桓溫伐蜀, 軍至青衣. 勢大發兵, 遣昝堅等將之, 自山陽趣合水. 諸將欲設伏江南, 以待晉兵. 昝堅不從, 引兵自江北鴛鴦碕渡向犍為. 溫自將步卒直指成都. 昝堅至犍為, 乃知與溫異道, 還, 自沙頭津濟. (北)[比]至, 溫已軍於成都之十里陌. 堅衆自潰. 勢率衆出, 戰於笮橋. 中書監王嘏散騎常侍常璩勸勢降, 勢乃夜開東門, 走至葭萌, 使散騎常侍王幼送降文於溫. 勢至建康, 封歸義侯.

李氏自起事至亡, 六世, 四十七年正, 僭號四十三年. 蜀中亦有怪異: 期時, 有狗豕交, 木冬榮. 勢時, 涪陵民樂氏婦頭上生角, 長三寸, 凡三截之. 又有民馬氏婦, 姙身, 兒脅下生, 其母無恙, 兒亦長育. 有馬生駒, 一頭, 二身相着, 六耳, 一牡一牝. 又有天雨血於江南, 數畝許. 李漢家舂米, 自臼中跳出; 遽歛於箕中, 又跳; 寫於簟中, 又跳出. 有猿居鳥巢, 至城下. 地仍震, 又連生毛. 其天譴不能詳也.

譔曰: 特流乘釁險害, 雄能推亡固存, 遭皇極不建, 遇其時與. 期倡為禍階, 而壽勢終之. 《詩》所謂“亂離瘼矣, 爰其適歸”者也. 長老傳譙周讖曰:“廣漢城北有大賊, 曰流曰特攻難得. 歲在玄宮自相賊.”終如其記. 先識預覩, 何異古人乎? 歷觀前世偽僭之徒, 縱毒虔劉, 未有如玆. 每惟殷人丘墟之歎, 賈生《過秦》之論, 亡國破家, 其監不遠矣.

화양국지
(華陽國志)

—

권10상
선현사녀총찬
(先賢士女總贊)

함축적이고 상서로운 기운이 탄생하면서부터 인간에게는 차례와 등급이 생겨나고[含和誕氣, 人倫資生],[1] 그런 다음에는 반드시 현명하고 덕을 갖추어 천하를 경륜하고 다스리는 인재가 나타나 덕을 선양하고 백성을 교육하여 풍속을 폭넓고 돈독하게 했다. 그러므로 가장 먼저 덕행을 세우고, 그다음에 공업을 세우며, 또 그다음에는 말을 세워 만물을 빛나게 하고 당연한 도리를 제정하여야 한다. 익주(益州)와 양주(梁州)에서는 이전 시대에 대우(大禹)의 공훈이 하늘에 필적하고, 팽조(彭祖)의 몸이 대지와 똑같았다. 주(周)나라 때 이르러 한복(韓服)이 명을 받들어 사신으로 갔으며,[2] 만자(蔓子)는 충의가 굳세었다.[3] 그러나 두드러진 인물은 오히려 드

---

1 함축적이고 … 생겨나고: 이 구절은 천지(天地)가 처음 인류를 낳고 기를 때, 인간에게는 이미 등급이 서로 다른 순서가 있음을 의미한다. 《중용(中庸)》에 이르기를 "중화가 지극하면 천지가 자리를 잡고, 만물이 길러진다.[致中和, 天地位焉, 萬物育焉.]"라고 한 것이 바로 이 문장과 의미가 서로 통한다.

2 한복(韓服)이 … 갔으며: 《춘추(春秋)》에 따르면 "노 환공(魯桓公) 9년(기원전 703)에 파왕(巴子)이 한복(韓服)을 사자로 보내 등(藤)나라와 우호적으로 지내기를 청한다고 초(楚)나라에 고하게 했다."라는 기록이 있다. 《화양국지》 권1 파지(巴志) 참조.

3 만자(蔓子)는 … 굳세었다: 주(周)나라 말에 파(巴)나라에서 내란이 발생했다. 파나라의 장군 만자(蔓子)가 초(楚)나라에 군사를 요청하면서 그 대가로 3개 성을 주기로 허락했다. 초왕(楚王)이 파나라를 구원했고, 파나라가 안정되자 초나라에서는 사자를 보내 약속한 성을 요구했다. 만자가 말하기를, "초나라의 영명함에 의지하여 화란을 제거할 수 있었다. 우리가 진실로 초왕에게 성을 주기로 허락했으니 장차 내 머리로 사례할 것이지만, 성은 가져갈 수 없을 것이다."라고 했다. 마침내 만자가 스스로 목을 베어 자결했고, 파나라에서 그의 머리를 초나라 사자에게 주었다. 초왕이 탄식하여 말하기를, "내가 파나라의 만자 같은 신하를 얻을 수만 있다면, 무엇 하러 성을 요구하겠는

물었으니, 설마 나라의 사적(史籍)이 간략하여 누락되었거나 또는 진(秦)나라와 초(楚)나라에 의해 가로막혀 중원의 회맹에 참여하는 일이 드물어서 그랬던 것은 아닌가? 한(漢)나라가 일어난 이래 위진(魏晉) 때에 이르기까지 파촉(巴蜀)에는 많은 인재들이 출현했는데, 그들의 재능은 세상을 덮을 정도였다. 이들 재주 있는 인재[愷元][4]들은 황제의 은혜에 감사했다. 그래서 옥새가 찍혀 있는 문서들이 사곡(斜谷) 이남으로 번갈아 전해지고, 속백(束帛)[5]이 양주와 익주 지방으로 많이 보내졌다. 그 가운데 어떤 사람은 용처럼 자각(紫閣)을 날고 선기(璿璣)에 올랐다.[6] 또 어떤 사람은

___

가?'라고 했다. 마침내 초왕이 상경(上卿)의 예를 갖추어 그의 머리를 장사 지내 주었다. 파나라 역시 상경의 예를 갖추어 그의 몸을 장사 지냈다. 《화양국지》 권1 파지(巴志) 참조.

4 재주 있는 인재[愷元]: 원문의 '개원(愷元)'은 고대의 현신(賢臣)으로, 팔개(八愷)와 팔원(八元)을 가리킨다. 《춘추좌씨전(春秋左氏傳)》 문공(文公) 18년에 "옛날 고양씨(高陽氏)에게 재능이 있는 창서(蒼舒)·퇴개(隤凱)·도연(檮戭)·대림(大臨)·방강(尨降)·정견(庭堅)·중용(仲容)·숙달(叔達) 등 8명의 아들이 있었는데, 천하의 사람들이 이를 '팔개(八愷)'라고 했다. 고신씨(高辛氏)에게 재능이 있는 백분(伯奮)·중감(仲堪)·숙헌(叔獻)·계중(季仲)·백호(伯虎)·중웅(仲熊)·숙표(叔豹)·계리(季貍) 등 8명의 아들이 있었는데, 천하의 사람들이 이를 '팔원(八元)'이라고 했다. 순 임금이 팔개를 등용하여 그들로 하여금 후토(后土)를 주관하여 온갖 일을 살피도록 하고, 팔원을 등용하여 그들로 하여금 사방에 오교(五教)를 펼치도록 했다."라고 했다. 본문에서는 재주 있는 인재를 의미한다.

5 속백(束帛): 묶어서 한 묶음으로 만든 5필(匹)의 비단을 이른다. 옛날에 빙문(聘問)이나 궤증(饋贈)에 사용한 예물(禮物)이다. 《주례(周禮)》〈대종백(大宗伯)〉에 이르기를, "소사(少師)·소부(少傅)·소보(少保)는 피백(皮帛)을 손에 든다."라고 했는데, 한(漢)나라 정현(鄭玄)의 주에 "피백(皮帛)이란 것은 비단을 묶은 다음에 가죽으로 싼 것이다."라고 했다. 가공언(賈公彦)의 소(疏)에 "속(束)은 10단(端)이다. 매단(每端)의 길이가 1장(丈) 8척(尺)인데, 모두 두 끝을 합하여 말면 총 5필(匹)이 되기 때문에 '속백(束帛)'이라고 한다."라고 했다.

6 용처럼 … 올랐다: 자각(紫閣)은 신선이나 은자(隱者)가 있는 곳을 의미하며, 옛날에 궁궐을 자색(紫色)으로 칠했으므로 궁궐을 가리키기도 하는데, 여기서는 조정에 출사함을 의미한다. 선기(璿璣)는 '선기옥형(璿機玉衡)'의 줄임말로 옛날 일월성신(日月星辰)의 운행을 세밀히 관찰하던 천문관측기(天文觀測機)이며, 북두칠성을 가리키기도 한다. 여기에

은거를 이롭게 여겨 경륜을 가지고 있으면서도 몸을 깨끗이 했다. 그들은 도덕과 학술을 마음에 품고 즐기며 육예(六藝)를 가슴에 간직했고, 조정에서는 궁거(弓車)와 전정(旌旌)[7]을 보내 명망 있고 덕행을 갖춘 충신과 효자, 열사(烈士)와 현녀(賢女)들을 초빙했다. 그들은 품덕이 고상하고 아름다워 민간의 고상한 풍취를 떨칠 수 있고, 성품이 정숙하여 정숙한 부녀의 본보기로 삼을 수 있어[方蘋蘩][8] 대대로 그 아름다움이 전해졌다. 때문에 사방의 저술과 후대의 지사(志士)들 가운데 그들의 고상한 행동을 높이 우러러 따르며 노래하지 않는 자가 없고 그들의 커다란 계책을 규칙으로 삼지 않는 자가 없었으니, 그들의 명성은 사방팔방으로 떨쳐져 후세 사람들의 사표(師表)가 되었다. 그렇기 때문에 《익부기구전(益部耆舊傳)》은 《사기(史記)》와 《한서(漢書)》보다 더 아름다웠다. 《화양국지(華陽國志)》[今志]는 주부(州部)를 구별했으므로 총괄적으로 말하고 있지는 않다. 나는 감히 간략하게 그들의 뛰어난 점을 써서 찬(讚)으로 삼으며, 스스로 주석을 달았다.[9] 그들의 가장 커다란 공로를 선택함에 있어서는 사실을 찾아 뜻을 설명했으니 대략이나마 이전 사람들의 말과 행동을 알 수 있을 것이다.

서는 나라를 다스리는 주요한 지위에 올랐음을 의미한다.

7　궁거(弓車)와 전정(旌旌): 현재(賢才)를 징소(徵召)할 때 사용하던 수레와 깃발을 가리킨다.

8　정숙한 부녀의 … 삼을 수 있어[方蘋蘩]: 원문의 '네가래[蘋]'와 '산흰쑥[蘩]'은 《시경(詩經)》 소남(召南)에 나오는 〈채빈(采蘋)〉과 〈채번(采蘩)〉의 편명이다. 두 편은 모두 정숙한 부녀가 네가래와 산흰쑥을 캐서 제사에 바치는 것을 찬미한 시이다. 여기에서 '네가래와 산흰쑥'은 정숙한 부녀를 의미한다.

9　술찬(述讚)으로 … 주석을 달았다: 《화양국지》 권10 〈선현사녀총찬(先賢士女總讚)〉은 진수(陳壽)의 〈계한보신찬주(季漢輔臣讚注)〉의 방식을 채용하여 찬(贊)과 주(注)가 있다. 찬은 간략하게 3주(州)의 사녀(士女)를 찬미했고, 주는 각 인물들의 전략(傳略)이다.

촉군사녀(蜀郡士女)

엄군평(嚴君平)은 깨끗하고 고요하여 명리(名利)를 추구하지 않고, 결백하며 조용한 성품을 지니다.

엄준(嚴遵)[10]은 자가 군평(君平)이고, 성도(成都) 사람이다. 성품이 고아하고 담박하여 학업에 정진했다. 그는 《역경(易經)》에 정통하고, 《노자(老子)》와 《장자(莊子)》에 깊이 빠졌다. 항상 시장에서 점을 쳐 주었는데, 거북점과 시초점을 빌려 사람들을 교화했다. 남의 아들에게 점을 쳐줄 때에는 효도를 가르치고, 동생에게 점을 쳐 줄 때에는 순종하는 도리를 가르쳤으며, 신하에게 점을 쳐 줄 때에는 충성을 가르쳤다. 이렇게 하여 풍속이 옮겨지고 바뀌었으며, 위아래가 자애롭고 화목했다. 날마다 수를 헤아려 1백 전(錢)을 얻기만 하면 가게 문을 닫고 발을 내린 채 《노자》와 《장자》를 가르쳤고, 《노자지귀(老子指歸)》를 지었는데 도가(道家)의 경전이 되었다. 양웅(揚雄)이 젊었을 때 그를 스승으로 삼았는데, 그의 덕을 칭송했다. 두릉(杜陵) 사람 이강(李强)이 익주 자사(益州刺史)가 되었을 때, 양웅에게 일러 말하기를, "내가 진실로 군평(君平) 같은 인재를 얻었다."라고 했다. 그러자 양웅이 말하기를, "그대는 그를 만나 볼 수는 있지만, 굴복시키지는 못할 것입니다."라고 했다. 그러나 이강은 그렇지 않다고

---

10 엄준(嚴遵): 서한(西漢) 때 사람으로, 원래 성(姓)은 장씨(莊氏)인데 후한(後漢) 사람들이 한 명제(漢明帝)의 이름이 유장(劉莊)이었으므로 피휘하여 엄씨(嚴氏)로 바꾸었다.

여겼다. 이강이 익주에 부임하여 예물을 가지고 엄준을 찾아가자, 엄준이 그를 만나 보았다. 그러자 이강은 그의 청고(淸高)한 모습에 감복하여 감히 그를 굴복시키지 못했다. 그는 탄식하여 말하기를, "양자운(揚子雲양웅(揚雄))은 정말로 사람을 알아볼 줄 아는구나."라고 했다. 엄군평은 90세에 세상을 떠났다. 양웅이 그를 칭찬하여 말하기를, "그는 백이(伯夷)를 흠모하지 않으면, 허유(許由)를 흠모했을 것이다. 구차하게 자신을 드러내 보이지 않고, 구차하게 재물을 탐하지 않으며, 오랫동안 은거하면서도 자신의 지조를 바꾸지 않았다. 설령 수후(隨侯)의 구슬과 화씨(和氏)의 벽(璧)이라 하더라도 어찌 그보다 더 나을 수 있겠는가?"[11]라고 했다.

중원(仲元)은 위엄과 의기가 당당하여 나라 사람들의 본보기기 되다.

이홍(李弘)은 자가 중원(仲元)이고, 성도(成都) 사람이다. 어려서 오경(五經)을 읽었지만 장구(章句)에 구애받지 않았다. 궁벽한 작은 마을에 살면서도 금석같이 견고한 의지를 연마했다. 그의 위엄과 태도, 용모와 행동거지는 나라 안의 사람들이 본보기로 삼았다. 덕행으로 추천을 받아 군(郡)의 공조(功曹)가 되었다가 한 달 만에 버리고 떠났다. 그의 아들 이오(李賢)가 능욕을 당하여 사람을 죽이자, 태수가 말하기를, "현자의 아들이 사람을 죽였을 리가 없다."라고 하고 그를 석방했다. 이오는 가족들에게 태수가 법을 어기고 자신을 석방했다고 말했다. 이홍이 아들을 도망가게 했다. 태수가 분노하여 이홍을 질책하자, 이홍이 그에게 말하기를, "이오는 사람을 죽인 도적인데 태수[明府]께서는 저 때문에 사사로이 법을 어겼습니다. 군자는 사람을 유인하여 주살하지는 않습니다. 석작(石

---

11 그는 … 있겠는가: 이는 양웅(揚雄)의 《법언(法言)》 권6 〈문명(問明)〉의 글이다.

碏)이 자신의 아들 석후(石厚)를 죽이자, 《춘추(春秋)》에서 그것을 기롱했습니다. 공자(孔子)는 아비와 자식은 서로의 잘못을 숨겨 주는데, 그 안에 정직함이 있다.[父子相隱, 直在其中.][12]고 칭찬했습니다. 나 이홍은 진실로 이 오를 도망치게 했습니다."라고 했다. 태수 역시 그를 힐난할 방법이 없었다. 주(州)에서 그를 종사중랑(從事中郎)에 임명했는데, 항상 공정하고 간쟁하는 일을 자신의 뜻으로 삼았다. 양자운(揚子雲)이 그를 칭찬하여 말하기를, "이중원(李仲元[이홍(李弘)])의 사람됨은 그 뜻을 굽히지 않고, 자신의 과실에 얽매이지 않았다. 그는 백이(伯夷)처럼 하지도 않고 유하혜(柳下惠)처럼 하지도 않았으니,[13] 벼슬을 해도 되고 하지 않아도 되는 중간 위치에 있다. 그의 외모를 본 자는 엄숙하다고 하고, 그의 행동을 본 자는 아름답다고 하며, 그의 말을 들은 자는 매우 조심한다고 했다. 그는 바르지 않으면 말하지 않고, 바르지 않으면 행동하지 않으며, 바르지 않으면 듣지 않았다. 이것이 나의 스승이 그를 경외한 까닭이다."라고 했다.

자운(子雲)은 현달하여 대성(大聖)처럼 빛을 내뿜다.

양웅(揚雄)[14]은 자가 자운(子雲)이고, 성도(成都) 사람이다. 어려서 가난했

---

12 아비와 … 정직함이 있다: 공자(孔子)는 《논어(論語)》〈자로(子路)〉에서 이르기를, "우리 마을의 곧음은 이와는 다르다. 아비는 자식을 위하여 숨겨 주며, 자식은 아비를 위하여 숨겨 주니, 곧음은 바로 그 안에 있다.[吾黨之直者異於是. 父爲子隱, 子爲父隱, 直在其中矣.]"라고 했다.

13 백이(伯夷)처럼 … 하지도 않았으니: 백이(伯夷)와 유하혜(柳下惠)는 모두 유가(儒家)에서 고사(高士)로 칭송받는 인물들인데, 백이는 죽을 때까지 벼슬을 하지 않았으나 유하혜는 설령 쫓겨난다고 하더라도 벼슬을 하고자 했다.

14 양웅(揚雄): 서한(西漢) 말의 사상가이자 문장가로, 《한서(漢書)》에 따르면 원래 성은 '양씨(揚氏)'였으나 한(漢)나라 때 금석문에는 '양(楊)'으로 되어 있다. 《화양국지》에서는 두 가지가 혼용되고 있다.

지만 도(道)를 좋아했다. 집에는 담석(擔石)[15]의 양식이 없고, 10금(金)의 돈도 없었지만 태연하게 거처했다. 학문을 좋아했으나, 장구(章句)에 얽매이지 않았다. 처음에는 사마상여(司馬相如)의 아름다운 문장을 사모하여 사부(辭賦)를 많이 지었다. 거기장군(車騎將軍) 왕음(王音)은 성제(成帝)의 작은외삼촌이었는데, 양웅을 문하사(門下史)로 초빙하고 아울러 그를 대조(待詔)[16]에 추천했다. 〈감천부(甘泉賦)〉와 〈우렵부(羽獵賦)〉를 지어 황제께 올렸고, 시랑(侍郎)과 급사황문(給事黃門)으로 옮겨 임명되었다. 양웅은 비각(秘閣)에 속한 관직에 오르자, "사부(詞賦)가 숭상을 받는다면 가의(賈誼)는 당(堂)에 올랐다고 할 만하고, 사마상여는 방 안에 들어갔다[昇堂入室][17]고 할 수 있을 것이다. 한 무제(漢武帝)가 〈대인부(大人賦)〉를 읽고 가볍게 날아올라 신선처럼 세상을 초월하는 느낌을 받았지만, 풍간하기에는 부족하다."라고 하고, 마침내 부(賦)를 짓는 일을 멈추었다. 경서(經書)로는 《역경(易經)》보다 위대한 것이 없다고 여겨 《태현(太玄)》을 지었고, 전(傳)으로는 《논어》보다 위대한 것이 없다고 여겨 《법언(法言)》을 지었으며,

---

15 담석(擔石): 한 짐에 짊어질 정도의 매우 적은 분량이다.

16 대조(待詔): 대조(待詔)는 황제의 명을 기다린다는 뜻으로, 한(漢)나라 때 처음 설치되었으나 당시는 정식 관직명이 아니었다. 그 후 당 현종(唐玄宗) 초에 이르러 한림원(翰林院)에 대조를 두어 천자의 조칙에 관한 업무를 관장하게 함으로써 비로소 관직명이 되었다. 한나라 때 초빙된 자들은 모두 대조공거(待詔公車)였으며, 그 가운데서도 뛰어난 자는 '금마대조(金馬待詔)'라고 불렸다. 대조에는 경학(經學)과 문장에 뛰어난 선비가 주로 임명되었다.

17 가의(賈誼)는 … 들어갔다[昇堂入室]: 이는 《법언(法言)》 권2 〈오자(吾子)〉의 글이다. 원문의 '승당입실(昇堂入室)'은 당(堂)에 올라 방에 들어간다는 뜻으로 모든 일은 순서가 있음을 이르는 말로, 학문이나 예술이 점점 깊어짐을 비유한 말이다. 《논어(論語)》 〈선진(先進)〉에 따르면, 공자(孔子)는 제자 자로(子路)의 비파 연주 실력에 대한 다른 제자들의 오해를 풀어 주기 위하여 말하기를, "자로의 솜씨는 이미 당에 올라 있다. 아직 방 안에 들어가지 않았을 뿐이다.[由也, 升堂矣. 未入於室也.]"라고 했다.

사서(史書)[18]로는 《창힐(倉頡)》보다 훌륭한 것이 없다고 여겨 《훈찬(訓纂)》
을 지었고, 부(賦)로는 《이소(離騷)》보다 넓은 것이 없다고 여겨 굴원(屈原)
을 반박하는 방법으로 《반이소(反離騷)》를 지어 널리 보급했으며, 사전(辭
典)으로는 《이아(爾雅)》보다 바른 것이 없다고 여겨 《방언(方言)》을 지었
다. 처음에 그는 유흠(劉歆)·왕망(王莽)·동현(董賢)과 함께 벼슬을 시작하
여 저들은 삼공(三公)에 이르렀는데, 세 황제를 거치면서 오직 양웅 홀로
벼슬이 바뀌지 않았다. 71세에 세상을 떠났다. 유향(劉向) 부자(父子)와 환
담(桓譚) 등이 그를 깊이 존경하여 감복했다. 그의 학설은 심오하고 고원
(高遠)하여 후세의 대유생(大儒生)인 장형(張衡)·최자옥(崔子玉^{최원}_(崔瑗))·송중자
(宋仲子^{송충}_(宋衷))·왕자옹(王子雍^{왕숙}_(王肅))이 모두 주해(注解)를 달았다. 오군(吳郡)의 육
공기(陸公紀^{육적}_(陸績))는 《태현경(太玄經)》에 정통하여 양웅을 성인(聖人)이라고
칭송했다. 양웅의 아들 양오(揚烏)는 신동으로서 7세에 양웅과 《태현경》
의 글을 논했다. 그의 나이 9세에 세상을 떠났다.

임려(林閭)는 청빈하고 적막하여 만년에 명성을 얻다.

임려(林閭)는 자가 공유(公孺)이고, 임공(臨邛) 사람이다. 고대의 경학에
뛰어났다. 옛날 천자에게는 유거(輶車)[19]에 타는 사자(使者)가 있었는데,
한(漢)나라가 일어난 이래 유향(劉向)의 무리가 그 관명을 듣기는 했지만
그 직무에 대하여서는 상세하게 알지 못했다. 다만 임려와 엄군평(嚴君平
^{엄준}_(嚴遵))이 그에 관하여 알고 말하기를, "이 사자는 팔방(八方)의 시가(詩歌)[風
雅]를 살피고, 구주(九州)의 서로 다른 곳과 같은 곳을 소통시키는데, 주된

---

18 사서(史書): 고대에는 아이들을 교육하고 글자를 익히기 위하여 사서를 사용했기 때문
에 여기에서 사서는 문자학 서적을 의미한다.

19 유거(輶車): 옛날에 임금의 사신(使臣)이 타는 가볍고 간편한 수레를 의미한다.

일은 해내(海內)의 소리를 관찰하여 천자로 하여금 조정[高堂]에 거하면서
도 천하의 풍속을 알게 했다."라고 했다. 양웅은 그 말을 듣고 그를 스승
으로 삼아《방언(方言)》을 지었다. 임려는 은둔하여 세상에 그의 명성이
들리지 않았다.

범향후(氾鄕侯)는 충성스럽고 절의가 있으며, 사직(社稷)을 경영했
다. 나라를 위하여 현재(賢才)를 천거하고, 전형(典刑)을 고찰했다.
임금을 사랑했으나 그를 돕지 못하자 스스로 목숨을 끊었으며,
조정도 무너졌다.

하무(何武)는 자가 군공(君公)이고, 비현(郫縣) 사람이다. 처음에 대책(對
策)으로 갑과(甲科)에 합격하여 낭(郎)이 되고, 양주 자사(揚州刺史)·연주 자
사(兗州刺史)·사례교위(司隷校尉)·경조윤(京兆尹)·청하 태수(淸河太守)·초군
태수(楚郡太守)·패군 태수(沛郡太守)·정위(廷尉)·어사대부(御史大夫)를 역임
했다. 한 성제(漢成帝) 초에 삼공(三公)이 설치되자, 대사공(大司空)에 임명
되고 범향후에 봉하여졌다. 사람됨이 충후(忠厚)하고 공정(公正)하여 현사
(賢士)를 천거하여 등용하게 했다. 초군에 있을 때는 공승(龔勝)과 공사(龔
舍)를 불렀고, 패군에 있을 때는 당림(唐林)과 당준(唐遵)을 특별히 보살폈
으며, 사례교위에 있을 때는 무릉(茂陵)[20] 사람 하병(何並)을 불렀고, 삼공
의 지위에 거했을 때는 신경기(辛慶忌)를 등용했는데, 모두가 세상에 이
름난 현인(賢人)이었다. 주군(州郡)에 있을 때는 비록 혁혁한 명성은 없었
지만 그가 떠날 때 백성들이 그를 그리워했다. 재능은 비록 승상인 설선

---

20 무릉(茂陵): 원문에는 '무릉(茂陵)'으로 되어 있으나, 지금의 섬서성 함양(咸陽)인 평릉(平陵)
을 오기(誤記)한 것이다.

(薛宣)과 적방진(翟方進)에 미치지 못했으나 정직함은 그들을 넘어섰다. 애제(哀帝)가 즉위하자 주박(朱博)과 조현(趙玄)을 공경(公卿)으로 삼았고, 하무는 부당하게 관직이 박탈되었다. 간대부(諫大夫) 포자도(鮑子都^{포선})가 자주 그를 위하여 억울함을 하소연했고, 승상 왕가(王嘉) 역시 분개했다. 황제가 다시 하무를 불러 어사대부로 삼았다가 전장군(前將軍)으로 옮겼다. 당시 대사마(大司馬) 신도후(新都侯) 왕망(王莽)이 황제의 외척인 정씨(丁氏)와 부씨(傅氏)를 피하여 스스로 관직에서 물러났고, 이때 하무는 열후(列侯)로 징소(徵召)되었다. 애제가 조서를 내려 태상(太常)을 널리 천거하라고 하자, 왕망은 하무에게 자신을 천거해 주도록 요청했다. 하무는 왕망이 간웅(奸雄)임을 알고 허락하지 않았다. 애제가 세상을 떠나자, 왕망의 고모인 태황태후(太皇太后) 왕씨(王氏)는 그날 바로 왕망을 이끌고 조정에 들어가 대사마 동현(董賢)의 인수(印綬)를 거두고, 다시 대사마를 천거하도록 조서를 내렸다. 승상 공광(孔光) 등은 왕씨의 핍박으로 모두 왕망을 천거했다. 하무가 좌장군 공손록(公孫祿)과 도모하여 말하기를, "왕망의 다섯 아비[五父]²¹가 차례로 조정을 맡아, 저들의 권력이 황제를 기울어지게 하니, 반드시 유씨(劉氏) 천하를 위태롭게 할 것입니다."라고 하고, 공손록을 천거했다. 공손록 역시 하무를 천거했다. 태후가 그들의 건의를 듣지 않고, 왕망을 등용하여 대사마로 삼았다. 왕망이 유사(有司)를 시켜 그들을 탄핵하여 아뢰게 하니, 두 사람 모두 면직되었다. 하무는 봉국(封國)으로 돌아갔고, 왕망은 점점 권력이 성대하여 마침내 재형(宰衡)²²이 되고

---

21 다섯 아비[五父]: 원문에는 '다섯 아비[五父]'로 되어 있으나, 당시 왕망의 부친은 왕망이 어렸을 때 일찍 죽었으므로, '네 아비[四父]'가 맞다. 한 성제(漢成帝) 때 왕 황후(王皇后)의 동생 왕봉(王鳳)·왕음(王音)·왕상(王商)·왕근(王根)이 서로 대사마를 계승하여 조정을 전횡했다. 이들 네 명은 왕망의 백부 및 숙부가 되므로 '네 아비[四父]'라고 부른 것이다.

안한공(安漢公)에 봉하여졌다. 왕망이 한나라 조정을 탈취하려고 도모했으나 하무와 자신의 숙부인 홍양후(紅陽侯) 왕립(王立)이 따르지 않을까 꺼려 했다. 원시(元始) 3년(3)에 여관(呂寬)과 오장(吳章)의 일[23]로 인하여 왕망이 함거(檻車)를 보내 하무를 불러들였다. 하무가 스스로 목숨을 끊으니, 무리가 모두 그를 억울하게 생각했다. 왕망이 무리들의 마음을 진정시키고자 하무에게 시호를 내려 '자후(剌侯)'라고 했다. 아들 하황(何況)이 아버지의 작위를 계승했다. 평제(平帝)가 세상을 떠나자, 왕망이 섭정을 하다가 나중에 제위를 찬탈했다.

숙문(叔文)은 교화를 전파하여 〈풍(風)〉을 〈아(雅)〉로 바꾸었다. 도(道)가 보급되고 풍속이 옮겨져 우리 촉(蜀) 땅이 실제로는 서쪽 노(魯)나라처럼 되었다.

장관(張寬)은 자가 숙문이고, 성도(成都) 사람이다. 촉 땅은 진(秦)나라를 계승한 후 질박과 문명이 구별되었고, 태수 문옹(文翁)이 장관을 보내 박사(博士)를 찾아가 동쪽에서 칠경(七經)을 받아와 가르쳤다. 이때 촉 땅의 학술은 제·노(齊魯) 지역과 견주어졌다. 파군(巴郡)과 한중(漢中) 역시 교화되었다. 한 경제(漢景帝)가 그 일을 기뻐하여 천하의 각 군·국(郡國)에 명

---

22 재형(宰衡): 옛날 주공(周公)은 태재(太宰)가 되고, 이윤(伊尹)은 아형(阿衡)이 되었다. 그런 까닭에 훗날 재상을 가리켜 '재형'이라 불렀다.

23 여관(呂寬)과 오장(吳章)의 일: 왕망(王莽)의 큰아들인 왕우(王宇)가 자신의 스승인 오장, 손위 처남인 여관과 은밀히 의논하여, 여관으로 하여금 한밤중에 왕망의 저택에 개의 피를 뿌리고는 한나라의 제위를 빼앗을 것을 권했다. 결과적으로는 여관은 주살되고, 왕우는 스스로 목숨을 끊었다. 당시 왕우의 처 여언(呂焉)은 임신 중이었으므로, 아이를 출산하자마자 피살되었다. 왕망은 그 기회를 이용하여 위후(衛后)를 제외한 위씨(衛氏) 일족을 모조리 죽였다. 오장 역시 허리가 베여 죽고, 그의 자제를 비롯한 1천여 명이 금고(禁錮) 형을 받아 벼슬을 하지 못했다.

을 내려 학교[文學]를 세우게 하고, 문옹이 교육을 제창하여 촉 땅에서 처음 시작했다. 장관이 무제(武帝)를 따라 감천궁(甘泉宮)에서 태치(泰畤) 제사를 지내고 다리를 건너다가 한 여자가 강물에서 알몸으로 목욕하는 모습을 보았는데, 그녀의 유방 길이가 7척(尺)이나 되었다. 그녀가 말하기를, "나를 아는 자는 황제 뒤에 있는 일곱 번째 수레에 있을 것이다."라고 했다. 공교롭게도 장관의 수레였다. 장관이 대답하여 말하기를, "그녀는 하늘의 별로서 제사를 주관하는데, 제사를 드리는 자가 정결하지 못하면 여자로 출현합니다."라고 했다. 황제가 깨달은 바가 있어 장관을 양주 자사(揚州刺史)로 삼았다. 장관은 또 뱀이나 이무기 같은 요물[蛇蟒之妖][24]들을 변별할 수 있었다. 세상에서는 장관을 '칠거장(七車張)'이라 불렀다. 그는 《춘추장구(春秋章句)》 15만 자를 지었다.

장경(長卿)은 문질(文質)이 빛나니, 그가 지은 문장이 세상의 모범이 되다.

사마상여(司馬相如)는 자가 장경이고, 성도(成都) 사람이다. 경사(京師)에서 유학했다. 문장에 뛰어나 〈자허부(子虛賦)〉를 지었으나, 자신의 이름을 써 놓지 않았다. 한 무제(漢武帝)가 그 글을 읽고 좋아하여 말하기를, "내가 어찌 이 사람과 같은 시대에 살지 못했는가?"라고 했다. 양득의(楊得意)가 대답하여 말하기를, "신과 같은 마을 사람인 사마상여가 지은 것입니

---

24 뱀이나 이무기 같은 요물[蛇蟒之妖]: 《수신기(搜神記)》 권19의 기록에 따르면, 한 무제(漢武帝) 때 장관(張寬)은 양주 자사(揚州刺史)가 되었다. 그 이전에 어떤 두 노인이 산지(山地)를 다투다가 주(州)에 찾아와서 경계를 구별해 달라고 송사했으나, 매년 결정하지 못했다. 장관이 그 일을 맡아 두 노인을 불러 보니 사람의 행색이 아니었다. 그래서 창을 들고 "그대들은 어떤 정령인가?"라고 꾸짖자, 뱀 두 마리로 변했다고 한다.

다."라고 했다. 무제가 사마상여를 불러 만나니, 사마상여가 또 〈상림부(上林賦)〉를 지었다. 황제가 기뻐하며 그를 낭(郎)으로 삼았다. 그는 다시 〈대인부(大人賦)〉를 지어 올려 풍간하고, 〈봉선서(封禪書)〉를 지어 한나라 때 사부(辭賦)의 종사(宗師)가 되었다. 벼슬은 중랑장(中郎將)에 이르렀다. 세상에서 사부를 짓는 자들은 양웅(揚雄)의 무리로부터 모두 그를 본보기로 삼았다.

왕연(王淵)은 사조(辭藻)가 화려하여 아름답기가 화원 같다.

왕포(王襃)는 자가 자연(子淵)이고, 자중(資中) 사람이다. 높은 재주와 문조(文藻)로 한 선제(漢宣帝)를 모셨다. 처음에 왕양(王襄)을 위하여 〈악직송(樂職頌)〉과 〈중화송(中和頌)〉을 지었다. 선제 때 또 〈감천부(甘泉賦)〉와 〈통소부(洞簫賦)〉를 지어 올렸다. 황제가 그 글을 좋아하여 궁인들로 하여금 외우게 했다. 간대부(諫大夫)로 있다가 죽었다.

자산(子山)은 사조(辭藻)에 뛰어나 그가 남긴 저작들은 조리가 있다.

양종(楊終)은 자가 자산이고, 성도(成都) 사람이다. 그의 나이 13세에 이미 〈뇌부(雷賦)〉를 지어낼 수 있었고, 굴원(屈原)의 〈칠간(七諫)〉에 통달했다. 나중에 태수가 되었다가 변방으로 유배되어, 그곳에서 〈고분시(孤憤詩)〉를 지었다. 한 명제(漢明帝) 때 반고(班固)·가규(賈逵) 등과 나란히 교서랑(校書郎)이 되어 《태사공서(太史公書)》를 10만여 자로 요약했다. 〈생민시(生民詩)〉를 짓고, 또 〈부서시(符瑞詩)〉 15장을 지어 올렸다. 《봉선서(封禪書)》를 편찬하고, 《춘추외전(春秋外傳)》 12권, 《춘추장구(春秋章句)》 15만 자를 저술했는데, 모두 세상에 전해진다.

소천(少遷)은 용맹하고 의지가 굳세어 세 지역에서 공훈을 세웠다.

진립(陳立)은 자가 소천이고, 임공(臨邛) 사람이다. 한 성제(漢成帝) 때 장가군(牂柯郡)에서 반란이 일어나자, 장군 왕봉(王鳳)의 추천으로 장가 태수가 되어 화란을 평정했다. 나중에 파군 태수(巴郡太守)로 옮겼는데, 직질은 중이천석(中二千石)까지 올랐고 치적이 두드러졌다. 또 천수 태수(天水太守)로 옮겼는데, 직무 평가에서 천하 최고의 등급을 받아 천자가 황금 40근을 하사했다. 조정에 들어가 좌위장군(左衛將軍)·호군도위(護軍都尉)가 되었다.

세공(世公)이 정무를 관리하니, 길상(吉祥)과 서기(瑞氣)가 나란히 찾아오다.

왕부(王阜)는 자가 세공이고, 성도(成都) 사람이다. 태수 제오륜(第五倫)이 그를 효렴(孝廉)으로 천거하여 중천령(重泉令)이 되었는데, 난조(鸞鳥)가 학교[文學]에서 10여 일을 맴돌았다. 익주 태수(益州太守)로 옮기자 신마(神馬)가 전지하(滇池河)에 출현하고, 감로(甘露)가 내리며, 백조(白鳥)가 보이니 백성들이 그를 부모처럼 생각했다.

아름답도다, 문부(文父)여! 어려서부터 총명했다. 그의 덕(德)은 회계(會稽)에 가득하고, 도(道)는 벽옹(辟雍)[25]에서 본보기가 되었네.

장패(張覇)는 자가 백요(伯饒)이고, 시호는 문부로 성도(成都) 사람이다. 나이 겨우 몇 살 때 예의를 알았다. 손림(孫林)·유고(劉固)·단저(段著) 등

---

25 벽옹(辟雍): 서주(西周) 때 천자가 설립한 학궁(學宮)으로, 태학(太學)을 가리킨다. 벽옹은 벽옹(辟廱), 벽옹(璧雍)과 같은 뜻으로, 사방 주위에 물을 둘러놓아 벽옥 모양과 같기 때문에 이름 지은 것이다.

여러 유생들이 그를 추숭하여 그의 집 아래로 집을 옮겼다. 그가 어머니에게 스승을 찾아가서 배우고자 한다고 여쭈었다. 어머니는 그가 어린 것을 불쌍히 여기자, 그가 대답하기를, "능히 공부하고도 남음이 있습니다."라고 했다. 그런 까닭에 그의 자를 '백요(伯饒)'라고 했다. 회계 태수(會稽太守)가 되어 혼란을 다스리고 치세를 일으켰다. 학교를 세우자 배우는 무리가 수천이나 되어 풍속과 교화가 크게 행하여져, 길거리에서는 다만 책 읽는 소리만 들렸다. 백성들이 모두 그를 노래했다. 그가 고봉(顧奉)·공손송(公孫松)·필해(畢海)·호무관(胡毋官)·만우선(萬虞先)·왕연(王演)·이근(李根) 등 유명 인사들을 추천했는데, 모두 높은 지위에 올랐다. 군(郡)에서 태수로 10년 있다가, 도덕이 고상하여 조정으로 징소되어 의랑(議郎)에 임명되었다. 다시 시중(侍中)으로 옮겼다. 마침내 장패에게 '오경(五更)'이라는 칭호를 하사했고, 그는 태학(太學)[26]에서 예를 중히 여겼다. 나이가 들어 죽자, 하남(河南)에 장사 지냈다.

소부(少府)는 공정하고 유순하여 경상(卿相)과 태사(太師)가 되었다.

조전(趙典)은 자가 중경(仲經)이고, 성도(成都) 사람이다. 태위(太尉) 조계(趙戒)의 아들[27]이다. 영천(穎川) 사람 이응(李膺) 등과 나란히 '팔준(八俊)'[28]으로 불렸다. 세 번이나 시중(侍中)이 되고, 스스로 봉록을 가난한 자들에게 베푸는 일을 좋아했다. 조정에서 그를 국사(國師)에 제수하려고 했는

---

26 태학(太學): 원문에는 '문학(文學)'으로 되어 있는데, 지방 학교를 '문학'이라 부르고, 중앙에 있는 학교를 '태학'이라 불렀으므로 문학을 '태학'으로 수정했다.

27 아들: 원문에는 '손자[孫]'로 되어 있으나, 《후한서(後漢書)》 〈조전전(趙典傳)〉에는 '아들[子]'로 되어 있어 수정했다.

28 팔준(八俊): 동한(東漢) 때 이응(李膺)·순익(荀翌)·두밀(杜密)·왕창(王暢)·유우(劉祐)·위랑(魏朗)·조전(趙典)·주우(朱寓)이다.

데, 임명되기 전에 병으로 죽었다.

하영(何英)과 양유(楊由)는 정신을 몰두하여 심오한 것에서 미미한 것에 이르기까지 모두 관통했다.

하영은 자가 숙준(叔俊)이고, 비현(郫縣) 사람이다. 양유는 자가 애후(哀侯)이고, 성도(成都) 사람이다. 두 사람은 경학(經學)과 위학(緯學)을 배워 정통했다. 하영은《한덕춘추(漢德春秋)》15권을 저술했다. 손문(孫汶)은 자가 경유(景由)이고, 역시 학문에 조예가 깊었다. 처음에 징소(徵召)되었을 때, 하늘에 일식(日食)이 출현하자 사방에서 도적들이 일어날 것을 예측했는데, 그대로 응험하자 알자(謁者)로 삼았다. 경사(京師)에 가뭄이 들자, 그가 비가 내리기를 청하니 즉시 단비가 내렸다. 건위속국도위(犍爲屬國都尉)로 옮겼다.《세무론(世務論)》30편을 지었고, 후에 죽었다. 양유는 태수 염범(廉範)의 문학연(文學掾)이 되었는데, 염범은 그가 일을 잘 처리한다고 칭찬했다. 양유가 말하기를, "마땅히 도적이 난리를 일으킬 것입니다."라고 했는데, 얼마 안 되어 광유현(廣柔縣)의 강족(羌族) 사람이 반란을 일으켜 도적질하면서 그곳 현장(縣長)인 요초(姚超)를 살해했다. 같은 마을사람 냉풍(冷豊)이 술을 가지고 그를 기다렸는데, 마침 손님이 찾아와 안으로 들어가지 못했다. 양유는 이미 그 안에 사람들이 많음을 알고 있었다. 또 말하기를, "어떤 사람이 나에게 과일을 갖다줄 것인데, 그 빛깔은 적황색이다."라고 했다. 과연 어떤 사람이 그에게 감귤을 보내왔다. 대장군 두헌(竇憲)이 태수에게〈운기도(雲氣圖)〉를 요구하자, 양유가 주지 말라고 간언했는데, 얼마 안 되어 두헌이 주살되었다. 그는 사리가 이와 같이 명백했다. 저서 열 편이 있으며, 후에 죽었다.

사농(司農)은 공정하고 명백하여, 삼가 나라의 법을 지키다.

임방(任昉)은 자가 문시(文始)이고, 성도(成都) 사람이다. 처음에 엽령(葉令)이 되어 간악한 도적 70여 명을 잡아서 다스렸다. 나중에 양(梁)나라 상국(相國)과 상서령(尚書令)으로 옮겼다. 자신이 청렴하여 아랫사람도 그에 맞게 살피고 조사했으므로 대장군 양기(梁冀)가 그를 꺼려 했다. 위군 태수(魏郡太守)가 되었다가, 평원 태수(平原太守)로 옮겼는데, 해마다 조세로 1백만을 바쳤다. 양기가 주살되자, 다시 조정으로 들어와 상서령·사례교위(司隷校尉)가 되었고, 다시 대사농(大司農)으로 옮겼다가 죽었다. 그의 동생 임개(任愷)는 서주 자사(徐州刺史)로, 역시 정치적 치적이 유명했다. 임방의 아버지 임순(任循)은 자가 백도(伯度)이고, 임방이 장사 태수(長沙太守)로 있을 때 잃어버린 아버지를 찾았다. 당시 그의 아버지는 태수의 오관연(五官掾)으로 있었는데, 사람들은 진실되고 성실한 임방의 마음이 하늘에 통했다고 했다.

옹군(翁君)은 아름답고 빼어나 자사(刺史)가 된 후 사리를 깨닫다.

하패(何霸)는 자가 옹군이고, 사공(司空) 하무(何武)의 형이다. 군(郡)의 호조(戶曹)로 있었다. 자사(刺史) 왕존(王尊)이 임지인 익주(益州)로 부임하기 전에 여러 군에 이서(移書)를 보내 자신을 영접하지 말라고 했다. 태수가 그대로 따르려고 했다. 그러자 하패는 마땅히 가서 영접해야 한다고 말했고, 태수는 하패를 보내 맞이하게 했다. 왕존이 크게 노하자, 하패가 대답하여 말하기를, "태수가 저를 보낸 것은 자사에게 경의를 표하기 위함이 아니라, 경사를 떠난 지 오래되어 황제의 근황이 어떤지 알고자 기다린 것입니다."라고 했다. 왕존은 급히 수레에서 내려, 부절(符節)을 가지고 그를 응대했다. 그 일로 자사는 하패의 용모와 행동이 기이함을 보

고, 벽소(辟召)하여 별가(別駕)로 삼았다. 다시 수재(秀才)로 천거하여 속국
(屬國)의 중랑장(中郞將)으로 삼았다. 동생은 이름 누락. 영천 태수(穎川太守)이
다. 그의 형제 다섯 명이 모두 유명했다.

백건(伯騫)은 현재(賢才)를 추천하고, 선을 구하기를 굶주린 듯했다.

유종(柳宗)은 자가 백건이고, 성도(成都) 사람이다. 처음에 아홉 명의 친
구와 교의를 맺고 함께 공부하여 '구자(九子)'로 불렸다. 주·군(州郡)에서
우직(右職)²⁹을 맡아 현재(賢才)를 추천하는 데 힘썼다. 구차방(求次方)·장
숙료(張叔遼)·왕중증(王仲曾)·은지손(殷智孫) 등을 선발했는데, 마침내 그들
모두 주목(州牧)이나 태수(太守)가 되었다. 주(州)의 마을에서는 "황금 한
상자를 얻기보다는 백건에게 인정받는 편이 낫다."라는 말이 전해졌다.
나중에 무재(茂才)로 추천되어 양하 태수(陽夏太守)가 되었다.

문후(文侯)는 공순하면서도 기개가 드높아 지위가 태형(台衡)³⁰에 이르렀다.

문후 조계(趙戒)는 자가 지백(志伯)이고, 소부(少府) 조전(趙典)의 아버지³¹
이다. 조계의 아버지 조정(趙定)은 유협(游俠)으로 일컬어졌다. 조계는 순
제(順帝)와 환제(桓帝) 때 사도(司徒)·태위(太尉)를 역임했고, 특진(特進)에 올

---

29 우직(右職): 고급 관직으로 주(州)의 치중(治中)·별가(別駕), 군(郡)의 오관(五官)·도독(都督)
등이 여기에 해당한다.
30 태형(台衡): 재상을 비유한 말로, '태(台)'는 삼태성(三台星)이고, '형(衡)'은 옥형(玉桁)이다.
하늘의 삼태성은 인간의 재상을 맡은 별이라고 하고, 재상은 세상을 저울질하는 권한
이 있다고 한다. 이 별들은 모두 자미궁(紫微宮) 제좌(帝座) 앞에 위치하여 있다.
31 조전(趙典)의 아버지: 《화양국지》 원문에는 '할아버지[祖]'로 되어 있으나, 잘못되었으므
로 '아버지'로 수정했다.

랐다. 여러 차례 공보(公輔)의 자리에 있었으나, 재난의 시대에 근심과 환란을 면했다. 나중에 벼슬을 그만두고 촉(蜀) 땅으로 돌아가 세상을 떠났다.

태위(太尉)는 강직하여 무너지는 조정의 기상을 진작시키는 데 뜻을 두었다.

조겸(趙謙)은 자가 언신(彦信)이고, 조계(趙戒)의 손자이다. 역대로 경(卿)·윤(尹)의 지위에 있었다. 초평(初平) 원년(190)에 태위가 되었다. 당시 동탁(董卓)이 정권을 잡고 천자를 장안(長安)으로 옮기고자 했다. 조겸은 사공(司空) 순상(荀爽)과 굳세게 간언했지만 동탁은 그 말을 듣지 않고 오히려 거기장군(車騎將軍)으로 삼아 대가(大駕)[32]를 받들고 서쪽으로 향하게 하고, 낙정후(洛停侯)에 봉했다. 사례교위(司隷校尉)에 임명했다. 조겸이 동탁의 뜻을 거슬러 면직되었다. 백파적(白波賊)[33]을 토벌하는 데 공로가 있어 비후(郫侯)에 봉하여지고, 사도(司徒)에 임명되었다. 나중에 면직되었다가 상서령(尙書令)·태복(太僕)에 임명되었다. 초평 3년(192)에 세상을 떠났고, 시호는 충후(忠侯)이다.

---

32 대가(大駕): 황제가 출행할 때 의장대(儀仗隊)의 규모가 가장 큰 것을 '대가(大駕)'라고 하는데, 법가(法駕)와 소가(小駕)의 위에 있다. 한(漢)나라 채옹(蔡邕)은 《독단(獨斷)》에서 이르기를, "천자가 출행할 때에 거가(車駕)의 순서를 노부(鹵簿)라고 하는데, 대가·소가·법가가 있다. 대가는 공경(公卿)이 받들고 인도하며, 대장군(大將軍)이 황제의 옆에 탄다. 태복경(太僕卿)에 예속된 수레가 81대인데, 천승(千乘)과 만기(萬騎)가 구비되어 있다."라고 했다.

33 백파적(白波賊): 한(漢)나라 중평(中平) 5년(188), 곽태(郭泰)가 황건적(黃巾賊)의 난 때 백파곡(白波谷)에서 봉기했기 때문에 그의 군대를 '백파군(白波軍)'이라고 불렀다.

사도(司徒)는 부형(父兄)을 이어 간신들이 전횡할 때 의연하게 힘써 일했다.

조온(趙溫)은 자가 자유(子柔)이고, 조겸(趙謙)의 동생이다. 시중(侍中)의 신분으로 대가(大駕)를 이끌고 황제와 함께 서쪽 장안(長安)으로 갔으며, 강남정후(江南亭侯)에 봉하여졌다. 형이 죽은 뒤 초평(初平) 4년(193)에 사공(司空)에 임명되고, 1년도 안 되어 사도(司徒)로 옮겨졌는데, 당시에는 매우 영광스러운 일이었다. 당시 거기장군(車騎將軍) 이각(李催)이 동승(董承)·장제(張濟) 등과 권력을 다투어 여러 차례 천자를 옮겼다. 조온이 글을 써서 이각을 질책했다. 천자가 그 소식을 듣고 염려했다. 얼마 후 조공(曹公조조(曹操))이 정권을 잡고 천자를 옮겨 허(許)에 도읍했다. 이때부터 정령(政令)이 제후로부터 나왔으나, 조온은 조조로부터 예우를 받았다. 삼공(三公)의 지위에 15년 있다가, 건안(建安) 13년(208)에 세상을 떠났다.

간신이 조정을 장악하자, 조씨(趙氏) 형제가 동탁(董卓)과 이각(李催)을 질책하다.

양(讓)은 질책하라는 뜻이다. 동탁과 이각이 흉악하여 전횡을 저지르자, 조겸(趙謙)과 조온(趙溫)이 그들의 심기를 범했다. 처음에 문후(文侯조겸(趙謙))는 이고(李固)·호광(胡廣)과 의논하여 청하왕(清河王) 유산(劉蒜)을 제위에 세우려고 하고, 양기(梁冀)는 여오후(蠡吾侯) 유지(劉志)를 세우려고 했다. 조계(趙戒)는 양기의 협박으로 그의 의견에 복종했고, 이고는 억울하게 죽었다. 군자들은 동탁과 이각의 악행이 양기보다 심하다고 여겼다. 조겸은 동탁의 날카로운 이를 조롱하고, 조온은 이각의 악한 발톱을 조롱했다. 비록 권세에 의하여 핍박을 받는다고 하더라도 도리로써 진술하여 훈계하니, 그들의 할아버지보다 훨씬 현명했다.

시중(侍中)이 조정의 명을 받으니, 명분과 절조가 빛났다.

상흡(常洽)은 자가 무니(茂尼)이고, 강원(江原) 사람이다. 형주 자사(荊州刺史)에서 경조윤(京兆尹)·시중·장수교위(長水校尉)로 옮겼다. 병사들을 이끌고 대가(大駕)를 호위하여 서쪽 장안(長安)으로 모셨다. 이각(李傕) 등이 일부러 행차를 곤란하게 하자, 항상 천자의 주변을 지켰다. 나중에 이각에게 피살되었다.

만이(蠻夷)가 소란을 피워 남쪽 변경에서 반란을 이끄니, 자공(子恭)이 전거(傳車)를 타고 부임하여 추하고 더러운 행위들을 제거했다.

양송(楊竦)은 자가 자공(子恭)이고, 성도(成都) 사람이다. 영초(永初) 연간에 월수(越嶲)·영창(永昌)의 이족(夷族)이 반란을 일으켜 군·현을 잔인하게 파괴했는데, 거기에 참여한 무리가 10만여 명이었다. 익주 자사(益州刺史) 장교(張喬)는 양송이 용맹함을 알고, 종사(從事)로 임명하여 남중(南中)을 평정하게 했다. 양송이 먼저 조서로 알려 깨우쳤으나 복종하지 않자, 그들을 주벌(誅罰)했다. 그래서 오랑캐 3만여 명을 죽이고, 1천5백 명을 생포하였으며, 재물 4천만을 획득하고, 이족(夷族) 36개 부락을 항복시켰다. 탐관오리의 과실을 드러내어 바로잡았는데, 그 가운데 지방관이 90명이고 황수(黃綬)[34]가 60명이었다. 남중이 깨끗하게 평정되었다. 그런데 평정 도중에 마침 부상을 입어 그 때문에 죽었다. 장교는 온 주(州)의 역량을 다하여 위문하고 상을 베풀어 주었으며, 그의 화상(畫像)을 동관(東觀)에

---

34 황수(黃綬): 누런빛의 인끈을 띤 벼슬아치라는 뜻으로, 예전에 지위가 낮은 관리를 이르던 말이다.

걸어 두었다.

백춘(伯春)과 맹원(孟元)이 당시 군왕을 바로잡다.

장충(張充)은 자가 백춘이고, 이기(李幾)는 자가 맹원으로 강원(江原) 사람이다. 장충이 치중 종사(治中從事)로 있을 때이다. 당시 익주 자사(益州刺史)가 자신의 출중함만 믿고 매번 종사를 만날 때면 땅바닥에 천을 깔고 앉게 하고, 자신은 스스로 높은 의자에 편안하게 앉았다. 장충이 관서(官署)로 들어갈 때 문에서 더 나아가지 않자, 자사가 깨닫고 마침내 종사를 예로써 대우했다. 자사가 공손특(公孫特)을 비롯하여 대성(大姓)인 건위(犍爲) 사람 이위(李威)와 교치(橋稚)를 불러 조(曹)를 맡게 했다. 사건의 단락 누락.[35] 당시 수재(水災)가 발생하였는데, 제오륜(第五倫)이 자사의 뜻을 받들어 한중(漢中)의 수재가 그다지 많지 않다고 하면서 표문을 올리지 않았다. 이기가 표문을 올릴 것을 굳게 요구했다. 나중에 자사가 이르러 제오륜이 한 일에 불만을 가져 군(郡)의 잘못을 찾아 제오륜이 수재를 보고하지 않았다고 탄핵했다. 그러자 이기가 대답하여 이르기를, "조서에 따르면 황제께서는 재이(災異)를 보고하는 일은 주(州)에서 결정할 수 없다고 했습니다."라고 했다. 제오륜이 사공(司空)으로 옮기자, 이기를 불러 연(掾)으로 삼았다.

양반(楊班)과 나형(羅衡)이 현령(縣令)이 되어 백성들에게 사랑을 남기다.

양반은 자가 중환(仲桓)이고, 성도(成都) 사람이다. 나형은 자가 중백(仲

---

35 장충(張充)의 후반부 내용과 이기(李幾)의 전반부 내용이 누락되었다.

伯)이고, 비현(郫縣) 사람이다. 두 사람은 은사(隱士)인 하초산(何初山)[36]을 스승으로 삼았다. 양반은 불위(不韋)와 무릉(茂陵) 현령이 되었는데, 그곳을 잘 다스려 교화가 널리 퍼졌다. 서성(西城)과 낭중(閬中) 현령으로 옮겼는데, '당시 이름난 관리'라 불렸다. 나형은 만년(萬年) 현령으로 있었는데, 사람들이 길에 떨어진 물건을 줍지 않고, 인가의 소와 말이 모두 길가에 매여 있었다. 사람들은 모두 "그것은 나공(羅公[나형羅衡])의 소유이다."라고 했다. 삼부(三府)에서 다투어 그를 불렀다. 광한(廣漢) 현장(縣長)에 임명되었다. 만년과 광한 두 현에서 모두 그를 위하여 사당을 세웠다.

소백(小伯)은 온유하고 공손하며, 무슨 일이든 미리 도모하여 혼란이 발생하지 않게 했다.

진담(陳湛)은 자가 소백(小伯)이고, 성도(成都) 사람이다. 역대로 여러 차례 현령에 임명되었는데, 백성들이 모두 그를 그리워했다. 주(州)에서 그를 불러 치중 종사(治中從事)로 삼았다. 광한 태수(廣漢太守)가 아들을 파견하여 주부(州府)로 보내 좋은 관계를 맺자고 했다. 자사(刺史)가 그의 요청을 받아들이려고 하자, 진담이 간언하기를, "〈고양(羔羊)〉[37]의 뜻을 잃어서는 안 됩니다."라고 했다. 자사가 그의 말을 따랐다. 나중에 자사와 태수가 사사로이 왕래했다는 말이 있어 조사하여 보니 그런 일이 없어, 그제야 진담의 고명함을 알 수 있었다.

---

36 하초산(何初山): 고교본(顧校本)에는 '하유정(何幼正)'으로 되어 있다.

37 〈고양(羔羊)〉:《시경(詩經)》 소남(召南)의 한 편명으로, 관리의 청렴을 찬미했다.

맹유(孟由)는 효성이 지극하여 먼 세대에까지 추앙받았다.

금견(禽堅)은 자가 맹유이고, 성도(成都) 사람이다. 아버지는 금신(禽信)으로, 현(縣)의 관리가 되어 월수(越雟)로 사신으로 갔다가 이족(夷族)에게 잡힌 뒤에 팔려 11개 부락을 전전했다. 금신이 사신으로 떠날 때 금견의 어머니는 금견을 임신한 지 겨우 6개월째였다. 그녀는 금견을 낳자마자 개가(改嫁)했다. 금견이 장성하여 아버지가 실종된 사실을 알았다. 그래서 자신의 노역을 팔아 고용살이를 하고, 벽주(碧珠)를 구하여, 아버지를 찾는 데 썼다. 한 차례 한중(漢中)을 다녀오고 세 차례나 국경 바깥까지 나가 두루 1만 리나 다녔고, 6년 4개월을 거치는 동안 장독(瘴毒)이나 이리와 호랑이 같은 위험을 물리치고 결국 이족(夷族) 땅에서 아버지를 찾게 되었다. 아버지와 만나자 처량함과 슬픔이 더했고, 이족들도 그들을 불쌍하게 여겨 풀어주었다. 즉시 아버지를 모시고 돌아왔고, 개가한 어머니를 모셔 함께 봉양했다. 주·군(州郡)에서는 그의 효성을 가상하게 여겨 그를 불러 공조(功曹)로 삼고, 다시 종사(從事)에 임명했으며, 동관(東觀)에 그의 사적을 걸어 놓았다. 태수 왕상(王商)이 추중하여 효렴(孝廉)으로 삼고 현령 이필(李苾)로 하여금 비명(碑銘)을 짓게 했는데, 지금까지도 그를 제사 지내고 있다.

중욱(仲垤)이 스승의 어려움을 면하게 하다.

중욱은 성도(成都) 사람이다. 어려서 엄계후(嚴季后)에게서 배웠다. 나중에 계후가 문강현위(汶江縣尉)가 되자 중욱을 불렀고, 중욱은 10월에 가기로 응답했다. 마침 이족이 반란을 일으키자, 가는 길이 끊기고 말았다. 중욱은 약속한 기한에 맞추어 출발했고, 예닐곱 차례[38]나 어려움을 당하여 거의 죽을 지경이었다. 몇 년 후에 마침내 문강에 도착하여 계후를 위하여 계책을 진술하여 스승으로 하여금 어려움을 벗어나게 했다. 먼 데 사람과 가까운 데 사람들이 모두 그에게 탄복했다.

숙본(叔本)이 인(仁)을 사모하다.

임말(任末)은 자가 숙본이고, 번현(繁縣) 사람이다. 그는 동봉덕(董奉德)과 함께 경사(京師)에서 공부했다. 동봉덕이 병으로 죽자, 녹거(鹿車)를 밀며 영구(靈柩)를 바랬다. 스승이 죽자, 자신의 몸이 병들었음에도 불구하고 재계하고 관을 사 가지고 달려갔다. 그러나 도중에 죽자, 아들이 유언을 받들어 시신을 싣고 스승의 집 문앞에까지 가서 그가 평생 스승을 존경하는 뜻을 펼쳤다.

백금(伯禽)이 태수[將][39]의 청렴함을 증명하다.

주보(朱普)는 자가 백금이고, 광도(廣都) 사람이다. 군(郡)의 공조(功曹)가 되었다. 군의 태수와 자사(刺史) 왕기(王冀) 사이에 틈이 생겨 그가 억울하게 탄핵을 받게 되었다. 주보는 신도(新都)의 감옥에 이르러, 몇 달간 계속 매질을 당하여 피부와 살이 썩어 악취가 나서 거의 죽은 사람 같았는데도 태수에게 잘못한 일이 없음을 증명했다. 그 아들에게 경계하여 말하기를, "내가 죽으면 시신을 싣고 궐문에 이르러 천자로 하여금 나의 마음을 알게 하라."라고 했다. 일이 이치에 맞게 해결되자, 주보의 강직한 명성이 천하에 소문났다.

---

38 예닐곱 차례: 《화양국지》 원문에는 '육천(六千)'으로 되어 있으나 문맥상 '천(千)'은 '칠(七)'의 오기인 듯하다.

39 태수[將]: 원문에는 '장(將)'으로 기록되어 있는데, 한(漢)나라 때 관리와 백성들이 자사(刺史)를 '주장(州將)', 태수(太守)를 '군장(郡將)'이라 불렀다.

문사(文寺)가 현장(縣長)을 대신하여 죽다.

이형(李馨)은 자가 문사이고, 엄도(嚴道) 사람이다. 엄도현장(嚴道縣長) 장표(章表)의 주부(主簿)이다. 모우(旄牛)의 이족(夷族)이 반란을 일으켜 현성(縣城)으로 들어와 공격하자 장표가 급하게 달아나는데, 창칼이 번갈아 이르자 이형이 자신의 몸을 숙여 장표를 보호하면서 이족들에게 말하기를, "나를 죽이고, 나의 주군(主君)을 살려 달라."라고 했다. 이족들이 마침내 이형을 죽이고, 장표를 살려 주었다. 태수가 그 일을 가상하게 여겨 이형의 도상(圖像)을 관부(官府) 정원에 걸었다.

세 가지 절의는 돈독하고, 처음부터 끝까지 한결같아야 한다.

인생에 있어서 임금과 아버지, 스승 세 사람을 섬기는 절의는 한결같아야 한다. 사람들은 "처음에는 잘하지 않는 사람이 없으나, 끝까지 잘할 수 있는 사람은 드물다.[靡不有初, 鮮克有終.]"[40]라고 했는데, 주보(朱普)와 이형(李馨)은 처음부터 끝까지 잘했다고 하겠다.

불꽃이 쇠약해지니, 거군(巨君)과 공손술(公孫述)이 참람하게도 반란을 일으키다.

염(炎)은 불빛이다. 한(漢)나라는 화덕(火德)으로 왕이 되었는데, 고조(高祖)로부터 평제(平帝)에 이르는 12세까지 세 번 국통이 끊겼다.[41] 평제 역시 일찍 세상을 떠나 안한공(安漢公) 거군 왕망(王莽)이 마침내 천자의 자리를 탈취하여 신(新)나라 황실의 황제라 칭했다. 그리고 무릉(茂陵) 사람

---

40 처음에는 … 드물다: 이는 《시경(詩經)》〈대아(大雅) 탕(蕩)〉의 글이다.

41 세 번 국통이 끊겼다: 한 성제(漢成帝)·한 평제(漢平帝)·한 애제(漢哀帝) 때 모두 후사가 없었다.

자양(子陽) 공손술이 왕망의 도강졸정(導江卒正)[42]이 되어 마침내 촉(蜀) 땅에서 황제를 참칭했다.

장명(章明)과 왕호(王皓)가 스스로 목을 베다.

장명은 자가 공유(公孺)이고, 신번(新繁) 사람이다. 왕호는 자가 자리(子離)이고, 강원(江原) 사람이다. 장명은 태중대부(太中大夫)로 있을 때 왕망(王莽)이 찬위하자 탄식하며 말하기를, "하나의 몸으로 두 군주를 섬길 수 없다."라고 하고, 마침내 자결했다. 왕호는 미양령(美陽令)으로 있었는데, 왕망을 떠나 촉(蜀)으로 돌아갔다. 공손술(公孫述)이 황제를 참칭하고, 사자를 보내 그를 초빙했다. 마침내 왕호가 스스로 목을 베어 사자에게 주었다. 공손술이 수치스러워 화를 내고, 왕호의 처자식을 죽였다.

후강(侯剛)이 한(漢)나라가 망한 것을 통곡하다.

후강은 자가 직맹(直孟)이고, 신번(新繁) 사람이다. 낭(郞)으로 있을 때, 왕망(王莽)이 제위를 찬탈하자 거짓으로 미친 행세를 하면서 등에 나무기둥[木斗][43]을 지고 궁궐을 지키며 통곡했다. 왕망이 사람을 시켜 그에게 물으니, 그가 대답하기를, "한(漢)나라의 국운이 아직 다하지 않았는데 내가 어찌 죽겠는가? 또한 차마 군주가 아닌 자를 섬길 수는 없다."라고 했다. 마침내 왕망이 그를 죽였다.

---

42 도강졸정(導江卒正): 왕망(王莽)이 건립한 신(新)나라에서 공손술(公孫述)을 도강졸정(導江卒正), 즉 촉군 태수(蜀郡太守)로 삼았는데, 25년에 공손술이 촉 땅을 점거하고 스스로 '백제(白帝)'라 참칭하고 국호를 '대성(大成)'이라고 했다.

43 나무기둥[木斗]: 원래는 수량(水量)을 재는 기구이다. 옛날에는 '두(斗)'와 '주(主)'가 같은 음이었다. 나무기둥[木斗]을 등에 지고 통곡했다는 것은 '목주(木主)' 즉 나무로 만든 신주(神主)를 메고 한(漢)나라 황제의 영령을 위하여 곡(哭)했다는 뜻이다.

공경(公卿)이 스스로 목을 베어 충절을 지키다.

왕가(王嘉)는 자가 공경이고, 강원(江原) 사람이다. 낭(郞)으로 있을 때, 왕망(王莽)을 떠나 고향으로 돌아와 촉(蜀) 땅에 머물렀다. 공손술(公孫述)이 먼저 그의 처자식을 가둬 두고 사람을 시켜 그를 불렀다. 왕가는 왕호(王皓)가 죽었다는 소식을 듣고 탄식하여 말하기를, "내가 그의 뒤를 따를 것이다."라고 하고, 역시 자살했다. 공손술이 부끄러워 그의 처자식을 풀어 주었다.

나생(羅生)은 지극히 완미하여 나라의 어려움을 구제할 생각을 했는데, 공손술(公孫述)이 마침내 잘못을 저질러 유능한 인재를 죽였다.

나연(羅衍)은 자가 백기(伯紀)이고, 성도(成都) 사람이다. 공손술(公孫述)이 그를 낭(郞)으로 삼았다. 그는 일찍이 공손술의 상서(尙書) 해문경(解文卿)과 정문백(鄭文伯)에게 유세하여 공손술이 한(漢)나라에 항복하면 자손들이 복을 받을 것이라고 간언하도록 했다. 해문경과 정문백이 그의 말을 따랐다. 공손술이 노하여 두 사람을 박실(薄室)[44]에 6년간이나 유폐시켰다. 두 사람은 자신들의 뜻을 지켜 돌이키지 않고, 마침내 박실 안에서 죽었다. 나연이 효렴에 추천되고, 징소(徵召)되어 박사(博士)가 되었다.

---

44 박실(薄室): 황궁 안에 있는 감옥으로, '폭실(暴室)'이라고도 한다. 원래는 한(漢)나라 때 옷감을 물들이고 뉘어 말리던 곳인데, 죄나 질병이 있는 황후(皇后)와 귀인(貴人), 궁인들을 이곳에 감금했다.

유비(劉備)가 할거하여 촉(蜀) 땅 인재에게 의지하고, 홍려(鴻臚)는 학문에 정통하여 도(道)와 더불어 움직였다.

하종(何宗)은 자가 언영(彦英)이고, 비현(郫縣) 사람이다. 경위(經緯)·천관(天官天文)·추보(推步)·도참(圖讖)에 정통했다. 유비가 한(漢)나라 9세의 운명[九世之運][45]에 부합함을 알고, 선주(先主유비)를 세워야 한다고 밝혔다. 나중에 대홍려(大鴻臚)가 되었다. 바야흐로 공보(公輔)에 임명하려고 했는데, 때마침 죽었다.

군숙(君肅)은 용감하고 재능이 출중하여 무리들 속에서 탁월하다.

하지(何祗)는 자가 군숙이고, 하종(何宗)의 일가이다. 처음에 건위(犍爲) 사람 양홍(楊洪)이 태수 이엄(李嚴)의 공조(功曹)가 되었다가 건위를 떠나 여러 해 동안 촉군 태수(蜀郡太守)로 있었는데, 이엄은 여전히 건위 태수로 있었다. 하지는 양홍의 문하서좌(門下書佐)로 있다가 촉군을 떠나 여러 해 동안 광한 태수(廣漢太守)로 있었는데, 양홍은 여전히 촉군 태수로 있었다. 따라서 서쪽 사람들은 모두 제갈량(諸葛亮)이 당대 인물의 능력을 다 펼칠 수 있도록 기용한 것에 감복했다. 하지는 건위 태수로 옮겼다가 죽었다.

보한(輔漢)은 성격이 활달하고 일처리가 민첩하며 때에 맞게 일하는 데 힘썼다.

장예(張裔)는 자가 군사(君嗣)이고, 성도(成都) 사람이다. 여남(汝南) 사람

---

45 9세의 운명[九世之運]:《삼국지(三國志)》〈촉서(蜀書) 선주전(先主傳)〉에 따르면 하종(何宗) 등이《낙서견요도(洛書甄曜度)》를 인용하여 말하기를, "적(赤)이 3일 동안 나타나면 덕(德)이 번창하고, 9대를 거쳐 유비(劉備)를 만나니 제제(帝際)에 부합한다.[赤三日德昌, 九世會備, 合爲帝際.]"라고 했다.

허문휴(許文休^{허정}_(許靖))가 그의 재주를 "종원상(鐘元常^{종요}_(鐘繇)) 무리에 견줄 만하다."
고 칭찬했다. 보한장군(輔漢將軍)·승상장사(丞相長史)에 임명되었다. 승상
제갈량(丞相諸葛亮)이 북쪽으로 정벌을 가자, 승상부에 머물며 일을 통괄
하여 식량과 병기를 넉넉하게 제공했다.

태상(太常)은 성품이 맑고 일처리가 주밀하며, 학문이 심원하고 깊
이 탐구했다.

두경(杜瓊)은 자가 백유(伯瑜)이고, 성도(成都) 사람이다. 임안(任安)을 스
승으로 섬겨 경학(經學)과 위학(緯學), 술수(術數)와 육예(六藝)에 정통했다.
나중에 태상(太常)이 되었다. 말수가 적고 행동을 삼가며 일처리가 주밀
했는데, 여러 유생들이 그를 질박하다고 칭찬했다.

아름답도다. 여러 선비들이여! 길은 다르나 같은 곳에 이르렀다.
금옥(金玉) 소리가 천하에 전해지니, 촉(蜀) 땅의 옥(玉) 같은 인재
들이다.

휴휴(休休)는 아름다움이다. 중언(衆彦)은 여기에 실린 43명을 말한다.
《주역(周易)》에 이르기를, "길은 다르나 같은 곳으로 돌아가서 백 가지 행
동이 가지런히 한곳에 이른다.[殊途同歸, 百行齊致.]"⁴⁶라고 했다. 이들은 찬
란한 빛보다 귀중하고, 드러난 명성보다 귀중하여 그들의 이름을 후세에
전했다. 이 43명은 비록 행동이 같지 않았지만, 다 같이 아름다움을 드리
워 금옥(金玉)으로 만든 악기처럼 세상에서 이름난 보배가 되었다.

---

46 길은 다르나 … 이른다:《주역(周易)》〈계사 하(繫辭下)〉에 나오는 글로, "천하의 모든 일
이 길은 다르나, 그 귀착점은 같은 것이다. 의견은 천 가지 백 가지가 되나, 결과는 동
일하다.[天下同歸而殊塗, 一致而百慮.]"에서 유래했다.

이상 촉군(蜀郡) 인사들을 서술했다.

사마경(司馬敬)[敬司][47]은 용모가 아름답고 성품이 온화하여 처음부터 끝까지 한결같이 잘했다.

사마경은 사마씨의 딸로 오경(五更) 장백요(張伯饒^{장패
(張覇)})의 아내이다. 장패(張覇)의 전처에게서는 3남 1녀가 있고, 사마경이 사내아이 하나를 낳아 모두 다섯 명의 자식들을 어루만지고 교육했는데, 은혜와 사랑이 한결같았다. 장패가 죽자, 하남(河南)에 장사 지냈다. 사마경이 여러 자식들과 촉(蜀) 땅으로 돌아왔다. 사마경이 병이 들자 여러 자식들에게 유언을 남기기를, "순(舜)이 창오(蒼梧)에 장사 지내자, 두 비(妃)가 순을 따라 창오에 장사 지내지 않았다. 너희 아버지가 양주(梁州)에 있고 나는 촉 땅에 있으니, 역시 각자 그 뜻이 있는 것이다. 나의 가르침을 어기지 말라."라고 했다. 마침내 촉 땅에 장사 지냈다. 아들 장광초(張光超)는 어머니의 가르침을 즐거워하여 빙사(聘士)가 되었다.

장숙기(張叔紀)는 유순하여 이름난 규수들이 그녀의 기풍을 앙모하다.

장숙기는 장패(張覇)의 손녀딸이다. 광한(廣漢) 사람 왕존(王尊)에게 시집가서 자식들을 어질게 가르쳤고, 시어머니를 예로써 섬겼다. 아들 왕상

---

47 사마경(司馬敬)[敬司]: 《화양국지》에서 여성들의 이름을 표기하는 방식은 앞에 이름을 쓰고 뒤에 성을 붙였다. 예를 들어 성이 사마(司馬)이고 이름이 경(敬)인 경우에는 '경사(敬司)'라 하고, 성이 나(羅)이고 이름이 공(貢)인 경우에는 '공나(貢羅)'라 하며, 성이 양(楊)이고 이름이 진(進)인 경우에는 '진양(進楊)' 등으로 표기했다. 이는 동한(東漢)·위(魏)·진(晉) 나라 때 사람들의 습관으로 알려져 있다. 번역문에서는 이러한 방식을 고려하여 성을 앞에 쓰고 이름을 뒤에 붙여 표기했다.

(王商)을 낳았는데, 나중에 천하의 유명한 선비가 되었다. 광한 사람 주간(周幹)·고박(古朴)·팽혐(彭勰), 한중(漢中) 사람 축귀(祝龜)가 그녀를 위하여 송(頌)을 지어 이르기를, "어려서는 집안의 효성스런 딸이었고, 자라서는 집안의 어진 며느리였으며, 나이 들어서는 자식들의 인자한 어머니였네. 평생 온화하고 은혜로웠으며, 마음 씀이 사려 깊고 성실하여[秉心塞淵][48] 마땅히 시호를 '효명혜모(孝明惠母)'[49]라 해야 한다."라고 했다.

공승씨(公乘氏)의 처 장씨(張氏)는 양모(兩髦)[50]의 절의로 숭상 받다.

공승회(公乘會)의 처는 광도(廣都) 사람 장씨의 딸이다. 남편이 일찍 죽고 자식도 없자, 시어머니와 시댁 형제들이 개가하라고 했으나 장씨가 맹세하며 허락하지 않았다. 그러나 여전히 개가하라는 말을 멈추지 않자, 자신의 머리카락을 자르고 귀를 베었다. 그녀는 공승회의 조카를 기르며 평생 시어머니를 섬겼다.

---

48 마음 씀이 … 성실하여[秉心塞淵]: 이는 《시경(詩經)》〈용풍(鄘風) 정지방중(定之方中)〉의 글이다.

49 효명혜모(孝明惠母): 《화양국지》 원문에는 '화명혜모(化明惠母)'로 되어 있으나 축귀(祝龜)가 그녀를 위하여 쓴 송(頌)에 따르면, "어려서는 집안의 효성스런 딸이었고, 자라서는 집안의 어진 며느리였으며, 나이 들어서는 자식들의 인자한 어머니였네."라는 점을 고려하면 '화(化)'는 마땅히 '효(孝)'가 되어야 한다. 유림본(劉琳本) 역시 '효명혜모(孝明惠母)'로 되어 있다.

50 양모(兩髦): 고대 아이들의 머리 스타일의 일종으로, 머리카락이 양쪽으로 나뉘어 눈썹까지 내려온다. 《시경(詩經)》〈용풍(鄘風) 백주(柏舟)〉에 나오는 말로서 개가(改嫁)하지 않음을 의미한다.

진조(陳助)는 아이를 잘 돌보아 기르고, 여인으로서의 절의가 두 텁고 본분이 잘 갖춰져 있다.

진조는 임공(臨邛) 사람 진씨(陳氏)의 딸로, 건위(犍爲) 사람 양봉규(楊鳳珪)의 처이다. 양봉규가 죽자, 유복자가 된 아들을 기르며 절의를 지켰다. 형제들이 개가시키려고 하자, 그녀가 칼을 들어 목구멍을 찌르니 온 일가가 깜짝 놀랐다. 그녀는 얼마 안 되어 죽으니, 자신의 절의를 이루었다.

상원(常元)과 상미(常靡)는 고독했으나 무너지는 집안을 다시 일으켰다.

상원과 상미는 강원(江原) 사람이다. 상원은 광도령(廣都令) 상량(常良)의 딸로, 광한(廣漢) 사람 편경빈(便敬賓)에게 시집갔으나 남편이 일찍 죽었다. 상원은 자식이 없어 남편의 조카를 키웠다. 부모가 상원을 개가시키려고 했으나, 그녀는 칼을 들고 개가하지 않겠다는 뜻을 맹세하고 자결했다. 상미는 상중산(常仲山)의 딸로, 성도(成都) 사람 은중손(殷仲孫)에게 시집갔다. 집안에 전염병이 돌아 남편이 죽고, 오직 상미만 살아남았다. 18세에 온 가족의 장례를 치렀고, 유복자를 키우며 아름다운 절의를 세워 집안을 지탱했다.

상기(常紀)가 슬픔에 젖으니, 정성이 하늘을 감동시키다.

상기는 상시(常侍) 상흡(常洽)의 딸로, 조후(趙侯(趙謹))의 부인이다. 그녀의 아버지는 장안(長安)에서 살해당하고, 하나 있는 오빠도 먼저 죽었다. 그녀는 아버지의 문하생인 구등(瞿登)과 장순(張順)을 보내 시신을 맞이했다. 당시는 도적들이 사방에서 봉기했으므로, 그녀는 밤낮으로 슬피 울었다. 장순과 구등이 두 사람의 시신을 안전하게 모셔 오니, 당시 사람들이 모두 상기의 정성에 하늘이 감동했다고 했다.

나공(羅貢)이 자신의 뜻을 맹세하다.

나공은 비현(郫縣) 사람 나천(羅倩)의 딸로, 경기(景奇)의 처이다. 그녀는 경기가 일찍 죽어, 자식이 없었다. 나공의 아버지는 딸이 젊은 것을 불쌍히 여겨 같은 군(郡)의 하시(何詩)와 혼인시키려고 했다. 나공은 편지를 써서 아버지에게 집으로 돌아가지 않겠다고 맹세했다. 그녀의 아버지는 하시로 하여금 주(州)에 가서 이야기하게 했다. 주에서는 현(縣)에 알려, 그녀를 보내도록 압박했다. 마침내 나공이 주에 자신의 뜻을 호소하니, 자사(刺史)가 그녀의 높은 뜻을 알고 허락했다.

하현(何玹)이 생명을 버리다.

하현은 비현(郫縣) 사람 하씨(何氏)의 딸로, 성도(成都) 사람 조헌(趙憲)의 처이다. 조헌이 일찍 죽어 자식이 없자, 부모가 그녀를 개가시키려고 했다. 하현이 분노하여 스스로를 가두고 마침내 음식을 먹지 않다가 10일 만에 죽었다. 군·현(郡縣)에서 그녀를 위하여 비석을 세워 주었다.

장소의(張昭儀)가 목숨을 바치다.

장소의는 신번(新繁) 사람 장씨(張氏)의 딸로, 광한(廣漢) 사람 주숙현(朱叔賢)의 처이다. 주숙현은 군(郡)의 독우(督郵)로 있었다. 건안(建安) 19년(214), 유주(劉主유비劉備)가 성도(成都)에서 유장(劉璋)을 포위했을 때 주숙현은 유비에게 투항하려고 도모한 죄를 지었다. 그래서 유장이 장소의를 병사의 배필로 삼으려고 핍박하자, 장소의가 자살했다. 삼군(三軍)에서 슬퍼

탄식하지 않는 사람이 없었다.

요비(姚妣)와 요요(姚饒)가 영험을 나타내다.

광유 현령(廣柔縣令) 비현(郫縣) 사람 요초(姚超)의 두 딸인 요비와 요요는 혼인을 하지 않은 채 아버지를 따라 관저에 있었다. 그런데 아홉 부락의 이족(夷族)이 반란을 일으켜 요초를 죽이고, 두 딸을 포로로 잡아 양떼를 기르게 하려고 했다. 두 딸은 욕을 당하지 않기로 맹세하고, 마침내 옷으로 서로의 허리를 함께 묶고 스스로 물에 빠져 죽었다. 오빠인 요위(姚慰)의 꿈에 나타나 고하여 말하기를, "우리 자매의 시신이 어느 날에 빨래하던 곳에 이를 것입니다."라고 했다. 요위가 깨어나 슬퍼하면서도 놀랐는데, 과연 꿈에서 말한 날짜에 시신을 찾았다. 군·현(郡縣)에서 그들의 도상(圖像)을 관부 정원에 걸었다.

고상하고 정숙하며 아름다운 여인들의 화상을 그려 표창하다.

숙(淑)은 정숙함이다. 원(媛)은 아름다움이다. 여기에 있는 열두 명의 여인들 모두 도상을 그리고 전기를 기록했다.

이상은 촉군(蜀郡)의 열녀(列女)를 서술했다.

위는 〈촉군사녀찬(蜀郡士女讚)〉 제1편으로, 모두 55명(남자 43명, 여자 12명)이다.

先賢士女總贊

含和誕氣, 人倫資生. 必有賢彥, 為人經紀, 宣德達教, 博化篤俗. 故太上立德, 其次立功, 其次立言. 品物煥炳, 彝倫攸敘也. 益梁爰在前代, 則夏勳配天, 而彭祖體地. 及至周世, 韓服將命, 蔓子忠堅. 然顯者猶鮮. 豈國史簡闕, 亦將分以秦楚, 希預華同. 自漢興以來, 迄乎魏晉, 多士克生, 髦俊蓋世. 愷元之疇, 感於帝思. 於是璽書交馳於斜谷之南, 束帛戔戔於梁益之鄉. 或洒龍飛紫閣, 允陟璿璣. 亦有盤桓利居, 經綸皓素. 其耽懷道術, 服膺六藝, [弓]車之招, 旌旌之命, 徵名聘德, 忠臣孝子, 烈士賢女, 高劭足以振玄風, 貞淑可以方蘋蘩者, 奕世載美. 是以四方述作, 來世志士莫不仰高軌以咨詠, 憲洪猷而儀則; 擅名八區, 為世師表矣. 故《耆舊》之篇, 較(美)[美]《史》《漢》. 而今志, 州部區別, 未可總而言之. 用敢撰約其善, 為述贊, 因自注解, 甄其洪伐, 尋事釋義, 略可以知其前言往行矣.

蜀郡士女

嚴平恬泊, 皓然沉冥. 嚴遵, 字君平, 成都人也. 雅性澹泊, 學業加妙. 專精大《易》, 耽於《老》《莊》. 常卜筮於市, 假蓍龜以教. 與人子卜, 教以孝. 與人弟卜, 教以悌. 與人臣卜, 教以忠. 於是風移俗易, 上下慈和. 日閱得百錢,

則閉肆下簾. 授《老》《莊》, 著《指歸》, 為道書之宗. 揚雄少師之, 稱其德. 杜
陵李强為益州刺史, 謂雄曰: "吾眞得君平矣." 雄曰: "君但可見, 不能屈也."
强以為不然. 至州, 脩禮交邅, 邅見之, 强服其淸高, 而不敢屈也. 歎曰: "揚子
雲眞知人也." 年九十卒. 雄稱之曰: "不慕夷, 即由矣. 不作苟見, 不治苟得,
久幽而不改其操, 雖隨和何以加諸."

　仲元抑抑, 邦家儀形. 李弘, 字仲元, 成都人. 少讀五經, 不為章句. 處陋
巷, 淬勵金石之志. 威儀容止, 邦家師之. 以德行為郡功曹, 一月而去. 子贄,
以見辱殺人. 太守曰: "賢者之子必不殺人." 放之. 贄自以枉語家人. 弘遺亡
命. 太守怒, 讓弘, 弘對曰: "贄為殺人之賊. 明府私弘枉法, 君子不誘而誅也.
石碏殺厚, 《春秋》譏之. 孔子稱父子相隱, 直在其中. 弘實遺贄." 太守無以詰
也. 州命從事, 常以公正諫爭為志. 揚子雲稱之曰: "李仲元為人也, 不屈其志,
不累其身. 不夷不惠, 可否之間. 見其貌者, 肅如也. 觀其行者, 穆如也. 聞其
言者, 愀如也. 非正不言, 非正不行, 非正不聽. 吾先師之所畏."

　子雲玄達, 煥乎弘聖. 揚雄, 字子雲, 成都人也. 少貧, 好道. 家無擔石之
儲, 十金之費, 晏如也. 好學, 不為章句. 初慕司馬相如綺麗之文, 多作詞賦.
車騎將軍王音, 成帝叔舅也, 召為門下史. 薦待詔. 上《甘泉》《羽獵賦》, 遷侍
郎, 給事黃門. 雄旣升秘閣, 以為: "辭賦可尙, 則賈誼升堂, 相如入室. 武帝
讀《大人賦》, 飄飄然有凌雲之志, 不足以諷諫." 乃輟其業. 以經莫大於《易》,
故則而作《太玄》. 傳莫大於《論語》, 故作《法言》. 史莫善於《蒼頡》, 故作
《訓纂》. 賦莫弘於《離騷》, 故反屈原而廣之. 典莫正於《爾雅》, 故作《方言》.
初與劉歆王莽董賢同官, 並至三公, 雄歷三帝, 獨不易官. 年七十一卒. 自劉
向父子桓譚等深敬服之. 其玄淵源懿, 後世大儒張衡崔子玉宋仲子王子雍皆為

注解. 吳郡陸公紀尤善於玄, 稱雄聖人. 雄子神童烏, 七歲預雄《玄》文. 年九歲而卒.

林生清寂, 莫得而名. 林閭, 字公孺, 臨邛人也. 善古學. 古者, 天子有輶車之使, 自漢興以來, 劉向之徒但聞其官, 不詳其職. 惟閭與嚴君平知之, 曰: "此使考八方之風雅, 通九州之異同, 主海內之音韻, 使人主居高堂知天下風俗也." 揚雄聞而師之, 因此作《方言》. 閭隱遯, 世莫聞也.

(泛)[氾]鄉忠貞, 社稷是經. 進賢為國, 稽考典刑. 愛莫助之, 身殞朝傾. 何武, 字君公, 郫人也. 初以對策甲科為郎. 歷揚兗州刺史司隸校尉京兆尹清河楚沛太守廷尉御史大夫. 成帝初具三公, 拜大司空, 封(泛)[氾]鄉侯. 為人忠厚公正, 推賢進士. 在楚致兩龔; 在沛厚兩唐; 臨司隸, 致茂陵何並; 居公位, 進辛慶忌; 皆世名賢. 臨州郡, 雖無赫赫之名, 及去, 民思之. 才雖不及丞相薛宣翟方進, 而正直過之. 哀帝即位, 以朱博趙玄為公卿, 用事, 免官. 諫大夫鮑子都亟言訟之, 丞相王嘉亦以為慨. 帝復徵武為御史大夫, 徙前將軍. 時大司馬新都侯王莽避帝外家丁傅氏, 遜位, 亦以列侯見徵. 哀帝詔博舉太常, 莽從武求舉. 武以莽奸人之雄, 不許. 哀帝崩, 王太皇太后, 莽姑也, 即日引莽入, 收大司馬董賢印綬, 詔舉大司馬. 丞相孔光等逼王氏, 皆舉莽. 武與左將軍公孫祿謀曰: "莽五父世朝, 權傾人主, 必危劉氏." 乃舉祿. 祿亦舉武. 太后不從, 用莽為大司馬. 莽諷有司劾奏, 皆免. 武就國後, 莽寖盛, 遂為宰衡安漢公. 欲圖篡漢, 憚武與其叔紅陽侯王立不從. 元始三年, 因呂寬吳章事, 檻車徵武. 武自殺. 衆咸冤之. 莽欲厭衆心, 諡武曰剌侯. 子況嗣. 平帝崩, 莽因居攝, 後僭王位.

叔文播教, 變《風》為《雅》. 道洽化遷, 我寔西魯. 張寬, 字叔文, 成都人也．蜀承秦後，質文刻野，太守文翁遣寬詣博士，東受七經，還以教授，於是蜀學比於齊魯，巴漢亦化之．景帝嘉之，命天下郡國皆立文學，由翁唱其教，蜀為之始也．寬從武帝郊甘泉泰畤，過橋，見一女子裸浴川中，乳長七尺，曰："知我者帝後七車．"適得寬車．對曰："天有星主祠祀，不齊潔，則作女令見．"帝感寤，以為揚州刺史．復別蛇莽之妖．世稱云"七車張"．作《春秋章句》十五萬言．

長卿彬彬，文為世矩．　司馬相如，字長卿，成都人也．游京師，善屬文，著子虛賦而不自名，武帝見而善之，曰："吾獨不與此人同世．"楊得意對曰："臣邑子司馬相如所作也．"召見相如，相如又作《上林賦》．帝悅，以為郎．又上《大人賦》以風諫，制《封禪書》，為漢詞宗．官至中郎將．世之作詞賦者，自揚雄之徒咸則之．

王淵豔麗，蔚若華國．　王襃，字子淵，資中人也．以高才文藻侍宣帝．初為王襄作樂(賦)職中和頌．宣帝時又上甘泉洞簫．帝善之，令宮人誦之．為諫大夫，卒．

子山翰藻，遺篇有(厚)[序]．　楊終，字子山，成都人也．年十三，已能作《雷賦》，通屈原《七諫章》．後坐太守徙邊，作《孤憤詩》．明帝時，與班固賈逵並為校書郎，刪《太史公書》為十餘萬言．作《生民詩》．又上《符瑞詩》十五章．制《封禪書》．著《[春秋]外傳》十二卷，《章句》十五萬言，皆傳於世者．

少遷猛毅，垂勳三邦．　陳立，字少遷，臨邛人也．成帝時，牂柯有亂，將軍王鳳薦立為太守，克平禍亂．徙守巴郡，秩中二千石，治有尤異．又徙天水太守，為天下最，天子賜黃金四十觔．入為左衛護軍．

世公賦政，祥瑞來同．　王阜，字世公，成都人也．太守第五倫察舉孝廉，為重泉令，有鸞鳥集於文學十餘日．遷益州太守，神馬出滇池河，甘露降，白烏見，民懷之如父母．

　猗歟文父，叡發幼童．德澹會稽，道崇辟雍．　張霸，字伯饒，謚曰文父，成都人也．年數歲，以知禮義．諸生孫林劉固段著等宗之，移家其宇下．啓母求就師學，母憐其稚，對曰：“饒能．”故字伯饒也．為會稽太守，撥亂興治．立文學，學徒以千數，風教大行，道路但聞誦聲．百姓歌詠之．致達名士顧奉公孫松畢海胡母官萬虞先王演李根皆至大位．在郡十年，以有道徵拜議郎．遷侍中．遂授霸五更，尊禮於文學．年老卒，葬於河南．

　少府委遲，作卿作師．　趙典，字仲經，成都人也．太尉戒孫也．與潁川李膺等並號八俊．三為侍中，自樂，祿俸施貧．方授國師，未拜，病卒．

　何楊研神，貫奧入微．　何英，字叔俊，郫人也．楊由，字哀侯，成都人也．二子學通經緯．英著《漢德春秋》十五卷．孫汶，字景由，亦深學．初徵，上日食盜賊起，有效，為謁者；京師旱，請雨，即澍．遷犍為屬國．著《世務論》三十篇，卒．楊由為太守，廉範文學，範稱能治．由言：“當有賊發．”頃之，廣柔羌反，寇殺長姚超．鄉人冷豐齎酒候之，值客未內，由為知其多少．又言：“人當致果，其色赤黃．”果有送甘橘者．大將軍竇憲從太守索《雲氣圖》，由諫莫與，尋憲受誅．其明如此．著書十篇而卒．

　司農明允，國憲是維．　任昉，字文始，成都人也．初為葉令，治奸賊七十餘人．遷梁相尚書令．清身檢下，大將軍梁冀憚之．出為魏郡，徙平原，歲出租稅百萬．冀誅，復入為尚書令司隸校尉，遷大司農，卒．弟愷，徐州刺史，亦有治名．昉父循，字伯度，為長沙太守，得其父，時為五官，事在精通也．

　翁君美秀，牧(後)[后]寤機．　何霸，字翁君，司空武兄也．為郡戶曹．刺史王尊將之官，移諸郡不得遣迎．太守唯．霸白宜往．太守遣霸．尊大怒，霸對曰：“太守遣霸，非脩敬也，以去京師久，遲知朝廷起居耳．”尊遽下車，持節對之．因奇霸容止，辟為別駕．舉秀才，為屬國中郎將．弟，闕名．潁川太守．兄弟五人皆有名．

伯騫推賢，求善如飢．　柳宗，字伯騫，成都人也．初結九友共學，號九子．及為州郡右職，務在進賢．拔致求次方張叔遼王仲曾殷智孫等，終至牧守．州里為諺曰：“得黃金一笥，不如為伯騫所識．”舉茂才，為陽夏太守．

文侯顯印，極位台衡．　文侯趙戒，字志伯，少府典祖也．父定，以游俠稱．戒，順桓帝之世歷司徒太尉，登特進．屢居公輔，免憂患[於]無妄之世．告歸於蜀，薨．

太尉頡頑，志振頹綱．　趙謙，字彥信，戒孫也．歷位卿尹，初平元年為太尉．時董卓秉政，欲遷天子長安．謙與司空荀爽固諫，卓不聽；以為車騎將軍，奉大駕西幸，封洛亭侯．拜司隸校尉，忤卓指，免．討白波賊有功，封侯，進司徒．免，拜尚書令太僕．三年，薨，謚曰忠侯．

司徒繼踵，俛俛權橫．　趙溫，字子柔，謙弟．以侍中與[帝]同輦西遷，封江南亭侯．兄亡．初平四年拜司空，未期，進司徒，當世榮之．時車騎將軍李傕與董承張濟等爭權，數遷移天子．溫以書切責於傕．天子聞，寒心．尋曹公入，徙天子都許，政出諸侯，禮待溫．居公位十五年．建安十三年薨．

猶操道柄，董李是讓．讓，責也．　董卓李傕凶擅，謙溫干之．初，文侯與李固胡廣議立清河王蒜，而冀欲立蠡吾，趙戒脅而從之，使李固枉死．君子以為卓傕之惡，甚於梁冀．謙摩卓之牙，溫弄傕之爪，雖逼權勢，以道陳訓，賢其祖遠矣．

侍中授命, 分節亦彰. 　常洽, 字茂尼, 江原人也. 自荆州刺史遷京兆尹侍中長水校尉. 以兵衛大駕西幸. 催等作難, 常侍衛天子左右, 為催所煞.

蠻夷猾擾, 倡亂南疆, 子恭要傳, 醜穢于攘. 　楊竦, 字子恭, 成都人也. 永初中, 越巂永昌夷反, 殘破郡縣, 衆十萬餘. 刺史張喬以竦勇猛, 授從事, 任平南中. 竦先以詔書告喻. 不服, 乃加誅. 殺虜三萬餘人, 獲生口千五百人, 財物四千萬, 降夷三十六種. 舉正奸濁長吏九十人, 黃綬六十人, 南中清平. 會被傷, 卒. 喬舉州弔贈, 列畫東觀.

伯春孟元, (斥)[匡]正時君. 　張充, 字伯春; 李幾, 字孟元, 江(源)[原]人也. 充為治中從事. 時刺史恃豪, 每見從事, 布席地坐, 己自安高狀上. 充入閣, 不肯進. 刺史寤, 乃更禮從事. 刺史辟公孫特大姓犍為李威橋稚充曹. 闕事節. 時有水災, 倫受刺史指, 以漢中斗平不足, 表聞, 幾固爭之. 不聽. 後刺史至, 與倫不平, 求郡短, 劾倫不言水災. 幾對以: 詔書: 上災異不得由州. 倫遷司空, 辟幾掾.

楊羅為(小)[令], 遺愛在民. 　楊班, 字仲桓, 成都人也. 羅衡, 字仲伯, 郫縣人也. 俱師徵士何初山. 班為不韋茂陵令, 治化浹洽. 徙西城閬中令. 號時名宰. 衡為萬年令, 路不拾遺, 人家牛馬皆繫道邊, 曰: 屬羅公. 三府爭辟. 拜廣漢長. 二縣皆為立祠.

小伯溫恭, 預圖息紛. 　陳湛, 字小伯, 成都人也. 歷數縣令, 民皆懷之. 州辟治中從事. 廣漢太守遣子詣州脩歡交. 使君欲納, 湛諫: "不可失《羔羊》義." 使君從之. 後有言州郡私交者, 考之無得, 乃明也.

孟由至孝, 遐葉睎風. 　禽堅, 字孟由, 成都人也. 父信, 為縣(史)[使]越巂, 為夷所得, 傳賣歷十一種. 去時堅方姙六月, 生, 母更嫁. 堅壯, 乃知父湮沒.

鬻力傭賃, 求碧珠, 以求父. 一至南中, 三出徼外, 周旋萬里, 經六年四月, 突瘴毒狼虎, 乃至夷中得父. 父相見悲感, 夷徼哀之, 即將父歸, 迎母致養. 州郡嘉其孝, 召功曹, 辟從事, 列上東觀. 太守王商追贈孝廉, 令李苾為立碑銘, 迄今祠之.

仲昱勉師. 仲昱, 成都人也. 少受學於嚴季后. 季后為汶江尉, 呼仲昱, 仲昱許十月往. 會夷反, 斷道. 仲昱期於往, 經渡六七, 幾死. 數年, 卒得至汶江, 為季后陳策, 俱得免難. 遠近歎之.

叔本慕仁. 任末, 字叔本, 繁人也. 與董奉德俱學京師. 奉德病死, 推鹿車送其喪. 師亡, 身病, 齎棺赴之. 道死, 遺令勅子載喪至師門, 敘平生之志也.

伯禽證將. 朱普, 字伯禽, 廣都人也. 為郡功曹. 太守與刺史王冀有隙, 枉見劾. 普詣新都獄, 掠笞連月, 肌肉腐臭, 惡同死人, 證太守無事. 勅其子曰: "我死, 載喪詣闕, 使天子知我心." 事得情理, 普以烈聞.

文寺代君. 李磐, 字文寺, 嚴道人也. 為長章表主簿. 旄牛夷叛, 入攻縣, 表倉卒走, 鋒刃交至, 磐傾身捍表. 謂虜曰: "乞殺我, 活我君." 虜乃殺之, 表得免. 太守嘉之, 圖象府庭.

在三義敦, 終始可稱. 人生於三, 事之若一, 君父師也. 言人靡不有初, 鮮克有終, 普磐可謂能終始也.

炎光中微, 巨述僭亂. 炎, 火光也. 漢以火德王, 自高祖至平帝十二世, 國嗣三絕. 平帝早崩. 安漢公王莽字巨君, 遂篡天子位, 稱新室皇帝. 而茂陵公孫述, 字子陽, 為莽導江卒正, 遂僭號於蜀.

章王刿首. 章明, 字公孺, 新繁人也. 王皓, 字子離, 江原人也. 明為太中大夫. 莽篡位, 歎曰: "不以一身事二主." 遂自殺. 皓為美陽令, 去莽歸蜀. 公孫僭號, 使使聘之. 皓乃自刎, 以頭付使者. 述慚怒, 誅其妻子.

侯剛哭漢. 剛字直孟, 新繁人也. 為郎. 見莽篡位, 佯狂, 負木斗守闕號哭. 莽使人問之, 對曰: "漢祚無窮, 吾寧死之, 不忍事非主也." 莽追殺之.

公卿絕脰, 亦蹈節貫. 王嘉, 字公卿, 江原人也. 為郎. 去莽還, 留蜀. 公孫述先閉其妻子, 使人徵之. 嘉聞王皓死, 歎曰: "吾後之哉." 亦自殺. 述慚, 貫其妻子.

羅生美至, 思濟艱難. 述方遂非, 殘彼貞幹. 羅衍, 字伯紀, 成都人也. 為述郎, 說述尚書解文卿鄭文伯, 使諫述降漢, 為子孫福. 解鄭從之. 述怒, 閉二子於薄室六年, 二子守志不回, 遂幽死. (卒)衍[卒]察孝廉, 徵博士.

劉主割據, 資我英俊. 鴻臚淵通, 與道推運. 何宗, 字彥英, 郫縣人也. 通經緯天官推步圖讖. 知劉備應漢九世之運, 讚立先主. 為大鴻臚. 方授公輔, 會卒.

君肅矯矯, 穎類倬羣. 何祇, 字君肅, 宗族人也. 初, 犍為楊洪為太守李嚴功曹, 去郡數年, 以為蜀郡, 嚴在官. 祇為洪門下書佐, 去郡數年, 以為廣漢, 洪猶在官. 是以西土咸服諸葛亮之能攬拔秀異也. 祇徙犍為太守, 卒.

輔漢郎捷, 服時之勳. 張裔, 字君嗣, 成都人也. 汝南許文休稱其才"鍾元常輩也". 為輔漢將軍, 丞相長史. 丞相北征, 居府統事, 足食足兵.

太常清密, 邃遠鉤深. 杜瓊, 字伯瑜, 成都人也. 師事任安, 粗通經緯術藝. 為太常. 沉默慎密, 稱諸生之淳.

休休衆彥, 殊塗同臻. 金聲玉振, 蜀之球琳. 休休, 美也. 衆彥, 言此四十三人也. 《易》曰: 殊塗同歸, 百行齊致. 貴於流光顯稱, 揚名垂世. 此四十三人者, 雖立行不同, 俱以垂美, 如金玉之音器, 為世名寶.

述蜀郡人士.

敬司穆穆, 暢始玄終.　敬司, [司]馬氏女, 五更張伯饒妻也. 霸前妻有三男一女, 敬司產一男, 撫教五子, 恩愛若一. 霸卒, 葬河南. 敬司與諸子還蜀. 疾病, 遺令告諸子曰:"舜葬蒼梧, 二妃不從. 汝父在梁, 吾自在蜀, 亦各其志. 勿違吾也." 遂葬蜀. 子光超樂母教, 為聘士也.

叔紀婉娩, 士媛仰風.　叔紀, 霸女孫也. 適廣漢王遵, 至有賢訓, 事姑以禮. 生子商, 海內名士. 廣漢周幹古朴彭勰漢中祝龜為作頌, 曰:"少則為室之孝女, 長則為家之賢婦, 老則為子之慈親. 終溫且惠, 秉心塞淵, 宜謚曰孝明惠母."

公乘氏張, 兩髦義崇.　公乘會妻, 廣都張氏女也. 夫早亡, 無子, 姑及兄弟欲改嫁之, 張誓不許, 而言之不止, 乃斷髮割耳. 養會族子, 事姑終身.

助陳撫孩, 節篤分充.　助陳, 臨邛陳氏女, 犍為楊鳳珪妻也. 鳳珪亡, 養遺生子守節. 兄弟必欲改嫁, 乃引刀割咽, 宗族駭之, 幾死, 遂全其義.

二常焭焭, 頹搆再隆.　元常靡常, 江原人也. 元常, 廣都令常良女, 適廣漢便敬賓, 早亡. 元常無子, 養賓族子. 父母欲嫁, 乃祝刀誓志而死. 靡常, 仲山女, 適成都殷仲孫. 家遭疫氣死亡, 惟靡常在. 十八, 收葬諸喪, 養遺生子, 立美成家.

紀常哀哀, 精感昭融.　紀常, 常侍常洽女, 趙侯夫人也. 父遇害在長安, 一兄皆先歿. 遣父門生翟登張順迎喪. 時寇賊蜂起, 晝夜悲哀. 順登得將喪無恙還, 時人皆以紀常精誠所感.

貢羅誓志.　貢羅, 郫羅倩女, 景奇妻也. 奇早亡, 無子. 父愍其年壯, 以許同郡何詩. 貢羅白晝誓父, 不還家. 父使詩乃白州, 州告縣, 逼遣之. 羅乃訴州, 刺史高而許之.

　玹何忘生. 玹何, 郫何氏女, 成都趙憲妻也. 憲早亡, 無子. 父母欲改嫁. 何恚憤自幽, 乃不食, 旬日而死. 郡縣為立石表.

　昭儀殉身. 昭儀, 新繁張氏女, 廣漢朱叔賢妻也. 賢為郡督郵. 建安十九年, 劉主圍劉璋於成都, 賢坐謀外降. 璋以昭儀配兵將, 見逼, 昭儀自殺. 三軍莫不哀嘆.

　(三)[二]姚見靈. 廣柔長郫姚超二女, 姚妣饒, 未許嫁, 隨父在官. 值九種夷反, 殺超, 獲二女, 欲使牧羊, 二女誓不辱, 乃以衣連腰, 自沈水中死. 見夢告兄慰曰: 姊妹之喪, 以某日至澗下. 慰寤哀愕, 如夢日得喪. 郡縣圖象府(廷)[庭].

　峨峨淑媛, 表圖銘旌. 淑, 善. 媛, 婉娩也. 言此十二女, 皆圖象列傳. 述蜀郡列女.

　右蜀郡士女讚第一

　凡五十五人(四十三人士, 十二人女).

화양국지
(華陽國志)

—

권10중
선현사녀총찬
(先賢士女總贊)

광한사녀(廣漢士女)

학문을 닦고 연구함이 심원하여 수수(洙水)와 사수(泗水)[1]를 앙모했고, 제업을 계승하고 성인을 이어 모든 일이 흥왕하니 사람들이 그에게 자문을 받았다.

양선(楊宣)은 자가 군위(君緯)이고, 십방(什邡) 사람이다. 어려서 초(楚)나라 사람 왕자장(王子張)에게서 학문을 배우고, 하내(河內)의 정자후(鄭子侯)에게 천문과 도록(圖錄) 그리고 위서(緯書)를 배웠다. 양옹숙(楊翁叔)을 스승으로 섬겨 조어(鳥語)[2]에 유창하고, 재이(災異)를 보는 데 뛰어나 가르침을 받는 학생이 백 명을 넘었다. 한 성제(漢成帝) 때 징소되어 간대부(諫大夫)에 제수되었다. 황제에게 후사가 없자, 양선이 봉사(封事)[3]를 바쳐 마땅히 도공왕(陶恭王)의 아들을 태자로 삼으라고 권하자, 황제가 그의 말을 따랐다. 황제가 양선을 내보내 교주 목(交州牧)으로 삼았다. 태자가 즉위하니, 그가 바로 애제(哀帝)이다. 애제가 그를 하내 태수(河內太守)로 삼았다가, 다시 불러 태창령(太倉令)으로 삼았다. 양선이 상주문을 올려 주

---

1 수수(洙水)와 사수(泗水): 춘추 시대 노(魯)나라 땅으로, 수수는 북쪽에 있고, 사수는 남쪽에 있었다. 공자(孔子)가 수수와 사수 사이에서 무리를 모아 강학했다. 나중에 '수수와 사수'는 공자와 유가(儒家)를 칭하는 말로 대신 사용했다.

2 조어(鳥語): 말하는 것이 새 울음 같다는 뜻으로, 이해하기 어려운 말을 비유했다. 옛날에는 사이(四夷)의 말을 가리켰다.

3 봉사(封事): 한(漢)나라 때 제도에 따르면, 신하가 상주문을 올릴 때 만약 그 내용이 기밀에 해당하면 검정색 천 주머니에 담아 꿰매 봉하여 비밀이 누설되는 것을 방지했으므로 '봉사(封事)'라고 불렸다.

공(周公)과 공자(孔子)의 후손들에게 마땅히 작위를 주어야 한다고 말하자, 애제가 그의 말에 따라 주공의 후손 상여(相如)를 포로후(褒魯侯), 공자의 후손 공균(孔均)을 포성후(褒成侯)에 봉했다.[4] 또 요동(遼東) 사람 왕강(王綱), 낭야(琅琊) 사람 서길(徐吉), 태원(太原) 사람 곽월(郭越), 초나라 사람 공승(龔勝) 등을 천거하여 천하의 태평을 보좌했다. 평제(平帝) 때 부절을 가지고 명을 받들어 강학대부(講學大夫)[5]가 되어 유흠(劉歆)과 함께 책을 교감했다. 거섭(居攝, 6~8) 연간에 죽었다. 그의 문하생이었던 하남(河南) 사람 이길(李吉), 광한(廣漢) 사람 엄상(嚴象)·조교(趙翹) 등이 모두 대유(大儒)가 되었다.

정순(鄭純)이 편벽한 촉(蜀) 땅을 어루만져 그 명성이 왕기(王畿)에 들리고, 호부(虎符)를 나누어 나라를 관리하니 업적이 탁월하여 아름다운 빛이 남아 있네.

정순은 자가 장백(長伯)으로 처현(郪縣) 사람이다. 익주서부도위(益州西部都尉)에 임명되었다. 그곳에는 금은·호박(琥珀)·서상(犀象 물소 뿔과 상아)·취우(翠羽 비취 새깃털) 등이 나서 관리가 된 자는 부귀가 10대까지 미치는데, 정순 홀로 청렴하여 추호도 백성들의 재물을 범하지 않았다. 이민족과 한인(漢人)들

---

4 주공의 후손 … 봉했다:《한서(漢書)》〈평제기(平帝紀)〉에 따르면, "주공(周公)의 후손인 공손상여(公孫相如)를 포로후(褒魯侯)에, 공자(孔子)의 후손 공균(孔均)을 포성후(褒成侯)에 봉하여 그 제사를 받들게 했다.[封周公後公孫相如爲褒魯侯, 孔子後孔均爲褒成侯, 封其祀.]"라고 했는데,《화양국지》에서는 '주공(周公)' 다음에 '공손(后公)' 두 글자가 빠져 있다.

5 강학대부(講學大夫): 관직명으로 신(新)나라 때 왕망(王莽)이 설치했다. 한(漢)나라 때 광록(光祿)·태중(太中)·간의(諫議) 등의 대부들은 모두 전문적인 지식과 풍부한 경험을 가지고 각종 자문에 응대했는데, 강학대부 역시 비슷한 역할로 주로 황제의 강학에 전념했다.

이 노래를 지어 그를 찬미했고, 그 사실이 표문으로 조정에 전해지자, 삼사(三司^{삼공})와 경사(京師)의 귀족과 중신들이 대부분 그를 찬미하며 추천했다. 한 명제(漢明帝)가 그를 가상히 여겨 서부(西部)를 영창군(永昌郡)으로 바꾸고, 정순을 태수로 삼았다. 정순이 태수로 있은 지 10년이 지나 죽자, 그의 화상을 동관(東觀)에 진열하여 칭송했다.

삼로(三老)⁶는 기백이 대단하여 황제가 아버지와 스승의 예로 대우했다.

양통(楊統)은 자가 중통(仲統)이고, 신도(新都) 사람이다. 화리선생(華里先生) 염고(炎高)를 섬겼다. 염고가 양통에게 경계하여 말하기를, "한(漢)나라 9대 황제 때 《하도(河圖)》와 《낙서(洛書)》가 출현할 것이니, 너는 그것을 가지고 시운(時運)에 응하도록 하라."고 했다. 건무(建武, 25~56) 초에 천하에서 《내참(內讖)》 2권에 정통한 자를 구했지만, 얻지 못했다. 영평(永平, 58~75) 연간에 자사(刺史) 장지(張志)가 양통을 방정(方正)으로 천거했고, 사도(司徒) 노공(魯恭)이 그를 불러 연속(掾屬)으로 삼았다. 그는 노공과 함께 음률을 정하고, 《가법장구(家法章句)》와 《해설(解說)》 2권을 조정에 바쳤다. 시중(侍中)과 광록대부(光祿大夫)에 임명되었다. 나이가 많고 학문이 깊어 벽옹(辟雍)에서 휴양했으며, 황제가 궤장(几杖)을 주고 '삼로(三老)'라고 칭했는데 나중에 죽었다. 《내참》 2권에 대하여서는 상세하지 않다.

---

6 삼로(三老): 오경(五更)과 마찬가지로 고대 제왕들이 존로(尊老)들에게 부여한 칭호로, 천자(天子)가 부모의 예로써 섬긴다는 의미로 "삼로(三老)를 아버지처럼 섬기고, 오경(五更)을 형처럼 모신다.[尊事三老, 兄事五更.]"라고 한 것이 바로 이것이다.

평중(平仲)은 도(道)를 섭렵하여 거의 현자(賢者)에 가깝다.

왕우(王祐)는 자가 평중이고, 처현(郪縣) 사람이다. 젊어서 낙현(雒縣)의 고사(高士) 장부(張浮)와 이름을 나란히 했고, 주·군(州郡)의 부름에 응하지 않았다. 사례교위(司隸校尉) 진기산(陳紀山[진선 陳寔])은 인재를 알아보기로 유명했는데, 왕우를 '천하의 고사(高士)'라고 칭했다. 그의 나이 42세에 죽었다. 동생 왕획(王獲)이 왕우가 남긴 글을 편집하여 《왕자(王子)》 5편을 편찬했다. 동관랑(東觀郞) 이승(李勝)은 유명한 문장가로 그의 뇌문(誄文)을 지었는데, 그를 안연(顔淵)에 비유했다. 그의 화상을 그려 학관에 걸어 놓았다.

문부(文父)는 사리를 분명하게 통찰하고, 심오하고도 미세한 도리를 찾을 수 있다.

양서(楊序)[7]는 자가 중환(仲桓)이고, 양통(楊統)의 둘째아들이다. 학문은 아버지와 비슷했다. 삼사(三司)와 공거(公車)가 연달아 그를 불렀으나 사양했고, 나중에 시중(侍中)에 임명되었다. 그는 상주문을 올려 이르기를, "장차 사방(四方)[8] 및 형주(荊州)와 교주(交州)에서 군사가 일어나면 백성들이 역병과 황충(蝗蟲)을 만나게 되고, 낙양(洛陽)에 홍수가 나며, 궁전이 화재를 당하고, 삼부(三府)의 관리들이 면직되며, 근친[近戚][9]들이 변란을 도모할 것입니다."라고 했는데, 모두 다 응험했다. 대장군(大將軍) 양기(梁冀)

---

7 양서(楊序): 《후한서(後漢書)》 및 《삼국지(三國志)》 〈촉서(蜀書) 진복전(秦宓傳)〉에는 모두 '양후(楊厚)'로 되어 있다.

8 사방(四方): '사방(四方)'에는 이미 형주(荊州)와 교주(交州)가 포함되므로 문맥상 맞지 않는다. 《후한서(後漢書)》에는 '서북방(西北方)'으로 되어 있다.

9 근친[近戚]: 고교본(顧校本)에서는 《후한서(後漢書)》를 근거로 '음신(陰臣)'이라고 했다.

가 권력을 잡자, 스스로 물러났다. 고향에서 문도(門徒) 3천 명을 가르쳤다. 본초(本初) 원년(146) 및 건화(建和, 147~149) 연간에 특별히 그를 초빙했지만, 가지 않았다. 83세[10]의 나이로 죽었다. 천자가 그를 애석하고 안타깝게 여겨 '문부(文父)'라는 시호를 내렸다. 제자로는 낙현(雒縣) 사람 절재(節宰소약(昭約)의자) 소약(昭約), 면죽(綿竹) 사람 문의(文儀구환(寇懼)의자) 구환(寇懼), 촉군(蜀郡) 사람 유정(幼正하장(何萇)의자) 하장(何萇), 승백(升伯후기(侯祈)의자) 후기(侯祈), 파군(巴郡) 사람 숙포(叔布주서(周舒)의자) 주서(周舒) 및 임안(任安)과 동부(董扶) 등이 모두 조정의 징소(徵召)로 당대에 이름을 날렸다.

원장(元章)은 조용하고 담박하여 자신의 광채를 감추었다.

단예(段翳)는 자가 원장이고, 신도(新都) 사람이다. 경술(經術)에 정통하여 장래의 일을 점치는 데 뛰어났다. 일찍이 대도진(大渡津)을 지키는 관리에게 말하기를,[11] "유생 두 사람이 등에 짐을 메고 내가 머무는 곳을 물을 것이니, 그들에게 알려 주기를 바랍니다."라고 했다. 나중에 과연 그의 말대로 되었다. 또 어떤 사람이 기주(冀州)에서 그를 찾아와 공부했는데, 몇 년이 지나 스스로 단예의 경술을 자세하게 파고들어 연구했다고 여겨 인사를 하고 떠나려고 했다. 단예는 죽통(竹筒)에 편지를 써서 넣고 윗부분을 봉하여 그에게 주며 말하기를, "급한 일이 있을 때 그것을 개봉하라."라고 했다. 가맹(葭萌)에 이르러 나루를 건너는 일로 다투자 그곳

---

10 83세: 《후한서(後漢書)》〈양후전(楊厚傳)〉에서는 "환제(桓帝) 원가(元嘉) 3년에 죽었는데, 그의 나이 82세였다.[卒于桓帝元嘉三年, 年八十二.]"라고 했다.

11 일찍이 대도진(大渡津)을 … 말하기를: 원문에는 '상고대도진구(常告大渡津口)'로 되어 있으나, 《후한서(後漢書)》에 이르기를, "일찍이 대도진(大渡津)을 지키는 관리에게 말하기를[嘗告大渡津吏]"이라고 했다. 따라서 '상(常)'은 '상(嘗)'으로, '구(口)'는 '리(吏)'로 수정하여 번역했다.

관리가 시종의 머리를 때렸다. 그러자 그 유생이 죽통을 열어 보니, "가
맹에 이르러 나루를 건너는 일로 다투게 되면 죽통의 윗부분을 깨뜨려
그 고약으로 싸서 묶어라."라는 글이 쓰여 있었다. 그 유생이 놀라며 자
신이 단예에 미치지 못함을 알고 돌아가 더욱 학문에 정진했다. 단예는
항상 자신을 감추어 다른 사람들이 알지 못하게 했다. 문인들이 모두 그
를 '부자(夫子)'라고 불렀다.

치자(稚子)는 정신이 혁혁하여 사람들이 경외하고 좋아했다.

왕환(王渙)은 자가 치자이고, 처현(郪縣) 사람이다. 처음에 하내군(河內郡)
온 현령(溫縣令)이 되었는데, 그곳 사람들은 길에 떨어진 물건을 줍지 않
고, 누워 잠을 잘 때도 문을 닫지 않았다. 백성들이 노래를 지어 말하기
를, "왕치자(王稚子{왕환(王渙)}) 같은 분은 세상에 없어서, 요역을 공평하게 부과하
여 백성들이 좋아한다."라고 했다. 연주 자사(兗州刺史)로 옮기자, 부중(部
中)의 혼란을 엄하게 바로잡았다. 조정의 부름을 받아 시어사(侍御史)·낙
양령(洛陽令)에 임명되었다. 사람됨이 총명하고 일처리에 과단하며, 공평
하고 청렴하며 반듯하고, 강한 사람을 억누르고 약한 사람을 도우며, 교
화가 행하여져 죄를 짓지 않았다. 숨어 있는 악인들을 적발했는데 마치
신이 돕는 것 같아서 경성(京城)이 평안하고 조용해져 권세 있는 자들이
그를 경외했다. 원흥(元興) 원년(105)에 죽자, 백성들이 통곡하고, 두 현의
사람들이 조의를 나타내어 제사를 지냈으며, 길가의 행인과 상인 가운데
제사를 지내지 않는 사람이 없었다. 장사하는 호인(胡人) 가운데 좌위(左
威)라는 사람은 왕환이 억울함을 풀어주었기에 그를 위해 삼년상을 지냈
다. 낙양(洛陽)의 백성들이 현(弦)을 타고 노래하고, 사당을 세워 주었다.
천자가 그를 추도하며 애석해하여 매번 조서를 내려 그의 은덕을 기렸

고, 후손들에게 상을 내려서 탁무(卓茂)[12]와 이름을 나란히 하게 했다.

경백(敬伯)은 자상하고 온화하며, 덕을 수립하고 은혜를 전파했다.

왕당(王堂)은 자가 경백이고, 처현(郪縣) 사람이다. 처음에 파군(巴郡)을 다스릴 때 어질고 통달한 선비를 등용하여, 효자 엄영(嚴永), 은사 황조(黃錯), 장문(張瑀) 그리고 진모(陳髦)를 추천했는데, 백성들이 모두 그들을 위하여 사당을 세웠다. 그는 좌부풍(左扶風)에 부임했는데 정치와 교화가 엄격하고 분명했다. 황제의 외숙인 거기장군(車騎將軍) 염현(閻顯), 대장군 두헌(竇憲), 중상시(中常侍) 강경(江京) 등이 그에게 일을 부탁했으나, 번번이 거절했다. 흰 사슴이 출현하자 상서롭지 않은 징조라고 여겼다. 노(魯)나라 재상으로 옮겼다. 다시 여남 태수(汝南太守)로 옮기자, 진번(陳蕃)을 천거하여 공조(功曹)로 삼았고, 응사(應嗣)를 천거했는데 나중에 사례교위(司隸校尉)가 되었다. 당시 사람들이 왕당을 '사람을 알아보는 거울[知人之鑑]'이라고 불렀다.

숙재(叔宰)는 몸가짐이 위엄 있고, 진퇴(進退)를 예로써 했다.

풍호(馮顥)는 자가 숙재이고, 처현(郪縣) 사람이다. 젊어서 양중환(楊仲桓) 및 촉군(蜀郡) 사람 장광초(張光超)를 스승으로 모시다가, 나중에 다시 동평(東平) 사람 우숙아(虞叔雅)를 섬겼다. 처음에 알자(謁者)가 되었는데, 태도나 외모에 위엄이 있었다. 나중에 성도령(成都令)으로 있다가 월수 태수(越嶲太守)로 옮겼는데, 그곳에서 이름이 났다. 양기(梁冀)가 그를 미워하여

---

12 탁무(卓茂): 자는 자강(子康)이고, 남양(南陽) 사람이다. 서한(西漢) 말에 밀 현령(密縣令)이 되고, 동한(東漢) 초에 태부(太傅)가 되었는데, 이름이 당세에 저명했다.

주(州)의 관리들에게 그를 배척하도록 암시했다. 그래서 그는 은거하여 《역장구(易章句)》와 《자사설(刺奢說)》을 지었다. 황로(黃老)의 술법(術法)을 배워 하루 종일 평안하게 생활했다.

대장(大匠)은 기묘하고 거침없어 사소한 일에까지 빈틈없이 살폈다. 그의 말은 당세의 법규가 되었는데, 어떤 사람이 그 때문에 벼슬을 잃었다.

적포(翟酺)는 자가 자초(子超)이고, 낙현(雒縣) 사람이다. 젊어서 단예(段翳)를 스승으로 섬겼으며, 천문에 밝아 시중(侍中)·상서(尚書)가 되었다. 태사령(太史令) 손의(孫懿)를 만나 눈물을 흘리며 흐느껴 울다가 말하기를, "참위서에 적신(賊臣) 손등(孫登)이 장차 자신의 재주와 지모 때문에 황문(黃門)에 의하여 살해된다는 기록이 있습니다. 그대의 관상이 그와 비슷하여 슬퍼하는 것입니다."라고 했다. 나중에 경조윤(京兆尹)·광록대부(光祿大夫)·장작대장(將作大匠)이 되었다. 황제에게 표문을 올려 이르기를, "한(漢)나라가 세워진 지 4백 년이 지나면 마땅히 유약한 군주가 출현할 것인데, 만약 정사를 돌보지 않는다면 3백 년쯤에 출현할 것입니다."라고 했다. 전(前) 태위(太尉) 방삼(龐參)과 전 사도(司徒) 이합명(李郃明)을 추천했는데, 그들이 삼재(三才)에 통달하여 충성과 정직으로 조정을 보필할 수 있다고 했다. 그가 하는 말은 매번 당시의 폐단을 날카롭게 지적했으므로, 권귀(權貴)들이 적포가 상서령(尚書令) 고당지(高堂芝)와 결탁했다고 모함했으나 죽음을 면했다. 《원신계경설(援神契經說)》[13]을 지었으며, 나중에

13　《원신계경설(援神契經說)》:《후한서(後漢書)》〈적포전(翟酺傳)〉에 따르면, "〈원신(援神)〉과 〈구명해고(鉤命解詁)〉 12편을 지었다.[著援神鉤命解詁十二篇.]"라고 했는데, 〈원신계(援神契)〉와 〈구명결(鉤命決)〉은 모두 《효경(孝經)》의 위서(緯書)이다.

집에서 죽었다.

사례(司隷)는 총명하고 민첩하여 이름을 후세에 떨쳤다.

곽하(郭賀)는 자가 교경(喬卿)이고, 낙현(雒縣) 사람이다. 처음에 태수(太守) 황행(黃幸)의 호조(戶曹)가 되었다. 황행이 죄를 저질러 한중 태수(漢中太守) 이영(李榮)과 함께 조정에 불려가게 되었다. 곽하는 황행에게 밤중에 급히 가서 조옥(詔獄)에 이르러 자수하라고 권했는데, 그 일로 황행은 죽음을 면했다. 이영은 지체하다가 조서를 받고 죽임을 당했다. 그로 말미암아 그의 명성이 드러나게 되었다. 태수 채무(蔡茂)가 명하여 그를 주부(主簿)에 임명했다. 채무는 자신이 태극전(太極殿)[14]에 앉아 가화(嘉禾) 세 이삭을 얻는 꿈을 꾸었다. 그래서 곽하에게 물어보니, 대답하기를, "명부(明府)께서 마땅히 삼공(三公)의 지위에 오를 것입니다."라고 했다. 한 달이 지나 채무가 사도(司徒)로 옮겨 임명되었다. 그래서 채무가 표문을 올려 곽하가 법률과 조령에 밝다고 하자, 얼마 후 시중(侍中)·상서복야(尚書僕射)·사례교위(司隸校尉)·형주 자사(荊州刺史)에 임명되었다.

한 명제(漢明帝)가 남쪽을 순행하다가 그의 치적이 훌륭하다고 여겨 하남윤(河南尹)에 임명했다. 그가 죽자, 천자는 애석하고 안타깝게 여겨 30만 전(錢)을 하사했다.

---

14 태극전(太極殿): 유림본(劉琳本)에서는 《후한서(後漢書)》 〈채무전(蔡茂傳)〉에서 "채무(蔡茂)가 처음 광한 태수(廣漢太守)로 있을 때, 대전(大殿)에 앉아 있는데 높은 곳에서 벼 세 이삭을 얻는 꿈을 꾸었다.[茂初在廣漢, 夢坐大殿, 極上有三穗禾.]"라고 한 것을 근거로 '태극전(太極殿)'은 '대전의 꼭대기[大殿極]'를 오기한 것으로 보았다.

심현(譚顯)과 채궁(蔡弓)은 풍모가 멋스러워 현재(賢才)만을 벗으로 사귀었다.

심현은 자가 자송(子誦)이고, 처현(郪縣) 사람이다. 채궁은 자가 자건(子騫)이고, 낙현(雒縣) 사람이다. 두 사람은 함께 공부하여 겨울에는 어버이를 모셨고, 봄에는 스승을 찾아가서 공부했다. 장패(張霸)·이합(李郃)·장호(張皓)·진선(陳禪)을 벗 삼아 함께 사도(司徒) 노공(魯恭)을 스승으로 모셨다. 심현은 또한 왕치자(王稚子(王渙))와 함께 태수 진사공(陳司空(陳寵))에게 효렴(孝廉)으로 추천받아, 예주 자사(豫州刺史)·광록대부(光祿大夫)·시중(侍中)·위위(衛尉)를 역임했다. 채궁은 여강 태수(廬江太守)가 되었고, 나중에 징소되어 낭(郎)[15]에 임명되었다. 장패·이합·장호·진선이 모두 공경(公卿)에 이르렀다.

이우(李尤)와 이승(李勝)은 풍채가 아름답고, 문장과 사조(辭藻)가 볼만하다.

이우는 자가 백인(伯仁)이고, 이승은 자가 무통(茂通)으로, 모두 낙현(雒縣) 사람이다. 시중(侍中) 가규(賈逵)가 이우에게는 사마상여(司馬相如)·양웅(揚雄) 같은 재주가 있다고 조정에 추천했다. 한 명제(漢明帝)가 부르자, 그는 〈동관부(東觀賦)〉·〈벽옹부(辟雍賦)〉·〈덕양부(德陽賦)〉 등 여러 관부(觀賦)와 〈회융송(懷戎頌)〉·〈백이십명(百二十銘)〉 등을 짓고, 《정사론(政事論)》 7편을 저술했다.[16] 명제가 그 문장들이 좋다고 여겨, 그를 간대부(諫大夫)·

---

15 낭(郎): 동한(東漢) 광록훈(光祿勳)의 속하(屬下)에는 오관랑(五官郎)·좌서랑(左署郎)·우서랑(右署郎)·호분랑(虎賁郎)·우림랑(羽林郎)·의랑(議郎) 등이 있는데, 이를 통칭하여 '낭(郎)'이라 부른다.

16 시중(侍中) 가규(賈逵)가 … 저술했다: 《후한서(後漢書)》 〈이우전(李尤傳)〉에 이르기를, "화

낙안상(樂安相)에 임명했다. 나중에 유진(劉珍)과 함께 《한기(漢紀)》를 지었다. 이우의 손자인 이충(李充)도 문재(文才)가 있었다. 이승은 동관랑(東觀郎)이 되어 부(賦)·뇌(誄)·론(論)·송(頌) 수십 편을 지었다.

헌부(憲父)가 은거하며 벼슬을 하지 않다.

왕치(王稚)는 자가 숙기(叔起)이고, 왕당(王堂)의 막내아들이다. 여러 차례나 효렴을 거절했다. 관부(官府)에서 15차례 벽소하고, 공거(公車)로 징소하며, 이천석(二千石)과 태상(太常)을 제수했으나 끝내 부임하지 않았다. 그의 나이 81세 때 죽었다. 그의 문인(門人)이 그의 평생 언행을 고려하여 시호를 '헌부(憲父)'라고 했다. 계미년에 황제가 조서를 내리고, 안거(安車)를 가지고 초빙했으나, 마침 이미 죽은 뒤였다.

황제가 불렀으나 출사를 거절하고 은거하다.

풍신(馮信)은 자가 계성(季誠)이고, 처현(郪縣) 사람이다. 군(郡)에서 3차례나 효렴으로 추천하고, 주(州)에서 무재(茂才)[17]로 천거했고, 공거(公車)로 다시 징소했지만 나아가지 않았다. 공손술(公孫述)이 권력을 잡자 그는 거짓으로 청맹(靑盲)[18] 행세를 했는데, 시녀가 그의 앞에서 간통을 저질렀

제(和帝) 때 시중(侍中) 가규(賈逵)가 사마상여(司馬相如)와 양웅(揚雄)의 풍모를 가졌다며 이우(李尤)를 추천했고, 화제가 조서로 동관(東觀)에 불러 만나 보고 부(賦)를 짓게 한 뒤에 난대영사(蘭臺令史)를 제수했다.[和帝時, 侍中賈逵薦尤有相如揚雄之風, 召詣東觀, 受詔作賦, 拜蘭臺令史.]"라고 했으니, 가규가 이우를 추천한 것이 '명제(明帝)' 때가 아니라 '화제' 때로 되어 있다.

17 무재(茂才): 관리 등용 시험 과목의 하나이다. 중국 한(漢)나라 때부터 수재(秀才)가 과거의 과목으로 실시되어 여기에 응시하는 사람들을 '수재'라 했는데, 광무제 때 와서 그의 이름이 '수(秀)'였으므로 이를 피하여 고쳤다. '무재(茂材)'라고도 부른다.

18 청맹(靑盲): 겉으로는 멀쩡해 보이나 실제로는 시력이 감퇴되어 앞을 보지 못하는 눈을

지만 모르는 척했다. 공손술이 죽자, 그는 나이가 들어 은거하며 출사하지 않았다.

동부(董扶)와 임안(任安)은 자신의 뜻을 따랐으므로 속백(束帛)을 가볍게 여겼다.

동부는 자가 무안(茂安)이고, 임안은 자가 정조(定祖)로 모두 면죽(綿竹) 사람이다. 집에서 학생들을 가르쳤는데, 제자들이 멀리서도 찾아왔다. 동부는 처음에 현량방정(賢良方正)[19]에 응시하여 경사(京師)에 도착했다. 재상부(宰相府)에서 그를 10차례 벽소하고, 공거(公車)로 3차례 징소했으며, 2차례나 도리를 갖춘 선비로 천거하여 나중에 시중(侍中)이 되었다. 한(漢)나라가 장차 혼란스러워짐을 보고, 속국에서 일하게 해 달라고 청하여 촉(蜀) 땅으로 돌아왔다. 임안은 효렴 및 무재로 추천되고, 관부에서 벽소하고 공거로 징소했지만 모두 이르지 않았다. 그의 제자 두미(杜微)·하종(何宗)·두경(杜瓊)이 모두 명사(名士)로 공경을 보좌했다.

문표(文表)는 학식이 깊고 넓어 선비들을 잘 육성했다.

왕상(王商)은 자가 문표이고, 광한(廣漢) 사람이다. 박학다문하여 주목(州牧) 유장(劉璋)이 그를 벽소하여 치중(治中)으로 삼고, 촉군 태수(蜀郡太守)를 대리하게 했다. 형주 목(荊州牧) 유표(劉表)와 대유학자 남양(南陽) 사람 송중자(宋仲子(宋忠))가 멀리서 그의 명성을 사모하여 서로 친한 관계를 맺어

가리킨다.

19 현량방정(賢良方正): 한 문제(漢文帝) 때부터 시작된 과거제도이다. 전국 각 군(郡)으로부터 어질고 선량한 인재를 천거하게 하여 책문 시험을 통해 직언과 극간(極諫)을 잘하는 사람을 뽑았다.

좋은 벗이 되었다. 허문휴(許文休^{허정}(許靖))가 그를 칭찬하여 이르기를, "왕상은 중원의 왕경흥(王景興^{왕랑}(王朗))과 같은 부류이다."라고 했다. 왕상이 유장에게 인재를 선발하여 끌어 모으면 시국을 바로잡아 구원할 수 있을 것이라고 권했다. 또한 명사(名士) 안한(安漢) 사람 조위(趙韙)·진실(陳實), 칩강(蟄江) 사람 공양(龔楊)·조민(趙敏)·여경(黎景), 낭중(郎中) 사람 왕담(王澹), 강주(江州) 사람 맹표(孟彪) 등이 모두 주(州)의 요직을 맡거나 군(郡)의 태수(太守)가 되었다. 또 엄준(嚴遵)과 이홍(李弘)을 위하여 사당을 세우고, 제사의 전례 의식을 바르게 했다. 벼슬을 한 지 17년이 지나 죽었다.

무리 중에서 특히 빼어난 사람은 진실로 세신(世信)뿐이다.

유총(劉寵)은 자가 세신이고, 면죽(綿竹) 사람으로, 어릴 때 부모를 잃고 출신이 한미(寒微)했다. 《춘추공양전(春秋公羊傳)》에 밝아 조정에 상계(上計)[20]했다. 성도령(成都令)에 임명되었는데, 정치와 교화가 분명하고 엄숙했다. 당시 여러 현(縣)에서 고을을 다스리기가 어려워지자, 유총을 불러 비 현령(郫縣令)으로 삼았다. 다시 처 현령(郪縣令)과 안한 현령(安漢縣令)으로 교체되었는데, 모두 치적을 남겼다. 나중에 성도로 돌아왔다가 장가 태수(牂柯太守)로 옮겼다. 처음에 말 한 필을 타고 부임하여 거친 베옷을 입고, 채소 반찬뿐인 음식을 먹으며 검소하게 백성들을 교화했다. 태수로 있은 지 9년이 지나, 처음에 타고 왔던 그 말을 타고 돌아갔다. 현지의 관리와 백성들이 그를 위하여 비(碑)를 세웠다. 왕상(王商)과 진실(陳實)은 당세의 고귀한 선비였는데, 모두 유총과 벗이 되었다.

---

20 상계(上計): 전국(戰國)·진(秦)·한(漢)나라 때 지방관이 연말에 경내의 호구(戶口)·부세(賦稅)·도적·옥송(獄訟) 등을 장부(帳簿)로 만들어 관리를 보내 상급기관이나 조정에 보고하는 일을 말한다.

절영(節英)은 사람됨이 도도하고 강인하여 재상에게 직접 상소하여 호소했다.

단공(段恭)은 자가 절영이고, 낙현(雒縣) 사람이다. 젊어서부터 70여 군(郡)을 주유하면서 스승을 찾아 공부하며 30년을 지냈다. 풍익(馮翊) 사람 낙이손(駱異孫), 태산(泰山) 사람 언지장(彦之章), 발해(渤海) 사람 기숙양(紀叔陽)을 섬기며 함께 공부했으며, 《천문(天文)》두 권에 밝았다. 동평(東平) 사람 우숙아(虞叔雅)는 학문이 당대에 매우 높았는데, 촉(蜀) 땅을 주유하게 되자 단공이 친구의 예로써 그를 대우했다. 나중에 상계연(上計掾)이 되었는데, 어떤 관리가 태위(太尉) 방참(龐參)이 무재와 효렴을 겸하여 천거했다고 탄핵했다.²¹ 방참은 성품이 충직하고 바르며 밝고 올곧았는데, 귀척(貴戚)들의 배척을 받아 화가 나서 병이 나자 먼 데 사람과 가까운 데 사람들이 모두 그가 억울하다고 했다. 단공이 그의 억울함을 참지 못하고 직접 표문을 올려, 방참은 충직하니 간사한 자들에 의하여 그의 충정이 훼손되어서는 안 된다고 했다. 황제가 깨닫고, 바로 그날 서조연(西曹掾)을 불러 병세를 물어보고, 양고기와 술을 보내 방참의 충정을 위로했다.

사유(士遊)는 효성스럽고 순박하여 신령을 감동시켰다.

강시(姜詩)는 자가 사유이고, 낙현(雒縣) 사람이다. 어머니를 지극한 효성으로 섬겼다. 어머니가 강물과 잉어 회(膾)를 먹고 싶어 했다. 또한 혼

---

21 어떤 관리가 … 천거했다고 탄핵했다: 동한(東漢) 때 제도에 따르면, 삼공(三公)은 대대로 무재(茂才)를 각각 1명씩 추천할 수 있었다. 그러나 효렴(孝廉)은 군국(郡國)에서 추천하므로 삼공과는 관련이 없다. 여기에서 어떤 관리가 태위(太尉) 방참(龐參)을 탄핵한 것은 방참이 효렴을 천거해서는 안 되는데, 무재와 함께 효렴을 천거했기 때문이다.

자만 먹지 않고 반드시 이웃에 있는 노부(老婦)와 함께 먹고자 하여 강시가 일찍이 준비를 갖추었다. 그런데 그의 아들이 강에 가서 물을 긷다가 익사했다. 그는 그 사실을 비밀에 부쳤고, 공부하러 보냈다고 말하여 어머니가 알지 못하게 했다. 그때 한 줄기 샘물이 집 옆에서 솟구쳐 나왔는데, 강물의 향기가 났고 아침마다 잉어 두 마리가 나와서 두 어머니의 식사로 제공했다. 그 샘물이 밭 6경(頃)을 적셨으며, 이웃에까지 그 혜택을 베풀었다. 공손술(公孫述)이 평정된 뒤, 동정(東精)[22]이 도적이 되어 사람들을 약탈하고 해칠 때도 감히 강시의 마을에는 들어가지 않았다. 당시 큰 기근이 들자, 동정이 강시에게 쌀과 고기를 보냈으나 강시는 그것을 모두 땅에 묻어 버렸다. 영평(永平) 3년(60) 효렴에 추천되자, 한 명제(漢明帝)가 조서를 내려 이르기를, "지극한 효자가 조정에 들어왔으니, 효렴을 추천하는 일은 모두 다 그의 평가를 따르겠다."라고 했다. 그러고는 강양(江陽)과 부현(符縣)의 현령에 임명했다. 그가 머물렀던 마을에서는 모두 그를 위하여 사당을 세웠다.

소림(少林)은 음덕이 지극하여 보답을 받아 빛나다.

왕돈(王忳)은 자가 소림이고, 신도(新都) 사람이다. 그는 경사(京師)를 노닐며 공부하다가 객사에 한 서생이 병에 걸려 있는 것을 보게 되었다. 왕돈이 은밀히 살펴보고 있었는데, 그 서생이 갑자기 숨을 거두었다. 그 서생에게는 금 10근(斤)이 있었는데, 왕돈이 그 가운데 1근을 가지고 관을 사고, 나머지 9근은 허리에 되돌려 놓고 그를 파묻었다. 나중에 대도정장(大渡亭長)[23]이 되었다. 한번은 큰 말 한 마리가 대도정으로 들어왔고, 또

---

22 동정(東精): 동한(東漢) 때 적미군(赤眉軍)의 일부이다.

한 수를 놓은 이불이 말 앞에 날아 떨어졌다. 사람들이 누구의 것인지 알지 못하자, 군·현(郡縣)에서 그것들을 왕돈에게 주었다. 나중에 왕돈이 그 말을 타고 낙현(雒縣)에 이르렀는데, 말이 왕돈을 이끌어서 남의 집으로 들어갔다. 집 주인이 왕돈에게 말을 얻게 된 연유를 묻자, 왕돈이 말을 얻게 된 상황과 수놓은 이불에 관한 일을 모두 말했다. 주인이 한탄하며 말하기를, "경은 무슨 음덕이 있어 이와 같은 일에 이르게 되었습니까?"라고 하자, 왕돈이 예전에 한 서생을 매장한 일을 말하여 주었다. 주인이 놀라 말하기를, "그 서생은 바로 저의 아들입니다. 성은 금(金)이고, 이름은 언(彦)인데, 경이 저의 아들을 장사 지내 주셨습니다. 제가 보답을 할 수 없었는데, 하늘이 경의 덕을 밝게 드러내어 주었습니다."라고 했다. 왕돈이 무재에 추천되고, 미 현령(郿縣令)에 임명되었다. 왕돈이 시정(絲亭)에서 하룻밤 묵게 되었는데, 그곳에서 몇 사람이 귀신에게 죽는 일이 발생했다. 왕돈이 누각에 올라 잠을 자는데, 한밤중에 어떤 여자가 억울함을 호소하며 말하기를, "첩은 부현(涪縣) 현령의 처입니다. 관부에 부임하던 중에 이곳에서 하룻밤 잠을 자게 되었는데, 억울하게도 이곳 정장(亭長)에 의하여 살해되어 어른과 아이 할 것 없이 20명이 이 누각 아래에 묻혀 있으며, 재물도 모두 빼앗아 갔습니다."라고 했다. 왕돈이 말하기를, "그대는 무슨 까닭으로 항상 사람을 죽였는가?"라고 하자, 여자가 말하기를, "첩은 낮에는 나타날 수 없어서 오직 밤에 나와서 하소연했습니다. 그런데 사람들이 잠을 자느라고 제 호소에 응답하지 않아 화가 나서 죽였습니다."라고 했다. 처음 나타났을 때, 이 여자가 입을 옷이 없다

---

23 대도정장(大渡亭長): 원문에는 '대도정장(大度亭長)'으로 되어 있으나 마땅히 '대도정장(大渡亭長)'이 되어야 하므로 수정하여 번역했다. 대도정(大渡亭)은 신도현(新都縣)에 속하며, 지금의 금당현(金堂縣) 조진(趙鎭)이다.

고 말하자, 왕돈이 자신의 옷을 입혀 주었다. 말을 마치자, 그 여자는 옷을 벗어 놓고 그 자리를 떠났다. 다음날 아침, 유요(遊徼)[24]를 불러 따져 묻자, 전부 자복했다. 즉시 그와 함께 도모한 10여 명을 잡아 죽이고, 부현 현령 일가의 시신을 원래 군(郡)으로 돌려보냈다. 당시 사람들이 모두 그를 칭송했다.

중어(仲魚)는 겸허했다.

양기(羊期)는 자가 중어이고, 처현(郪縣) 사람이다. 아버지가 교주 자사(交州刺史)였는데, 재임 중에 죽었다. 양기가 아버지의 시신을 맞이하면서 관부의 물건을 감히 하나도 취하지 않았다. 군(郡)에서 3차례나 효렴으로 추천하고, 관부에서 벽소하며, 주(州)에서 별가(別駕)로 불렀지만, 모두 응하지 않았다. 태수 윤봉(尹奉)이 형명(刑名)[25]을 버리고 예악(禮樂)을 행하면서 그를 초빙하여 공조(功曹)로 삼았다. 그런데 자사(刺史)가 양기로 하여금 자신을 보좌하게 하려고 하여 어쩔 수 없이 별가가 되었다. 나중에 태수 손보(孫寶)·채무(蔡茂)·대풍(殺諷)의 공조가 되었다.[26] 한번은 강을 건

---

24 유요(遊徼): 관명으로 한(漢)나라 때 향리(鄕里)를 순회하며 도적을 잡는 등 치안을 맡았다.

25 형명(刑名): 전국 시대 신불해(申不害)를 중심으로 한 법가(法家)의 학설이다. 명칭(名稱)과 실상(實相)이 부합(符合)하는지의 여부를 따지는 명실론(名實論)을 법(法)의 적용에 응용하여, 형벌을 엄격하게 시행할 것을 주장했다. 후인들이 '형명지학(刑名之學)'을 줄여 '형명'이라고 불렀다.

26 나중에 태수 … 공조가 되었다: 손보(孫寶)와 채무(蔡茂)·대풍(殺諷) 이 세 사람이 광한 태수(廣漢太守)가 된 시기는 서로 상당한 시간적 차이가 발생한다. 손보는 한 성제(漢成帝) 때 광한 태수가 되고, 채무는 한 광무제(漢光武帝) 건무(建武) 20년 이전에 광한 태수가 되어 약 40~50년의 시간적 차이가 발생한다. 대풍은 한 안제(漢安帝) 때 광한 태수가 되어 손보와는 1백여 년, 채무와는 60년 이상 차이가 난다. 그래서 유림본(劉琳本)에서는 이 구절이 "나중에 태수의 공조가 되었다.[後爲太守功曹.]"가 되어야 하며, 여기서 태수는 '윤

너려는데, 강을 지키던 관리가 그를 떠나지 못하게 하여 수레를 멈춘 채 3일간을 기다렸다. 또 역정(驛亭)에서 하룻밤을 묵었는데, 그 안에 현의 관리가 있자 수레를 끌고 그를 피한 적도 있었다. 그는 야왕(野王) 현령이 되었다.

운경(雲卿)은 가난에 처했어도 평안해 했다.

주창(朱倉)은 자가 운경이고, 십방(什邡) 사람이다. 촉군(蜀郡) 사람 장녕(張寧)에게서 수학했다. 콩을 먹고 물을 마시면서 글을 읽고 시를 읊었다. 같이 공부하던 벗이 그가 가난한 것을 불쌍하게 여겨 쌀과 고기를 보내 주었으나, 끝내 받지 않았다. 《하락해(河洛解)》를 지었다. 집안이 가난하여 항상 걸어서 다녔다. 군(郡)의 공조(功曹)가 되었다. 효렴에 추천될 때마다 급히 관부에 가서 시험을 치르는 일을 부끄럽게 여겨 응시하지 않았다. 주(州)에서 벽소하여 그를 치중 종사(治中從事)로 삼았다. 시가(詩歌)를 읊조리며 평생을 보냈다.

백식(伯式)이 현묘한 덕을 널리 비추다.

절상(折像)은 자가 백식이고, 낙현(雒縣) 사람이다. 그의 선조 장강(張江)이 무위 태수(武威太守)가 되고, 남양절후(南陽折侯)에 봉해졌으므로 성씨를 '절(折)'로 했다. 아버지가 절국(折國)에서 울림 태수(鬱林太守)를 맡은 적이 있었다. 집안의 재산이 2억 전(錢)이고 노비가 8백 명이나 되었는데, 그 재산을 전부 나누어 동족들에게 베풀어 주고 친척이나 친구들을 구휼했으며, 죽은 자를 장사 지내고 상주를 위문했다. 동평(東平) 사람 우숙아(虞

봉(尹奉)'일 것이라고 추측했다.

叔雅)를 섬기고, 도의(道義)를 가지고 문하생들을 가르쳤으며, 벗들이 멀리서도 그를 찾아왔다. 당시 사람들이 속언(俗諺)을 지어 이르기를, "절씨의 손님으로는 누가 있는가? 주운경(朱雲卿^{주창(朱倉)})·단절영(段節英^{단공(段恭)})이 있고, 그 가운데는 소작농의 아들인 조중평(趙仲平^{조앙(趙鞅)})도 있는데, 그들은 다만 천문(天文)을 말하고 오경(五經)을 논했다."라고 했다.

맹종(孟宗)이 인(仁)을 맞이하다. 도를 행하고 베풀기를 좋아하여 맑은 풍모가 보통 사람을 넘어서다.

중어(仲魚^{양기(羊期)}) 이하를 찬(讚)하다.

두진(杜眞)은 자가 맹종이고, 면죽(綿竹) 사람으로, 문장(文章) 백만 자를 외웠다. 그의 형이 적포(翟酺)를 섬겼다. 적포가 면직된 뒤에 상서령(尙書令)과 사례교위(司隸校尉)가 그를 모함하여 탄핵하고, 감옥에 가두었다. 두진이 상소하여 그를 구하려다가 태형(笞刑) 6백 대를 받고 감옥에 들어가서도 적포에게 죄가 없음을 밝히자, 경사(京師) 사람들이 그를 장렬하다고 칭송했다. 한(漢)나라의 도통(道統)이 쇠미해지자, 재산을 종족(宗族)들에게 나누어 주었다. 그는 주(州)의 벽소에 응하지 않고, 장리(長吏)가 되는 것을 사양했다. 관리들이 매번 번갈아가며 그의 집 문 앞에서 그를 맞이하려고 기다렸지만, 마침내 스스로 머리카락을 잘라 벼슬과의 인연을 끊었다.

한유(漢儒)가 비가 오기를 빌자, 그의 정성에 하늘이 감동하여 오색구름이 나타나다.

양보(諒輔)는 자가 한유이고, 신도(新都) 사람이다. 군(郡)의 오관연(五官掾)이 되었다. 당시 천하가 크게 가물어 사람들이 비를 내리게 해 달라고 빌었으나 내리지 않았다. 양보가 하늘에 기도하러 나와 땔나무를 쌓아 놓고 신을 향하여 말하기를, "비가 내리지 않으면 내 몸을 불태워 탐관오 리들을 대신하여 백성들에게 사죄하고자 합니다."라고 했다. 그가 말을 마치자, 마침내 폭우가 내렸다.

한규(韓揆)는 충의가 장렬하다.

한규는 자가 백언(伯彦)이고, 면죽(綿竹) 사람이다. 일찍이 현령 기부(錡 褒)의 주부(主簿)가 되었다. 황건적(黃巾賊)이 현(縣) 경계 안으로 들어오자 기부를 부축하여 달아나 풀숲으로 들어갔다. 기부가 한규를 보내 숨을 만한 곳을 찾게 했으나, 그가 돌아오기 전에 기부가 도적들에게 잡혀 해 를 당했다. 한규가 그의 시신을 염하고 땅에 묻은 다음에 종사(從事) 가룡 (賈龍)을 찾아가서 군사를 내어 도적들을 토벌할 것을 청했다. 한규가 도 적들을 물리치고 나서 말하기를, "나는 본래 주군을 대신하여 원수를 갚 고자 한 것이니, 구차하게 스스로 살아남는 것은 충성이 아니다."라고 하 고, 마침내 스스로 목숨을 끊었다.

교운(喬雲)의 용감함이 천하를 진동하다.

좌교운(左喬雲)은 면죽(綿竹) 사람이다. 어려서 좌통(左通)에 의하여 양육 되다가 그의 아들이 되었다. 좌통은 죄수를 보증했다가 그 죄수가 달아 나는 바람에 죄를 입게 되어 옥리가 좌통의 무릎을 부서뜨리려고 했다. 좌통에게는 장성한 자식이 없었기 때문에 옥리에게서 해를 입은 것이다. 교운은 당시 13세였는데, 한숨을 쉬며 분노하여 예리한 칼로 그 옥리를 죽이고 좌통의 결박을 풀고 달아났다. 태수[將]²⁷가 그들을 추격하라고 명 을 내렸는데, 군사들은 처음에 그가 장성한 남자라고 생각했다가 어린아

이였음을 알고 눈물을 흘렸다.

양관(楊寬)이 태수의 결백을 증명하니, 그의 충렬이 친구들에게 전파되다.

양관은 자가 중서(仲舒)이고, 신도(新都) 사람이다. 그의 아버지 양빈(楊斌)은 현령(縣令) 만세(萬世)의 결백함을 증명했다. 태수 대풍(祋諷)도 그의 충의를 조정에 알렸다. 양관이 군리(郡吏)가 되자, 향인(鄕人) 마윤(馬闉)이 글을 올려 태수 오방(五方)을 모함했는데, 양관과 그의 형이 함께 감옥에 찾아가 태수의 결백을 증명하여 사리가 명백해질 수 있었다. 나중에 오방이 남군(南郡)으로 옮겨 가자, 마윤이 다시 글을 올려 모함했다. 양관이 마침내 마윤이 법을 어기고 사사롭게 행한 일들을 적발해 내자, 마윤이 자신의 죄를 자복했다. 친구인 여곤(汝錕)이 장명(張明)에게 살해되자, 양관이 노하여 장명을 결박하여 여곤의 집으로 보내 스스로 사죄하게 했다.

영숙(甯叔)이 원수를 갚다.

영숙은 자가 무태(茂泰)이고, 광한(廣漢) 사람이다. 친구 장창(張昌)과 함께 태학(太學)에서 공부했다. 장창이 하남(河南)의 큰 부자 여조(呂條)에게 살해되었다. 그러자 영숙이 여조를 죽이고 자신을 결박하게 한 뒤 스스로 하남 옥(獄)으로 들어갔다. 한 순제(漢順帝)가 그를 의롭게 여겨 사면했다.

---

27 태수[將]: 원문의 '장(將)'은 자사(刺史)나 태수(太守)를 부르는 호칭으로, 자사는 '주장(州將)', 태수는 '군장(郡將)'으로 불렸다. 면죽현은 광한군(廣漢郡)에 속하므로 태수로 번역했다.

장겸(張鉗)이 스승의 원수를 갚다.

장겸은 자가 자안(子安)이고, 광한(廣漢) 사람이다. 건위(犍爲) 사람 사부
(謝敷)를 스승으로 섬겼다. 사부가 죽자, 직접 흙을 등에 지고 무덤을 만
들었으며, 삼년상을 지냈다. 사부의 아들이 어떤 사람에게 죽임을 당하
자, 장겸이 그의 원수를 갚고 스스로를 결박하여 무양(武陽)의 감옥으로
들어갔다. 마침 천하에 사면이 있어 죽음을 면했다. 당시 세상 사람들이
그를 의롭다고 했다.

가우(賈祤)가 선비를 위하여 죽으니, 절조가 우경(虞卿)[28] · 주가(朱家)[29]와 나란히 견주어졌다.

가우는 자가 원집(元集)이고, 십방(什邡) 사람이다. 낙현(雒縣)의 맹백원
(孟伯元)이 아버지 원수를 갚은 뒤에 가우의 명성을 듣고 그를 찾아갔다.
낙현에서 맹백원의 자취를 쫓아 추격하여 이르자, 가우가 탄식하며 말하
기를, "이 선비는 의기 때문에 나를 찾아왔는데, 어찌 그를 저버릴 수 있
겠는가? 만약 낙현의 관리를 죽였다면, 저들은 반드시 십방에 이문(移文)
을 보낼 것이니, 십방 현령(縣令)에게 부담이 될 것이다."라고 하고, 마침
내 스스로 목숨을 끊었다. 이승(李勝)이 그를 우경과 노국(魯國)의 주가에

---

28 우경(虞卿): 전국 시대에 유세하던 선비이다. 일찍이 짚신을 신고 우산을 등에 맨 채로
돌아다니다가 조(趙)나라에 가서 효성왕(孝成王)을 만나 유세했는데, 처음 만나 유세하
고서는 황금(黃金) 100일(鎰)과 백벽(白璧) 한 쌍(雙)을 하사받았고, 재차 만나 유세하고서
는 조나라의 상경(上卿)이 되었다.

29 주가(朱家): 주가는 노현(魯縣) 사람으로, 한 고조(漢高祖) 때 의협가로 이름나 곤경에 처한
사람을 숨겨 살린 수효가 백여 명에 이르렀다. 유방(劉邦)이 천하를 통일한 뒤에 쫓겨
다니는 계포(季布)를 자기 집에 숨겨 주었고 그의 계책으로 계포가 사면을 받아 존귀해
진 뒤로는 단 한 번도 그를 만나지 않았다고 한다.

견줄 만하다고 말했다.

유씨(劉氏) 천하가 되니, 사농(司農)은 글이 아름답고 사람됨이 시원하고 밝으며 광채가 나와 나라의 빛남을 볼 수 있다.

진복(秦宓)은 자가 자수(子敕)이고, 면죽(綿竹) 사람이다. 처음에는 은둔하여 주·군(州郡)의 부름에 응하지 않았다. 승상(丞相) 제갈량(諸葛亮)이 익주 목(益州牧)이 되자, 선발되어 별가중랑장(別駕中郎將)이 되었다. 오(吳)나라 사신 장온(張溫)이 복명하기 위하여 돌아가게 되자, 제갈량이 백관들을 이끌고 그를 전별했다. 장온이 진복과 더불어 이야기했는데, 진복이 질문에 대답하는 소리가 마치 메아리처럼 울렸고 말과 뜻이 우아하고 아름다웠다. 장온이 깊이 감탄하고 존경하여 촉(蜀)나라에 진복이 있는 것이 노(魯)나라에 공자(孔子)가 있는 것과 같다고 생각했다. 나중에 장수교위(長水校尉)·사농(司農)으로 옮겨졌다. 진복은 사리에 매우 통달했고, 제자 초주(譙周)가 그의 학술을 다 계승했다.

이조(李朝)·이소(李邵)·왕사(王士)·왕보(王甫) 네 사람이 함께 아름다운 옥을 만들다.

이조는 자가 영남(永南)이고, 동생 이소는 자가 위남(偉南)으로 처현(郪縣) 사람이다. 왕사는 자가 의강(義强)이고, 사촌동생 이보는 자가 국산(國山)으로 문표(文表^{왕상}(王商))의 친족 동생이다. 선주(先主^{유비}(劉備))가 익주 목(益州牧)으로 있을 때 이조는 별가(別駕)에 임명되었다. 군신들이 표문을 올려 선주를 한중왕(漢中王)에 추대했을 때, 그 문장을 이조가 썼다. 나중에 승상 제갈량(丞相諸葛亮)이 그를 불러 서조연(西曹掾)으로 삼았는데,[30] 역시 문재(文才)가 있었다. 그의 형제 세 사람을 사람들은 '삼룡(三龍)'이라고 불렀다.

왕사는 탕거(宕渠)·건위(犍爲)·익주 태수(益州太守)를 역임했다. 왕보는 의론(議論)을 말하는 데 뛰어났다. 누락. 사람들이 그의 아름다운 이름을 전했다. 면죽령(綿竹令)에서 옮겨 주(州)의 요직에 임명되었다.

편안하고 한가로우며 차분하고 여유가 있어 태상(太常)으로 특진했다.

담승(譚承)은 자가 공문(公文)이고, 처현(郪縣) 사람이다. 군수(郡守)와 주(州)의 요직을 역임하고, 소부(少府)·태상이 되었다. 당시 비위(費禕)와 강유(姜維)가 정권을 잡고 있어서 맹광(孟光)과 내민(來敏)이 모두 출사하지 않고 은거했지만, 그는 사람들과 잘 어울려 홀로 특별히 태상에 임명되었다.

종사(從事)는 기개가 열렬하여 스스로 목을 벰으로써 주군에게 간언했다.

왕루(王累)는 신도(新都) 사람이다. 주목(州牧) 유장(劉璋)이 별가(別駕) 장송(張松)의 계책에 따라 법정(法正)을 보내 선주(先主)를 맞이했다. 주부(主簿) 황권(黃權)[31]이 간언했으나, 유장이 듣지 않았다. 왕루가 종사가 되어 간언했으나 역시 듣지 않자, 마침내 주(州)의 성문에서 스스로 목을 베어

---

30 나중에 승상 … 서조연(西曹掾)으로 삼았는데: 《삼국지(三國志)》〈촉서(蜀書) 계한보신찬주(季漢補臣贊注)〉에 이르기를, "선주(先主)가 촉(蜀)을 평정한 뒤에 이소(李邵)를 주(州)의 서좌·부종사(書佐部從事)로 삼았다. 건흥(建興) 원년(223)에 승상 제갈량(諸葛亮)이 불러서 서조연(西曹掾)으로 삼았다.[先主定蜀後, 以李邵爲州書佐部從事. 建興元年丞相亮辟爲西曹掾.]"라고 했다. 그리고 이조(李朝)는 승상의 서조연이 된 적이 없다. 그러므로 유림본(劉琳本)에서는 '나중에 승상 제갈량[後丞相亮]' 앞에 '이소가 부종사가 되었다.[邵爲部從事]'는 글자가 누락되었다고 판단했다.

31 황권(黃權): 본문에는 '왕권(王權)'으로 되어 있으나, 《삼국지(三國志)》〈촉서(蜀書) 유장전(劉璋傳)〉을 비롯하여 《화양국지》 유림본(劉琳本) 등에는 '황권(黃權)'으로 되어 있어 수정했다.

불가함을 분명히 했다.

정도(鄭度)가 충언을 진헌했지만 충성스런 계책이 받아들여지지 않은 것이 천시(天時) 때문이라고 하지만 사람의 잘못이기도 하다.

정도는 면죽(綿竹) 사람이다. 선주(先主)가 가맹(葭萌)에서 남쪽을 공격하자, 그가 유장(劉璋)을 설득하여 말하기를, "좌장군(左將軍[유비])의 현군(懸軍)이 우리를 습격했는데, 들판의 곡식이 우리들의 자원입니다. 파서(巴西)와 재동(梓潼)의 백성들을 신속하게 부수(涪水) 이남으로 옮기고, 들판의 곡식을 전부 불에 태운 다음 보루를 굳게 지키며 그들을 기다리십시오. 저들이 싸움을 걸어오면 응하지 마십시오. 저들은 시간이 오래되면 물자가 없어 100일을 넘기지 못하고 반드시 돌아갈 것입니다."라고 했다. 선주가 그 소식을 듣고 몹시 싫어했다. 유장은 정도의 말을 받아들이지 않았다. 비록 전쟁의 성패가 하늘에 있다고 말하지만, 유장의 어리석음 때문이기도 했다.

영년(永年)은 자신의 재주를 과신하여 당세의 군주에게 죽임을 당했다.

팽양(彭羕)은 자가 영년이고 광한(廣漢) 사람으로 뛰어난 재주를 가지고 있었다. 유장(劉璋) 때 죄를 지어 죄수가 되었다. 선주(先主)가 성도(成都)에 들어오자 스스로 방통(龐統)에게 의탁하여 주(州)의 요직을 맡았다. 그러나 선주의 환심을 잃고 강양 태수(江陽太守)로 좌천되자, 팽양이 이를 원망했다. 제갈량은 그가 야심이 크고 의지가 넓어 장차 난을 일으키지 않는다는 것을 보증하기 어렵다고 여기고, 선주에게 권하여 구실을 만들어 그를 죽였다.

한남(漢南)이 비통한 까닭은 하늘이 그의 절조를 빼앗았기 때문이다.

이막(李邈)은 자가 한남이고, 이소(李邵)의 형이다. 유장(劉璋)이 익주 목(益州牧)으로 있을 때 우비장(牛鞞長)이 되었다. 선주(先主)가 익주 목에 임명되자, 종사(從事)가 되었다. 정월 초하루, 선주가 술자리를 베풀라고 명하자, 이막이 나아가 선주를 만날 수 있게 되었다. 이막이 유비(劉備)를 질책하여 말하기를, "진위장군(振威將軍[유장(劉璋)])이 그대에게 적을 토벌하라고 했는데, 그대는 큰 공이 아직 드러나지 않았는데도 오히려 적을 멸하기 전에 유장을 멸망시켰습니다. 나 이막은 장군이 익주를 빼앗은 것이 몹시도 적절하지 않다고 여깁니다."라고 했다. 선주가 말하기를, "적절하지 않음을 알았다면 어찌하여 그를 돕지 않았는가?"라고 하자, 이막이 말하기를, "감히 하지 못한 것이 아니라, 힘이 부족하기 때문이었습니다."라고 했다. 유사(有司)가 그를 죽이려고 했다. 그때 제갈량(諸葛亮)이 청하여 죽음을 면했다. 나중에 건위 태수(犍爲太守)・승상참군(丞相參軍)・안한장군(安漢將軍)이 되었다. 건흥(建興) 6년(228) 제갈량이 서쪽 정벌을 나섰는데, 마속(馬謖)이 선봉을 맡았다가 패하여 제갈량이 그를 죽이려고 했다. 그러자 이막이 간언하여 말하기를 "진(秦)나라에서는 맹명(孟明)의 죄를 사면했기 때문에 서방에서 패자를 칭하게 되었고,[32] 초(楚)나라에서는 자옥(子玉)을 주살했기 때문에 양대(兩代)의 군주가 강해지지 못했습니다."[33]라

---

32 진(秦)나라에서는 … 되었고: 맹명(孟明)은 춘추 시대 진 목공(秦穆公)의 신하 백리해(百里奚)의 아들로, 이름은 시(視)이다. 목공 때에 정(鄭)나라를 치다가 진(晉)나라 군사에게 세 번이나 패했으나 목공이 오히려 그를 기용했는데, 마침내 그가 진(晉)나라를 공격할 때 황하를 건너고 나서 자신의 군사들이 탄 배를 불태워 물러설 곳이 없게 하여 결사(決死)의 뜻을 보임으로써 대승을 거두었다.

33 초(楚)나라에서는 … 못했습니다: 진(晉)나라와 초(楚)나라 사이에 벌어진 성복(城濮)의 전쟁에서 초 성왕(楚成王)은 패전한 자옥(子玉)을 자살하도록 만들었다.

고 했다. 그러나 제갈량의 뜻에 벗어나 그는 촉(蜀) 땅으로 돌아갔다. 건
흥 13년,[34] 제갈량이 세상을 떠났다. 후주(後主劉禪)가 소복을 입고 3일간
애통해했다. 이막이 상소하여 이르기를, "여록(呂祿)과 곽우(霍禹)가 반드
시 반역의 마음을 품었던 것은 아니고, 효선제(孝宣帝) 역시 신하를 죽이
는 군주가 되기를 좋아하지는 않았을 것입니다. 다만 신하가 황제의 핍
박을 두려워하고 황제가 신하의 위세를 꺼렸던 까닭에 간사한 마음이 싹
튼 것입니다. 제갈량이 몸소 강한 군대를 이끌고 이리와 호랑이 같은 신
하들을 바라보면서 '다섯 세력[五杖]을 변방에 두어서는 안 된다.'라고 했
는데, 신은 항상 그 일을 걱정했습니다. 이제 제갈량이 죽어 유씨(劉氏)
종족이 보전되고 서융이 평온해질 것이니, 모두에게 경사스러운 일입니
다."라고 했다. 후주가 노하여 그를 하옥시키고 이어서 그를 주살했다.

**수많은 현인군자 가운데 어떤 이는 철인(哲人)이고, 어떤 이는 친
구이다. 그들은 아름다운 덕을 밝혀 후세에 그 이름을 전했다.**

46명을 모두 찬(讚)하다.
이상 광한(廣漢)의 인사를 서술했다.

**임안(任安)의 어머니는 집안을 잘 다스려 아들이 명현(名賢)이 되
었다.**

임안의 어머니는 요씨(姚氏)로, 규문(閨門)을 화목하게 이끌었다. 일찍
과부가 되자, 절의를 지키며 임안을 재물로 도와서 마침내 대유생(大儒生

---

34 13년:《삼국지(三國志)》〈촉서(蜀書) 제갈량전(諸葛亮傳)〉에는 건흥(建興) 12년(234)으로 되
어 있다.

^{양후}(楊厚)을 섬기게 했다. 임안이 학생들을 가르치게 되자, 매번 제자들을 진휼하며 그들의 뜻을 위로하고 격려했다. 그래서 임안의 문생들이 그의 문 앞에 가득하게 되었다.

방행(龐行)이 시어머니를 봉양하여 부녀자의 모범이 되다.

방행은 강시(姜詩)의 처이다. 시어머니를 섬기며 밤낮으로 실을 짜서 봉양할 물품을 마련했다. 아들이 강에 이르러 물에 빠져 죽자, 그 사실을 비밀에 부치고 공부하러 보냈다고 말했다. 항상 겨울옷과 여름옷을 지어 강물에 던지며 아들에게 안부를 전했다. 강시가 처를 불러 시어머니께 드릴 곡식을 찧으라고 했으나 부름에 늦게 응하자 그녀를 집에서 쫓아냈다. 그녀는 집에서 멀리 떠나지 않은 채 바깥에서 서성이며 이웃집 여인을 통하여 물품을 봉양했다. 나중에 시어머니가 타일러 그녀를 집으로 돌아오게 했다.

유약한 강의구(姜義舊^{강빈}(姜嬪))가 조정에 상주문을 올려 직언하자, 황제가 감동하여 그녀를 집으로 돌려보내고 형벌을 멈추게 했다.

강의구는 적도(狄道) 현령 강목(姜穆)의 딸로, 면죽(綿竹) 사람 사마아(司馬雅)의 처이다. 혼인을 허락하고, 아버지가 죄를 범하여 삭방(朔方^{북방})으로 유배되었다. 사마아가 삭방으로 가서 혼인하고 돌아오던 중에 죽자, 강의구는 하인을 시켜 시신을 돌려보내 주었다. 잇달아 그녀의 부모가 삭방에서 죽자, 강의구는 홀로 동생과 함께 그곳에서 외롭게 10년을 지냈다. 어떤 사대부가 그녀에게 혼인을 청했으나 끝내 승낙하지 않았다. 마침내 스스로 상주문을 올려 고향으로 돌아가게 해 달라고 호소했다. 천자가 그녀를 불쌍하게 여겨 삭방으로 사람을 보내 그녀를 고향으로 돌아가게 했다. 마침내 조서를 내려 "여자가 혼인을 허락했다면, 부모를 따라 유배되지 않는다."라고 법령을 정했다.

은기배(殷紀配)[35]가 손가락을 잘라 자신의 정절을 드러내다.

은기배는 광한(廣漢) 사람 은씨(殷氏)의 딸로, 요백(廖伯)의 처이다. 16세 때 요백에게 시집갔으나, 요백이 일찍 죽었다. 은기배는 자신이 미색(美色)이 있어 사람들이 자신에게 혼인을 청할까 염려하여 시 세 편을 지어 자신의 마음을 맹세했다. 그러나 혼인을 청하는 사람들이 많았다. 그녀의 부모가 장차 혼인을 허락하려고 하자, 마침내 손가락을 잘라 자신의 결심을 분명히 했다. 아들 요맹(廖孟)을 기르며 자신의 절의를 지켰다. 태수 설홍(薛鴻)이 관부의 뜰에 그녀의 화상을 그려 걸어 놓았다.

팽비(彭非)·왕화(王和)·이진아(李進娥)[36]가 몸을 훼손하여 진심을 드러내다.

팽비는 광한(廣漢) 사람 왕보(王輔)의 처이다. 왕화는 신도(新都) 사람 편경(便敬)의 처이다. 이진아는 처현(郪縣) 사람 풍계재(馮季宰)의 처이다. 왕보가 일찍 죽자 숙부가 팽비를 개가시키려고 했는데, 그녀가 태수 오방(五方)에게 찾아가 머리카락을 잘라 스스로 맹세했다. 편경 역시 일찍 죽자, 왕화가 시어머니를 봉양하며 절의를 지켰다. 촉군(蜀郡) 사람 하옥(何玉)이 매파를 통하여 그녀에게 혼인을 청했다. 왕화의 오빠는 그녀에게

---

35 은기배(殷紀配): 《태평어람(太平御覽)》 권441에서는 《익부기구전(益部耆舊傳)》을 인용하여 은씨(殷氏)의 딸 이름은 '기(紀)'이며, '배(配)' 자는 없다고 했다.

36 이진아(李進娥): 《화양국지》 권12 〈목록(目錄)〉에 따르면 이이(李珥)의 자(字)가 '진아(進娥)'이다.

하옥이 공족(公族) 출신이므로 의탁할 수 있다고 타일렀다. 왕화는 화가 나서 한쪽 귀를 베었다. 풍계재 역시 일찍 죽자, 부모가 이진아를 개가시키려고 했다. 그러자 이진아 역시 머리카락을 잘라 스스로 맹세했다. 각자가 자식을 기르며 절의를 지켰다.

이정류(李正流이쩡(李구))가 스스로 강물에 투신했는데, 옥처럼 순결하고 얼음처럼 깨끗했다.

이정류는 광한(廣漢) 사람 이원(李元)의 딸로, 양문(楊文)의 처이다. 양문에게 시집가서 1남 1녀를 낳았는데, 양문이 죽자 신발 짜는 것을 생업으로 삼았다. 아버지가 그녀를 개가시키려고 하자, 마침내 스스로 강물에 뛰어들었다. 마침 친척이 그녀를 구하여 죽음을 면했다. 태수 오방(五方)이 그녀를 위하여 화상을 그려 기념했다.

상오(相烏)와 원복(袁福)이 절의를 지켜 생명을 돌보지 않다.

상오는 덕양(德陽) 사람으로, 원치(袁稚)의 처이다. 15세에 원치에게 시집을 갔다. 20세에 원치가 죽었는데, 자식이 없었다. 부모가 그녀를 개가시키려고 하자, 곧 자살했다. 원복 역시 덕양 사람으로, 왕상(王上)의 처인데 아들이 둘 있었다. 왕상이 부모의 상을 당하여 슬픔이 지나쳐 죽자, 원복이 평생을 슬퍼했다. 부모가 그녀를 개가시키려고 하자, 마침내 자살했다.

여씨(汝氏) 집안은 대대로 귀족의 후예였지만, 부인이 겸손하고 유순했다.

여돈(汝敦)의 처는 이름을 알 수 없다. 여돈은 형과 함께 살면서 부모가 남긴 재산이 있었는데, 형수가 마음속으로 재산을 다 차지하고자 했다. 여돈의 처가 여돈에게 권하여 형에게 주라고 했다. 여돈은 밭과 집, 노비를 모두 형에게 주고 스스로 형의 집에서 나와 살았다. 나중에 여돈이 밭을 갈다가 황금 기물을 얻게 되자, 처는 다시 형에게 주라고 권하고 부부가 함께 형의 집으로 갔다. 형수는 성품이 인색하여 돈을 빌리러 왔다고 여겨 몹시 언짢아했다. 그러다가 황금을 보고 흥분하여 팔짝팔짝 뛰었다. 형이 깨닫고 즉시 자신의 처를 내보내고 양보한 재산을 동생에게 돌려주었으나 동생이 받지 않았다. 그렇게 서로 양보하며 여러 해를 보냈다. 나중에 함께 효렴에 추천되어 대대로 높은 관리의 집안이 되었다.

이 사랑스럽고 굳센 여인들은 아름다운 이름을 후세에 전했다.

모두 11명을 찬(讚)하다.

이상 광한(廣漢)의 열녀들을 서술했다.

위는 《광한군사녀찬(廣漢郡士女讚)》 제3이다. 모두 57명(남자 46명, 여자 11명)이다.

건위사녀(犍爲士女)

왕연세(王延世)가 황하를 다스려 우(禹)의 공을 잇다.

왕연세는 자가 장숙(長叔)이고, 자중(資中) 사람이다. 건시(建始) 5년(기원 전 28), 황하(黃河)가 동군(東郡)의 제방을 터뜨려 홍수가 범람하여 연주(兗州)와 예주(豫州)의 4개 군(郡)[37]과 31개 현(縣)을 덮치고, 관부와 백성들의 가옥 4만여 채가 침수되었다. 어사대부(御史大夫) 윤충(尹忠)은 자신이 직무를 제대로 처리하지 못하여 황하의 제방이 무너졌다고 여겨 자살했다. 한(漢)나라 때 사관이 참위서(讖緯書)를 상고하여 우(禹)의 공을 계승할 자를 건위(犍爲)와 장가(牂柯) 사이의 자수(資水) 북쪽에서 찾을 수 있을 것이라고 했는데, 바로 그곳에서 왕연세를 찾았다. 그래서 하제 알자(河隄謁者)에 임명되어 황하를 다스렸다. 그는 길이 4장(丈), 둘레 9위(圍)가 되는 대나무 바구니를 작은 배 사이에 끼우고, 그 안에 작은 돌을 담아 물에 가라앉게 하여 황하를 다스렸다. 36일 만에 제방이 완성되었다. 황제가 기뻐하여 연호를 바꾸어 '하평(河平)'이라고 하고, 왕연세를 관내후(關內侯)에 봉하고 광록대부(光祿大夫)에 임명했다. 아울러 황금 100근을 더하여 주었다.

---

[37] 4개 군(郡): 동군(東郡)·평원(平原)·제남(濟南)·천승(千乘)으로, 지금의 산동성 경내 황하(黃河) 양안(兩岸)과 하남성 활현(滑縣)·연진(延津) 동쪽 일대이다.

문백(文伯)이 예를 익혀 숙손통(叔孫通)을 계승하다.

동균(董鈞)은 자가 문백이고, 자중(資中) 사람이다. 젊어서 홍려(鴻臚) 왕임(王臨)에게서 공부했다. 영평(永平, 58~75) 초에 천지(天地)와 종묘, 교사(郊祀)의 예의를 논의할 때 동균이 태상(太常)과 함께 제도를 정했다. 또한 제후왕의 상례(喪禮)를 정했다. 성문교위(城門校尉)와 오관중랑장(五官中郎將)을 거쳐 유학으로 현귀(顯貴)해졌다. 사람들은 그가 숙손통을 계승했다고 칭했다.

장공(張公)이 법을 집행함에 지혜롭고 총명했다. 지위가 공경[靑紫][38]에 이르러 사공(司空)이 되었다.

장호(張皓)[39]는 자가 숙명(叔明)이고, 무양(武陽) 사람이다. 그는 문장이 뛰어나고 총명하여 대장군연(大將軍掾)에 임명되었다. 나중에 상서복야(尙書僕射)·팽성상(彭城相)으로 옮기고, 은사(隱士) 여구천(閭丘遷)[40] 등을 추천했다. 다시 징소(徵召)되어 정위(廷尉)에 임명되었다. 연광(延光) 3년(124) 한 안제(漢安帝)가 태자를 폐위하여 제음왕(濟陰王)으로 삼으려고 하자, 장호

---

38 공경[靑紫]: 《한서(漢書)》 〈하후승전(夏侯勝傳)〉에 이르기를, "경학에 밝다면 공경(公卿)이 되는 일은 허리를 굽혀 땅바닥의 지푸라기를 줍는 것과 같다.[經術苟明. 其取靑紫如俯拾地芥.]"라고 했다. 서한(西漢) 때 승상(丞相)과 태위(太衛)는 금색 관인에 자색(紫色) 인수를 찼고, 어사대부(御史大夫)는 은색 관인에 청색(靑色) 인수를 찼다. 동한(東漢) 때는 삼공(三公)이 금색 관인에 자색 인수를 찼으며, 구경(九卿)은 은색 관인에 청색 인수를 찼다. 그렇기 때문에 합쳐서 '청자(靑紫)'라고 했다.

39 장호(張皓): 《삼국지(三國志)》 〈촉서(蜀書) 장익전(張翼傳)〉 배송지(裵松之) 주(注)에서는 《익부기구전(益部耆舊傳)》을 인용하여 '장호(張浩)'라고 했는데, 《후한서(後漢書)》 〈장호전(張皓傳)〉에서는 '장호(張皓)'라고 했다.

40 여구천(閭丘遷): 배송지(裵松之) 주(注)에서는 《익부기구전(益部耆舊傳)》을 인용하여 '여구막(閭丘邈)'이라고 했다.

는 태상(太常) 환언(桓焉), 태복(太僕) 내력(來歷)과 함께 그 일을 쟁론했으나, 안제가 듣지 않았다. 안제가 세상을 떠나고 제음왕이 즉위하니, 그가 바로 순제(順帝)이다. 순제가 그를 사공에 임명했다. 한참을 지나 면직되었다. 나중에 다시 징소되어 정위가 되었다. 청하(淸河) 사람 조등(趙騰)이 조정을 비방하는 죄를 지어 죽임을 당했는데, 그 일에 80여 명이 연루되었다. 장호는 성현들의 밝은 의리를 가지고 그 일을 다투었으니, 모두가 공평하고 마땅하다고 일컬었다.

자란(子鸞)이 경사(京師)를 관리하니 북채로 북을 울리는 사람이 없었다.

조기(趙旂)는 자가 자란이고, 자중(資中) 사람이다. 처음에 감릉군(甘陵郡)과 홍농군(弘農郡)에 부임했는데, 백성들을 잘 다스렸다. 상서(尙書)에 임명되었다가 사례교위(司隷校尉)로 옮겼다. 당시 양기(梁冀)의 자제들이 방종하여 조기가 법으로 바로잡으니, 감히 잘못을 저지르지 못했다. 이에 경사가 엄하게 바로잡히니, 더 이상 북채로 북을 울리는 사람이 없었다.

맹문(孟文)이 걸출하여 성취가 현저했다.

양환(楊渙)은 자가 맹문이고, 무양(武陽) 사람이다. 용모가 맑고 빼어나며 학식이 넓고 고상하여 상서랑(尙書郞)과 상(相)[41]을 거쳐 상서(尙書)·중랑(中郞)[42]·사례교위(司隷校尉)로 옮겼는데, 훌륭한 명성과 아름다운 칭호가 있었다.

---

41 상(相): 제후국(諸侯國)의 상(相)을 가리키는데, 현령(縣令)에 해당한다.

42 중랑(中郞): 황제를 시위하는 관직의 하나이다. 한(漢)나라 때 낭관(郞官)은 오관서(五官署)·좌서(左署)·우서(右署)에 모두 설치되었으며, 직질(職秩)은 대략 육백석(六百石)이다.

백비(伯邳)가 정직하여 조상을 빛내고 명성을 날리다.

양준(楊準)은 자가 백비이고, 맹문(孟文)의 손자이다. 한안현(漢安縣) 사람[43]이다. 처음에 군수(郡守)가 되었는데, 태위(太尉) 이고(李固)가 그의 집안이 대대로 충직했다고 추천하여 상서(尙書)에 임명되었다. 태부(太傅) 진번(陳蕃)이 표문을 올려 그를 하동 태수(河東太守)로 삼았다가, 조정으로 불러들여 상서령(尙書令)으로 삼았다. 양준이 표문을 올려 남양 태수(南陽太守) 조마(曹麻), 영천 태수(潁川太守) 조등(曹騰), 제남 태수(濟南太守) 손훈(孫訓) 등의 자제들이 권세를 믿고 음행과 방종을 저지른 것을 탄핵했다. 조정에서 양준을 불러 정위(廷尉)에 임명하여 그들의 죄를 다스리게 했다. 손훈은 양기(楊冀) 처가의 친족 자제였으므로 권세 있는 귀족들이 모두 그를 꺼려 했다. 또한 그는 주우(朱禹)·성정(盛精)·등연(滕延)을 추천하여 상서(尙書)로 삼고, 육조(陸稠)를 군수(郡守)에 임명했는데, 모두가 당대에 유명한 인사들이었다. 한 환제(漢桓帝)가 즉위하자, 그를 하남윤(河南尹)에 임명하고 이어서 사례교위(司隷校尉)로 옮겼다. 양기의 숙부 양충(梁忠)이 집금오(執金吾)가 되었는데, 정초(正初)[44]에 조정에 나오지 않자 표문을 올려 그를 탄핵하니 조정의 인사들이 그의 공정하고 정직함에 탄복했다. 나중에 장작대장(將作大匠)에 임명되었다.

옹군(翁君)이 명을 집행하여 자신의 이름을 전파하다.

양망(楊莽)은 자가 옹군이고, 무양(武陽) 사람으로 군(郡)의 공조(功曹)에

---

43 한안현(漢安縣): 《화양국지》 유림본(劉琳本)에서는 양준(楊準)이 '무양(武陽) 사람' 양환(楊渙)의 손자이므로 '한안현 사람'이라고 한 것은 잘못이라고 지적했다.

44 정초(正初): 정월 초하루를 가리키는데, 이날이 되면 군신들이 조정에 모여 황제에게 하례를 거행한다. '정단(正旦)'이라고도 한다.

임명되었다. 자사(刺史) 왕존(王尊)이 주(州)에 부임하면서 여러 군에 이서(移書)를 보내 자신을 맞이하지 말라고 했다. 그러나 건위군(犍爲郡)에서 양망을 보내고, 촉군(蜀郡)에서 하패(何覇)를 보냈으며, 파군(巴郡)에서 엄존(嚴尊)을 보내 자사를 맞이했다. 왕존이 크게 화를 내자, 양망이 앞으로 나아가 대답하여 이르기를, "사군(使君)이 맞이하지 말라고 하는 것은 겸손함입니다. 반대로 태수가 사군을 맞이하는 것은 공경함입니다. 겸손과 공경은 상하 간의 예절이니, 없앨 수 없는 일입니다."라고 했다. 왕존이 마침내 그들의 요청에 기뻐했다. 나중에 벽소되어 별가(別駕)가 되고, 무재에 천거되어 벼슬이 양주 자사(揚州刺史)에 이르렀다.

봉군(奉君)이 세상을 피하여 은둔하다.

비이(費貽)는 자가 봉군이고, 남안(南安) 사람이다. 공손술(公孫述)이 정권을 장악하고 있을 때, 몸에 옻칠을 하여 문둥병에 걸려 미친 것처럼 행세하며 세상을 피했다. 공손술이 망한 뒤에 합포 태수(合浦太守)가 되었다. 촉중(蜀中)에서 그를 노래하여 말하기를, "절의(節義)와 지극한 인의를 갖춘 비봉군(費奉君_{비이})은 난세에 출사하지 않고, 악군(惡君)을 피했네.[不仕亂世不避惡君.]⁴⁵ 촉 땅에서 몸을 닦아 이름과 발자취를 기록했다네.[紀名亦足]"⁴⁶라고 했다. 후세에 명문대족이 되었다.

---

45 악군(惡君)을 피했네: 원문에는 "난세에 출사하지 않고, 악군(惡君)을 피하지도 않았네.[不仕亂世, 不避惡君.]"라고 했으나, 유림본(劉琳本)에서는 두 번째 '불(不)' 자가 불필요하다고 했다. 전후 문맥상 타당한 듯하여 수정하여 번역했다.

46 이름과 발자취를 기록했다네: 유림본(劉琳本)에서는 '기명역족(紀名亦足)'의 '역(亦)' 자를 '교(交)' 자의 오자(誤字)로 보고, '족(足)' 자 역시 '지(趾)' 자에서 오른쪽 절반인 '지(止)' 자가 떨어져 나간 것이라고 보았다. 즉 '교지(交趾)'에서 이름을 기록했다.[紀名交趾]고 해석했다.

임공(任公)이 눈을 떠서 다시 밝아지다.

임영(任永)은 자가 군업(君業)이고, 북도(鄴道) 사람으로 역수(曆數)에 뛰어났다. 왕망(王莽) 때 청맹(青盲)인 체 했다. 공손술(公孫述) 때 여러 차례 그를 불렀지만 벼슬을 하지 않았다. 아들이 우물에 빠져 죽은 모습을 보면서도 말을 하지 않았다. 처가 그의 앞에서 음란한 행위를 저질렀는데, 그 광경을 보면서도 질책하지 않았다. 공손술이 평정된 뒤에 마침내 말하기를, "세상이 태평한 세월을 맞이하니, 나의 눈도 밝아졌다."라고 했다. 그의 처가 진상을 알고 자살했다. 광무제(光武帝)가 그를 불렀으나 나이가 들었다고 하여 나아가지 않았으며, 훗날 죽었다.

숙화(叔和)가 평생을 삼가다.

두모(杜撫)는 자가 숙화(叔和)이고, 자중(資中) 사람이다. 젊어서 설한(薛漢)을 스승으로 섬기며 오경(五經)을 공부했다. 훗날 그가 가르친 문하생들이 1천여 명이었다. 태수(太守) 왕경(王卿)이 그를 불러 공조(功曹)로 삼았다. 사도(司徒)가 그를 불렀으나 가지 않았다. 나중에 사도가 면직되었다는 소식을 듣고 그를 찾아가서 안부를 물었다. 동평헌왕(東平憲王^{유창}(劉蒼))이 표기장군(驃騎將軍)이 되자, 그를 서조연(西曹掾)으로 불렀다. 나중에 파직되었다. 동평헌왕의 사부가 되어 표기부(驃騎府)에서 여러 해 있다가 그곳을 떠났다. 여러 차례 삼공(三公)의 부름에 응했으나 항상 면직된 삼공이 집으로 돌아가는 것을 호송했다. 《시통의설(詩通議說)》을 지었다. 그의 제자 남양(南陽) 사람 풍량(馮良) 역시 도학(道學)으로 조정에 징소되었다.

군교(君橋)[47]가 세밀하고 총명하다.

조송(趙松)은 자가 군교이고, 무양(武陽) 사람이다. 그는 어렸을 때 비이

(費貽)에게 여러 차례 의견을 구한 적이 있다. 그는 비이가 세상을 피하여 은거했음을 알고 가까이 지내며 자주 왕래했지만 끝내 그 사실을 밝히지 않았다. 공손술(公孫述)이 평정되자, 무재에 천거되어 상당 태수(上黨太守)가 되었다.

이들 영준한 인재 네 명은 세상을 피하여 은거했다. 비이(費貽) 이하 여러 명을 찬(讚)했다.

한(漢)나라 황실은 기강이 느슨하고, 관원들도 규율을 잃었다. 문기(文紀)가 거리낌 없이 직언하며 인물들을 포폄했다.

장강(張綱)은 자가 문기이고, 사공(司空) 장호(張皓)의 아들이다. 장강은 한(漢)나라 조정에 있을 때 일처리가 공평하고 청렴하여 권신과 환관들이 무서워서 그를 똑바로 보지 못하고 꺼려 했다. 한안(漢安) 원년(142) 광록대부(光祿大夫)가 되어 부절을 가지고 시중(侍中) 두교(杜喬)와 함께 주·군(州郡)을 순행하며 풍속을 살폈다.[48] 그는 궁문을 나서자 수레를 멈추고 먼저 상주문을 올려 태위(太尉) 환언(桓焉)과 사도(司徒) 유수(劉壽)가 봉록을 받으면서도 일을 하지 않아 그 직책을 감당하지 못했다고 탄핵했다. 경성을 나와서 다시 상주문을 올려 사례교위(司隸校尉) 조준(趙峻), 하남윤(河南尹) 양불의(梁不疑), 여남 태수(汝南太守) 양건(梁乾) 등이 뇌물을 받아 법

---

47 군교(君橋):《화양국지》 권12 〈목록(目錄)〉에는 '교(橋)' 자가 '교(喬)' 자로 되어 있는데, 옛날에 함께 통용했다.

48 한안(漢安) 원년 … 살폈다:《후한서(後漢書)》 〈순제기(順帝紀)〉 한안(漢安) 원년(142) 8년에 이르기를, "시중(侍仲) 두교(杜喬), 광록대부(光祿大夫) 주거(周擧), 수광록대부(守光祿大夫) 곽준(郭遵), 풍선(馮羨), 난파(欒巴), 장강(張綱), 주허(周栩), 유반(劉班) 등 8인을 각 주·군(州郡)에 나누어 보내서 교화를 널리 펴고 선악을 사실대로 조사하게 했다.[派侍仲杜喬, 光祿大夫周擧, 守光祿大夫郭遵), 馮羨, 欒巴, 張綱, 周栩, 劉班等八人, 分行州郡, 班宣風化, 擧實贓否.]"라고 했다.

을 흐리고 어지럽혔다고 탄핵하고, 그들을 함거(檻車)에 실어 정위(廷尉)에게 보내 죄를 다스리게 했다. 천자는 양건이 양기(梁冀)의 숙부라고 하여 직질(職秩)만 낮추게 하고, 조준 등을 면직시켰다. 다시 상주문을 올려 노상(魯相) 구의(寇儀)를 탄핵하자, 구의가 자살했다. 조정의 위풍이 크게 행하여지니, 군·현(郡縣)에서 경계하며 두려워하지 않는 자가 없었다. 경성으로 돌아오자, 양기가 그를 원망하여 광릉 태수(廣陵太守)로 보냈다. 당시 광릉은 반란이 일어난 뒤라서 그는 유민들을 불러 모아 어루만지고 위로하면서 백성들을 잘 다스리고 교화했다. 부임한 지 1년[49] 만에 죽었다. 그의 아들 장속(張續)이 상서(尙書)에 임명되었다. 장속의 동생 장방(張方)은 예주 목(豫州牧)이 되었다. 자손들이 여러 해를 거치며 고관(高官)이 되었다.

백로(白虜^{공손술(公孫述)})[50]가 제멋대로 황제를 참칭하여 나라를 어지럽히고 소란스럽게 하여 붕괴시켰다. 효중(孝仲)이 말에 자신을 매고 사직을 위하여 죽다.

주준(朱遵)은 자가 효중이고, 무양(武陽) 사람이다. 공손술(公孫述)이 황제를 참칭했을 때, 주준은 건위군 공조(犍爲郡功曹)·영군(領軍)이 되어 육수문(六水門)에서 공손술을 맞아 싸웠다. 그러나 무리가 적어 대적할 수가 없자, 수레바퀴를 땅에 묻고 말에 자신을 묶어 반드시 싸워 죽을 것을 맹세했다가 공손술에 의하여 죽임을 당했다. 광무제(光武帝)가 그를 가상하게

---

49 1년: 원문에는 10년으로 되어 있으나, 《후한서(後漢書)》에는 "그가 군(郡)에 부임한 지 1년 만에 죽었다.[在郡一年卒.]"라고 하여, 1년으로 수정하여 번역했다.

50 백로(白虜): 공손술(公孫述)은 자신이 오행(五行) 가운데 금행(金行)에 해당한다고 여겨 백색을 숭상하고, 스스로를 '백제(白帝)'라고 칭했다. 그래서 '백로(白虜)'라고 부른 것이다.

여겨 복한장군(復漢將軍)을 추증했다. 군·현(郡縣)에서는 그를 위하여 사당을 세웠다.

건후(建侯)가 양기(梁冀)를 조문하여 자신을 알아준 은혜에 보답했다.

조돈(趙敦)은 자가 건후이고, 무양(武陽) 사람이다. 처음에 신도령(新都令)이 되어 덕치와 예교를 선양하고 전했다. 삼사(三司)와 대장군(大將軍) 양기(梁冀)가 여러 차례 그를 벽소했으나 끝내 나아가지 않았다. 양기가 보내는 벽소의 글이 끊이지 않았다. 나중에 양기가 자살하자 조정에서 사자를 보내 감시하며 지키게 하여 사람들이 조문하지 못하게 했다. 조돈이 홀로 가서 조문을 하고나서 스스로를 결박하여 유사(有司)에게 자수했다. 천자가 그를 사면했다.

숙통(叔通)의 효성이 도타워 바위가 강가에 생겨나다.

외상(隗相)은 자가 숙통이고, 북도(僰道) 사람이다. 지극한 효심으로 어머니를 봉양했는데, 어머니가 강 한가운데의 물로 지은 밥을 먹고 싶어하자 외상이 1년 사계절 내내 강 한가운데로 가서 물을 길었다. 어느 날 아침, 바위가 강 복판에 생겨났다. 한 애제(漢哀帝) 때 효렴에 천거되고, 평제(平帝) 때에 낭(郞)이 되었다.

오생(吳生)이 어머니를 극진하게 봉양하여 하늘을 감동시키다.

오순(吳順)은 자가 숙화(叔和)이고, 북도(僰道) 사람이다. 어머니를 지극한 효심으로 섬기자, 적조(赤鳥)가 그의 집 문에 둥지를 트고 감로(甘露)가 창문에 내렸다. 효렴에 천거되고, 나중에 영창 태수(永昌太守)가 되었다.

유후(劉侯^{유선}_{劉禪}) 초기에는 실로 어진 인재가 많았다. 계휴(季休)는 충성스럽고 공정하여 나라의 일을 잘 처리했다.

양홍(楊洪)은 자가 계휴이고, 무양(武陽) 사람이다. 선주(先主_{劉備})가 익주 목(益州牧)으로 있을 때 부속종사(部屬從事)⁵¹가 되었다. 선주가 한중(漢中)을 정벌할 때 승상(丞相) 제갈량(諸葛亮)이 표문을 올려 촉군 태수(蜀郡太守)로 삼았다. 선주가 영안(永安)에서 병이 들자, 제갈량을 불러 동쪽으로 가서 정사를 상의하게 했다. 그때 한가 태수(漢嘉太守) 황원(黃元)이 반란을 일으켰는데, 후주가 그의 계책을 채택하여 황원을 물리쳤다. 때문에 관내후(關內侯)에 봉하여졌다. 나중에 중랑장(中郎將)·월기교위(越騎校尉)가 되었다. 그는 청렴하고 공정하여 제갈량이 그를 매우 신임했다.

덕산(德山)이 학문에 심취하여 그의 도학(道學)이 일세를 빛냈다.

오량(伍梁)⁵²은 자가 덕산이고, 남안(南安) 사람이다. 유학을 숭상했다. 제갈량(諸葛亮)이 익주 목(益州牧)을 겸했을 때 선발하여⁵³ 공조(功曹)로 삼

---

51 부속종사(部屬從事): 한(漢)나라 때는 주(州)의 자사(刺史) 아래에 부군국종사(部郡國從事)를 설치했는데, 간략하게 '부종사(部從事)'라고 불렀다. 군국(郡國)마다 1인이 자신이 관리하는 각 군국을 감찰했다. 그리고 자신이 관리하는 군(郡)의 명칭을 넣어 '부모군종사(部某郡從事)'라고 했다. 따라서 양홍(楊洪)은 익주 목(益州牧)에 속한 촉군(蜀郡)을 관리하는 부종사(部從事)이므로 '부촉종사(部蜀從事)'라고 호칭하여야 한다.

52 오량(伍梁): 《화양국지(華陽國志)》 권7 〈후주지(後主志)〉와 《삼국지(三國志)》 〈촉서(蜀書) 두미전(杜微傳)〉에서는 '오량(五梁)'으로 되어 있는데, '오(伍)'와 '오(五)'는 통용되었다.

53 제갈량이 익주 목(益州牧)을 겸했을 때 선발하여: 원문에는 '주선영목. 제갈량[州選迎牧. 諸葛亮]'으로 되어 있으나, 《삼국지(三國志)》 〈촉서(蜀書) 두미전(杜微傳)〉에 따르면, "건흥(建興) 2년(224), 승상 제갈량이 익주 목을 겸하면서 인재를 뽑아 맞아들인 사람은 모두 전부터 덕망이 높았던 이들로, 진복을 별가로 삼고, 오량을 공조로 삼았으며, 두미를 주부로 삼았다.[建興二年, 丞相亮益州牧, 選迎皆妙簡舊德, 以秦宓爲別駕, 五梁爲功曹, 微爲主簿.]"라고 한 것으로 보아 '선영(選迎)' 두 글자는 '제갈량(諸葛亮)' 다음에 연결되는 것이 타당할 듯하다.

왔다가 오관중랑장(五官中郎將)으로 옮겼다.

소열제(昭烈帝유비(劉備))와 충무후(忠武侯제갈량(諸葛亮))가 화합하니, 기개가 넓어 벼슬길이 평탄했다. 애석하구나! 공거(公擧)여. 자신의 뜻에 따라 직언했으나 오히려 모욕을 당했구나.

비시(費詩)는 자가 공거이고, 남안(南安) 사람이다. 선주(先主)가 익주 목(益州牧)을 겸했을 때 전부사마(前部司馬)가 되었다. 군신들이 선주에게 존호를 칭하라고 권하자, 비시가 상소하여 이르기를, "전하께는 조조(曹操) 부자가 군주인 헌제(獻帝)를 협박하여 자리를 빼앗았기 때문에 만 리 밖에 몸을 기탁하고 병사들과 사람들을 한데 모아 역적을 토벌하려고 하고 있습니다. 지금 강대한 적을 아직 이기지 못했는데 먼저 스스로 즉위하면 사람들의 마음에 의혹이 생길까 걱정입니다. 옛날 한 고조(漢高祖)는 자영(子嬰)을 붙잡았는데도 오히려 사양하려는 마음을 가졌습니다. 하물며 아직 문을 나서지도 않았는데 스스로 즉위하려고 하십니까?"라고 했다. 그로 인하여 영창종사(永昌從事)로 좌천되었다. 건흥(建興) 3년(225)에 승상(丞相) 제갈량(諸葛亮)을 따라 남쪽으로 출정했다. 위(魏)나라 장수 이홍(李鴻)이 항복하여 위(魏)나라 신성 태수(新城太守) 맹달(孟達)이 위나라를 배반하고 촉(蜀)나라에 투항하려고 한다고 말했다. 제갈량은 마침 북쪽을 정벌하려고 도모하던 차에 맹달을 불러 외부의 지원군으로 삼으려고 했다. 그래서 편지를 써서 맹달에게 주려고 하자, 비시가 나아가 말하기를, "맹달은 소인입니다. 예전에 진위장군(振威將軍유장(劉璋))을 섬길 때 충성하지 않았고, 나중에는 또 선주를 배반했습니다. 이런 일을 되풀이하는 사람인데 어찌 편지를 받을 만한 가치가 있겠습니까?"라고 했다. 제갈량은 묵묵히 있으면서 대답하지 않았다. 비시는 유씨(劉氏)의 치세 내내 관직이 그의 재주를 다 넘어서지 못했다. 군자가 설령 소열제처럼 넓은 도량을 가지고 있고, 충무후처럼 지혜롭고 사리에 밝아도 비시가 직언을 토로하다가 오히려 모욕을 당했는데, 하물며 어리석고 변변치 못한 군주와 어두운 세상을 만난다면 누가 자신의 뜻대로 직언하여 효과를 보겠는가?

문연(文然)은 말이 간략하고, 거짓된 말을 따르지 않았다.

양희(楊義)[54]는 자가 문연이고, 무양(武陽) 사람이다. 보한장군(輔漢將軍) 장예(張裔)가 추천하여 승상(丞相) 제갈량(諸葛亮)의 주부(主簿)가 되었고, 대사마(大司馬) 장완(蔣琬)이 불러 동조연(東曹掾)으로 임명했다. 두 개 군(郡)의 태수(太守)를 역임하고, 사성교위(射聲校尉)가 되었다. 성품은 말이 간략하여 일찍이 다른 사람들에게 달콤한 말을 더하지 않았다. 술을 마신 뒤 말하거나 웃을 때면 거만한 언사가 많아 대장군(大將軍) 강유(姜維)의 뜻을 거슬러 강유에 의하여 면직되었다. 연희(延熙) 4년(241)[55]에 《계한보신찬(季漢輔臣讚)》을 지었는데,《삼국지(三國志)》〈촉서(蜀書)〉에 있다.

거기장군(車騎將軍)은 나라의 안위를 걱정하느라 마음이 즐겁지 않았다.

장익(張翼)은 자가 백공(伯恭)이고, 장문기(張文紀張綱)의 손자[孫][56]이다. 문

---

54 양의(楊義):《삼국지(三國志)》〈촉서(蜀書) 양희전(楊戱傳)〉에는 '양희(楊戱)'로 되어 있으며, '희(戱)'는 '희(義)'와 통용된다.

55 4년(241): 원문에는 '연희(延熙) 18년(255)'으로 되어 있으나,《삼국지(三國志)》〈촉서(蜀書) 양희전(楊戱傳)〉에 따르면 '연희 4년(241)'으로 되어 있어 수정하여 번역했다.

56 장문기(張文紀)의 손자[孫]:《삼국지(三國志)》〈촉서(蜀書) 장익전(張翼傳)〉에 따르면, 장익(張翼)은 장강(張綱)의 '증손(曾孫)'으로 되어 있다. 아마도 '증(曾)' 자가 탈락된 것 같다.

무(文武)에 재능이 있어 정서대장군(征西大將軍)·진남대장군(鎭南大將軍)을 역임하고, 정후(停侯)에 봉해졌다. 연희(延熙) 18년(255) 위장군(衛將軍)[57] 강유(姜維)와 서쪽 정벌을 나서서 적도(狄道)에서 위(魏)나라 옹주 자사(雍州刺史) 왕경(王經)을 크게 물리쳤다. 왕경의 군사 가운데 조수(洮水)에 빠져 죽은 자가 수만 명이나 되었다. 강유가 전진하고자 하자, 장익이 불가함을 간언하고 강유가 반드시 나아간다면 공이 없을 것이라고 했다. 당시 강유는 여러 차례 농서(隴西)에서 출정했는데, 장익이 항상 조정에서 그와 다투면서 촉(蜀)은 나라가 작아 마땅히 무력을 남용하여서는 안 되니, 반드시 출정한다면 뱀에게 발을 그리는 것이라고 했다. 강유가 그의 말을 듣지 않자, 어쩔 수 없이 매번 그를 따라다니면서도 즐겁지가 않았다. 경요(景耀) 2년(259)[58]에 좌거기장군으로 옮기고, 기주 자사(冀州刺史)를 겸했다. 촉나라가 평정된 뒤 죽었다.

아름답고 위대한 인재들이 꽃다운 이름을 후세에 영원히 전했고, 정직한 덕으로 공훈이 끊이지 않았으니 건위(犍爲)의 미옥 같은 인물들이었다.

건위의 인사들을 서술했다.

---

57 위장군(衛將軍): 원문에는 '대장군(大將軍)'으로 되어 있으나, 《삼국지(三國志)》 〈촉서(蜀書) 강유전(姜維傳)》 및 《화양국지(華陽國志)》 권7 〈후주지(後主志)〉에 따르면, 강유(姜維)는 당시 '위장군(衛將軍)'으로 있었고, 다음 해 처음으로 대장군이 되었다. 따라서 '대장군'을 '위장군'으로 수정하여 번역했다.

58 2년(259): 원문에는 '경요(景耀) 원년(258)'로 되어 있으나, 《삼국지(三國志)》 〈촉서(蜀書) 장익전(張翼傳)〉에 따르면 '경요 2년(249)'으로 되어 있어 수정하여 번역했다.

양진(楊進)은 규문(閨門)을 화목하게 했으니, 시어머니가 그녀의 모범이었다.

양진은 무양현(武陽縣) 양씨(楊氏) 집안의 딸로, 대장(大匠) 광한(廣漢) 사람 왕당(王堂)의 장자인 왕박(王博)의 처이다. 왕박의 계모 문씨(文氏문계강)는 어머니로서 모범이 되는 덕행을 지니고 있었다. 양진은 그녀의 가르침을 법도로 삼아 행하여 규문이 화목했다. 장가 태수(牂柯太守) 이위가(李禕家) 역시 계모가 있었는데, 집안이 항상 불화했다. 그래서 그는 자신에게는 한갓 부귀만 있을 뿐, 학문은 양박의 집안에 미치지 못한다고 한탄했다.

양희(陽姬)가 아버지의 억울함을 호소하자 그녀의 가족이 전부 도움을 받았다. 가정을 화목하게 하니 그 가르침이 인재들에게 까지 미쳤다.

양희는 무양(武陽) 사람으로, 한미한 집에서 태어났다. 아버지가 죄를 지어 감옥에 갇혔다. 양환(楊渙)이 처음에 상서랑(尙書郞)에 임명되었다가 조정에 고하여 고향으로 돌아오자, 군·현(郡縣)의 관리들이 그를 공경하고 존중했다. 양희가 비록 처녀였지만 마침내 길을 막고 양환의 말을 잡아당기면서 아버지의 죄를 하소연했는데, 그녀의 언사(言辭)가 강개했으며 눈물까지 흘렸다. 양환이 군·현에 간곡하게 말하여 그녀의 아버지가 옥에서 나오게 되었다. 양환은 그 일로 그녀의 재주를 기이하게 여겨 아들 양문방(楊文方)에게 그녀를 아내로 맞이하게 했다. 양희가 세력 있는 집안과 혼인했기 때문에 그녀의 두 남동생도 벼슬을 하게 되어 마침내 대대로 관리를 배출하는 가문이 되었다. 나중에 양문방은 한중 태수(漢中太守)가 되어 조선(趙宣)이 어질다고 여겨 장차 효렴에 추천하려고 했는데, 편지를 보내기도 전에 병으로 죽었다. 양희는 비밀을 유지하며 장례

를 거행하지 않고, 먼저 사람을 시켜 효렴을 추천하는 편지를 보낸 뒤에
야 비로소 장례를 치렀다. 조선이 조정에 등용된 것은 양희의 힘 덕분이
었다. 나중에 양문방 형의 아들 백비(伯邳양준(楊準))가 사례교위(司隸校尉)가 되었
는데, 당시 양희의 장자 양영백(楊穎伯양필(楊弼))은 기주 자사(冀州刺史)로 있었고,
둘째아들 양협(楊頰)은 이천석(二千石)의 관원이었다. 백비는 숙모의 가르
침을 받고자 그녀를 맞이하여 관사에서 모셨다. 그녀는 매번 백비에게
정치에 관한 일을 가르쳤다. 백비가 무재를 추천하고자 하여 두 사람을
선발했다. 백비는 둘 중에서 나이가 든 자를 등용하려니 나이가 많은 점
이 꺼려졌고, 오방(五方)을 추천하자니 나이가 어린 점이 꺼려져 숙모에
게 자문을 구했다. 그녀는 오방을 추천하도록 권했다. 나중에 조선은 건
위 태수(犍爲太守)가 되고 오방은 광한 태수(廣漢太守)가 되었는데, 양희는
여전히 살아 있었다. 이전의 관리들이 모두 그녀를 존경하여 사시사철
문후를 여쭙는 사람들이 끊이질 않았다.

주도(周度)가 자신의 몸을 베어 정절을 온전히 하다.

주도는 북도(僰道) 사람으로, 상등(相登)의 처이다. 19세에 상등이 죽었
다. 중모 현령(中牟縣令) 오후(吳厚)가 사람을 시켜 주도에게 혼인을 청하
자, 그녀는 머리카락을 잘라 자신의 뜻을 맹세했다. 나중에 또 어떤 사람
이 그녀에게 혼인을 청하려고 하자 자신의 코를 베었다. 그녀의 양자가
일찍 죽자, 그의 처인 좌씨(左氏) 역시 19세였는데 마침내 절의를 지켰다.
세상 사람들이 모두 시어머니와 며느리의 정절을 감탄하고, 절조가 오로
지 한결같았다고 했다.

조경희(曹敬姬^{조경})는 물에 투신했으니 장렬하고 늠름했다.

조경희는 남안(南安) 사람으로, 주기(周紀)의 처이다. 17세에 시집갔는데, 19세에 주기가 유복자 주원여(周元餘)를 남기고 죽었다. 복상(服喪)을마치자, 그녀의 부모가 손빈(孫賓)에게 혼인을 허락하고 거짓으로 어머니의 병을 핑계로 집으로 돌아오게 했다. 조경희가 그 사실을 알고 스스로강에 투신했다. 사람들이 달려갔으나 이미 숨이 거의 멎은 상태였는데,하루 낮밤이 지나 마침내 소생했다. 그래서 그녀를 주기의 동생 집에 보내 기거하게 했다. 아들 주원여를 가르쳐 이끄니 사람들이 그녀를 '학사(學士)'라고 불렀다. 90세에 죽었다.

정정결(程貞玦)의 옥(玉) 같은 절조가 시간이 지날수록 널리 퍼져 사책에 기록되다.

정정결은 자가 경옥(瓊玉)이고, 우비(牛鞞) 정씨(程氏) 집안의 딸로 장유(張惟)의 처이다. 19세에 장유에게 시집갔다가 1년도 되지 못해 장유가 죽었다. 자식이 없어 장유 형의 아들 장열(張悅)을 거두어 키웠다. 그녀는시어머니를 봉양하면서 이른 아침부터 늦은 밤까지 게으르지 않았다. 자중(資中) 사람 왕충(王冲)이 정정결에게 장가들려고 하자, 그녀의 숙부 정굉(程肱)이 조카의 뜻을 빼앗을 수 없다고 답했다. 왕충은 태수 이엄(李嚴)의 독우(督郵)로 있었다. 이엄이 현(縣)에 문서를 보내고, 효의연(孝義掾)[59]에게 새끼 양과 기러기를 받들고 가서 태수의 명으로 보내는 혼례 선물이라고 말하게 했다. 정정결이 마침내 스스로 강에 투신했지만, 지나가던 사람이 그녀를 구하여 죽지는 않았다. 나중에 태수 소고(蘇高)가 그녀

---

[59] 효의연(孝義掾): 한(漢)나라 때 군·현(郡縣)의 속리(屬吏)이다.

를 위하여 비석을 세웠다. 태수 촉군(蜀郡) 누락. 인서연(仁恕掾)[60]을 보내 시호를 논의하여 '정결(貞玦)'이라고 했다. 태수 장릉(章陵) 사람 유위(劉威)가 또 그녀를 위하여 송(頌)을 지어 그녀의 정절을 칭찬했다.

한강(韓姜)이 자살하자 태수가 그녀의 억울함을 밝히다.

한강은 북도(僰道) 사람으로, 윤중양(尹仲讓)의 처이다. 20세에 윤중양이 죽었다. 복상(服喪)을 마치자, 자중(資中) 사람 동대(董臺)가 종사(從事) 왕위(王爲)의 사촌동생을 통하여 한강에게 혼인을 청했으나 허락하지 않았다. 동대의 문하생 좌습(左習)과 왕소(王蘇)는 한강의 뜻을 빼앗을 수 있다고 여겨, 한강의 집에 어머니가 병에 걸렸다고 말하게 하여 한강이 집으로 돌아오면 혼인을 하도록 강요하려고 했다. 한강이 그 일을 듣고 자살했다. 태수 파군(巴郡) 사람 공양(龔楊)이 그녀의 일을 슬퍼하며 좌습과 왕소를 죽여 한강의 원한을 갚아 주었다.

사희(謝姬)가 자결하여, 남편과 같은 무덤에 나란히 묻히다.

사희는 남안(南安) 사람으로, 무양(武陽) 사람 의성(儀成)의 처이다. 의성이 죽자, 자신이 나이가 많고 자식도 없어 장차 장례를 치를 때 빈렴(殯殮)에 필요한 도구와 독약을 미리 준비했다. 그러고 나서 남편의 관을 무덤에 묻을 때, 그녀가 관을 어루만지더니 독약을 삼키고 죽었다. 마침내 그녀를 남편과 함께 안장했다. 현(縣)에서 그 사실을 군(郡)에 표문으로 올리고, 군에서는 주(州)에 말하고, 주에서는 상서대(尙書臺)에 보고했다. 천

---

60 인서연(仁恕掾): 한(漢)나라 때 군·현(郡縣)의 속리(屬吏)로 형벌을 주관했는데, 《후한서(後漢書)》 〈노공전(魯恭傳)〉에 이르기를, "인서연 비친(肥親)에게 가서 살펴보게 했다.[仁恕掾肥親往廉之.]"라고 했다.

자가 탄식하여 조서를 내려 대사면이 있을 때마다 그녀의 집에 비단 4필과 촉(蜀) 땅에서 난 곡식 2석을 하사하게 했다.

조원강(趙媛姜)은 평범한 여인으로 남편을 격려하여 아들을 구했다. 감옥에서 목숨을 내놓으니 의기가 나라의 뛰어난 선비들을 넘어섰다.

조원강은 자중(資中) 사람으로 성도(盛道)이 처이다. 건안(建安) 5년(200) 성도가 죄를 짓게 되자, 부부가 함께 감옥에 갇히게 되었다.[61] 당시 아들 성상(盛翔)은 겨우 5세였다. 조원강이 성도에게 말하기를, "관부(官府)에는 정해진 형벌이 있어서 당신은 어쩔 도리가 없을 것입니다. 내가 살아도 나중에 당신의 집안에 무슨 도움이 되겠습니까? 당신이 성상과 함께 멀리 도망간다면, 내가 당신을 대신하여 죽겠습니다. 그렇게 하면 당신의 가묘(家廟)를 계속 이을 수 것입니다."라고 했다. 성도가 여러 날을 주저했다. 그러자 조원강이 고언(苦言)으로 그를 권했고, 그는 마침내 수긍했다. 조원강은 옷과 양식을 준비하여 그로 하여금 달아나게 하고, 그녀가 대신 관부에게 가서 응대했다. 그들이 멀리 달아났을 것이라고 생각한 그녀가 마침내 관리에게 모든 사실을 고하자, 관리가 그녀를 죽였다. 나중에 사면을 받아 부자(父子)가 집으로 돌아왔다. 성도가 비록 벼슬을 했지만 당시 마음이 침통하여 끝내 더 이상 아내를 취하지 않았다. 성상 역시 벼슬을 하지 않았다.

---

61 성도가 죄를 … 갇히게 되었다:《후한서(後漢書)》〈열녀전(列女傳) 성도처(盛道妻)〉에 이르기를, "건안 5년, 익부(益部)가 혼란해지자 성도(盛道)가 무리를 모아 군사를 일으켰는데, 일이 실패하여 부부가 잡혔고 사형 판결이 났다.[建安五年, 益部亂, 道聚衆起兵, 事敗, 夫妻执繫, 當死.]"라고 했다.

황백(黃帛)이 남편의 시신을 찾으려고 흐르는 강에 스스로 몸을 던지니, 신령이 감동하여 남편의 시신과 함께 물위로 떠오르게 했다.

황백은 북도(僰道) 사람으로, 장정(張貞)의 처이다. 장정은 한자방(韓子方)에게서 《주역(周易)》을 공부했는데, 집을 떠나 30리를 갔을 때 배가 뒤집어져 죽고 말았다. 장정의 동생이 시신을 찾아보았지만 한 달이 지나도 찾지 못했다. 황백이 마침내 직접 남편이 죽은 곳에 방문했지만 찾지 못하자, 마침내 스스로 강으로 투신했다. 사람들이 모두 놀라 그녀를 바라보았다. 14일이 지나 황백의 시신이 남편의 손을 잡은 채 물위에 떠올랐다. 당시 사람들이 말하기를, "부현(符縣)에는 선락(先絡)[62]이 있고, 북도에는 장백이 있었네. 물에 빠져 남편을 찾은 자는 천하에 둘도 없을 것이네."라고 했다. 현장(縣長) 한자염(韓子冉)이 그녀를 가상하게 여겨 황백의 아들 장행(張幸)을 불러 현의 고굉(股肱)[63]으로 삼았다.

장렬하구나, 여러 여인들이여. 그들의 절의가 굳세었다.

9명의 여인을 찬(讚)했다.

건위(犍爲)의 열녀를 서술하다.

위는 《건위사녀찬(犍爲士女讚)》 제4이다. 모두 30명(남자 21명, 여자 9명)이다.

---

62 선락(先絡): 선락은 강양군(江陽郡) 부현(符縣) 사람이다.

63 고굉(股肱): 고굉은 팔과 다리로 좌우에서 보좌하는 신하나 관리를 비유한 것으로 《서경(書經)》 〈우서(虞書) 익직(益稷)〉에 이르기를, "신하는 짐의 고굉(股肱)과 이목(耳目)의 역할을 한다."라고 했다.

卷十中
先賢士女總贊

廣漢士女

講學沖邃, 洙泗是睎. 胤帝紹聖, 庶熙疇咨. 楊宣, 字君緯, 什邡人也. 少受學於楚國王子張, 天文圖緯於河內鄭子侯. 師事楊翁叔, 能暢鳥言, 長於災異, 教授弟子以百數. 成帝徵拜諫大夫. 帝無嗣, 宣上封事, 勸宜以定陶恭王子為太子, 帝從之, 出宣為交州牧. 太子即位, 為哀帝. 拜河內太守, 徵太倉令. 上[言]宜封周公孔子後, 帝從之, 封周公後相如為褒魯侯, 孔子後均為褒成侯. 又薦遼東王綱瑯琊徐吉太原郭越楚國龔勝等宜讚隆時雍. 平帝時, 命持節為講學大夫, 與劉歆共校書. 居攝中卒. 門生河南李吉廣漢嚴象趙翹等皆作大儒.

長伯撫遐, 聲暢中畿. 析虎命邦, 綽有餘徽. 鄭純, 字長伯, 郪人也. 為益州西部都尉. 處地金銀琥珀犀象翠羽出, 作此官者皆富及十世, 純獨清廉, 毫毛不犯. 夷漢歌歎, 表聞, 三司及京師貴重多薦美之. 明帝嘉之, 乃改西部為永昌郡, 以純為太守. 在官十年, 卒, 列畫頌東觀.

三老泱泱, 實作父師. 楊統, 字仲通, 新都人也. 事華里先生炎高. 高戒統曰: "漢九世王出《圖書》, 與卿適應之." 建武初, 天下求通內讖二卷者, 不得. 永平中, 刺史張志舉統方正, 司徒魯恭辟掾. 與恭共定音律, 上家法章句及二卷解說. 遷侍中光祿大夫. 以年老道深, 養於辟雍, 授幾杖, 為三老, 卒. 《內讖》二卷竟未詳.

平仲淑道, 殆乎庶幾. 王祐, 字平仲, 郪人也. 少與雒高士張浮齊名, 不應州郡辟命. 司隸校尉陳紀山, 名知人, 稱祐天下之高. 年四十二卒. 弟獲志其遺言, 撰《王子》五篇. 東觀郎李勝, 文章士也, 作誄, 方之顏子. 列畫學官.

文父明洞, 探賾索微. 楊序, 字仲桓, 統仲子也. 道業倖父. 三司及公車連徵, 辭, 拜侍中. 上言四方及荊交州揚當兵起, 人民疫蝗, 洛陽大水, 宮殿當災, 三府當免, 近戚謀變, 皆效驗. 大將軍梁冀秉權, 自退去. 授門徒三千人. 本初元年及建和中, 特徵聘, 不行. 年八十三卒. 天子痛惜, 詔諡曰文父. 弟子雒昭約節宰綿竹寇懂文儀蜀郡何葛幼正侯祈升伯巴郡周舒叔布及任安董扶等, 皆徵聘辟舉, 馳名當世.

元章玄泊, 韜光匿輝. 段翳, 字元章, 新都人也. 明經術, 妙占未來. 常告大渡津口, 曰:“某日, 當有諸生二人, 荷擔問翳舍處者, 幸為告之.” 後竟如其言. 又有人從冀州來學, 積年, 自以精究翳術, 辭去. 翳為筒, 作書封頭與之. 告曰:“有急, 發之.” 至葭萌, 爭津, 吏擿從者頭, 諸生發筒, 筒中有書曰:“到葭萌, 爭津, 破頭, 以膏裹之.” 生乃喟然知不及翳, 還, 更精學. 翳常隱匿, 不使人知. 門人皆號夫子.

稚子奕奕, 古之愛畏. 王渙, 字稚子, 郪人也. 初為河內溫令, 路不拾遺, 臥不閉門, 民歌之曰:“王稚子, 世未有, 平徭役, 百姓喜.” 遷兗州刺史, 部中肅清. 徵拜侍御史洛陽令. 聰明惠斷, 公平廉正, 抑強扶弱, 化行不犯; 發奸擿伏, 思若有神, 京華謐靜, 權豪畏敬. 元興元年卒, 百姓痛哭, 二縣弔祭, 行人商旅, 莫不祭之. 賈胡左威, 遭其清理, 制服三年. 洛陽弦歌之, 為立祠. 天子悼惜，每下詔書德令，必賜後嗣，與卓茂等為伍．

敬伯愷悌，樹德播惠．　王堂，字敬伯，郪人也．初臨巴郡，進賢達士，舉孝子嚴永隱士黃錯及張璊陳髦，民為立祠．徙任左扶風，政教嚴明．帝舅車騎將軍閻顯大將軍竇憲中常侍江京等囑託，輒拒之．白鹿見象，不以為祥．徙魯相．又徙汝南守，舉陳蕃為功曹，應嗣司隸校尉．號知人之鑑．

叔宰濟濟，以禮進退．　馮顥，字叔宰，郪人也．少師事楊仲桓及蜀郡張光超，後又事東平虞叔雅．初為謁者，威儀濟濟．為成都令，遷越嶲太守，所在著稱．為梁冀所不善，冀風州迫之．隱居，作《易章句》及《刺奢說》．修黃老，恬然終日．

大匠奇暢，妙監玄察．盡言世規，祇以隕越．　翟酺，字子超，雒人也．少師事段翳，以明天官為侍中尚書．常見太史令孫懿，歔欷涕泣曰：“圖書有賊臣孫登，將以才智為黃門開路．君表相應之，是以悽愴．”後為京兆尹光祿大夫將作大匠．上言：漢四百年，當有弱主，閉門聽政，數在三百年之間．薦故太尉龐參故司徒李郃明通三才，忠正可以輔世．所言每指利疾．權貴誣酺及尚書令高堂芝交搆，免死．著《援神契經說》，卒家．

司隸聰敏，奮名後葉．　郭賀，字喬卿，雒人也．初為太守黃幸戶曹．幸有事，與漢中太守李榮俱被徵．賀勸幸星行詣詔獄自歸，得免．榮稽留，詔殺之．由是顯名．太守蔡茂命為主簿．茂夢坐大殿極上，得嘉禾三穗．以問賀，對曰：“明府位當至三公．”旬月，茂遷司徒．表賀明律令，稍遷侍中尚書僕射司隸校尉荊州刺史．明帝南巡狩，善其治．徵河南尹，卒，天子痛惜，賜錢三十萬．

鐔(恭)[蔡]翩翩，交友惟賢．　鐔顯，字子誦，郪人也．蔡弓，字子騫，雒人也．俱攜手共學，冬則侍親，春行受業．與張霸李郃張皓陳禪為友，共師司徒魯恭. 顯又與王稚子同見察孝於太守陳司空, 歷豫州刺史光祿大夫侍中衛尉. 弓為廬江太守, 徵拜郎. 而霸郡皓禪皆至公卿.

兩李麗采, 文藻可觀. 李尤, 字伯仁; 李勝, 字茂通, 雒人也. 侍中賈逵薦尤有相如揚雄之才, 明帝召作《東觀》《辟雍》《德陽》諸觀賦, (銘)《懷戎頌》《百二十銘》, 著政《事論七》篇. 帝善之, 拜諫大夫樂安相. 後與劉珍共撰《漢(記)[紀]》. 孫充, 有文才. 勝為東觀郎, 著賦(諫)[誄]論頌數十篇.

憲父懸車. 王稚, 字叔起, 堂幼子也. 屢拒孝廉. 公府十五辟, 公車徵, 及授二千石, 徵以太常, 終不詣. 年八十一卒. 門人錄其本(幸)[行], 諡曰憲父. 癸未, 詔書以安車聘請, 會已亡.

徵君肥遯. 馮信, 字季誠, 郪人也. 郡三察孝廉, 州舉茂才, 公府十辟, 公車再徵, 不詣. 公孫述時, 託目眚盲, 僕婢姦其前, 陽不覺. 述卒, 以年不之出.

董任循志, 束帛戔戔. 董扶, 字茂安; 任安, 字定祖, 綿竹人也. 家居教授, 弟子自遠而至. 扶初應賢良方正, 詣京師, 宰府十辟, 公車三徵, 再舉有道, 為侍中. 觀漢將亂, 求為屬國, 還蜀. 安察孝廉及茂才, 公府辟, 公車徵, 皆不詣, 卒布衣. 弟子杜微何宗杜瓊皆名士, 至卿佐.

文表汜博, 提攜士彥. 王商, 字文表, 廣漢人也. 博學多聞. 州牧劉璋焉辟為治中, 試守蜀郡太守. 荊州牧劉表大儒南陽宋仲子遠慕其名, 皆與交好. 許文休稱: "商, 中夏王景興輩也." 商勸焉攬奇(技)[拔]雋, 甚善(斥)[匡]救. 薦致名士安漢趙韙及陳實盛先, 墊江龔楊趙敏黎景, 閬中王澹, 江州孟彪, 皆至州右職郡守. 又為嚴李立祠, 正諸祀典. 在官十七年而卒.

超類拔萃, 寔惟世信. 劉寵, 字世信, 綿竹人也. 出自孤微. 以明"公羊春秋", 上計闕下. 見除成都令, 政教明肅. 時諸縣多難治, 乃換寵為郫令, 又換郪安漢, 皆垂績. 還在成都, 遷牂柯太守. 初乘一馬之官, 布衣蔬食, 儉以為教. 居郡九年, 乘之而還. 吏人為之立銘. 王商陳實當世貴士, 皆與為友.

　節英亢烈, 仰訴鼎臣. 段恭, 字節英, 雒人也. 少周流七十餘郡, 求師受學, 經三十年, 凡事馮翊駱異孫, 泰山彥之章, 渤海紀叔陽, 遂明《天文》二卷. 東平虞叔雅, 學絕高當世, 遂遊於蜀, 恭以朋友禮待之. 後為上計掾, 為有司劾太尉龐參, 兼舉茂才孝廉. 參性忠正亮直, 為貴戚所擯, 以恚發病, 遠近稱冤. 恭不能耐其(狂)[枉], 亢疏表參忠直, 不當以讒佞傷毀忠正. 帝悟, 即日召西曹掾問疾, 尋羊酒慰勞參忠.

　士遊孝淳, 感物悟神. 姜詩, 字士遊, 雒人也. 事母至孝. 母欲江水及鯉魚膾, 又不能獨食, 須鄰母共之, 詩嘗供備. 子汲江, 溺死, 秘言遣學, 不使母知. 於是有涌泉出於舍側, 有江水之香, 朝朝出鯉魚二頭, 供二母之膳. 其泉灌田六頃, 施及比鄰. 公孫述平後, 東精為賊掠害, 不敢入詩里. 時大荒餓, 精致米肉與詩, 詩埋之. 永平三年察孝廉, 明帝詔曰:"大(學)[孝]入朝, 孝廉一切皆平之." 除江陽符長. 所居鄉皆為之立祠.

　少林陰德, 陽報是甄. 王忳, 字少林, 新都人也. 游學京師, 見空舍有一書生困病, 忳隱視, 奄忽便絕. 有金十斤, 忳以一(片)[斤]買棺木, 九斤還腰下, 葬埋之. 後為大度亭長. 大馬一匹來入亭中, 又有繡被一領飛墮其前, 人莫識者, 郡縣畀忳. 後乘馬到雒縣, 馬牽忳入他舍. 主人問忳所由得馬, 忳具說其狀, 并及繡被. 主人悵然曰:"卿何陰德而致此?" 忳說昔埋書生事. 主人驚曰:"是我子也, 姓金名彥, 卿乃葬之. 不報, 天彰卿德!" 辟舉茂才, 除郿令. 宿鷺亭中, 數有人為鬼所殺. 忳上樓, 夜半, 有女子稱冤曰:"妾, 涪令妻也. 當之官, 宿此, 枉為亭長所殺, 大小二十口埋在樓下. 奪取財物." 忳曰:"汝何故以恒殺人?"女子曰:"妾不得白日, 惟依夜愬. 人眠不肯應, 恚, 故殺之."初來時, 言無衣, 忳以衣衣之. 言訖, 投衣而去. 旦, 召遊徼詰問, 具服. 即收同謀十餘人殺之. 送涪令喪還鄉里. 當世稱之.

仲魚謙冲. 羊期, 字仲魚, 鄪人也. 父為交州刺史, 卒官. 期迎喪, 不取官舍一物. 郡三察孝廉, 公府辟, 州別駕, 皆不應. 太守尹奉棄刑名, 行禮樂, 請為功曹. 刺史必欲借期自佐, 不得已, 為別駕, 後為太守孫寶蔡茂殺諷功曹. 常欲渡津, 津吏滯, 停車待之三日. 將宿亭, 中有縣吏, 引車避之. 為野王令.

雲卿安貧. 朱倉, 字雲卿, 什邡人也. 受學於蜀郡張寧. 餐豆飲水以諷誦, 同業憐其貧, 資給米肉, 終不受. 著《河洛解》. 家貧, 以步行. 為郡功曹. 每察孝廉, 羞碌碌詣公府試, 不就. 州辟治中從事. 以諷詠自終.

伯式玄照. 折像, 字伯式, 雒人也. 其先張江, 為武威太守, 封南陽折侯, 因氏焉. 父國, 為鬱林太守. 家資二億, 故奴姬八百人, 盡散以施宗族, 恤贍親舊, 葬死弔喪. 事東平虞叔雅, 以道教授門人, 朋友自遠而至. 時人為諺曰:"折氏客誰? 朱雲卿, 段節英, 中有佃子趙仲平. 但說天文論五經."

孟宗當仁, 味道好施, 清風邁倫. 讚仲魚已下也. 杜眞, 字孟宗, 綿竹人. 誦書百萬言. 兄事翟酺. 酺免後, 尚書令與司隸校尉枉劾之, 復徵詣獄. 眞上章救之, 受掠答六百, 獄中明酺無事, 京師壯之. 以漢道微, 散財施宗族. 不應公州辟命, 及辭長吏. 候迎每交於門, 乃斷髮以自絕.

漢儒請雨, 精感慶雲. 諒輔, 字漢儒, 新都人. 為郡五官掾. 時天大旱, 請雨, 不降. 輔出禱祈, 乃積薪祝神曰:"不雨, 則欲自焚, 為貪叨吏, 謝罪百姓." 言終暴雨.

韓揆義烈. 韓揆, 字伯彦, 綿竹人也. 為令錡裒主簿. 值黃巾賊入界, 扶哀走入草中. 袤遣求隱翳處, 未還, 袤為賊所得, 見害. 揆殯殮葬埋訖, 詣從事賈龍, 求兵討賊. 賊破, 曰:"本報令君, 而苟自活, 非忠." 乃自殺.

　喬雲勇震. 左喬雲, 綿竹人也. 少為左通所養為子. 通坐任徒, 徒逃, 吏欲破通膊. 通無壯子, 故為吏所侵. 喬雲時年十三, 喟然憤怒, 以銳刀煞吏, 解通將走. 令出追, 初聞以為壯士, 及知是小兒, 為之流涕.

　楊寬證將, 烈播友人. 寬字仲舒, 新都人. 父斌, 證令萬世. 太守殺諷以忠義(壯)[狀]聞. 寬為郡吏, 鄉人馬閏章言太守五方, 寬與兄偕詣獄證之, 得理. 後方當遷南郡, 閏復章之. 寬乃發閏私事. 閏伏罪. 友人汝錕為張明所煞, 寬怒, 縛明送錕家, 使自謝之也.

　甯叔執仇. 甯叔, (自)[字]茂泰, 廣漢人. 與友人張昌共受業太學. 昌為河南大豪呂條所殺. 叔煞條, 自拘河南獄. 順帝義而赦之.

　張復師讎. 張鉗, 字子安, 廣漢人也. 師事犍為謝袤. 袤死, 負土成墳. 三年, 袤子為人所煞, 鉗復其仇, 自拘武陽獄. 會赦, 免. 當世義之.

　賈為士死, 分侔虞朱. 賈祤, 字元集, 什邡人也. 雒孟伯元為父復讎, 聞祤名, 往投之. 雒縣追伯元蹤, 祤歎曰:"士以義遇我, 豈可倍哉? 煞雒縣吏必移什邡, 負我君." 乃自煞. 李勝言之, 以方虞卿魯之朱家.

　爰迄劉氏, 司農含章, 爽朗翠粲, 觀國之光. 秦宓, 字子敕, 綿竹人也. 初隱遁, 不應州郡之命. 丞相亮領益州牧, 以宓為別駕中郎將. 吳使張溫將反命, 亮率百官餞之. 溫與宓語, 答問若響應聲, 辭義雅美. 溫大敬服, 以為蜀之有宓, 猶魯仲尼也. 遷長水校尉司農. 宓甚有通理, 弟子譙周具傳其業.

　李王四子, 並作琳琅. 李朝, 字永南, 弟邵, 字偉南, 郪人也. 王士, 字義強; 從弟甫, 字國山, 文表諸弟也. 先主領牧, 朝為別駕. 羣下上先主為漢中王, 其文朝所造也. 後丞相亮府辟西曹掾, 亦有文才. 兄弟三人號"三龍". 士歷宕渠犍為益州太守. 甫善言議, 闕, 人流美稱. 自綿竹令為州右職.

優遊容與, 特進太常. 鐔承, 字公文, 郪人也. 歷郡守, 州右職, 為少府太常. 時費姜秉政, 孟光來敏皆棲遲, 承以和獨立, 特進之也.

從事烈至, 諫君刎首. 王累, 新都人也. 州牧璋從別駕張松計, 遣法正迎先主. 主簿王權諫, 不納. 累為從事, 以諫不入, 乃自刎州門, 以明不可.

鄭度進規, 忠謀莫受. 雖云天時, 抑由人咎. 度, 綿竹人也. 先主自葭萌南攻, 說牧璋曰:"左將軍懸軍襲我, 野穀是資. 急驅巴西梓潼民內涪水以南, 一切燒除野穀, 固壘待之. 彼請戰, 不許. 久無所資, 不過百日, 必當回."先主聞而惡之. 璋不納. 言雖在天, 亦由璋之愚.

永年負才, 自喪世主. 彭羕, 字永年, 廣漢人, 有俊才. 劉璋時, 坐事為徒. 及先主入, 自託龐統. 為州右職. 失主意, 左遷江陽太守. 羕望. 諸葛亮以為心大志廣, 難可保, 勸先主因事誅之.

漢南哽哽, 天奪其守. 李邈, 字漢南, 邵兄也. 牧璋時為牛鞞長. 先主領牧, 為從事. 正旦, 命行酒, 得進見. 讓先主曰:"振威以討賊, 元功未效, 先寇而滅. 邈以將軍之取鄙州, 甚為不宜也."先主曰:"知其不宜, 何以不助之?"邈曰:"匪不敢也, 力不足耳."有司將殺之. 諸葛亮為請, 得免. 為犍為太守丞相參軍安漢將軍. 建興六年, 亮西征, 馬謖在前, 亮將殺之, 邈諫以:"秦赦孟明, 用霸西戎. 楚誅子玉, 二世不競."失亮意, 還蜀. 十三年, 亮卒. 後主素服發哀三日. 邈上疏曰:"呂祿霍禹, 未必懷反叛之心. 孝宣不好為殺臣之君, 直以臣懼其偪, 主畏其威, 故姦萌生. 亮身杖強兵, 狼顧虎臣, '五大不在邊', 臣常危之. 今亮殞歿, 蓋宗族得全, 西戎靜息, 大小為慶."後主怒, 下獄, 誅之.

詵詵彥造, 或哲或友. 昭德音芳, 垂名厥後.　總讚此四十六人也.

述廣漢人士.

任母治內, 子成名賢.　任安母, 姚氏也. 雍穆閨門. 早寡. 立義資安, 遂事大儒. 安教授, 每為賑恤其弟子, 以慰勉其志. 於是安之門生益盈門.

龐行養姑, 婦師之先.　龐行, 姜詩妻也. 事姑, 晝夜紡績, 以給供養. 子汲江溺水死, 祕, 言遣詣學. 常作多夏衣投水中, 託言寄與子. 詩呼妻使為姑春, 應命遲, 見遣. 不敢遠去, 游於外, 供給因鄰母致. 姑敕還.

依依義舊, 抗疏拜庭. 誠感世主, 徒女輟刑.　義舊, 狄道長姜穆女, 綿竹司馬雅妻也. 既許婚, 父坐事徒朔方. 雅就婚, 死, 雇人送其喪. 尋父母死朔方, 義舊獨與弟孤居十年. 士大夫求, 終不肯. 乃上疏自訟, 求還鄉里. 天子愍悼, 下朔方使送. 遂下詔書, 定律令: "女已許嫁, 不得從父母徒."

紀配斷指, 以章厥身.　紀配, 廣漢殷氏女, 廖伯妻也. 年十六適伯. 伯早亡. 以自有美色, 慮人求己, 作詩三章自誓心. 而求者猶衆. 父母將許. 乃斷指明情. 養子猛終義. 太守薛鴻圖象府庭.

彭王進娥, 殘體令誠.　彭非, 廣漢王輔妻也. 王和, 新都人, 便敬妻也. 李進娥, 郪人, 馮季宰妻也. 輔早亡, 叔父欲改嫁, 非乃詣太守五方, 截髮自誓. 敬亦早亡, 和養姑守義. 蜀郡何玉, 因媒介求之. 兄曉喻以公族可憑. 和恚, 割一耳. 季宰亦早亡, 父母欲改嫁. 進娥亦剪髮自誓. 各養子終義.

正流自沉, 玉潔冰清.　正流, 廣漢李元女楊文妻也. 適文, 有一男一女, 而文沒. 以織履為業. 父欲改嫁, 乃自沉水中. 宗族救之, 得免. 太守五方為之圖象.

相烏袁福, 義不存生.　相烏, 德陽人, 袁稚妻也. 十五適稚. 二十稚亡, 無子. 父母欲改嫁之, 便自殺. 袁福, 亦德陽人, 王上妻也. 有二子. 上以喪親過哀死, 福哀感終身. 父母欲改嫁, 乃自殺.

(洪)[汝]氏世胄, 由婦謙柔. 汝敦妻某. 敦兄弟共居, 有父母時財, 嫂心欲得. 妻勸送二兄. 敦盡讓田宅奴婢與兄, 自出居. 後敦耕, 得金一器, 妻復勸送二兄. 夫妻共往. 嫂性吝嗇, 謂欲借貸, 甚不悅; 及見金, 踴躍. 兄感悟, 即出妻, 讓財還弟. 弟不受. 相讓積年. 後並察孝廉, 世為冠族.

思媚烈媛, 美稱惟休. 總讚十一人也.

述廣漢烈女.

右廣漢士女讚第三.

凡五十(六)[七]人. (四十六人士, 十一人女).

犍為士女

王延河平, 纂禹之功. 王延世, 字長叔, 資中人也. 建始五年, 河決東郡, 氾濫兗豫四郡三十一縣, 沒官民屋舍四萬所. 御史大夫尹忠, 以不憂職致河決, 自煞. 漢史案圖緯, 當有能循禹之功, 在犍柯之資陽, 求之, 正得延世. 徵拜河隄謁者, 治河. 以竹落長四丈, 大九圍, 夾小船, 載小石, 治之. 三十六日, 隄防成. 帝嘉之, 改年曰河平, 封延世關內侯, 拜光祿大夫. 乃贈黃金百斤.

文伯習禮, 繼武孫通. 董鈞, 字文伯, 資中人也. 少受業於鴻臚王臨. 永平初, 議天地宗廟郊祀儀禮, 鈞與太常定其制. 又定諸侯王喪禮. 歷城門校尉五官中郎將, 以儒學貴. 稱繼叔孫通.

張公執憲, 克智克聰. 極位青紫, 寔作司空. 張皓, 字叔明, 武陽人也. 以文聰明, 辟大將軍掾. 遷尚書僕射, 彭城相, 進隱士閭丘遷等. 徵拜廷尉. 延光三年, 安帝將廢太子為濟陰王, 皓與太常桓焉太僕來歷爭之. 安帝不許. 及安帝崩, 濟陰得立, 為順帝, 以皓為司空. 久之, 免. 後徵為廷尉. 清河趙騰坐謗訕, 當誅, 所引八十餘人. 皓以聖賢明義爭之, 咸稱平當.

子鸞司京, 桴鼓不鳴. 趙旄, 字子鸞, 資中人也. 初臨甘陵弘農郡, 甚善治民. 徵尚書, 遷司隸校尉. 時梁冀子弟放恣, 旄以法繩之, 不敢為非, 京師肅清, 桴鼓不鳴.

孟文翹翹, 平顯有成. 楊渙, 字孟文, 武陽人也. 以清秀博雅, 歷臺郎相, 稍遷尚書中郎司隸校尉, 甚有嘉聲美稱.

伯邵正直, 耀祖揚聲. 楊準, 字伯邵. 漢安縣人也. 初為郡守, 太尉李固薦準累世忠直, 拜尚書. 太傅陳蕃表為河東, 入為尚書令. 奏書治南陽太守曹麻潁川太守曹騰濟南太守孫訓等子弟依託形勢, 淫縱. 徵廷尉, 治罪. 訓, 梁冀婦家子也. 於是憚之. 又薦朱禹盛精膝延為尚書, 陸稱為郡守, 皆名士也. 桓帝即位, 拜河南尹, 遷司隸校尉. 冀叔父梁忠為執金吾, 不朝正初, 劾奏之, 朝士服其公亮. 徙將作大匠.

翁君將命, 迺播其名. 楊莽, 字翁君, 武陽人, 為功曹. 刺史王尊當之州, 移書諸郡, 不得遣迎. 惟犍為遣莽, [蜀郡遣]何霸, 巴郡遣嚴遵. 尊大怒. 莽前對曰: "使君不使奉迎, 謙也. 太守承迎, 敬也. 謙敬, 上下之節, 不可廢也." 尊乃欣請. 辟別駕, 舉茂才, 官至揚州刺史.

奉君邁世. 費貽, 字奉君, 南安人也. 公孫述時, 漆身為厲, 佯狂避世. 述破, 為合浦守. 蜀中歌之曰: "節義至仁費奉君, 不仕亂世, 不避惡君. 修身於蜀, 紀名亦足." 後世為大族.

任公開明. 任永, 字君業, 僰道人也. 長曆數. 王莽時, 託青盲. 公孫述時, 累徵不詣. 子溺井中死, 見而不言. 妻淫於前, 面而不怪. 述平, 乃曰:"世適平, 目即清." 妻自煞. 光武徵之, 以年老不詣, 卒.

叔和順終. 杜撫, 字叔和, 資中人也. 少師事薛漢, 治五經. 教授門生千人. 太守王卿召為功曹. 司徒辟, 不及. 聞公免, 必往承問. 東平憲王為驃騎將軍, 辟西曹掾. 後罷. 為王師, 在驃騎府者數年乃去. 數應三公徵. 撫侍送故公. 作《詩通議說》. 弟子南陽馮良, 亦以道學徵聘.

君橋密精. 趙松, 字君橋, 武陽人. 為童子, 數咨問費貽. 及知其避世, 密與周旋, 終不露之也. 述平, 舉茂才. 為上黨太守.

英英四子, 利於居貞. 讚費貽以下.

皇漢弛綱, 官人失紀. 文紀謇諤, 表明臧否. 張綱, 字文紀, 司空皓子也. 在漢朝, 公平廉正, 權宦側目憚之. 漢安元年, 以光祿大夫持節, 與侍中杜喬循行州郡, 考察風俗. 出宮垣, 埋車, 先奏太尉桓焉司徒劉壽尸祿素餐不堪其職. 出城, 又奏司隸校尉趙峻河南尹梁不疑汝南太守梁乾等贓穢濁亂, 檻車送廷尉治罪. 天子以乾梁冀叔父, 貶秩; 免峻等. 又奏魯相寇儀, 儀自殺. 威風大行, 郡縣莫不肅懼. 還, 冀恨之, 出為廣陵太守. 承叛亂後, 懷集撫恤, 甚有治化. 在官十年卒. 子續, 尚書. 續弟方, 為豫州牧. 子孫數世至大官.

白虜狂僭, 亂離斯圮. 孝仲縶馬, 社稷是死. 朱遵, 字孝仲, 武陽人也. 公孫僭號. 遵為犍為郡功曹領軍, 拒戰於六水門. 眾少, 不敵, 乃埋車輪, 絆馬, 必死. 為述所煞. 光武嘉之, 追贈復漢將軍. 郡縣為立祠.

建侯弔梁, 效志知己. 趙敦, 字建侯, 武陽人也. 初為新都令, 德禮宣流. 三司及大將軍梁冀累辟, 終不詣. 冀辟書不絕. 後冀自煞, 使者監守, 不使人弔問. 敦獨往, 弔祭訖, 自拘有司. 天子赦之.

叔通敦孝, 石生江汜. 隗相, 字叔通, 僰道人也. 養母至孝, 母食欲江中正江水, 相冬夏汲之. 一朝, 有橫石生正流中. 哀帝世察孝廉, 平帝世為郎.

吳生致養, 亦感靈祉. 吳順, 字叔和, 僰道人也. 事母至孝, 赤烏巢其門, 甘露降其戶. 察孝廉, 永昌太守.

劉后初載, 實多良才. 季休忠亮, 經事能治. 楊洪, 字季休, 武陽人也. 先主領牧, 為部屬從事. 及征漢中, 丞相亮表為蜀郡太守. 先主疾病永安, 召亮東行, 漢嘉太守黃元反, 後主從其計, 克元. 封關內侯. 後為中郎將越騎尉. 清公, 亮甚信任之.

德山耽學, 道以光時. 五梁, 字德山, 南安人也. 儒學雅尚. 州選迎牧. 諸葛亮為功曹, 遷五官中郎將.

烈武作合, 度曠塗夷. 惜哉公舉, 帥直陵遲. 費詩, 字公舉, 南安人也. 先主領牧, 為前部司馬. 羣臣勸先主稱尊號, 詩上疏曰:"殿下以曹操父子逼主篡盜, 故乃羈旅萬里, 糾合士衆, 將以討賊. 今大敵未剋而先自立, 恐人心疑惑. 昔高祖獲子嬰, 猶尚推讓, 況未出門, 便欲自立耶?"以是左遷部永昌從事. 建興三年, 從丞相亮南征. 魏將李鴻來降, 說魏新城太守孟達欲背魏向蜀. 亮方北(面)[圖], 欲招達為外援. 欲與書, 詩進曰:"孟達小子, 昔事振威不忠, 後事先帝, 背叛. 反覆之人, 何足與書也."亮嘿然. 詩終劉氏之世, 官位不盡其才. 君子以昭烈之弘曠, 武侯之明達, 詩吐直言, 猶尚淩遲, 況庸主昏世, (帥)[率]意直言而望肆效者哉?

文然簡略, 不從詭隨. 楊戲, 字文然, 武陽人也. 輔漢將軍張裔薦為丞相亮主簿, 大司馬蔣琬辟東曹掾. 歷二郡太守. 為射聲校尉. 性簡略, 未曾以甘言加人. 酒後言笑多慢詞, 失大將軍姜維意, 為維所廢. 延熙十八年, 作《季漢輔臣讚》, 在《蜀書》.

車騎怏怏, 與國安危. 張翼, 字伯恭, 文紀孫也. 以文武才幹, 歷征西鎮南大將軍, 封亭侯. 延熙十八年, 與大將軍姜維西征, 大破魏雍州刺史王經於狄道. 經衆死洮水者數萬人. 維欲進, 翼諫不可, 必進. 無功. 時維屢出隴西, 翼常廷爭, 以為國小, 不宜黷武, 必爲蛇畫足. 不聽, 不得已, 每怏怏從行. 景耀元年, 遷左車騎將軍, 領冀州刺史. 蜀平後死.

猗猗衆偉, 芳烈名垂. 方德繹勳, 犍之瓊瑰. 述犍為人士.

進楊穆穆, 先姑是憲. 進, 武陽楊氏女, 大匠廣漢王堂長子博妻也. 博後母文, 有母儀之德. 進楊則其教為行, 閨門雍穆. 牂柯太守李禕家亦假係, 每不和, 歎恨徒富貴, 學問不及博家也.

陽姬請父, 厥族蒙援. 克諧內愛, 訓及秀彥. 姬, 武陽人也. 生自寒微. 父坐事閉獄. 楊渙始為尚書郎, 告歸, 郡縣敬重之. 姬為處女, 乃邀道扣渙馬, 訟父罪, 言辭慷慨, (悌)[涕]泣. 渙懇告郡縣, 為出其父. 因奇其才, 為子文方聘之. 結婚大族, 二弟得仕宦, 遂世為宦門. 後文方為漢中太守, 以趙宣為賢, 將察孝廉, 函封未定, 病卒. 姬秘不發, 先遣孝廉上道, 乃發喪. 宣得進用, 姬之力也. 後文方兄子伯邳為司隸校尉, 時姬長子潁伯冀州刺史, 仲子頍二千石. 伯邳以稟叔母教, 迎在官舍. 每教邳政治. 伯邳欲舉茂材, 選有二人. 伯邳欲用老者, 嫌以其耄; 欲舉五方, 而其年幼, 以咨叔母. 勸舉方. 後趙宣為犍為, 五方為廣漢, 姬尚在, 故吏敬之, 四時承問不絕.

周度割體, 貞節是全. 周度, 樊道人也, 相登妻. 十九, 登亡. 中牟令吳厚, 因人求之, 斷髮以誓志. 後人猶欲求之, 乃割其鼻. 養子早亡, 其妻左, 亦年十九, 遂俱守義. 咸歎婦姑之貞, 專其節操也.

敬姬沉淵, 誠烈邈然. 曹敬姬, 南安人也, 周紀之妻. 十七出適. 十九紀亡, 遺生子元餘. 服闋, 父母以許孫賓, 詒母病迎還. 知之, 自投水. 人赴之, 氣已絕, 一日一夜乃蘇息. 送依紀弟居. 訓導元餘, 號為學士. 年九十卒.

貞玦玉操, 彌久彌刊. 貞玦, 字瓊玉, 牛鞞程氏女, 張惟妻也. 十九適惟. 未期, 惟亡. 無子, 養兄子悅. 供養舅姑, 夙夜不怠. 資中(玉)[王]冲欲娶玦, 玦叔父胘答以女志不可奪. 冲為太守李嚴督郵. 嚴記縣, 遣孝義掾奉羔鴈, 宣太守命聘之. 玦乃自投水. 救援不死. 後太守蘇高為立表. 太守蜀郡闕. 遣仁恕掾, 論曰"貞玦". 太守章陵劉威又為作頌, 故稱述也.

韓姜自財, 後旌其冤. 韓姜, 僰人, 尹仲讓妻也. 二十讓亡. 服除, 資中董臺因從事王文爲表弟求姜, 不許. 臺門生左習王蘇以為姜可奪, 教姜家言母病, 迎還韓氏, 因逼成婚. 姜聞故, 自殺. 太守巴郡龔楊哀之, 殺習蘇, 以報姜死.

謝姬引決, 同穴齊定. 姬, 南安人, 武陽儀成妻也. 成死, 以己年壯無子, 將葬, 乃預作殯殮具毒藥, 須夫棺入墓, 拊棺吞藥而死. 遂同葬. 縣以表郡, 郡言州, 州上尚書. 天子咨嗟, 下書: 每大赦, 賜家帛四匹, 蜀穀二石.

媛姜匹婦, 勉夫濟子. 授命圄圄, 義踰國士. 趙媛姜, 資中人, 盛道妻也. 建安五年, 道坐過, 夫婦閉獄. 子翔, 方五歲. 姜謂道曰: "官有常刑, 君不得已矣. 妾在後, 何益君門戶? 君可同翔亡命, 妾代君死, 可得繼君宗廟." 道依違數日. 姜苦言勸之, 遂解脫, 給衣糧使去, 代為應對, 度走遠, 乃告吏. 殺之. 後遇赦, 父子得還. 道雖仕宦, 當世痛感, 終不更(取)[娶]. 翔亦不仕耳.

黃帛求喪, 沉身中流; 靈精相感, 攜夫共浮. 黃帛, 僰道人, 張貞妻也. 貞受易於韓子方, 去家三十里, 船覆, 死. 貞弟求喪, 經月不得. 帛乃自往沒處躬訪, 不得, 遂自投水中. 大小驚眖. 積十四日, 持夫手浮出. 時人為語曰: "符有先絡, 樊道帛. 求其夫, 天下無有其偶." 縣長韓子冉嘉之, 召帛子幸為縣股肱.

烈哉諸媛, 節稱義遒.　叙之讚此九女也.

述犍為烈女.

右《犍為士女讚》第四.

凡三十人. (二十一人士, 九人女.)

화양국지
(華陽國志)

권10하
선현사녀총찬
(先賢士女總贊)

한중사녀(漢中士女)

정자진(鄭子眞^{정박})이 큰 산처럼 우뚝하니, 그의 굳은 마음은 청정 (淸靜)함에서 나왔다.

정자진은 포중(褒中) 사람이다. 그는 사람됨이 차분하고 도(道)를 지키며 지극한 덕(德)을 실천하여, 마침내 사람들을 가르치며 말하기를, "충효 (忠孝)와 애경(愛敬)은 천하의 지극한 품행이고, 하늘을 공경하고 천시(天時)에 호응하는[神中五徵]¹ 것은 제왕의 중요한 도리이다."라고 했다. 한 성제(漢成帝)의 큰외삼촌이자 대장군(大將軍)인 왕봉(王鳳)이 예를 갖추어 그를 초빙했으나 응하지 않았다. 그의 집이 골짜기 입구[谷口]에 있어서 사람들이 그를 '곡구자진(谷口子眞)'이라고 불렀다. 그가 죽자 한중군(漢中郡)에서 그를 위하여 사당을 세웠다.

형량(衡梁^{위형})은 진흙 속에 웅크린 듯하여 품덕이 심오하고 넓었다.

위형(衛衡)은 자가 백량(伯梁)이고, 남정(南鄭) 사람이다. 젊어서 같은 군

---

1 하늘을 공경하고 천시(天時)에 호응하는[神中五徵]: 원문의 '오징(五徵)'은 《한서(漢書)》〈오행지(五行志)〉와 《상서(尙書)》〈홍범(洪範)〉에 기록되어 있는 다섯 가지의 휴징(休徵)과 구징(咎徵)이다. 휴징은 좋은 징조로 때맞춰 비가 내리고[時雨], 때맞춰 볕이 들며[時暘], 때맞춰 따뜻하고[時燠], 때맞춰 춥고[時寒], 때맞춰 바람이 부는 것[時風]이다. 구징은 나쁜 징조로 언제나 비가 오고[恒雨], 언제나 볕이 들며[恒暘], 언제나 덥고[恒燠], 언제나 춥고[恒寒], 언제나 바람이 부는 것[恒風]을 뜻한다. 즉 하늘은 임금의 정사(政事)를 겨냥해서 임금이 정사를 잘하면 휴징을 내리고, 정사를 잘못하면 구징을 내린다는 것이다.

(郡)에 있는 은사(隱士) 번계제(樊季齊^{번영})²를 스승으로 모셨으며, 고상한 품행으로 소문이 났다. 군(郡)에서 9차례나 효렴으로 추천하고, 공부(公府)와 주(州)에서 10차례 벽소하고, 공거(公車)로 3차례나 징소했지만 응하지 않았다. 동부(董扶)와 임안(任安)이 낙양(洛陽)에서 집으로 돌아가는 길에 그를 만나 말하기를, "경사(京師)는 천하의 인재가 많이 모이는 시장이나 조정 같은 곳입니다. 족하(足下)도 그와 같은 사람일 뿐입니다. 다행히 경사에서 멀리 있어 그 허명(虛名) 때문에 여러 차례 징소하는 글을 받았습니다. 만약 그대가 중원에 왔다면 명성은 가치가 없었을 것입니다."라고 했다. 위형이 웃으며 말하기를, "시국은 험하기도 하고 평탄하기도 하며, 도(道)는 쇠할 때가 있고 융성할 때도 있습니다. 번계제와 양중환(楊仲桓^{양후}) 같은 인물이 비록 징소에 응한다고 하더라도 시국에 무슨 유익함이 있겠습니까? 진실로 일을 함에 있어서 법도가 없다면 공자(孔子)나 맹자(孟子)라고 하더라도 불안해 할 것입니다. 그런 까닭에 엄군평(嚴君平^{엄준})이나 정자진(鄭子眞^{정박})이 자신의 뜻을 어기지 않았으니, 어찌 그대들 같은 무리와 같겠습니까? 그러니 나에게 무슨 허위와 거짓이 있겠습니까?"라고 했다. 임안과 동부가 감복하고 그의 말을 공경했다.

등공(鄧公)이 충신이 억울하게 누명을 쓴 정황을 바르고 주밀하게 설명하다.

등공은 성고(成固) 사람이다. 한 경제(漢景帝) 때 어사대부(御史大夫) 조

---

2 번계제(樊季齊):《화양국지》권12〈목록(目錄)〉에 따르면, "위형(衛衡)은 번지장(樊志張)의 제자이다.[衛衡樊志張弟子也.]"라고 하고, 또 "번지장은 남정(南鄭) 사람이다.[樊志張南鄭人.]"라고 했다. 또한 번계제는 번영(樊英)으로, 남양(南陽) 사람이어서 위형과는 군(郡)이 다르다. 따라서 번계제(樊季齊)는 마땅히 '번지장(樊志張)'으로 고쳐야 맞다.

조(晁錯)는 제후들의 힘이 강대함을 근심하여 그들의 봉지(封地)를 줄이고 깎을 것을 건의했다. 마침 오(吳)나라와 초(楚)나라 등 일곱 나라가 반란을 일으켰는데, 조조를 죽살하는 것을 구실로 삼았다. 그런 까닭에 옛 오나라의 상국(相國) 원앙(袁盎)이 황제에게 참언을 하여 조조를 죽이자고 했는데, 그러자 황제가 원앙을 태상(太常)에 임명하여 일곱 나라에 가서 그들이 반란을 도모한 죄를 사면하게 했는데, 일곱 나라가 마침내 반란을 일으켰다. 등공이 알자(謁者)가 되어 궁으로 들어가 군사에 관한 일을 말했다. 황제가 묻기를, "일곱 나라에서 조조가 죽었다는 소식을 듣고 군사를 거두었는가? 거두지 않았는가?"라고 하자 등공이 대답하여 말하기를, "오나라는 광산이 있어 화폐를 주조하고, 바닷물을 끓여 소금을 만들면서 반란을 도모한 지가 수십 년이나 되었습니다. 조조가 그 일을 근심했기 때문에 봉지를 깎아 세력을 약화시키는 것을 만세의 계책으로 삼았는데 제후들이 그 일을 우려했습니다. 계획이 막 시행되려는데 조조가 동시(東市)에서 죽으니, 제후들에게 거리끼는 바가 없습니다. 안으로는 충신의 입을 막고, 바깥으로는 제후들을 위하여 원한을 갚아 주었으니 신이 살피기에 이는 폐하가 취할 일이 아니었습니다."라고 했다. 황제가 탄식하며 말하기를, "나 역시 그 일을 한스러워하고 있다."라고 했다. 무제(武帝) 초기에 등공은 구경(九卿)이 되었다.

박망(博望)이 멀리 서역으로 사신을 나가자 서남쪽 이민족이 조정에 조공을 바쳤다.

장건(張騫)은 성고(成固) 사람이다. 사람됨이 담력과 지혜를 겸비했으며, 먼 지방을 돌아다녔다. 한 무제(漢武帝)를 위하여 서역의 53개 나라를 개척했고, 황하(黃河)의 근원을 탐색했으며, 동떨어지게 먼 나라에까지 이르렀다. 교위(校尉)에 임명되고, 군대를 따라 흉노(匈奴)를 토벌하는데 공이 있어 위위(衛尉)로 옮기고, 박망후(博望侯)에 봉해졌다. 그리하여 한(漢)나라 변경 지역이 넓어지고, 막혔던 서남의 변방을 소통시켰으며, 동떨어지게 먼 지역의 화물(貨物)로 내지를 풍성하게 하여 황제로 하여금 구하여 얻지 못하는 것이 없게 하였고, 어떠한 생각도 실현되지 않는 일이 없게 했다. 지금까지 변경 지역과 내지의 교통이 통하게 된 것은 장건의 공이었다.

자유(子游)가 참언과 교묘한 말로 인하여 스승과 함께 죽음을 당하다.

장맹(張猛)은 자가 자유이고, 장건(張騫)의 손자이다. 광록훈(光祿勳) 주감(周堪)을 스승으로 섬겼으며, 광록대부(光祿大夫)·급사중(給事中)에 임명되어 한 원제(漢元帝)를 모셨다. 황제가 태묘(太廟)에 제를 올리려고 누선(樓船)을 타고 위수(渭水)를 건너려고 했다. 어사대부(御史大夫) 설광덕(薛廣德)이 수레를 가로막으며 관(冠)을 벗고 "목을 베어 그 피로 황제의 수레를 더럽히기를 원합니다. 폐하께서는 태묘에 제사 지내러 가실 수 없습니다."라고 했다. 황제의 안색이 기뻐하지 않았다. 장맹이 나아가 말하기를, "군주가 성스러우면 신하는 정직하다고 했습니다. 지금 배를 타는 것은 위험하니, 다리로 가는 것이 안전합니다. 성스러운 군주는 위험을 무릅쓰지 말아야 하기 때문에 대부가 그렇게 말한 것입니다."라고 했다. 황제가 말하기를, "사람을 깨우칠 때에는 이렇게 해서는 안 된다."라고 했다. 후에 장맹은 주감과 함께 충의와 정직 때문에 행신(幸臣)이었던 홍공(弘恭)과 석현(石顯)에 의하여 참언과 비방을 받아 때로는 출사하기도 하고 때로는 면직되기도 했다. 주감은 사람됨이 평화로웠다. 장맹은 끝내 자살했다.

양왕손(楊王孫)은 자신의 타고난 성정(性情)을 잘 갈고 다듬어 장례 풍습을 바꾸어 후인들을 면려했다.

양왕손은 성고(成固) 사람으로, 황로(黃老)의 학술을 익혔다. 집안에 천금이나 되는 재산이 쌓여 있었으나 모두 자신을 봉양하는 데 사용했다. 임종에 즈음하여 아들에게 말하기를, "내가 죽거든 시신을 알몸인 채로 장사를 지내 나의 본성을 회복하게 하라. 다만 천으로 된 자루에 시신을 넣고 지하 7척 깊이가 되는 땅속에 내려놓은 다음 발부터 먼저 벗겨서 몸이 흙과 가까이 하도록 하라."고 했다. 그 아들이 차마 그렇게 하지 못하고, 양왕손의 친구인 기후(祁侯)를 찾아가서 그에게 간언했다. 양왕손이 말하기를, "장례를 후하게 치르는 것은 죽은 자에게 아무런 유익함이 없다. 무릇 재물을 탕진하여 장사 지내면, 오늘 묻으면 내일 파헤쳐질 것이니 이는 진실로 들판에 시신이 드러나게 되는 것과 다름이 없다. 시신을 돈과 비단으로 감싸고, 관으로 분리하며, 입에는 주옥(珠玉)을 물리지만, 나중에 이것들이 다 썩어야 마침내 흙으로 돌아가게 되니 이렇게 하는 것은 옳지 않다. 그런 까닭에 나는 좀 일찍 진정한 안식처로 가고자 한다."라고 했다. 그가 죽자 시신을 알몸인 채 장례를 치러, 그의 말대로 했다.

사도(司徒)가 사신(使臣)을 관찰했다. 그는 학술에 통달하고 사상이 정미하여 여러 차례 상사(上司$^{상공}_{三公}$)에 올랐는데, 천상의 칠정(七政)[3]에 정통했다.

이합(李郃)은 자가 맹절(孟節)이고, 남정(南鄭) 사람이다. 젊어서 경전과 학술에 밝아 군(郡)의 후리(候吏)가 되었다. 한 화제(漢和帝)가 사자 두 명을 파견했는데, 그들은 미복(微服) 차림으로 촉(蜀) 땅에 가서 이합의 후사(候舍)에서 하룻밤을 묵게 되었다. 이합이 술을 내어 와 그들과 함께 밤새도록 마셨다. 한데에 앉아 이합이 그들에게 물어 말하기를, "그대들이 올 때 조정의 두 사신이 언제 출발하여 촉 땅에 도착했는지 압니까?"라고 했다. 두 사람이 괴이하게 여겨 그에게 묻자, 이합이 별을 가리키며 말하기를, "두 사신의 별이 이미 익주(益州)에 진입했습니다."라고 했다. 나중에 그들 가운데 한 명이 한중 태수(漢中太守)가 되자, 이합을 공조(功曹)에 임명했다. 또 그를 효렴에 추천하여 마침내 이름을 날리게 되었다. 상서랑(尙書郎)이 되었다가 상서좌승(尙書左丞)으로 옮겼으며, 얼마 후에 상서복야(尙書僕射)·상서령(尙書令)로 옮겼다가 사공(司公)에 임명되었다. 또 사도(司徒)에 임명되었다. 사람됨이 청렴하고 공평하며, 분명하고 정직하여 당세에 이름이 일컬어졌다. 한 순제(漢順帝) 때 세상을 떠났다.

---

3 칠정(七政): 북두칠성을 가리킨다. 북두칠성의 각 별들은 해와 달, 오성(五星)을 주관하여 '칠정(七政)'이라고 불렀다. 《사기(史記)》〈천관서(天官書)〉 집해(集解)에서는 마융(馬融)의 《상서(尙書)》 주(注)를 인용하여 이르기를, "칠정은 북두칠성으로 각기 주관하는 바가 있다. 첫째를 정일(正日)이라고 하며, 둘째를 주월(主月)이라고 하며, 셋째를 명화(命火) 또는 형혹(熒惑)이라고 하며, 넷째를 살토(煞土) 혹은 전성(塡省)이라고 하며, 다섯째를 벌수(伐水) 혹은 신성(辰星)이라고 하며, 여섯째를 위목(危木) 혹은 세성(歲星)이라고 하며, 일곱째를 표금(飘金) 혹은 태백(太白)이라고 한다. 해와 달, 오성은 각기 달라서 칠정이라고 부른다."라고 했다. 유가(儒家)에서는 재상의 직책이 천자를 보좌하여 정사를 다스리고 음양을 조화롭게 하며 칠정을 가지런하게 하여 멸망과 변화가 생기지 않게 하므로 삼공(三公)을 가리키는 말로 사용하기도 한다.

염정(炎精^{한 왕조})⁴이 기울자[不頹]⁵ 주명(朱明)⁶이 쇠미하여졌네. 태위(太尉)가 감히 직언을 하여 나라를 위하여 중임을 맡았다. 태양이 양곡(暘谷)에서 목욕을 하고, 장차 부상(扶桑)에서 떠오르려고 했으나 곧은 것을 싫어하고 바른 것을 미워하여 한(漢)나라의 도통(道統)이 마침내 쇠락했다.

이고(李固)는 자가 자견(子堅)이고, 이합(李郃)의 아들이다. 양가(陽嘉) 3년(134)⁷ 대책(對策)⁸이 충성스럽고 강개했으므로 의랑(議郞)에 임명되었다. 대장군(大將軍) 양상(梁商)은 황후의 아버지였는데, 표문을 올려 이고를 종사중랑(從事中郞)으로 삼고 형주 자사(荊州刺史)에 임명했다. 마침 형주에서 반란이 일어났는데, 그는 주(州)에 도착하자 먼저 현자(賢者)로 알려진 남양(南陽) 사람 정숙궁(鄭叔躬)·송효절(宋孝節), 영릉(零陵) 사람 지선아(支宣雅)를 벗으로 사귀었고, 또 표문을 올려 장사 태수(長沙太守) 조력(趙歷), 계양 태수(桂陽太守) 난파(欒巴)⁹를 추천했다. 그리고 표문을 올려 강하 태수(江夏

---

4 염정(炎精): 해를 달리 이르는 말로, 불을 맡아 다스리거나 불을 낸다고 하는 귀신을 일컫기도 한다. 여기에서는 한(漢)나라 왕조를 가리키는데, 오행가에 따르면 한나라는 화덕(火德)으로 왕이 되었기 때문이다.

5 기울자[不頹]: 《화양국지》 원문에는 '불퇴(不頹)'로 되어 있으나 문맥상 맞지 않는다. 유림본(劉琳本)에서는 '하퇴(下頹)'로 되어 있어 수정하여 번역했다.

6 주명(朱明): 태양을 뜻하는 말로, 여기에서는 국가를 의미한다.

7 양가(陽嘉) 3년: 《속한서(續漢書)》·《후한서(後漢書)》·《후한기(後漢紀)》에는 모두 양가(陽嘉) 2년(133)으로 되어 있다.

8 대책(對策): 관리를 등용하기 위한 시험에서 경서(經書)의 문의(文義) 또는 정사(政事)에 관한 문제를 내어 대답하게 하는 것이다. 문제를 책(策)에 쓰므로 '책문(策問)'이라 하고, 응시자가 대답하는 글을 '대책'이라 한다.

9 난파(欒巴): 원문에는 '졸사(卒巳)'로 되어 있으나, '난파(欒巴)'의 오기이다. 《후한서(後漢書)》〈난파전(欒巴傳)〉에 따르면, "난파(欒巴)는 계양 태수이다. 형주 자사 이고가 난파의 치적을 추천하여 의랑(議郞)에 임명되었다.[巴爲桂陽太守, 荊州刺史李固薦巴治積, 徵拜議郞.]"라고 했다.

太守) 공주(孔鑄), 남양 태수(南陽太守)[10] 고사(高賜), 남군 태수(南郡太守) 위곤(爲昆) 등을 면직시켰다. 그러자 주의 경내가 자연스레 안정되었다. 태산 태수(泰山太守)로 옮겨, 도적을 물리쳐 평안하게 했다. 조정에 들어와 장작대장(將作大匠)이 되었다. 전국의 명사들을 조정으로 많이 불러들였다. 남양 사람 번영(樊英), 강하(江夏) 사람 황경(黃瓊), 광한(廣漢) 사람 양후(楊厚), 회계(會稽) 사람 하순(賀純), 광록(光祿) 주거(周擧), 시중(侍中) 두교(杜喬), 진류(陳留) 사람 양륜(楊倫), 하남(河南) 사람 윤존(尹存), 동평(東平) 사람 왕운(王惲), 진국(陳國) 사람 하림(何臨), 청하(淸河) 사람 방식(房植) 등이 모두 조정의 부름을 받았다. 이고가 대사농(大司農)으로 옮겼다. 한 순제(漢順帝)가 세상을 떠나자, 태후(太后)가 조정에 임하여, 이고를 태위(太尉)에 임명하고, 태후의 동생인 대장군 양기(梁冀) 및 태부(太傅) 조준(趙峻)과 더불어 녹상서사(錄尙書事)로 삼았다. 충제(沖帝)가 세상을 떠났을 때, 서주(徐州)와 양주(揚州)에서 도적이 반란을 일으키자 태후가 상(喪)이 난 사실을 알리지 않고 여러 왕들을 부르려고 했다. 이고가 불가하다고 간하며 말하기를, "나라에 어려움이 많으니 마땅히 나이가 많은 황자(皇子)를 황제로 세워야 합니다."라고 했다. 태후가 전권을 행사하려고 낙안왕(樂安王)을 황제로 세웠으니, 그가 질제(質帝)이다. 질제가 세상을 떠나자, 태후가 다시 양기와 더불어 황제를 세울 일을 도모했다. 이고가 사도(司徒) 남군(南郡) 사람 호광(胡廣), 사공(司空) 촉군(蜀郡) 사람 조계(趙戒)와 함께 양기에게 편지를 써서 주면서 주발(周勃)과 곽광(霍光)이 문제(文帝)와 선제(宣帝)를 세워 한나라를 안정시킨 계책과, 염 황후(閻皇后)와 등 황후(鄧皇后)가 황제를

---

10 남양 태수(南陽太守): 원문에는 "강하·남군 태수(江夏太守) 공주(孔鑄)·고사(高賜)·위곤(爲昆)"으로 되어 있는데, 강하와 남군 사이에 '남양(南陽)' 두 글자가 빠진 듯하다.

폐위시킨 화란(禍亂)을 인용하여 이르기를, "국통(國統)이 세 차례나 끊어져[11] 국운이 떨쳐지지 못하여 나라가 흥하느냐 망하느냐의 조짐이 바로 이번 일에 달려 있습니다. 마땅히 황실 친척 가운데서 어진 왕을 찾아야 하니, 더 이상 침묵할 수 없습니다."라고 했다. 양기가 편지를 받고 나서 공경(公卿)과 열후(列侯)를 불러 황제를 세우는 일을 논의했다. 삼공(三公)과 홍려(鴻臚) 두교는 모두 청하왕(淸河王) 유산(劉蒜)을 천거했다. 양기도 이에 동의하고, 태후에게 상주(上奏)했다. 그때 중상시(中常侍) 조등(曹騰)이 사사로이 유산에게 원한이 있어 양기에게 다음날 다시 논의하자고 했고, 호광과 조계는 양기의 뜻에 따랐다. 이고가 두교와 더불어 논쟁하며 말하기를, "유산을 세워야 합니다. 그는 나라를 중흥시킬 인재입니다. 또한 나이가 많아 의리를 잘 알고 있으니 반드시 장군을 후하게 대우할 것입니다."라고 했다. 양기가 그의 말을 듣지 않았다. 오히려 상소하여 이고와 두교를 면직시켰다. 1년 남짓 지나 다시 그들을 하옥시켰다. 그러나 잘못한 일이 없어 감옥에서 나오게 되자, 경사(京師) 내외에서 모두 만세를 불렀다. 양기는 이고가 사람들의 칭송을 받는 것을 싫어하여 다시 상주하여 그를 하옥시켰다. 이고가 호광과 조계에게 편지를 써서 말하기를, "나는 한나라 황실을 보살펴서, 문제(文帝)와 선제(宣帝) 시대에 비견할 수 있도록 하고자 했지, 어찌 양 장군을 그릇된 길로 빠지게 하고, 다른 대신들로 하여금 뜻을 굽혀서 아첨하게 하려고 했겠습니까? 길상(吉祥)의 사물을 흉한 징조로 삼는 것은 일을 함에 있어서 실패하게 만듭니다. 한

---

11 국통(國統)이 … 끊어져: 한 순제(漢順帝)가 죽었을 때 아들 유병(劉炳)은 겨우 2세에 황제가 되었으니 그가 바로 충제(冲帝)이다. 몇 달 뒤에 충제가 죽자, 종실인 유찬(劉纘)이 황제가 되니 그가 질제(質帝)였는데 당시 그의 나이 겨우 8세였다. 그 역시 1년 남짓 있다가 양기(梁冀)에게 독살되었다.

나라 황실의 쇠퇴는 지금부터 시작하려고 합니다. 그렇게 되면 장군에게
도 불리합니다. 내가 비록 죽어도 위로는 하늘에 부끄럽지 않고, 아래로
사람들에게 부끄럽지 않습니다. 의리(義理)를 구하여 얻을 수만 있다면
죽어도 다시 무슨 한이 있겠습니까?"라고 하고, 마침내 자살했다. 두 사
람이 편지를 받고 나서 탄식하며 눈물을 흘렸다. 사대부와 백성들이 모
두 그를 애통해하며 통곡했다. 환제(桓帝)가 무도했는데, 양기도 그에게
주살되었다. 한나라 황실이 마침내 쇠락하여 정사는 환관들의 손에 있었
으니, 이고를 생각하지 않는 사람이 없었다.

원수(元脩張則)는 성실하고 진중하며, 위엄으로 백성에게 은혜 베풀고 진실로 충성했다.

장칙(張則)은 자가 원수이고, 남정(南鄭) 사람이다. 장가 태수(牂柯太守)에
임명되어 위엄이 남중(南中)에까지 드러났다. 영창(永昌)과 월수(越嶲)의 이
인(夷人)이 반란을 도모했는데, 장칙을 두려워하여, 그가 다스리는 군(郡)
이 다른 곳으로 바뀌기를 기다렸다가 움직이려 했는데, 각 부족들이 서
로 잠시 모반을 멈출 것을 권했다. 사람들은 장칙을 '와호(臥虎)'라고 불렀
다. 융적(戎狄)을 물리친 공훈으로 호강교위(護羌校尉)로 옮겼고, 징소되어
부풍 태수(扶風太守)에 임명되었으며, 또 계양 태수(桂陽太守)로 바뀌었는
데, 모두 도적을 평정했다. 파군(巴郡)의 판순족(板楯族)이 반란을 일으키
자 융집교위(隆集校尉)에 임명되어 한중(漢中)을 지켰다. 나중에 양주 자사
(梁州刺史)로 옮겼다가 다시 위군 태수(魏郡太守)가 되었다. 그가 있는 곳마
다 잘 다스려졌다. 한 영제(漢靈帝)가 세상을 떠난 뒤에 대장군(大將軍) 원
소(袁紹)가 표문을 올려 그를 장사(長史)로 삼았으나, 나아가지 않았다. 승
상(丞相) 조공(曹公曹操)이 도료장군(度遼將軍)[12]에 임명했다.

자아(子雅^{조선})는 온화하고 공손하여 양문방(楊文方)에 의하여 천거되었다.

조선(趙宣)은 자가 자아이고, 남정(南鄭) 사람이다. 한미한 집안 출신이었으나 온화하고 어질며 학식이 넓고 성품이 단아하여 태수(太守) 건위(犍爲) 사람 양문방이 그를 크게 될 인물로 보아 소중하게 여겨 마침내 효렴에 천거했다. 벼슬은 건위 태수(犍爲太守)에 이르렀다.

이규(二珪^{조요(趙瑤)와}_{조염(趙炎)})가 옥으로 된 홀을 잡으니, 삼진(三辰)[13]이 희망을 걸었네.

조요(趙瑤)는 자가 원규(元珪)이고, 조염(趙炎)은 자가 치규(稚珪)이다. 그들은 7형제로 조선(趙宣)의 아들인데, 모두 아름다운 덕으로 이름이 드러나서 소문이 자자했다. 조요는 젊어서 매우 명망이 있었다. 처음에 구씨현령(緱氏縣令)에 임명되었을 때 원탕(袁湯)과 조계(趙戒) 두 공(公)이 서로 편지를 주고받으며 이르기를, "조요가 구씨에 있으니, 사나운 호랑이가 그의 자취로 돌아가듯이, 백리(百里)[14]가 모두 이와 같다면 천하를 태평하게 하는 데 무슨 어려움이 있겠는가?"라고 했다. 나중에 그는 부풍 태수(扶風太守)로 옮기고, 촉군(蜀郡) 상(相)이 되었다. 사공(司空) 장온(張溫)이 그

---

12 도료장군(度遼將軍): 《속한서(續漢書)》〈백관지(百官志)〉에 이르기를, "명제(明帝) 초에 도료장군을 설치하여 남쪽 선우(單于) 무리들 가운데 새로 항복했으나 두 마음을 품고 있는 자들을 지켰다.[明帝初置度遼將軍, 以衛南單于衆新降有二心者.]"라고 했다. 또한 《한서(漢書)》〈명제기(明帝紀)〉 원봉(元鳳) 3년에 이르기를, "요동(遼東)의 오환(烏桓)이 반란을 일으키자 중랑장(中郎將) 범명우(范明友)를 도료장군으로 삼았다.[遼東烏桓反, 以中郎將范明友爲度遼將軍.]"라고 했다. 도료장군은 직질(職秩)이 이천석(二千石)이고, 은색(銀色) 관인에 청색(靑色) 인끈을 찼다.

13 삼진(三辰): 해와 달, 별을 가리키는데, 여기서는 삼공(三公)을 의미한다.

14 백리(百里): 고대에 한 현(縣)이 관할하는 면적으로, 나중에 백리를 현으로 대신 불렀다.

에게 일러 말하기를, "예전에 제오백어(第五伯魚^{제오륜})가 촉군(蜀郡)에서 사공에 임명되었고, 나는 나의 집을 청소하고 족하를 기다렸소."라고 했다. 조요가 말하기를, "알겠습니다."라고 했다. 얼마 안 되어 광한 태수(廣漢太守)로 옮겼고, 거기에서 죽었다. 조엽은 청주 자사(靑州刺史)에 임명되었는데, 부하들이 청렴하고 정숙했다. 양(梁)나라 상(相)으로 옮겼다가 조정의 징소를 받아 상서(尚書)에 임명되었으나 나아가지 않았고, 얼마 후 죽었다.

중경(仲卿)이 친구의 원한을 갚아 의(義)를 행하고 예(禮)를 숭상했다.

진강(陳綱)은 자가 중경이고, 성고(成固) 사람이다. 젊어서 같은 군(郡)의 장종(張宗)과 함께 남양(南陽)에서 학문을 배웠는데, 어머니의 상(喪)을 당하여 집으로 돌아왔다. 장종이 안중현(安衆縣) 사람 유원(劉元)에게 살해당하자, 진강은 상복을 벗고 다시 남양으로 달려갔다. 마침 유원이 술에 취해 누워 있자, 돌아가 그가 깨기를 기다렸다가 마침내 그를 죽였다. 그러고는 스스로를 결박하고 유사(有司)에게 자수했다. 마침 나라에서 사면을 실시하여 죽음을 면했다. 삼부(三府)에서 그를 벽소하여 무재로 추천하고, 홍농 태수(弘農太守)에 임명했다. 처음 부임했을 때 어떤 형제가 서로 송사(訟事)했는데, 그가 각자 자신의 잘못을 깨닫고 물러나게 하니, 그 후로 송사를 제기하는 자가 없었다. 관직이 있은 지 9년이 지나 죽었다. 천자가 애석하고 안타깝게 여겨 그의 집에 40만 전(錢)을 하사했다.

백도(伯度)는 마음이 밝은 거울 같아서 영욕(榮辱)에 깨끗했다.

이법(李法)은 자가 백도이고, 남정(南鄭) 사람이다. 한 환제(漢桓帝)[15] 때 시중(侍中)·광록대부(光祿大夫)에 임명되어 여러 차례 표문을 올려 직언하기를, "환관의 세력이 크게 성하고, 초방(椒房)[16]의 권력이 매우 강대합니다. 사관은 역사를 기록할 때 사실에 따라 기록할 재주가 없어서 다만 거짓으로 찬양하며 서술할 뿐이니 훗날 반드시 웃음거리가 될 것입니다."라고 했다. 황제가 노하여 그를 면직시키고 서인(庶人)으로 삼았다. 그러나 그는 오히려 평안했고, 과실을 책망하는 일을 자신의 책임으로 여겼다. 시간이 지나 징소되어 여남 태수(汝南太守)에 임명되었다가 사례교위(司隷校尉)로 옮겨 갔는데 늘 담담하며, 스스로 득의한 모습이 없었다.

덕공(德公)은 재야(在野)에 있을 때 천상(天象)이 출현하여 하늘의 징조를 드러내 보였는데, 하늘을 날아 구름을 뚫으니 순자명(荀慈明(荀爽))과 장백신(張伯慎(張溫))이 그를 표준으로 삼았다.

이섭(李燮)은 자가 덕공이고, 태위(太尉) 이고(李固)의 아들이다. 아버지가 죽을 때, 두 형도 역시 함께 죽었다. 이섭의 누이가 그로 하여금 아버지의 문하생 왕성(王成)을 따라 서주(徐州)로 도망치게 했고, 그는 한 술집에 고용되었다. 그 술집에서는 그가 범상치 않은 사람임을 알고 딸을 그에게 시집보냈다. 연희(延熹) 2년(159) 양기(梁冀)가 주살되었다. 나중에 달이 양도(陽道)를 지나고,[17] 오거성(五車星)이 태양을 가렸다. 사관이 상주하

---

15 한 환제(漢桓帝): 《후한서(後漢書)》〈이법전(李法傳)〉에 따르면, 이법은 화제(和帝) 때 사람으로 되어 있다.

16 초방(椒房): 후비(后妃)와 외척(外戚)을 가리키는 말이다. 한(漢)나라 때 후비들이 거처하는 궁실에 화초(花椒)와 진흙으로 된 벽을 만들어 다산(多産)을 기원했기 때문에 '초방'이라고 불렀다고 한다.

17 달이 양도를 지나고[月經陽道]: 고대에는 해가 지나는 길을 '양도(陽道)', 달이 지나는 길을 '음도(陰道)'라고 불렀는데, 달이 양도를 지나갔기 때문에 재이(災異)로 여긴 것이다.

여 이르기를, "예전에 큰 별이 은하(銀河)에서 떠오르고, 서쪽에 있는 권설(捲舌)이 빛을 발하여 달을 압박하며, 형혹(熒惑)[18]이 제좌(帝座)[19]를 범했는데, 이것은 바로 대신이 억울하게 죽는 성상(星象)입니다. 별이 지금 서방에 있으니, 태위 이고가 그에 해당합니다. 지금 달의 모양도 그와 같으니, 사면한다는 명을 내리시고, 그가 남긴 후손을 녹용(錄用)하여 이러한 재이(災異)를 제거하십시오."라고 하자, 마침내 사면령을 내렸다. 이섭이 옛집으로 돌아오자 사부(四府)[20]에서 나란히 그를 벽소하고, 조정에서도 공거를 보내 불러 의랑(議郎)에 임명했다. 이섭은 조원규(趙元珪), 영천(潁川) 사람 가위절(賈偉節)^{가표}(賈彪), 순자명(荀慈明), 장백신(張伯愼)과 벗이 되었다. 이섭은 장백신이 영천 태수가 되자 순자명과 서로 쟁론하고, 가위절도 거기에 참여했는데, 경사에서는 그들이 인물의 좋고 나쁨을 품평한다고 여겼다. 장백신이 조원규에게 묻기를, "덕공은 무슨 말을 하는가?"라고 하자, 조원규가 대답하기를, "아무 말도 하지 않네."라고 했다. 장백신이 감탄하며 말하기를, "마땅히 덕공과 같아야 한다. 어린애들은 공연히 마구 시끄럽게 떠들 뿐이다."라고 했다. 순자명 역시 깨닫고 마음을 바꾸었다. 나중에 안평상(安平相)[21]에 임명되었다. 안평국 왕이 황건(黃巾)에

---

18 형혹(熒惑): 화성(火星)의 다른 이름으로, 숨고 나타나는 것이 일정하지 않아 사람을 미혹시키므로 붙여진 명칭이다. 법을 집행하는 별로, 무도(無道)한 자들을 담당하여 출입이 무상(無常)하고 예를 그르치면 벌을 준다고 했다.

19 제좌(帝座): 별자리의 이름인데, 천시원(天市垣) 한가운데 있는 별이다. 천시원은 '하원(下垣)'이라고 하며, 자미원 아래의 동남쪽에 있고, 제좌를 중추로 하여 담장의 모양을 하고 있다

20 사부(四府): 여기서는 태위(太尉)·사도(司徒)·사공(司空)·거기장군부(車騎將軍府)를 가리킨다.

21 동평상(東平相): 《화양국지》 원문에는 '동평상(東平相)'·'동평국(東平國)'으로 되어 있으나, 《후한서(後漢書)》 〈효명팔왕전(孝明八王傳)〉에 이르기를, "연광(延光) 원년(122) 하간 효왕(河間孝王)의 아들 유득(劉得)을 정왕(靖王)의 후사(後嗣)로 뒤를 잇게 했다. 낙성왕(樂成王)이

게 포로가 되었다가 도망쳐 나오자, 천자가 다시 그를 안평국 왕으로 봉
하려고 했다. 이섭이 그렇게 해서는 안 된다고 여겼다. 과연 안평국 왕이
패했다. 이섭이 경조윤(京兆尹)으로 옮겨 임명되었다. 당시 사람들이 그를
평하여 말하기를, "이 덕공(李德公) 집안은 아버지가 황제를 세우려고 하
지 않았고, 자식은 왕을 세우려고 하지 않았다."라고 했다.

백대(伯臺)가 간관의 자리에 있을 때 솔직하게 말하며 진력으로
맞서 한(漢)나라의 명운이 다하지 않았을 때 대란의 싹을 미리 방
지하고 현묘한 이치를 헤아렸다.

진아(陳雅)는 자가 백대이고, 성고(成固) 사람이다. 한 영제(漢靈帝) 때 간
의대부(諫議大夫)에 임명되었다. 환관들이 권력을 전횡하자 상소하여 이
르기를, "옛날 효화제(孝和帝)가 중상시(中常侍) 정중(鄭衆)과 모의하여 대장
군(大將軍) 두헌(竇憲)을 주살했고, 그로 말미암아 환관들이 권력을 잡게
되었습니다. 안제(安帝)는 나이가 어려 화희태후(和熹太后)의 오빠 등즐(鄧
騭)이 정사를 보좌했습니다. 태후가 마침 세상을 떠나자 중상시 강경(江
京) 등이 등즐을 살해했습니다. 안제가 제위에 오르자, 황문(黃文) 손정(孫
程)이 또 거기장군(車騎將軍) 염현(閻顯)을 살해했습니다. 효환제(孝桓帝) 역
시 중상시 선초(單超) 등과 함께 대장군 양기(梁冀)를 주살했습니다. 폐하

연이어 후사가 단절되었다고 하여 국명을 안평국(安平國)으로 바꾸니, 이가 안평 효왕
(安平孝王)이다. 재위 30년에 죽고 아들 유속(劉續)이 즉위했다. 중평(中平) 원년(184), 황건
적(黃巾賊)이 봉기하자 황건적에게 겁탈당해 인질로 광종현(廣宗縣)에 잡혀 있었다. 황건
적이 평정되고 나라를 회복했다. 그해 가을 부도죄(不道罪)로 처형되었다.[延光元年, 以河閒
孝王子得嗣靖王後. 以樂成比廢絶, 故改國曰安平, 是爲安平孝王. 立三十年薨, 子續立. 中平元年, 黃巾賊起, 爲所
劫質, 囚於廣宗. 賊平復國, 其年秋, 坐不道被誅.]"라고 했다. 이 기록을 근거로 본문의 '동평상'·'동
평국(東平國)'을 '안평상'·'안평국(安平國)'으로 수정하여 번역했다.

께서 황위를 계승하자, 태부(太傅) 진번(陳蕃)과 대장군 두식(竇式), 상서령(尙書令) 윤훈(尹勳) 등이 환관을 주살하여 환관들이 제멋대로 권력을 전횡하는 행위를 끊음으로써 황실에 충성을 다하고 만세의 책략을 세우려고 했습니다. 그러나 이 비밀스런 일이 은밀하지 않아 다시 중상시 주우(朱瑀) 등에 의하여 살해되었으니, 이 일은 폐하께서 이미 직접 보신 것입니다. 지금은 환관들의 권세가 강성하여 황제를 위협하여 위태롭게 하고 있습니다. 천하 사람들은 입을 다물고, 감히 말을 하는 자가 없습니다. 그래서 해내(海內)에는 원망이 가득하고, 괴상한 재앙이 나란히 생겨나며, 사방에서 군사들이 일어나 만백성이 고통을 당하고 있습니다. 그런데도 폐하께서 오히려 편안함을 구한다면 후사는 장차 어떻게 되겠습니까?"라고 했으나, 황제가 살펴 받아들이지 않고, 그를 외지로 보내 파군 태수(巴郡太守)로 삼았다. 그의 나이 75세에 죽었다. 임종할 때에 자식들에게 경계하여 말하기를, "운수를 헤아려 보니 천하에 장차 대란이 일어나 용사(勇士)들이 힘을 다툴 것이다. 그러니 재물에 뜻을 두지 말라. 내가 죽으면 산 아래에다 검소하게 장사 지내도록 하라."라고 했다. 죽은 지 몇 년이 되지 않아 영제가 세상을 떠나자, 대장군 하진(何進)이 다시 황문에게 죽임을 당했다. 해내에 과연 난리가 일어나, 마침내 삼국(三國)이 형성되었다.

맹도(孟度)는 화목하고 공정했다.

염헌(閻憲)은 자가 맹도이고, 성고(成固) 사람이다. 사람의 됨됨이를 알아보는 것으로 유명했는데, 면죽령(綿竹令)이 되자 예의와 양보로써 교화하니 백성들이 감히 죄를 범하지 않았다. 두성(杜成)이란 남자가 밤에 길을 가다가 버려진 자루 하나를 얻게 되었는데 그 안에는 비단 25필이 들어 있었다. 그가 물건의 주인을 찾아 돌려주니, 물건의 주인이 말하기를, "현에 현명한 주관(主官)이 계시는데, 어찌 감히 그의 교화를 저버리겠는가?"라고 했다. 당시 동요로 노래하기를, "염 현령(閻縣令)이 정사를 베푸시니, 청렴하고 밝으며 통달하시네. 가혹한 세금을 없애고 혹독한 형벌을 제거하셨으며, 예의와 양보로 행동하셨네."라고 했다. 촉군(蜀郡)으로 옮기게 되자, 관리와 백성들이 울며 그를 배웅하는 이가 수천 명이나 되었다.

계자(季子)는 영준하고 아름다운 인재이다.

이력(李歷)은 자가 계자이고, 태위(太尉) 이고(李固)의 사촌동생이다. 어려서 문학을 공부하고, 성품이 청백(淸白)하여 정강성(鄭康成)·진원방(陳元方)과 이름을 나란히 했다. 약관의 나이에 신성령(新城令)·봉거도위(奉車都尉)[22]에 임명되었다.

계군(計君)이 계책에 능하다.

정포(程苞)는 자가 원도(元道)이고, 남정(南鄭) 사람이다. 광화(光和) 2년(179)에 상계리(上計史)[23]에 임명되었다. 당시 파군(巴郡)의 판순족(板楯族)이

---

22 봉거도위(奉車都尉): 《화양국지》 원문에는 '조청도독(朝請都督)'으로 되어 있으나 한(漢)나라 때는 조청도독이라는 관직이 없다. 《후한서(後漢書)》〈방술열전(方術列傳) 이합전(李郃傳)〉에 이르기를, "이력은 신성 현장(新城縣長)이었는데, 정사에서 무위(無爲)를 귀하게 여겼다. 이력 역시 방술을 좋아했다. 천하가 가물었지만 신성현에만 비가 내렸다. 이력은 봉거도위(奉車都尉)를 역임했다.[爲新城長, 政貴無爲, 亦好方術, 時天下旱, 縣界特雨, 官至奉車都尉.]"라고 했다. 또한 《화양국지》 권12 〈목록(目錄)〉에서도 이력을 봉거도위로 소개했다. 따라서 이 기록을 근거로 '조청도위'를 '봉거도위'로 수정하여 번역했다.

23 상계리(上計史): 진한(秦漢) 때 제도에 따르면 각 군(郡)에서 매년 연말에 군리(郡吏) 1명을 조정에 파견하여 해당 군의 호구(戶口)와 간전(墾田) 그리고 도적(盜賊) 등의 상황을 보고

반란을 일으켜, 도처에서 전쟁이 일어나고, 정벌이 해마다 끊이지 않아 천자가 이를 근심하여 익주(益州)의 계리(計吏)를 방문하여 방략을 살펴보게 했다. 정포가 대답하여 말하기를, "판순은 충성심과 용맹함을 지닌 민족으로 서한(西漢) 때에 공을 세운, 황제의 의로운 백성입니다. 강족(羌族)이 한중(漢中)을 침입했을 때마다 번번이 그들의 도움을 받았습니다. 그들은 나라를 위하여 동쪽을 정벌하고 남쪽에서 싸워, 대대로 공로가 있습니다. 그들을 돌아보고 어루만지지 않아 반란을 일으킨 것입니다. 그들은 참람하게 도적질을 하려는 것이 아니며, 전쟁터에서 함께 협력하여 싸우기를 잘합니다. 군사를 이끌고 그들에게 임한다고 하더라도 반드시 승리할 수 있는 것은 아닙니다. 오히려 현명하고 유능한 태수를 선발하여 은혜와 신의로 그들의 마음을 감복시키면 자연히 안정될 것입니다." 라고 했다. 천자가 그의 건의를 따르니, 마침내 그의 말처럼 되었다. 나중에 정포는 객사했다.

원령(元靈)은 문채가 있었다.

축귀(祝龜)는 자가 원령이고, 남정(南鄭) 사람이다. 그의 나이 15세 때 멀리 여(汝)·영(潁) 일대 및 태학(太學)에까지 가서 공부하여, 학문에 통달하고 학식이 넓었으며 사람됨이 너그럽고, 문장을 잘 지었다. 태수(太守) 장부군(張府君)이 그를 기이하게 여겨 말하기를, "내가 해내의 많은 선비들을 보았지만 축귀만한 자가 없었다."라고 했다. 주목(州牧) 유언(劉焉)이 그를 벽소하자 어쩔 수 없이 가서 가맹(葭萌)의 주관(主官)에 임명되었다.

했는데, 그것을 일컬어 '상계(上計)'라 하고 파견한 관리를 '계연사(計掾史)' 혹은 '상계연(上計掾)'·'상계사(上計史)'·'계조연(計曹掾)'·'계조사(計曹史)' 등으로 불렀다. 《화양국지》 원문에는 '상계사(上計史)'로 되어 있으나, '상계리'로 수정하여 번역했다.

《한중기구전(漢中耆舊傳)》을 찬술하고, 평생 저술에 종사했다.

예고(禮高)가 명예를 위해 목숨을 바치다.

단숭(段崇)은 자가 예고이고, 남정(南鄭) 사람이다. 태수 하간(河間) 사람 정근(鄭廑)이 명하여 그를 주부(主簿)로 삼았다. 영초(永初) 4년(110) 양주(凉州)의 강족(羌族)이 반란을 일으켜 한중(漢中)으로 몰려들어 왔다. 그는 정근을 따라 포중(褒中)에 주둔했다. 강족이 동쪽을 공격하자, 정근이 맞서 싸우고자 했다. 단숭은 불가하다고 간언하고, 보루를 견고하게 하고 그들을 기다리기를 원했다. 그러나 정근이 그의 말을 듣지 않고 출전했다가 패했다. 단숭은 문하의 관리인 왕종(王宗)과 원전(原展), 아들 단발(段勃), 형의 아들 단백생(段伯生)과 함께 적군의 예기(銳氣)를 꺾으며 죽기를 각오하고 싸웠으나 중과부적으로 단숭 등이 모두 죽었다. 강족이 마침내 정근을 잡아 살해했다.

백의(伯義)가 죽음으로로써 절개를 지키다.

정신(程信)은 자가 백의이고, 남정(南鄭) 사람이다. 당시 공조(功曹)로 있으면서 주둔지를 지켰는데, 전장으로 달려가 전란(戰亂)을 처리했다. 정근(鄭廑)의 시신을 관에 넣어 고향으로 돌려보내고, 옛 관리들의 자제 25명과 친교를 맺고 함께 강족에게 복수하자고 맹세하고, 각자 죽기를 마다하지 않는 선비들을 모아 때를 기다렸다. 태수 등성(鄧成)이 정신을 오관(五官)에 임명했다. 원초(元初) 2년(115)에 강족이 다시 쳐들어오자, 정신 등이 뜻을 같이하는 자들을 이끌고 솔선하여 힘을 다하여 토벌하여 그들을 크게 물리쳤다. 그러나 정신은 여덟 군데나 상처를 입어 죽었다. 천자가 한숨을 쉬고 한탄하여 원초 5년(118) 조서를 내려 정신과 단숭(段

崇)의 집에 곡식 수천 곡(斛)을 하사했다.

사행(四行)[24]을 모두 이룬 자는 이 여섯 사람이다.

염헌(閻憲) 이하를 찬(讚)한다. 또 왕종(王宗)·원전(原展)·엄자(嚴孳)·이용 (李容)·강제(姜濟)·진사(陳巳)·조렴(曹廉)·구구(勾矩)·유정(劉旌) 9명이 모두 아름다운 의리로 정근(鄭廑)에 의해 임명되었다. 왕종과 원전은 정근과 함께 죽었다. 엄자와 이용 등 7명은 정신(程信)과 함께 목숨을 내던졌다. 황제가 단숭(段崇)과 정신의 집에 조서를 내렸으며, 아홉 명의 집에도 곡 식 5백 곡(斛)을 하사하고, 그들에게 요역(徭役)을 면제해 주었다.

원후(元侯)·조숭(趙嵩)·진조(陳調)가 모두 열사(烈士)이다.

연빈(燕邠)은 자가 원후이고, 조숭은 자가 백고(伯高)로, 모두 남정(南鄭) 사람이다. 진조는 자가 원화(元化)로 중경(仲卿진강 陳綱)의 손자이다. 연빈은 자 사(刺史) 극검(郤儉)의 종사(從事)가 되었는데, 가맹(葭萌)으로 출사(出使)하 게 되어 종사인 동복(董馥)·장윤(張胤)과 동행했다. 극검이 황건적(黃巾賊) 왕요(王饒)와 조파(趙播) 등에게 살해되었다. 연빈은 그 소식을 듣고 애통 해하며 동복과 장윤을 설득하여 복수하려고 했다. 두 사람이 불가하다 고 하자, 연빈이 탄식하며 말하기를, "사군(使君극검(郤儉)을 가리킴)이 이미 죽었는데 살아 있은들 무슨 소용이 있겠는가?"라고 하며 홀로 죽었다. 주목(州牧) 인 유언(劉焉)이 그를 가상하게 여겨 화상을 그려 학관(學官)에 걸었다. 아 울러 동복 등을 주살했다. 조숭은 태수 소고(蘇固)를 섬겼다. 소고가 오두 미교(五斗米敎)의 장수(張修)에게 살해되었다. 조숭이 그를 애통해하며 검

---

24 사행(四行): 인(仁)·의(義)·예(禮)·지(智)를 가리킨다.

을 잡고 곧바로 장수의 군영에 들어가 10여 명을 죽이고 거의 장수를 잡을 뻔했다가 죽고 말았다. 진조는 어려서 유협(游俠)을 숭상했다. 소고가 죽었다는 소식을 듣고 빈객 1백여 명을 모아 장수를 공격하여 크게 이겼다. 또한 장수의 군영에 공격하여 들어가 싸우다가 상처를 입고 죽었다.

제업(帝業)이 빛나 인재가 배출되고, 문채가 찬란하고 성대하니 한 (漢)나라의 기치(旗幟)이다.

이상 25명을 모두 찬(贊)했다.

한중(漢中) 인사를 서술했다. 진술(陳術)은 자가 신백(申伯)으로, 《기구전(耆舊傳)》을 지은 자이다. 그의 사적은 일실되었다. 신성(新城)·위흥(魏興)·상용(上庸) 세 군(郡)의 태수를 거쳤다. 그 외에 석광(錫光) 등은 열거하지 않는다.

이목강(李穆姜)은 온화하고 어질어 의붓자식을 친자식처럼 가르쳤다.

이목강은 안중령(安衆令) 정지(程祗)의 처로, 사례교위(司隷校尉) 이법(李法)의 손위 누이이다. 정지는 전처에게서 네 명의 아들 정흥(程興)·정돈(程敦)·정근(程覲)·정예(程豫)가 있었다. 이목강은 정회(程淮)와 정기(程基) 두 아들을 낳았다. 정지가 죽자 정흥 등이 이목강을 미워했지만, 그녀는 그들을 더욱 너그럽게 대했다. 재물을 여섯 아들에게 줄 때는 나이가 많고 적음에 따라 차등을 두었고, 의복과 음식 등 일체를 그와 같이 했다. 세월이 흘러 정흥 등이 감동하고 깨우쳐서 자신들이 자식으로서의 도리를 잃었음을 알고 남정(南鄭) 감옥에 찾아가 어버이를 친애하지 않은 죄를 받았다. 태수가 그들을 가상하게 여겨 그 집안의 요역을 면제해 주고, 항상 2월과 8월[25]에 토지신에 제사 지낼 때면 고기 30근, 술과 쌀 각각 2곡(斛) 6두(斗)씩 보내 주었다. 여섯 아들이 서로 감화되어 모두 훌륭한 인사(人士)가 되고, 그 가운데 다섯 명은 주·군(州郡)의 추천을 받았다. 정기는 자가 치업(稚業)으로, 형제 가운데서 특히 빼어나 남군 태수(南郡太守)가 되었다.

유태영(劉泰瑛)은 엄격하고 공정하여 사람들이 그녀의 가르침을 모범으로 삼았다.

유태영은 남정(南鄭) 양거(楊拒)의 처로, 대홍려(大鴻臚) 유거공(劉巨公)의 딸이다. 슬하에 4남 2녀가 있었다. 양거가 죽자 여섯 자식을 가르쳤는데, 그녀의 행동에 법도가 있었다. 장남인 양원진(楊元珍)이 바깥을 나가는데 술에 취해 있자, 어머니가 10일 동안 그를 보지 않다가 말하기를, "내가 살아 있는데도 네가 오히려 이와 같이 행동하는데, 내가 죽으면 여러 동생들을 어떻게 이끌겠느냐?"라고 했다. 그러자 양원진이 머리를 조아리며 사죄했다. 둘째아들 양중진(楊仲珍)이 어머니에게 손님을 청하겠다고 말했다. 손님들이 다 이르렀는데, 그 가운데 현자(賢者)가 없었다. 어머니가 노하여 그를 책망했다. 양중진이 마침내 행실을 고쳐 현인들을 벗으로 삼았다. 형제가 모두 유명 인사가 되었다. 유태영의 가르침은 3대에까지 전해졌다. 네 자식이 모두 재능 있는 관리가 되어 앞사람들을 넘어섰다. 그런 까닭에 당시 사람들이 말하기를, "자식 세 명의 잘못을 고쳐, 자식 네 명을 인재가 되게 했다네."라고 했다.

---

25 8월: 《화양국지》 원문에는 '팔일(八日)'로 되어 있다. 토지신에게는 1년에 두 차례 제사를 지내는데, 2월에 지내는 제사를 '춘사(春社)', 8월에 지내는 제사를 '추사(秋社)'라고 부른다. 따라서 8일을 '8월'로 수정하여 번역했다.

두씨(杜氏)의 가르침을 부모가 된 자들이 따랐다.

두태희(杜泰姬)는 남정(南鄭) 사람으로, 조선(趙宣)의 처이다. 그녀는 7남 7녀를 낳았는데, 조원규(趙元珪)와 조치규(趙稚珪)는 명망이 있었고, 나머지 다섯 명은 모두 훌륭한 품덕을 지녔다. 그녀는 아들을 가르칠 때면 말하기를, "보통 사람들의 품행이 상급이 되기도 하고 하급이 되는 것은 자신을 살펴보는 데에 있다. 만약 방종하여 자신을 살펴보지 않는다면 다른 사람들이 미워할 것이다. 옛날에 서문표(西門豹)는 쇠가죽 띠를 허리에 차고 자신의 급한 성격을 누그러뜨렸고, 복자천(宓子賤)[26]은 활시위를 허리에 차고 자신의 느린 성격을 급하게 했는데, 자기 몸의 고질적인 습관을 고쳤기에 천하의 명사가 될 수 있었다."라고 했다. 그리고 여러 딸과 며느리들에게 경계하여 말하기를, "우리 여인들이 아이를 임신했을 때 가장 중요한 일은 태아의 위치가 바른지 바르지 않은지, 낳아서 기르는 것이 순조로운지 그렇지 않은지에 달려있다. 아이를 낳으면 부드럽게 어루만지며 사랑으로 보살펴야 한다. 아이가 자라면 위의(威儀)로 모범을 보이고 체모(體貌)로 귀감이 되어야 하며, 공경(恭敬)으로 감독하고, 근면(勤勉)으로 권하며, 효순(孝順)으로 내면을 배양하고, 충신(忠信)으로 드러내야 하니, 이렇게 하여 성장하면 선(善)하지 않음이 없을 것이다. 너희들은 나의 이 법칙을 잊지 말기를 바란다."라고 했다. 나중에 그녀의 일곱 아들은 모두 벽소되고 천거되어 주목(州牧)과 태수가 되었다. 그리고 한

---

26 복자천(宓子賤): 복불제(宓不齊)를 말한다. 춘추 시대 노(魯)나라 사람으로 공자(孔子)의 제자이다. 공자는 그를 군자(君子)라 칭찬했다. 선보(單父)의 수령을 지냈고, 나중에 선보후(單父侯)에 봉해졌다. 《여씨춘추(呂氏春秋)》 권21권 〈찰현(察賢)〉에 따르면, 복자천이 선보 고을의 수령이 되었을 때, "거문고만 연주할 뿐 마루 아래로 내려오는 일이 없었는데도 잘 다스려졌다.[彈鳴琴, 身不下堂而單父治.]"라는 고사가 유래한다.

중 태수(漢中太守)와 남정령(南鄭令) 등 대부분이 일곱 아들과 같은 해에 수재와 효렴으로 출사했기 때문에 두태희를 공경하지 않는 자가 없어서 모두 자식으로서의 예를 갖추었다.

양예규(楊禮珪)는 엄숙하고 경건하여 말에 전아한 운치가 있었다.

양예규는 성고(成固) 사람 진성(陳成)의 처로, 양원진(楊元珍)의 딸이다. 아들 둘을 낳아, 장남은 도료장군(度遼將軍) 장량칙(張亮則)의 딸 장혜영(張惠英)에게 장가가고, 차남은 순씨(荀氏)에게 장가갔는데, 모두 귀족 집안으로 부유하고 권세가 있어 하인과 여종 7, 8명이 있고 재산도 풍부했다. 양예규가 두 며느리에게 타이르기를, "돌아가신 나의 시어머니께서는 어머니로서의 모범이었는데, 항상 말씀하시기를, '성현(聖賢)들이 반드시 백성들을 수고롭게 한 까닭은 그들로 하여금 선(善)을 생각하게 함이었다.' 라고 했는데, 일을 하지 않으면 안일해지고, 안일해지면 인재가 되지 못한다. 우리 집안이 가난하지는 않지만 거친 음식을 먹고 바쁘게 일하도록 하는 까닭은 너희들이 고난을 알고 나중에 독립하여 거할 때를 준비하기 위함이다."라고 했다. 두 며느리는 재배(再拜)하고 가르침을 받들었다. 조카 손자들이 윗사람을 받드는 일에 다소 태만해지자, 양예규가 그들을 질책하고 왕래를 끊으니, 느끼어 깨닫고 행동을 바르게 고쳤다. 난세를 만나 백성들이 뿔뿔이 흩어지고, 일부 먼 친척들이 그녀를 만나려고 찾아오면 그녀는 엄숙하게 타이르고, 조카와 시비들을 불러들여 말하기를, "이것은 돌아가신 내 시어머니의 법도이다."라고 했다. 사계절마다 제때에 제사를 모시고, 또한 직접 희생으로 쓸 가축을 기르고 술을 빚으며 말하기를, "무릇 제사는 예절 가운데 가장 존귀한 것이다."라고 했다. 그녀의 나이 89세에 죽었다. 며느리 장혜영 역시 아름다운 가르침이 있었는데, 시어머니가 그녀에게 가르친 것이었다.

이문희(李文姬)가 슬기롭고 총명하여 종묘제사 때마다 선조들이 제품을 흠향하네.

이문희는 남정(南鄭) 사람 조백영(趙伯英)의 처로, 태위(太尉) 이고(李固)의 딸이다. 아버지가 양기(梁冀)에 의해 면직되고, 오빠 헌공(憲公^{이기}_(李基))과 계공(季公^{이자}_(李玆))이 파직되어 집으로 돌아왔다. 이문희가 탄식하며 말하기를, "이씨 집안이 멸문을 당하는구나."라고 했다. 그래서 두 오빠와 상의하여 동생 이섭(李燮)을 숨기고, 아버지의 문하생인 왕성(王成)과 함께 서주(徐州)로 망명하게 했다. 울며 그들을 배웅하면서 왕성에게 말하기를, "그대에게 6척의 고아를 부탁합니다. 만약 이씨가 후사를 보존하게 된다면 그대의 명성과 신의는 정영(程嬰)과 공손저구(公孫杵臼)²⁷와 나란히 비교될 것입니다."라고 했다. 나중에 사면을 받아 이섭이 고향으로 돌아와 이고의 상례를 행했다. 복상(服喪) 기간을 마치자 이문희가 이섭에게 타일러 말하기를, "선공(先公^{이고(李固)를}_{가리킴})께서는 한(漢)나라의 충신으로서 비록 죽었어도 여전히 살아 있는 것과 마찬가지이다. 양기는 이미 족멸되고, 동생은 요행히도 살아 있으니, 어찌 하늘의 뜻이 아니겠는가? 삼가 양씨에 대해 한마디도 더하지 말라. 양씨에 관하여 말하면 황제와 연루되니 화를 불러들이게 된다."라고 했다. 이섭이 받들어 그대로 행했다. 이섭이 왕성을

---

27 정영(程嬰)과 공손저구(公孫杵臼): 춘추 시대에 진(晉)나라 영신(佞臣) 도안가(屠岸賈)가 조순(趙盾)을 모함하여 그의 온 가문을 살해했다. 조순의 아들 조삭(趙朔)의 아내가 유복자(遺腹子) 조무(趙武)를 궁중(宮中)에 숨겨 놓았는데, 도안가가 수색하여 체포하려고 했다. 조삭의 벗 정영(程嬰)과 문객(門客) 공손저구(公孫杵臼)가 모의하여 다른 아이로 교체하고 조무를 구출함으로써 조씨의 후손이 보전되었다. 이후 정영은 조무를 성인으로 길러 원수를 갚고 원한을 씻었다고 한다.

따라 서주에 있었을 때, 각자 서로 다른 거처에서 생활하며 몰래 서로 왕래했었다. 왕성이 병으로 죽자, 이섭은 사계절 내내 그를 받들어 제사 지냈다.

진씨(陳氏) 두 자매는 슬기롭고 어질었다.

진순겸(陳順謙)·진혜겸(陳惠謙)은 성고(成固) 사람이다. 진순겸은 등현(鄧縣) 현령 조녕(曹寧)에게 시집가서, 19세에 과부가 되어 유복자를 양육하고, 그녀의 나이 80여 세에 죽었다. 오빠의 아들 진규(陳規)가 탄식하며 그 일을 서술했다. 진혜겸은 장량칙(張亮則)에게 시집갔는데, 장량칙이 부풍 태수(扶風太守)로 있을 때 그의 밑에 있는 관리가 금령(禁令)을 무겁게 하고 방비를 엄하게 하여 비리를 척결하겠다고 보고했다. 원수(元修^{장량칙})가 진혜겸에게 물어보니, 진혜겸이 말하기를, "덕치 교화를 넓혀 청렴한 마음을 배양하고 수치스러운 일을 하지 않도록 하여야 합니다. 오형(五刑)[28]이 3천 가지[29]나 되어 대체로 많다고 할 수 있는데, 어찌하여 거기에 더하겠습니까?"라고 했다. 조카인 진백사(陳伯思)가 신선술[仙道]을 배우자, 진혜겸이 그에게 경계하여 말하기를, "군자는 세상에 이름이 일컬어지지 않는 것을 병으로 여기지, 수명이 길지 않는 것을 근심하지는 않는다. 또한 무릇 신선술은 사람을 어리석게 하고 미혹시키니, 마치 바람을 잡고 그림자를 붙드는 것과 같아서 얻을 수 없는 것이다."라고 했다. 마침내 진백사가 신선술 배우기를 그만두었다. 진백대(陳伯臺^{진아})가 그녀를

---

28 오형(五刑): 묵형(墨刑, 얼굴에 먹물 들이는 형), 의형(劓刑, 코 베는 형), 비형(剕刑, 발뒤꿈치 베는 형), 궁형(宮刑, 거세하는 형), 대벽형(大辟刑, 사형)이다.

29 3천 가지: 《서경(書經)》〈여형(呂刑)〉에 이르기를, "오형(五刑)의 조항이 3천 가지이다.[五刑之屬三千.]"라고 했다.

칭찬하여 이르기를, "여상서(女尙書) 가운데 준걸이다.[30]"라고 했다.

장예수(張禮修)는 시어머니에게 순종하여 은혜와 사랑으로 대하니 그 마음이 따뜻하고 온화했다.

장예수는 조숭(趙嵩)의 처로, 장씨(張氏)의 딸이다. 시어머니가 매우 엄하고 모질며 흉악하여 무도(無道)했지만, 시어머니를 대할 때면 예로써 했고, 끝내 성내는 기색이 없었다. 친정에 와서 부모를 돌보게 되자, 부모가 그녀에게 물어보았지만 자신의 허물을 인정할 뿐, 시어머니에 대해서는 말하지 않았다. 시어머니가 마침내 감동하여 깨우치고 그녀를 자애롭게 대했다. 향리 사람들이 서로 훈계하기를, "며느리가 된 자는 마땅히 조백고(趙伯高^{조숭}(趙嵩))네 며느리 같아야 하지 않겠는가? 악한 시어머니로 하여금 잘못을 깨닫고 고치도록 했으니, 며느리들의 스승이라고 말할 수 있다."라고 했다. 나중에 시어머니가 병이 들자 딸이 병을 살피러 찾아왔지만, 시어머니는 그녀를 물리치며 말하기를, "내가 죽는다면 마땅히 어진 며느리 손에서 죽을 것이다."라고 했다. 나중에 오두미도(五斗米道)[31]의 도적을 만나 조숭이 죽자, 마침내 얼굴을 푸르게 칠하고 산발하여 칼을 품고 병을 핑계 대자, 도적들도 그녀를 핍박하지 않았다. 유복녀를 양육하며 숙부(叔父)[32]에게 의지하여 평생 절의를 지켰다.

---

30 준걸이다: 유림(劉琳)의 교주(校注)에 의거하여 원문 '후(後)' 자를 '준(俊)' 자로 보고 번역했다.

31 오두미도(五斗米道): 후한(後漢) 말에 노자(老子)로부터 부수주법(符水呪法)을 받았다고 하는 장릉(張陵)에 의하여 사천(四川) 지방에서 시작된 병을 치료함을 주목적으로 하는 교법(敎法)이다. 도교의 전신으로, 병을 치료한 대가로 쌀 다섯 말을 내게 한 데서 이렇게 칭했다. '오두미교(五斗米敎)'라 칭하기도 한다.

32 숙부(叔父): 《화양국지》 원문에는 '부숙(父叔)'으로 되어 있으나, 《예문유취(藝文類聚)》 권10

한수남(韓樹南)은 남편을 애도하여 죽음을 가볍게 여기고 신의를 무겁게 여겼다.

한수남은 남정(南鄭) 사람으로, 조자천(趙子賤)의 처이다. 조자천은 처음에 군(郡)의 공조(功曹)로 있었다. 이고(李固)가 주살되자, 군에 조서를 내려 이고의 두 아들 헌공(憲公이기(李基))과 계공(季公이자(李玆))을 죽이라고 했다. 태수(太守)는 이고가 억울함을 알고, 그들을 매우 관대하게 대했다. 두 아들은 약을 먹고 죽은 것처럼 꾸미고, 관을 갖추어 그 틈에 달아나려고 했다. 그런데 조자천이 법을 두려워하여 시신을 실제로 조사하도록 명하고, 그들을 죽였다. 이고의 막내아들 이섭(李燮)이 돌아오게 되자, 조자천은 이섭이 자신에게 원수를 갚을까 염려하여 사람을 고용하여 그를 찔러 죽이게 했다. 그러나 이섭에 의해 발각되어, 이고가 군에 알리자 군에서 조자천을 죽였다. 처음에 한수남이 조자천에게 간했으나, 조자천이 따르지 않았다. 그가 죽음에 이르게 되자, 한수남은 남편과 함께 죽기로 약속했다. 한수남의 오빠와 동생, 올케언니와 계집종까지 모두 그녀가 죽지 못하게 감시했다. 백여 일이 지나 감시가 느슨해지자, 올케언니에게 말하기를, "한번 죽으면 결코 다시 살아날 수 없다고 생각하니, 감히 다시는 죽음을 도모하지 않을 것입니다."라고 했다. 위아래 사람들이 모두 그럴 것이라고 믿었다. 그로부터 얼마 지나지 않아 남편의 무덤 아래에서 자살했다.

〈열녀전(列女傳) 예수전(禮修傳)〉에 근거하여 '숙부(叔父)'로 수정하여 번역했다.

많은 아름다운 여인들은 옥(玉)과 같고, 금(金)과 같다. 성실하고 정직한 숙녀들은 태강(太姜)[33]·태임(太任)[34]과 덕을 나란히 했네.

9명의 여인을 모두 찬(讚)했다.

한중(漢中)의 열녀를 서술하다.

위는 《한중사녀찬(漢中士女讚)》 제5이다. 모두 34명(남자 25명, 여자 9명)이다.

---

33 태강(太姜): 주(周)나라 태왕(太王)의 부인으로 자식을 바르게 키우고 지혜와 덕이 높아 칭송되었으며 태왕이 나라를 다스릴 때 조력자 역할을 했다. 유향(劉向)의 《열녀전(列女傳)》에서는 주나라 왕실의 삼모(三母)로서 태강 외에 태임(太任)과 태사(太姒)를 들고 있다.

34 태임(太任): 주(周)나라 왕계(王季)의 비(妃)이자 문왕(文王)의 어머니이다. 태임은 성품이 바르고 곧으며 참되고 엄격하여 오로지 덕(德)을 행했다고 한다. 문왕을 임신했을 때는 눈으로는 나쁜 것을 보지 않고, 귀로는 음란한 소리를 듣지 않으며, 입으로는 거만한 소리를 내지 않았다고 한다.

진원장군(鎭遠將軍^{문제}_(文齊))은 성실하고 건장하여 남방 지역에서 공훈을 세웠다.

문제(文齊)³⁵는 자가 자기(子奇)이고, 재동(梓潼) 사람이다. 효평제(孝平帝) 말년에 건위속국(犍爲屬國)의 성문교위(城門校尉)에 임명되었다가 익주 태수(益州太守)로 옮겼다. 그는 논밭을 개간했고, 백성들은 모두 그것에 의지하여 생활했다. 공손술(公孫述) 때 문제는 군(郡)을 웅거하여 지키며 굴복하지 않았다. 공손술이 그의 처자를 억류하고, 그에게 공후(公侯)에 봉할 것을 약속하고, 그를 불렀다. 문제는 응하지 않고, 마침내 사자를 보내 교지(交趾)를 거쳐 하북(河北)³⁶에 공물을 바치게 했다. 공손술이 평정되자, 세조(世祖)가 그를 가상하게 여겨 불러서 진원장군으로 삼고, 성의후(成義侯)에 봉했다. 남중(南中) 지역이 모두 그의 사당을 세웠다. 그의 아들 문돈(文忳)이 아름다운 덕이 있어 북해 태수(北海太守)가 되었다.

거유(巨遊)는 차라리 옥(玉)이 되어 부수어지길 바랐으니, 그의 고아한 풍격은 금석(金石)이 진동하는 것 같다.

이업(李業)은 자가 거유이고, 재동(梓潼) 사람이다. 어려서 청렴결백에

---

35 문제(文齊): 《화양국지》 원문에는 '문빈(文瀕)'으로 되어 있으나 '문제(文齊)'를 잘못 쓴 듯하다.

36 하북(河北): 당시 광무제(光武帝)가 하북에(河北) 있었다.

뜻을 두었는데, 태수 유함(劉咸)이 그의 명성을 사모하여 불러 공조(功曹)로 삼고자 했지만 가지 않았다. 유함이 노하여 그를 죽이려 했다. 이업이 곧바로 감옥에 들어가니, 유함이 그를 석방했다. 공손술(公孫述)이 여러 차례 불렀으나 응하지 않았다. 공손술이 노하여 홍려(鴻臚) 윤융(尹融)을 보내 독약을 탄 술로 그를 협박했다. 이업이 웃으면 말하기를, "명예는 훼손할 수 없다. 나의 몸은 죽일 수 있지만, 욕되게 할 수는 없을 것이다."라고 했다. 마침내 독약이 든 술을 마시고 죽었다. 공손술은 선량한 인사를 죽인 일을 부끄럽게 생각하여 이업의 집안에 백만 전(錢)을 하사했다. 이업의 아들 이휘(李翬)가 달아나 숨고, 그 돈을 받지 않았다. 건무(建武, 25~56) 연간에 효렴으로 천거되어 오랫동안 현령의 직책을 수행했다.

문견(文堅)의 인애(仁愛)함이여, 관리가 되어서도 백성을 마음에 품었네.

경의(景毅)는 자가 문견이고, 재동(梓潼) 사람이다. 태수(太守) 정우(丁羽)가 효렴으로 추천하고, 사도(司徒)가 치극(治劇)[37]으로 천거하여 연양후(沇陽侯)의 상(相)과 고릉(高陵) 현령이 되었다. 학교[文學]를 세워 예절과 겸양으로 백성들을 교화했다. 태수(太守)[38]로 옮겨 가게 되자, 상계리(上計

---

37 치극(治劇): 한(漢)나라 때 관리를 선발하는 과목 가운데 하나로, 군·현(郡縣)을 다스리는 난이도에 따라 극(劇)과 평(平)으로 나누었다. 따라서 치극은 다스리기 복잡하고 힘든 군·현을 다스릴 수 있음을 말한다.

38 태수(太守): 《태평어람(太平御覽)》 권268에 따르면, "시어사로 옮기게 되자 관리와 백성들이 문을 지키며 그를 유임시켜 달라고 청했다.[遷侍御史, 吏民守闕請之.]"라고 했고, 《후한서(後漢書)》 〈이응전(李膺傳)〉에 따르면, 경의(景毅)는 시어사가 되었다고 했다. 시어사는 경관(京官)이므로, 경의는 지방관에서 경관으로 옮겨 가게 된 것이다. 때문에 군(郡)의 상

吏)³⁹가 조정의 궐문을 지키면서 그의 유임을 청했는데, 3년 동안 끊이지
않았다. 아들 경고(景顧)로 하여금 소부(少府) 이응(李膺)을 스승으로 섬기
게 했는데, 이응이 주살되자 스스로 관직을 그만두었다. 한참 뒤에 무도
령(武都令)에 임명되고, 익주 태수(益州太守)로 옮기게 되었다. 상계리와 백
성들이 눈물을 흘리며 그를 배웅했는데, 저현(沮縣)에 이른 자가 7백 명,
백수현(白水縣)에까지 이른 자가 3백 명이었다. 마침 익주에 난리가 난 뒤
라서 쌀 1두(斗)의 가격이 1천 전(錢)이나 되었다. 경의가 부임한 뒤에 은
혜로 교화하여 그가 떠날 때는 쌀 1두 가격이 8전이었다. 비둘기가 관서
대청에 둥지를 트고, 알을 낳아 새끼를 기르고 떠나갔다. 삼부(三府)에서
표문을 올려 그를 추천하고 불러 의랑(議郎)에 임명했으나 스스로 관직을
그만두고 고향으로 돌아갔다. 주목(州牧) 유언(劉焉)이 표문을 올려 도위
(都尉)에 임명했다. 사람됨이 청렴하고 정직하여 음사(淫祀)⁴⁰를 싫어했다.
그가 자손들에게 경계하여 말하기를, "오직 선(善)을 닦을 것을 기도하
고 인의를 행하는 것을 복으로 여겨라."라고 했다. 그의 나이 81세에 죽
었다.

계리(上計吏)가 조정의 궐문을 지키며 경의의 유임을 청한 것이다. 따라서 본문에서 '태
수(太守)'라고 한 것은 아마도 '시어사'의 잘못인 듯하다.

39 《화양국지》 원문에는 '상봉리(上封吏)'로 되어 있으나, '상계리'로 수정하여 번역했다.

40 음사(淫祀): 예제(禮制)에 합당하지 않은 제사이거나 마땅히 제사를 지내지 않아야 할 제
사이다. 《예기(禮記)》〈곡례 하(曲禮下)〉에 이르기를, "제사를 지내지 않아야 하는데, 제
사를 지내는 것을 음사(淫祀)라고 한다.[非其所祭而祭之, 名曰淫祀.]"라고 했는데, 손희단(孫希
旦)의 집해(集解)에 이르기를, "음(淫)은 지나치다는 의미이다. 혹은 그 신(神)이 사전(祀典)
에 기록되어 있지 않았는데도 제사를 지내는 사례로 송 양공(宋襄公)이 차휴사(次睢社)에
제사를 지내는 경우도 있으며, 혹은 분수를 무시하고 참람하게 제사를 지내는 사례로
노 계씨(魯季氏)가 태산(泰山)에 제사를 지내는 경우도 있는데, 이는 모두 음사이다.[淫, 過
也. 或其神不在祀典, 如宋襄公祭次睢之社, 或越分而祭, 如魯季氏之旅泰山, 皆淫祀也.]"라고 했다.

성국(盛國)은 학문을 좋아하여 심오한 성현의 진리를 연구했다.

양충(楊充)은 자가 성국이고, 재동(梓潼) 사람이다. 어려서 학문을 좋아하여 스승을 찾아 학업을 완성했다. 부풍(扶風) 사람 마계장(馬季長^{마융})과 여숙공(呂叔公), 남양(南陽) 사람 주명숙(朱明叔), 영천(潁川) 사람 백중직(白仲職)에게 고문(古文) 경학을 배웠으며, 칠경(七經)을 정밀하게 연구했다. 그의 친구인 영천 사람 순자명(荀慈明^{순상})과 이원례(李元禮^{이응}), 경조(京兆) 사람 나숙경(羅叔景), 한양(漢陽) 사람 손자하(孫子夏), 산양(山陽) 사람 왕숙무(王叔茂^{왕창})가 모두 천하의 명사들이었다. 고향으로 돌아와 학생들을 가르쳤다. 그는 항상 말하기를, "도위(圖緯)[41]는 공허한 학설로 실제 일과는 거리가 멀고 글이 간략하여 성인의 글이 아닌 듯하다."라고 하며 가르치지 않았다. 효렴에 추천되어 낭(郎)이 되었다가 나중에 죽었다.

한백(漢伯)이 학업을 연구하여 유생들 가운데서 순수한 아름다움을 지녔다.

경란(景鸞)은 자가 한백이고, 재동(梓潼) 사람이다. 어려서 광한(廣漢) 사람 학백종(郝伯宗), 촉군(蜀郡) 사람 임숙본(任叔本), 영천(潁川) 사람 이중(李仲),[42] 발해(渤海) 사람 맹원숙(孟元叔)과 함께 일곱 주(州)를 찾아다니며 공부하여 마침내 경술에 통달했다. 고향으로 돌아와 마침내 《예략(禮略)》·《하락교집(河洛交集)》·《풍각잡서(風角雜書)》·《월령장구(月令章句)》를 저술했는데, 대략 50만 자였다. 태수(太守)가 누락. 그를 공조(功曹)에 임명했다. 효렴에 추천되고 유도지사(有道之士)에 천거되어, 조정에서 불러 박사로

---

41 도위(圖緯): 《하도(河圖)》·《낙서(洛書)》와 위서(緯書)를 가리킨다.

42 이중(李仲): 《화양국지》 유림본(劉琳本)에서는 '이중(李仲)' 뒤에 한 글자가 탈락되었다고 했다.

삼으려고 했으나 가지 않았다. 그러나 상소를 할 때는 당시의 정치를 진술하고, 경학(經學)의 득실을 말했다. 또 자손들에게 인륜의 예절을 훈계했다. 유언을 남기기를, 때가 되어 죽게 되면 매장하고, 상복에는 옷고름을 하지 말며, 장례는 절약하고 검소하게 치르게 했으니 매우 법도가 있었다. 평민의 신분으로 죽었다.

백희(伯偉)가 자신의 뜻을 증명하다.

장수(張壽)는 자가 백희이고, 부현(涪縣) 사람이다. 젊어서 현승(縣丞) 양방(楊放)을 보좌했다. 양방이 양주(涼州)[43]의 도적에게 붙잡히자, 장수가 그를 구하려고 했는데, 6년이 지나서야 비로소 그가 생존해 있음을 알았다. 그래서 집안의 염정(鹽井)을 팔아 30만을 얻어, 말 5필을 사서 양방과 바꾸려고 양주로 찾아갔다. 도중에 강족(羌族)을 만나 모두 약탈당했다. 대략 3년을 걸어서 왔는데, 길의 이수(理數)를 계산해 보니 얼마인지 알 수가 없었다. 마침내 혼자 도적에게 찾아가 울면서 말했다. 도적은 그가 여러 차례 찾아와 석방을 구하는 것을 불쌍하게 여겨 양방을 석방하고 함께 고향으로 돌아가게 해 주었다. 군(郡)에서 그를 불러 중후(中候)[44]로 삼았다. 황제가 조서를 내려 무현위(巫縣尉)에 임명했다. 그는 몸에 인신(印信)을 차고, 자신이 소유하고 있던 재물을 모두 양보하여 세 동생들

---

43 양주(涼州):《화양국지(華陽國志)》원문에는 '양(梁)'으로 되어 있다. 그러나 아래 문장에는 "도중에 강족(羌族)에 의해 다 약탈당했다.[道爲羌所劫掠盡.]"라고 했는데, 부현(涪縣)에서 양주(涼州)로 갈 때에는 강족(羌族)을 거쳐야 하므로, '양주(梁州)'를 '양주(涼州)'로 수정하여 번역했다.

44 중후(中候): 당시 군(郡)의 관서를 주관하고 지키는 임무를 맡은 관리이다. 여기서 '후(候)'는 후망(候望)하고 정탐한다는 뜻이다. 한(漢)나라 때 북군중후(北軍中候)가 있었는데, 북군의 오영(五營)을 감찰하고 황궁을 수비했다.

에게 나누어 주었다. 또 군연(郡掾)이 되었다. 부세와 요역을 균등하게 하여 매년 세출이 350만 전에 이르렀다. 나중에 군의 공조(功曹)[45]로 있다가 오관연(五官掾)으로 옮겼고, 나중에 죽었다.

이여(李餘)가 자신의 몸을 훼손하다.

이여는 부현(涪縣) 사람이다. 아버지가 일찍 세상을 떠났다. 형 이이(李夷)가 사람을 죽이고 망명하자, 어머니 신(愼)이 처형되어야 했다. 이여는 당시 나이 13세였는데, 사람들에게 묻기를, "형이 받을 벌을 동생이 대신하면, 어머니의 처형을 면할 수 있겠습니까?"라고 하자, 사람들이 말하기를, "급히 한 사람이 가면 된다."라고 했다. 마침내 이여가 관리를 찾아가 어머니의 죽음을 대신하게 해 달라고 빌었다. 관리는 이여의 나이가 어리다고 허락하지 않았다. 이여가 그로 인해서 자살했다. 관리가 그 일을 현령에게 보고했다. 현령이 슬프고 가슴 아파하여 군에 보고했다. 군에서는 다시 상서(尙書)에게 보고했다. 천자는 재물을 내리고 이여를 장사지내 주었으며, 도상을 그려 관부에 걸어 놓았다.

구기(寇祺)와 왕안(王晏) 두 사람이 인의(仁義)로 용감하게 행동하다.

구기는 자가 재조(宰朝)이고, 재동(梓潼) 사람이다. 같은 마을의 후만(侯蔓)과 함께 양주(涼州)에서 공부했다. 나중에 후만이 발해(渤海) 사람 왕상(王象)에게 살해되자, 구기가 칼을 들고 왕상의 집으로 갔는데, 마침 왕상이 병중이었다. 왕상이 사죄하며 말하기를, "군자는 사람이 방비하고 있

---

45 공조(功曹):《화양국지》에는 '공조리(功曹吏)'로 되어 있으나 공조의 원래 명칭은 '공조사(功曹史)'이고, 줄여서 '공조'라고도 한다. 속리(屬吏)의 임면(任免)과 상벌을 관장했다.

지 않을 때 공격하여 죽이지 않습니다. 그러니 어찌 친구를 위해 복수하고자 병든 사람을 죽이겠습니까?"라고 했다. 이에 구기가 돌아갔다가, 한참 지나 다시 가서 왕상을 살해했다. 그로 인해 효렴에 추천되어, 패릉령(覇陵令)·제음상(濟陰相)이 되었다. 왕안은 자가 숙박(叔博)이고, 부현(涪縣) 사람이다. 광한(廣漢) 사람 장창(張昌)·영숙(甯叔)과 함께 태학(太學)에서 공부했다. 장창이 하남(河南) 사람 여조(呂條)에게 살해되자, 왕안과 영숙이 여조를 살해했다. 이 일은 영숙의 찬(讚)에 기록되어 있다.

이조(李助)는 의술에 조예가 깊어 그것으로 명성을 세웠다.

이조는 자가 옹군(翁君)이고, 부현(涪縣) 사람이다. 의방(醫方)에 정통하여 의가(醫家)의 방술을 교정하고 《경방송설(經方頌說)》을 저술하여 그의 명성이 곽옥(郭玉)과 나란했다.

장무(章武, 221~223) 연간의 흥성은 재능 있는 인재들을 임용했기 때문이다. 덕현(德賢)은 고문 경학을 좋아하여 예문(藝文)에 잠심했다.

이인(李仁)은 자가 덕현이고, 부현(涪縣) 사람이다. 익부(益部)에서는 대부분 금문(今文) 경학(經學)을 중히 여겨, 장구(章句)의 학문을 숭상하지 않았다. 이인은 금문 경학이 폭넓지 않음을 알고, 마침내 형주(荊州)로 가서 사마덕조(司馬德操^{사마휘}(司馬徽))·송중자(宋仲子^{송충}(宋忠))를 따라 고문 경학을 배워 학문을 닦으며 평생을 지냈다.

국보(國輔)는 사람됨이 밝고 준수하여 몸은 움직이나 마음이 고요했다.

두미(杜微)는 자가 국보이고, 부현(部縣) 사람으로, 임안(任安)의 제자이다. 선주(先主유비(劉備))가 촉(蜀)을 평정하자, 벙어리라고 핑계 대며 문을 닫고 바깥으로 나오지 않았다. 건흥(建興) 2년(224) 승상(丞相) 제갈량(諸葛亮)이 익주 목(益州牧)이 되자 그를 주부(主簿)에 임명하고 수레를 보내 그를 불렀다. 제갈량이 그를 만나 보고 책속의 도리로 이끌어, 덕행으로 시국을 보좌하게 하려 했다. 그러나 두미가 중병이 있다고 하면서 굳게 사양했다. 제갈량이 표문을 올려 간대부(諫大夫)에 임명함으로써 그의 뜻을 따랐다.

사잠(思潛)이 멀리 나가 공부하여 그의 아름다운 뜻이 《춘추좌씨전(春秋左氏傳)》에 내포되다.

윤묵(尹黙)은 자가 사잠이고, 부현(涪縣) 사람이다. 젊어서 이인(李仁)과 함께 사마휘(司馬徽)·송충(宋忠) 등에게서 배우고, 오경(五經)에 정통했다. 《좌씨춘추(左氏春秋)》를 전문적으로 연구하고, 유흠(劉歆)[46]의 《조례(條例)》로부터 정중(鄭衆)과 가규(賈逵) 부자, 진원방(陳元方)과 복건(服虔)의 주석과 해설을 모두 외워 책을 두 번 다시 볼 필요가 없었다. 후주(後主)에게 《춘추좌씨전》을 가르쳤다. 나중에 후주가 즉위하자, 간의대부(諫議大夫), 승상(丞相) 군좨주(軍祭酒)에 임명되었다. 아들 윤종(尹宗) 역시 박사(博士)가 되었다.

---

46 유흠(劉歆): 중국 서한(西漢) 말 때 학자로 이름이 수(秀), 자가 자준(子駿)이다. 후한 광무제(光武帝) 유수(劉秀)와 이름이 같아 유흠으로 개명했다. 아버지는 유향(劉向)이다. 《칠략(七略)》을 편찬했다.

흠중(欽仲)은 박학하여《삼분(三墳)》과《오전(五典)》[47]을 훈고(訓詁)했다.

이선(李譔)은 자가 흠중이고, 이인(李仁)의 아들이다. 어려서 아버지에게서 학업을 전수받고, 윤묵(尹黙)과 함께 학문을 강론했으며, 오경(五經)·사부(四部)·제자백가로부터 기예(技藝)·산술(算術)·점복(占卜)·의술·궁노기계(弓弩機械)의 오묘한 것에 이르기까지 모두 공부했다. 태자중서자(太子中庶子)와 우중랑장(右中郎將)에 임명되었다.《고문주역(古文周易)》·《상서(尙書)》·《모시(毛詩)》·《삼례(三禮)》·《좌씨주해(左氏注解)》·《태현지귀(太玄指歸)》를 저술했는데, 가규(賈逵)와 마융(馬融)의 학설을 원칙으로 삼아 따랐기 때문에 정현(鄭玄)과는 달랐다. 왕숙(王肅)과는 서로 만나지 못했지만, 뜻은 대부분 같은 곳으로 귀결되었다.

손덕(孫德)은 과단성 있고 예민하여 유씨(劉氏 촉국(蜀國)을 가리킴)의 동량지재(棟梁之材)가 되었다.

이복(李福)은 자가 손덕이고, 부현(涪縣) 사람이다. 선주(先主) 초기에 성도(成都) 현령에 임명되었다. 건흥(建興) 9년(231) 파서 태수(巴西太守)로 옮겼다. 나중에 강주도독(江州都督)·양무장군(揚武將軍)에 임명되었다. 조정에 들어가 상서복야(尙書僕射)에 임명되고, 평양정후(平陽亭侯)에 봉해졌다. 연희(延熙, 238~255) 초에 전감군(前監軍)에 대장군사마(大將軍司馬)를 겸했

---

47 《삼분(三墳)》과《오전(五典)》: 전설 중에 나오는 옛날 책 이름이다.《문선(文選)》〈동경부(東京賦)〉에 이르기를, "옛날에 항상 삼분오전(三墳五典)이 없어져서 위로 염제(炎帝)와 제괴(帝魁)의 아름다운 의표를 보지 못하여 한스러워 했다.[昔常恨三墳五典旣泯 仰不睹炎帝帝魁之美.]"라고 했는데, 설종(薛綜)의 주(注)에 이르기를, "삼분(三墳)은 삼황(三皇)의 글이고, 오전(五典)은 오제(五帝)의 글이다.[三墳, 三皇之書也. 五典, 五帝之書也.]"라고 했다.

다. 이복과 같은 군(郡)에 재동(梓潼) 사람 문공(文恭)이 살고 있었는데, 중현(仲賢^{문공}(文恭)) 역시 재주로써 익주 목(益州牧) 제갈량(諸葛亮)의 치중 종사(治中從事)·승상참군(丞相參軍)이 되었다.

화락하고 아름다운 인재들이 옥(玉)처럼 윤택하고 난초처럼 향기롭네. 아름다운 이름을 기물(器物)에 새겼으니 모두 강한(江漢)의 준걸들이다.

모두 15명을 찬(讚)하다.

이상 재동(梓潼)의 인사들을 서술했다.

계강(季姜^{문극}(文極))은 장중하고 온화하여 교화가 두 며느리에게 전해졌다. 왕씨(王氏) 세대가 흥성한 것은 어진 어머니 때문이었다.

계강은 재동(梓潼) 사람 문씨(文氏)의 딸로, 장작대장(將作大匠) 광한(廣漢) 사람 왕경백(王敬伯^{왕당}(王堂))의 부인이다. 어려서 《시(詩)》·《예(禮)》 등의 책을 읽었다. 왕경백의 전(前) 부인에게는 아들 왕박(王博)과 두 딸 왕기(王紀)·왕류(王流)가 있었다. 계강은 아들 왕강(王康)·왕치(王稚)·왕지(王芝), 딸 왕시(王始)·왕시(王示)를 낳았다. 차례로 모두 8명의 자식을 은혜와 사랑으로 어루만지며 길렀으며, 친자식과 의붓자식을 차별 없이 똑같이 대했다. 왕당의 조모(祖母)는 성품이 엄격하여 자손들 가운데 비록 관직이 이천석(二千石)일지라도 오히려 몽둥이로 때리곤 했다. 여자들에게는 무릎을 꿇리고 벌을 받게 했다. 왕당이 다섯 군(郡)의 태수(太守)를 역임할 때마다 조모도 그의 관직을 따라 옮겨 다녔다. 나중에 연로하여 고향에서 멀리 떠나는 것을 원하지 않자, 계강이 항상 좌우에서 모시며 봉양했다. 왕기와 왕류가 시집을 가자, 자신의 시비(侍婢)를 나누어 그들에게 보내 주었다. 왕박이 글씨 쓰는 것을 좋아하자, 계강은 손수 책갑(冊匣)을 만들어 주기도 했다. 그래서 가내가 서로 감화되어, 어떤 일이 일어나도 서로 양보했다. 왕박의 처 건위(犍爲) 사람 양진(楊進) 및 왕박의 아들 왕준(王遵)의 처 촉군(蜀郡) 사람 장숙기(張叔紀)도 시어머니의 가르침을 따라 모두 어진 가르침이 있어 '세 어머니[三母]'로 불렸다. 왕당이 죽자, 계강은 왕강·왕치·왕지의 처에게 양진을 시부모처럼 섬기도록 타일렀고, 집안 내외에도 그것을 따르도록 하여 모두 아름다운 덕행을 이루었다. 계강이 81세의 나이로 세상을 떠나자, 네 아들은 관직을 버리고 돌아와 상복을 입었고, 네 딸 역시 관사(官舍)로부터 달려오니 집안 안팎으로 벼슬을 한 자가 모두 1백여 명이었는데, 당시 사람들이 그것을 영광스럽게 여기니, 왕씨 세대가 마침내 흥성했다.

두자(杜慈)는 한결같았지만, 아버지가 믿지 않았다.

두자는 부현(涪縣) 사람 두계(杜季)의 딸로, 파군(巴郡) 사람 우현(虞顯)의 처이다. 18세에 우현에게 시집갔다. 우현이 남긴 자식 없이 죽자, 두계는 딸을 같은 현(縣)에 살고 있는 양상(楊上)에게 개가시키려고 했다. 그러자 두자가 말하기를, "부모의 명을 받아 우씨(虞氏)에게 시집갔으나 우씨가 일찍 죽었으니, 저의 불행입니다. 마땅히 살아서는 어진 시어머니를 섬기고, 죽으면 곧 남편과 한곳에 묻니, 삶과 죽음이 똑같습니다. 다만 시어머니가 살아 계실 때까지 봉양하여 죽어도 여한이 없기를 바랄 뿐입니다. 제 생각을 바꾸지 마시기를 바랍니다."라고 했다. 두계는 말로 타일러서는 그녀의 뜻을 빼앗을 수 없음을 알고, 마침내 은밀하게 강제로 그녀를 핍박하여 개가시키려고 모의했다. 그러자 두자가 목을 매고 죽었다.

양경(楊敬)이 원한을 설욕했으니, 그 비장함은 열사(烈士)를 뛰어넘었다.

양경은 부현(涪縣) 사람 곽맹(郭孟)의 처로, 양문(楊文)의 딸이다. 태어나자마자 어머니를 잃고, 8세 때 아버지가 누락 성(盛)[48]에게 살해되었다. 일가붙이가 없어 외조부 정씨(鄭氏)를 의지하며 살았다. 그녀의 나이 17세 때 곽맹에게 시집갔다. 곽맹과 성은 오랜 친구사이로, 성이 여러 차례 곽맹의 집을 왕래했다. 양경이 울면서 곽맹에게 말하기를, "성은 흉악한 인물입니다. 저는 박명(薄命)하여 딸로 태어나, 집안에 남자 형제가 없습니다. 제가 비록 원수를 갚지는 못하겠지만, 일찍이 하루도 잊은 적이 없습니다. 비록 여인으로 예제(禮制)의 제약을 받고 있지만, 부녀지간의 은혜가 깊어, 아마도 마침내 미쳐서 정신을 못차리게 되어 당신에게 재앙과 근심을 더하게 될까 염려됩니다. 당신은 마땅히 그와 거리를 두셔야 합니다."라고 했다. 곽맹이 그 사실을 성에게 알렸으나, 성은 받아들이지 않았다. 한안(漢安) 원년(142) 성이 곽맹의 집에 이르자 양경이 커다란 몽둥이로 성을 때려 죽였다. 스스로 목숨을 끊으려 하자, 곽맹이 그녀를 제지하고 함께 도망쳤다. 부현 현령 쌍승(雙勝)이 사람을 보내 추격했으나 그 일의 자초지종을 듣고는 추격을 멈추고 두 집안을 위로했다. 마침 대사면이 있어 죄를 면하게 되었다. 중평(中平) 4년(187) 부현 현령 상준(向遵)이 그녀의 화상(畫像)을 그려 표창했다.

---

48 성(盛): '성(盛)'은 사람 이름의 일부로 앞에는 글자가 누락되었는데, 아마도 성씨(姓氏)인 듯하다. 장주(張澍)의 《촉전(蜀典)》 권2에 따르면 '이성(李盛)'으로 되어 있다.

이 세 명의 부인은 어질고 효성스러우며 의리가 있다. 나라에 이러한 여인이 있어 만세까지 전해질 수 있었다.

모두 3명을 찬(讚)하다.

이상 재동(梓潼)의 열녀들을 서술했다.

위는 《재동군사녀찬(梓潼郡士女讚)》 제6이다. 모두 18명(남자 15명, 여자 3명)이다.

양주(梁州)와 익주(益州), 두 주(州)의 인사(人士)는 한(漢)나라 때부터 위(魏)나라에 이르기까지 248명이다. 그 후의 진(晉)나라의 현사(賢士) 20명을 모두 합치면 268명으로, 후세의 군자들에게 보일 수 있다. 만약 여기에 빠지거나 후세에 쓸 만한 자에 대해서는 후대의 인재에게 남겨 주고자 한다. 또 《춘추곡량전(春秋穀梁傳)》 첫머리에 서술하여 이르기를, "한 성제(漢成帝) 때 《삼전(三傳)》[49] 박사를 설치하기로 논의했는데, 파군(巴郡) 사람 서군안(胥君安)이 홀로 《춘추좌씨전(春秋左氏傳)》은 성인의 뜻을 이어받지 않았다고 반박했다."라고 했다. 후한(後漢) 때 위군 태수(魏郡太守) 왕목(王牧)이 윤방(尹方)을 추천하여 삼공(三公)으로 삼고, 천자가 조서를 내려 상서랑(尚書郎) 촉군(蜀郡) 사람 장준(張俊)에게 그에 대한 대책을 마련하라고 했다. 그러나 그 사적은 상세하지 않다.

---

49 삼전(三傳): 《춘추(春秋)》를 해석한 《좌씨전(左氏傳)》·《공양전(公羊傳)》·《곡량전(穀梁傳)》을 말한다. 한 무제(漢武帝) 때 오경박사(五經博士)를 설치했지만, 《춘추(春秋)》는 다만 《공양전(公羊傳)》만 설치했다. 선제(宣帝) 때 이르러 《곡량전(穀梁傳)》을 설치했으며, 평제(平帝) 때 비로소 처음으로 학관에서 《좌씨전(左氏傳)》을 거론했다. 여기에서 성제 때 삼전(三傳) 박사의 설치를 논의했다는 것은 대체로 《좌씨전(左氏傳)》을 말하는데, 논의만 했고 설치되지는 않았다.

사관이 논한다.

한(漢)나라 때부터 위(魏)나라에 이르기까지 두 주(州)에 걸출한 인사(人士)들이 많다고 한다. 어찌하여 그러한가? 세종(世宗_{한 무제(漢武帝)}) 때는 인재가 많았으니 사마상여(司馬相如)는 기린처럼 노닐고, 백사(伯司_{초륭(譙隆)})는 봉황처럼 비상하며, 낙하굉(洛下閎)은 구름 사이를 왕래하고, 숙문(叔文_{장관(張寬)})은 용처럼 머리를 들고 질주했다. 효선제(孝宣帝) 때 왕포(王褒)는 문채가 아름다워, 〈중화부(中和賦)〉를 지어 노래하고, 〈감천부(甘泉賦)〉를 지었으니, 꽃처럼 화려하여 세상 사람들이 거울로 삼았다. 원제(元帝)와 성제(成帝) 때는 군공(君公_{하무(何武)})이 충성스럽고 절의가 있어, 마음으로 나라의 안위를 생각하고, 유씨(劉氏) 천하가 위험해질까 염려하여, 죽음을 무릅쓰고 황제에게 간언했다. 이처럼 뜻이 높고 지조가 굳은 사람으로는 엄군(嚴君_{엄준(嚴遵)})이 있는데, 도(道)를 자세하게 살펴 풍속을 옮겨 바꾸었다. 중원(仲元_{이홍(李弘)})은 단위(端委)⁵⁰를 입어, 공부하는 사람들의 본보기가 되었다. 마음을 바로잡아 성실하고 생각이 깊으며, 사물과 더불어 성쇠(盛衰) 변화를 함께한 자는 양자운(揚子雲_{양웅(揚雄)})이다. 명망이 태산(泰山)보다 무거워 모든 화하(華夏)가 우러러 숭상하는 자는 정자진(鄭子眞_{정박(鄭樸)})이다. 자신을 굽히지 않아 뜻이 푸른 구름보다 높은 자는 초현(譙玄)이다. 악한 군주를 부끄럽게 여기지 않고, 시세(時勢)에 따라 변하여 행하는 자는 양선(楊宣)이다. 동한(東漢) 건무(建武, 25~56)·명제(明帝)·장제(章帝) 이후에 출사(出仕)한 자는 안으로는 조정의 정사를 관장하고 바깥으로는 오교(五敎)⁵¹를 전파하며, 천자를

---

50 단위(端委) : 주(周)나라 때 조정에서 관리가 입던 현단복(玄端服)과 위모관(委貌冠)을 일컫는 말이다. 곧 관리의 관복(冠服)을 뜻한다.

51 오교(五敎): 오상(五常)의 교육으로 아버지는 의리가 있어야 하고, 어머니는 자애가 있어야 하며, 형은 우애가 있어야 하고, 아우는 공손해야 하며, 자식은 효도해야 한다는 다

보좌하여 나라를 다스릴 때는 정(鼎) 속에 있는 음식의 맛처럼 조화를 이루고, 치리(治理)에 익숙하며, 위로는 천자[泰階][52]에 보답하고, 아래로는 백성들의 본보기가 되었다. 출사하지 않는 자는 은거하여, 티 없이 맑아서 현묘한 도를 실행했고, 하늘이 준 작위는 희롱하고, 사람들이 준 작위는 웃어 버렸다. 수레를 걸어 놓고 문을 닫아 바깥으로 나오지 않으니, 백이(伯夷)와 유하혜(柳下惠)의 언행을 계승했다. 이와 같은 사람들에 대해서는 천하가 모두 그들의 뛰어난 명성에 감복하고, 수수(洙水)와 사수(泗水)에서도 그들의 빛나는 행위를 본받았다. 그러므로 어떤 사람이 말하기를, "한나라 조정에서 여덟 명의 인사(人士)를 징소(徵召)한다면, 촉(蜀) 지역에서 네 명이 나올 것이다."라고 하고, 또 말하기를, "한나라 조정에서 네 명의 의사(義士)를 등용한다면, 촉 지역에서 두 명이 뽑힐 것이다."라고 했다. 그러니 인재가 많다고 할 수 있지 않겠는가? 그래서 파군(巴郡) 사람 서군안(胥君安)은 유학(儒學)이 전아(典雅)하여 효성제(孝成帝) 때 칭송을 받았고, 촉군(蜀郡) 사람 장준(張俊)은 윤방(尹方)을 대신하여 대책을 내놓았을 때 오경(五經)의 법도를 내놓지 않았는가? 건위(犍爲) 사람 여맹(呂孟)은 고아의 장래를 맡길 만한 절의를 가졌다. 이러한 부류의 사람들은 군·읍(郡邑)에서 종종 비석을 세워 후세에 전하게 했는데, 지금도 그들의 후예를 볼 수 있다. 나 상거(常璩)는 늦게 태어나 난세에 자랐으며, 이전 노인들이 이미 세상을 떠나 물어볼 사람이 없어, 그들의 사적에 대하여 상세하게 알지 못한다. 그래서 다만 《한서(漢書)》와 진수(陳壽)의 《삼국지

섯 가지 윤리 도덕의 교육을 말한다.

52 천자[泰階]: 태계(泰階)는 별이름으로, '삼태(三台)'라고도 부르는데, 그 안에는 상·중·하계가 있다. 《진서(晉書)》〈천문지(天文志)〉에 이르기를, "상계(上階) 상성(上星)은 천자이다[上階上星爲天子]."라고 했다, 여기서는 천자를 가리킨다.

(三國志)》에 기술된 내용에 따라 무릇 사녀(士女) 248명을 기록했다. 진(晉)나라 이후의 현사(賢士) 20명을 더하면 모두 268명으로, 훗날 이러한 사적을 좋아하는 자에게 보일 만하다. 만약 기록에 빠져 있는 것을 상세하게 보충하거나 쓸 만한 내용이 있다면 이 책 뒷면에 덧붙이기를 원한다. 여기에는 아버지와 할아버지, 자손의 이름을 기록했지만, 유명하더라도 사적이 없거나 관직이 명확하지 않은 경우에는 열거하지 않았다. 영주(寧州)의 인사도 역시 열거하지 않았다. 별도로 《목록(目錄)》을 만들었는데, 진(晉)나라 원강(元康, 291~299) 말년까지 392명이다.

卷十下

漢中士女

鄭眞岳峙, 確乎其清. 鄭子眞, 褒中人也. 玄靜守道, 履至德之行, 乃其人也, 敎曰: "忠孝愛敬, 天下之至行也. 神中五徵, 帝王之要道也." 成帝元舅大將軍王鳳備禮聘之, 不應. 家谷口, 號谷口子眞. 亡, 漢中與立祠.

衛梁泥盤, 玄湛淵亭. 衛衡, 字伯梁, 南鄭人也. 少師事隱士同郡樊季齊, 以高行聞. 郡九察孝廉, 公府州十辟, 公車三徵, 不應. 董扶任安從洛還, 過見之, 曰: "京師, 天下之市朝也. 足下, 猶之人耳. 幸其在遠, 以虛名屢動徵書. 若至中國, 則價盡矣." 衡笑: "曰: 時有(儉)[險]易, 道有污隆. 若樊季齊楊仲桓, 雖應徵聘, 何益於時乎? 苟無所則尼軻栖栖. 是以君平子眞, 不屈其志, 豈予之徒也哉! 吾何虛假之有?" 安扶服之, 敬其言也.

鄧公方到, 忠枉原情. 鄧公, 成固人也. 景帝時, 御史大夫晁錯患諸侯强大, 建議減削. 會吳楚七國謀反, 假言誅錯. 故吳相袁盎譖帝殺之. 拜盎太常, 使赦七國, 七國遂叛. 鄧公爲謁者, 入言軍事. 問曰: "七國聞晁錯死, 罷兵不?" 對曰: "吳王卽山鑄錢, 煮海爲鹽, 謀反積數十年. 錯患之, 故欲削弱, 爲萬世策, 諸侯憂之, 計畫始行, 身死東市, 諸侯莫憚. 內杜忠臣之口, 外爲諸侯報怨, 臣竊爲陛下不取也." 帝歎息曰: "吾亦恨之." 武帝初, 爲九卿.

博望致遠, 西南來庭. 張騫, 成固人也. 爲人强大有謀, 能涉遠. 爲武帝開西域五十三國, 窮河源, 至絕遠之國. 拜校尉, 從討匈奴有功, 遷衛尉, 封博望侯. 於是廣漢緣邊之地, 通西南之塞, 豐絕遠之貨, 令帝無求不得, 無思不服. 至今方外開通, 騫之功也.

子游師生, 讒巧所傾. 張猛, 字子游, 騫孫也. 師事光祿勳周堪, 以光祿大夫給事中侍元帝. 帝當廟祭, 濟渭, 欲御樓船. 御史大夫薛廣德當車免冠: "乞頸血污車輪, 陛下不得廟祭矣." 帝色不悅. 猛進曰: "主聖則臣直. 今乘船危, 就橋安. 聖主不乘危, 故大夫言之." 帝曰: "曉人不當如是也." 後與周堪俱以忠正為幸臣弘恭石顯所譖毀, 乍出乍徵. 堪平和. 猛卒自殺.

王孫養性, 矯葬厲生. 楊王孫, 成固人也. 治黃老. 家累千金, 厚自奉養. 臨終, 告其子曰: "我死, 裸葬, 以復吾眞. 但為布囊盛屍, 入地七尺, 既下, 從足脫之, 以身親土." 其子不忍, 見王孫友人祁侯. 諫之. 王孫曰: "厚葬, 無益死者也. 夫殫財送死, 今日入, 明日發, 此眞無異暴骸中原. 裹以幣帛, 隔以棺槨, 含以珠玉, 後腐朽, 乃得歸土. 不可. 故吾欲早就眞宅." 祁侯無以易. 卒, 裸葬, 如其言.

司徒監使, 術暢思精, 屢登上司, 七政是經. 李郃, 字孟節, 南鄭人也. 少明經術, 為郡候吏. 和帝遣使者二人, 微行至蜀, 宿郃候舍, 郃為出酒夜飲. 露坐, 郃問曰: "君來時, 寧知二使何日發來耶." 二人怪, 問之, 郃指星言曰: "有二使星入益部." 後一人為漢中太守, 命為功曹. 察孝, 遂馳名. 為尚書郎, 徙左丞, 稍遷至尚書僕射尚書令, 拜司空. 又進司徒. 清公直亮, 當世稱名. 順帝世薨.

炎精下頹, 朱明不揚. 太尉謇諤, 任國救荒. 濯日暘谷, 將外扶桑. 惡直醜正, 漢道遂喪. 李固, 字子堅, 郃子也. 陽嘉三年, 以對策忠亢拜議郎. 大將軍梁商，后父也，表為從事中郎，授荊州刺史．值州部有亂，至州，先友其賢者南陽鄭叔躬，宋孝節，零陵支宣雅，表薦長沙桂陽太守趙歷(卒巳)，奏免江夏南陽南郡太守孔疇高賜為昆等．州土自然安靜．徙泰山太守，克寧盜賊．入為將作大匠．多致海內名士．南陽樊英江夏黃瓊廣漢楊厚會稽賀純光祿周舉侍中杜喬陳留楊倫河南尹存東平王惲陳國何臨清河房植等，皆蒙徵聘．轉大司農．順帝崩，太后臨朝，拜太尉，與后弟大將軍梁冀太傅趙峻並錄尚書．冲帝崩時，徐揚有盜賊，太后欲不發喪，須召諸王至．固爭不可，言："國家多難，宜立長君．"太后欲專權，乃立樂安王為帝．質帝崩，太后復與梁冀謀所立．固與司徒南郡胡廣司空蜀郡趙戒書與冀，引周勃霍光立文宣以安漢之策，閻鄧廢立之禍，言："國統三絕，期運厄會，興崩之漸，在斯一舉．宜求賢王親近，不可寢嘿也．"冀得書，召公卿列侯議所立．三公及鴻臚杜喬僉舉清河王蒜．冀然之，奏御太后．中常侍曹騰私恨蒜，說冀明日更議，廣戒從冀．固與喬必爭："蒜宜立，中興才也．且年長識義，必有厚將軍．"冀不聽．策免固喬．歲餘，取下獄，以無事，出之，京師市邑皆稱千萬歲．冀惡其為人所善，更奏繫之．固書與二公曰："吾欲扶持漢室，使之比隆文宣，何圖梁將軍迷謬，諸子曲從，以吉物為凶，成事為敗．漢家衰微，從是始矣．將軍亦有不利．吾雖死，上不慚於天，下不愧於人．求義得義，死復何恨．"遂自殺．二公得書，歎息流涕．士民咸哀哭之．桓帝無道，冀尋受誅．漢家遂微，政在閹宦，無不思固也．

元脩敦重，威惠寔亮．張則，字元脩，南鄭人也．為牂柯太守，威著南土．永昌越嶲夷謀欲反，畏則，換臨其郡，相諫而止．號曰臥虎．以戌狄勳遷護羌校尉，徵拜扶風，又換臨桂陽，皆平盜賊．巴郡板楯反，拜隆集校尉，鎮漢中．徙梁州刺史．又為魏郡太守．所在稱治．靈帝崩後，大將軍袁紹表為長史，不就．丞相曹公拜度遼將軍．

子雅溫恭，見察文方．　趙宣，字子雅，南鄭人也．出自寒微．以溫良博雅，太守犍為楊文方深器異之，遂察孝廉．官至犍為太守．

二珪琬琰，三辰懸望．　趙瑤，字元珪，琰，字稚(圭)[珪]，凡七兄弟，宣子也，皆以令德著聞．瑤少有公望．瑤始為緱氏，袁趙二公相與書曰：“趙瑤在緱氏，猛虎歸迹，百里均耳，升平何難？”遷扶風太守，徙蜀郡相．司空張溫謂之曰：“昔第五伯魚從蜀郡為司空．掃吾第以待足下矣．”瑤曰：“諾！”尋換廣漢，卒．琰始為青州刺史，部下清肅，徙梁相．徵拜尚書，不就，卒．

仲卿報友，行義以理．　陳綱，字仲卿，成固人也．少與同郡張宗受學南陽，以母喪歸．宗為安衆劉元所殺，綱免喪，往復之．值元醉卧，還，須醒，乃煞之．自拘有司．會赦，免．三府並辟，舉茂才，拜弘農太守．初至，有兄弟自相責，引退，是後無訟者．在官九年卒．天子痛惜，賜家錢四十萬．

伯度玄鏡，榮辱屑己．　李法，字伯度，南鄭人也．桓帝時為侍中光祿大夫，數亢表：“宦官泰盛，椒房泰重．史官記事無實錄之才，虛相褒述，必為後笑．”帝怒，免為庶人．恬然，以咎失為己責．久之，徵拜汝南太守，遷司隸校尉，湛然無自得之容．

德公在林，懸象垂(咎)[晷]，既沖雲清，荀張儀准．　李爕，字德公，太尉固子也．父死時，二兄亦死．爕為姊所遺，隨父門生王成亡命徐州，傭酒家．酒家知非常人，以女妻之．延熹二年，梁冀誅．後月經陽道，暈五車．史官上書：“昔有大星升漢而西，捲舌揚芒迫月，熒惑犯帝座，則有大臣枉誅．星在西方，太尉固應之．今暈如之，宜有赦命，錄其遺嗣，以除此異．”於是下赦．爕得返舊，四府並辟，公車徵議郎．與趙元珪潁川賈偉節荀慈明張伯慎為友．伯慎為潁川太守, 與慈明交相言論, 偉節與焉. 京師以為臧否. 伯慎問趙元珪曰: "德公所言何?" 元珪曰: "無言也." 伯慎追歎曰: "當如德公. 兒輩徒靡沸耳." 慈明亦寤而心變. 拜東平相. 國王為黃巾所沒, 得出, 天子復封之. 變以為不可. 果敗. 遷京兆尹. 時人為之語曰: "李德公, 甫不欲立帝, 子不欲立王."

伯臺處諫, 師言六盡. 末命防萌, 妙覩玄揆. 陳雅, 字伯臺, 成固人也. 靈帝時為諫大夫. 閹官用事, 上疏曰: "昔孝和帝與中常侍鄭衆謀, 誅大將軍竇憲. 由是, 宦官秉權. 安帝幼冲, 和熹太后兄鄧騭輔政. 太后適崩, 中常侍江京等殺騭. 安帝登遐, 黃門孫程又殺車騎將軍閻顯. 孝桓帝又與中常侍單超等共誅大將軍梁冀. 陛下即祚, 太傅陳蕃大將軍竇武尚書令尹勳等欲誅宦官, 絕其奸擅, 盡忠王室, 建萬世策. 機事不密, 為中常侍朱瑀等所殺, 此即陛下所見. 今宦官強盛, 威傾人主. 天下鉗口, 莫敢言者. 海內怨望, 妖孽並作, 四方兵起, 萬姓辛苦. 陛下尚可以安, 奈後嗣何." 帝不省納. 出為巴郡太守. 年七十五卒. 臨終, 戒其子曰: "期運推之, 天下將大亂, 雄夫力爭. 無以貨財為意. 吾亡, 依山薄葬." 亡歲餘, 靈帝崩, 大將軍何進復為黃門所殺. 海內果亂, 終成三國也.

孟度邵允. 閻憲, 字孟度, 成固人也. 名知人, 為綿竹令, 以禮讓為化, 民莫敢犯. 男子杜成夜行, 得遺物一囊, 中有錦二十五匹, 求其主, 還之, 曰: "縣有明君, 何敢負其化?" 童謠歌曰: "閻尹賦政, 既明且昶. 去苛去辟, 動以禮讓." 遷蜀郡, 吏民泣涕, 送之以千數.

季子英瑋. 李歷, 字季子, 太尉固從弟也. 少修文學, 性行清白, 與鄭康成陳元方齊名. 弱冠, 拜新城令. 朝請都督.

計君經籌. 程苞, 字元道, 南鄭人也. 光和二年上計史. 時巴郡板楯反, 軍旅數起, 征伐頻年, 天子患之, 訪問益州計, 考以方略. 苞對言: "板楯忠勇, 立功先漢, 為帝義民. 羌入漢中, 輒蒙其力. 東征南戰, 世有功勞. 由不料恤, 以致叛亂. 非有僭盜, 能相羣殺. 兵臨之, 未必卒得. 不如但選明能太守, 恩信懷服, 自然安定矣." 天子從之, 卒如其言. 後在道卒.

元靈斐斐. 祝龜, 字元靈, 南鄭人也. 年十五, 遠學汝潁及太學, 通博蕩達, 能屬文. 太守張府君奇之, 曰: "吾見海內士多矣, 無如祝龜者也." 州牧劉焉辟之, 不得已行, 授葭萌長. 撰《漢中耆舊傳》. 以著述終.

禮高殉名. 段崇, 字禮高, 南鄭人也. 太守河間鄭廑命為主簿. 永初四年, 涼州羌反, 溢入漢中. 從廑屯褒中. 虜東攻, 廑欲戰, 崇諫不可, 願固壘待之. 廑不聽, 出戰, 敗績. 崇與門下吏王宗原展及子勃兄子伯生摧鋒死戰, 衆寡不敵, 崇等皆死. 羌遂得廑, 殺之.

伯義死節. 程信, 字伯義, 南鄭人也. 時為功曹, 居守. 馳來赴難, 殯殮廑喪, 送還鄉里訖, 乃結故吏冠蓋子弟二十五人, 言共報羌, 各募敢死士以待時. 太守鄧成命信為五官. 元初二年, 虜復來, 信等將其同志率先奮(計)[討], 大破之. 信被八創死. 天子咨嗟, 元初五年, 下詔書賜信崇家穀數千斛.

四行齊致, 在茲六子. 讚閻憲已下也. 又有王(崇)[宗]原展及嚴孳李容姜濟陳巳曹廉勾矩劉旌九人, 皆以令義為鄭廑所命. 王宗原展與廑同死. 孳容等七人與信共并命. 詔書既賜崇信, 又賜九子家穀各五百斛. 給死事復.

元侯趙陳, 蓋亦烈士. 燕邠, 字元侯, 趙嵩, 字伯高, 南鄭人也. 陳調, 字元化, 仲卿孫也. 邠為刺史郤儉從事, 使在葭萌, 與從事董馥張胤同行. 儉為黃巾賊王饒趙播等所殺. 邠聞故哀慟, 說馥胤赴難. 二子不可. 邠(難)[歎]曰: "使君已死, 用生何為!" 獨死之. 牧劉焉嘉之, 為圖象學官. 誅馥等. 嵩事太守蘇固. 固為米賊張脩所疾殺. 嵩杖劍直入脩營, 殺十餘人, 幾獲脩, 死. 陳調少尚遊俠, 聞固死, 聚賓客百餘人攻脩, 大破之. 進攻脩營, 乃與戰, 傷死.

　渙渙龍宗, 振振麟趾, 文炳彬蔚, 漢之表軌. 總讚二十五人也.

　述漢中人士. 其陳術, 字申伯, 作《耆舊傳》者也. 失其行事. 歷及新城魏興上庸三郡太守. 及錫光等, 不列也.

　穆姜溫仁, 化繼為親. 穆姜, 安衆令程祗妻, 司隸校尉李法姊也. 祗前妻有四子, 興敦觀豫. 穆姜生二子, 淮基. 祗亡, 興等憎惡姜, 姜視之愈厚. 其資給六子, 以長幼為差, 衣服飲食, 凡百如之. 久, 興等感寤, 自知失子道, 詣南鄭獄受不愛親罪. 太守嘉之, 復除門戶, 常以二月八日社, 致肉三十斤, 酒米各二斛六斗. 六子相化, 皆作令士, 五人州郡察舉. 基字稚業, 特雋逸, 為南郡|太守.

　泰瑛嚴明, 世範厥訓. 泰瑛, 南鄭楊拒妻, 大鴻臚劉巨公女也. 有四男二女. 拒亡, 教訓六子, 動有法矩. 長子元珍, 出行, 醉, 母十日不見之, 曰: "我在, 汝尚如此, 我亡, 何以帥羣弟子." 元珍(扣)[叩]頭謝過. 次子仲珍, 白母請客. 既至, 無賢者. 母怒責之. 仲珍乃革行, 交友賢人. 兄弟為名士. 泰瑛之教, 流於三世. 四子才官, 隆於先人. 故時人為語曰: "三苗止, 四珍復起."

　杜氏之教, 父母是遵. 杜泰姬, 南鄭人, 趙宣(女)[妻]也. 生七男七女. 若元珪稚珪, 有望, 五人皆令德. 其教男也, 曰: "中人情性, 可上下也, 在其檢耳. 若放而不檢, 則入惡也. 昔西門豹佩韋以自寬, 宓子賤[帶]絃以自急, 故能改身之恒, 為天下名士." 戒諸女及婦曰: "吾之姙身, 在乎正順. 及其生也, 恩存於撫愛. 其長之也, 威儀以先後之, 體貌以左右之, 恭敬以監臨之, 懃恪以勸之, 孝順以內之, 忠信以發之, 是以皆成, 而無不善. 汝曹庶幾勿忘吾法也."

後七子皆辟察舉牧州守郡．而漢中太守南鄭令多與七子同歲季考上訂，無不脩
[敬]也泰姬，執子孫禮．

　禮珪肅穆，言存典韻．　禮珪，成固陳省妻也．楊元珍之女．生二男，長娶
張度遼女惠英，少娶荀氏，皆貴家豪富，從婢七八，資財自富．禮珪勅二婦曰：
“吾先姑，母師也，常言：‘聖賢必勞民者，使之思善．’不勞則逸，逸則不才．吾
家不為貧也，所以鑪食急務者，使知苦難，備獨居時．”二婦再拜奉教．從孫奉
上微慢，珪抑絕之．感悟革行．遭亂，流行，宗表欲見之，必自嚴飾，從子孫侍
婢，乃引見之，曰：“此先姑法也．”四時祭禮，自親養牲釀酒，曰：“夫祭，禮之
尊也．年八十九卒．惠英亦有淑訓，母師之行者也．”

　文姬叡敏，宗祀獲歆．　文姬，南鄭趙伯英妻，太尉李固女也．父為梁冀所
免，兄憲公季公罷官歸．文姬歎曰：“李氏滅矣！”乃與二兄議，匿弟燮，父門生
王成亡命徐州．涕泣送之，謂成曰：“託君以六尺之孤．若李氏得嗣，君之名義，
參於程杵矣．”久之遇赦，燮得還，行喪．服闋，勅之曰：“先公為漢忠臣，雖死
之日，猶生之年．梁冀以族，弟幸濟，豈非天乎？慎勿有一言加梁氏．加梁氏，
則連主上，是又掇禍也．”奉行之．從成在徐州，各異處傭傭，而私相往來．成
病亡，燮四時祭之．

　陳氏二謙，或智或仁．　陳順謙[惠謙]，成固人也．順謙適鄧令曹寧，十九寡
居，長育遺孤，八十餘卒．兄子陳規著書歎述之．惠謙適張亮則，在扶風官，下
吏自欲重禁嚴防以肅非．元脩訪於惠謙，惠謙曰：“恢弘德教，養廉免恥．五刑
三千，蓋亦多矣，又何加也．”兄子伯思學仙道，惠謙戒之曰：“君子疾沒世名不
稱，不患年不長也．且夫神仙愚惑，如繫風捕影，非可得也．”伯思乃止．陳伯
臺稱云：“女尚書之俊耳．”

禮脩順姑，恩愛溫潤． 禮脩，趙嵩妻，張氏女也．姑酷惡無道，遇之不以禮，脩終無慍色．及寧父母，父母問之，但引咎，不道姑．卒感寤，更慈愛之．鄉人相訓曰："作婦不當如趙伯高婦乎？使惡姑知變，可謂婦師矣．"後姑病，女來省疾，姑却之，曰："我以，固當絕於賢婦手中．"後遭米賊，嵩死，乃碧塗面，亂首，懷刀，託言病，賊不逼也．養遺生女，依父叔，立義終身者也．

樹南悼夫，輕死重信． 韓樹南，南鄭人，趙子賤妻也．子賤初為郡功曹．李固之誅，詔書下郡殺固二子憲公季公．太守知其枉，遇之甚寬．二子託服藥死，具棺器，欲因出逃．子賤畏法，敕更驗實，就殺之．及固小子燮得還，子賤慮燮報仇，賃人刺之．燮覺，告郡，殺子賤．初，樹南諫子賤，子賤不從．及臨死，許共并命．兄弟嫂侍婢視守之．經百餘日，乃紿，白兄嫂："念一死萬不得生，不敢復圖死也．"上下以為信然．無幾時，於幕下自殺．

祁祁令姬，如玉如金．允矣淑媛，齊德姜任． 總讚此九人也．

述漢中列女．

右漢中士女讚第五 凡(四)[三]十四人．(三)[二]十五人士，九人女．

梓潼人士

鎮遠敦壯，立勳南瀨． 文瀨，字子奇，梓潼人也．孝平帝末，以城門校尉為犍為屬國，遷益州太守．開造稻田，民咸賴之．公孫述時，拒郡不服．述拘其妻子，許以公侯，招之．不應，乃遣使由交趾貢獻河北．述平，世祖嘉之，徵拜鎮遠將軍，封成義侯．南中咸為立祠．子忱，有令德，為北海太守．

巨遊玉碎，高風金振． 李業，字巨遊，梓潼人也．少執志清白，太守劉咸慕其名, 召為功曹, 不詣. 咸怒, 欲殺之. 業徑入獄, 咸釋之. 公孫述屢聘, 不應.
述怒, 遣鴻臚尹融持毒藥酒逼之. 業笑曰: "名不可毀, 身可殺不可辱也." 遂飲
藥死. 述恥殺善士, 賜錢百萬. 子翬, 逃匿不受, 建武中察孝廉, 為遂久令.

文堅亟哉, 南面懷民. 景毅, 字文堅, 梓潼人也. 太守丁羽察舉孝廉, 司徒
舉治劇為沆陽侯相高(陸)[陵]令. 立文學, 以禮讓化民. 遷太守, 上封吏, 守闕
請之, 三年(三)[不]絕. 以子顧師事少府李膺, 膺誅, 自免. 久之, 拜[武]都令,
遷益州太守. 上封吏民涕泣送之, 至沮者七百人, 白水縣者三百人. 值益州亂
後, 米斗千錢. 毅至, 恩化暢洽, 比去, 米斗八錢. 鳩鳥巢其聽事, 孕育而去.
三府表薦, 徵拜議郎, 自免歸. 州牧劉焉表拜都尉. 為人廉正, 疾淫祠, 敕子
孫: "惟修善為禱, 仁義為福." 年八十一而卒.

盛國好學, 研頤聖真. 楊充, 字盛國, 梓潼人也. 少好學, 求師遂業. 受古
學扶風馬季長呂叔公, 南陽朱明叔, 潁川白仲職, 精究七經. 其朋友則潁川荀
慈明李元禮, 京兆羅叔景, 漢陽孫子夏, 山陽王叔茂, 皆海內名士. 還以教授州
里. 常言: "圖緯空說, 去事希略, 疑非聖." 不以為教. 察孝廉, 為郎, 卒.

漢伯肄業, 諸生之純. 景鸞, 字漢伯, 梓潼人也. 少與廣漢郝伯宗蜀郡任
叔本潁川李仲渤海孟元叔, 遊學七州, 遂明經術. 還, 乃撰《禮略》《河洛交集》
《風角雜書》《月令章句》, 凡五十萬言. 太守闕. 眤命為功曹. 察孝廉, 舉有道,
博士徵, 不詣. 然上陳時政, 言經得失. 又戒子孫人紀之禮, 及遺令, 期死葬,
不設衣衿, 務在節儉, 甚有法度. 卒終布衣.

伯僖效志. 張壽, 字伯僖, 涪人也. 少給縣丞楊放為佐. 放為梁賊所得, 壽
求之, 積六年, 始知其生存, 乃賣家鹽井, 得三十萬, 市馬五匹, 往贖放. 道為
羌所劫, 掠盡. 凡往三年. 計道遠, 不可得數, 乃單身詣虜, 涕泣自說. 虜哀其

屢求, 遣放還卿. 郡召為中候. 詔書除巫尉. 以身佩印, 盡讓所有財物與三弟.
復為郡掾. 章平賦役, 歲出三百五十萬. 遷功曹吏, 徙五官掾, 卒.

李餘殘身. 李餘, 涪人. 父早世. 兄夷, 殺人亡命, 母慎當死. 餘年十三,
問人曰:"兄弟相代, 能免母不?"人曰:"趣得一人耳."餘乃詣吏, 乞代母死.
吏以餘年小, 不許. 餘因自死. 吏以白令. 令哀傷, 言郡. 郡上尚書. 天子與以
財葬, 圖畫府廷.

寇王二子, 行勇以仁. 寇祺, 字宰朝, 梓潼人也. 與邑子侯蔓俱學涼州. 蔓
後為渤海王象所殺, 祺杖劍至象家, 值象病, 象謝曰:"君子不(俺)[掩]人無備.
安有為友報讎煞病人也."祺乃還. 久之復往, 煞象. 由是察孝廉. 為霸陵令濟
陰相. 王晏, 字叔博, 涪人也. 與廣漢張昌甯叔受業太學. 昌為河南呂條所煞.
晏叔煞條. 事在叔解.

李助多方, 以茲立稱. 助, 字翁君, 涪人也. 通名方, 校醫術, 作《經方頌
說》, 名齊郭玉. 自此以上.

章武之興, 亦迪才倫. 德賢好古, 澹心藝文. 李仁, 字德賢, 涪人也. 益部
多貴今文, 而不崇章句. 仁知其不博, 乃游學荊州, 從司馬德操宋仲子受古學,
以修文自終也.

國輔皓然, 形動神沈. 杜微, 字國輔, 涪人也. 任安弟子. 先主定蜀, 常稱
聾, 閣門不出. 建興二年, 丞相亮領州牧, 選為主簿, 輿而致之. 亮引見, 與書
誘勸, 欲使以德輔時. 微固辭疾篤. 亮表拜諫大夫, 從其所志.

思潛游學, 休志素林. 尹默, 字思潛, 涪人也. 少與李仁俱受學司馬徽宋
忠等, 博通五經. 專精《左氏春秋》, 自劉歆"條例", 鄭眾賈逵父子陳元方服虔
注說, 略皆誦述, 希復案本. 以《左傳》授後主. 後主立, 拜諫議大夫, 丞相軍

祭酒. 子宗, 亦為博士耳.

欽仲朗博, 訓詁典墳. 李譔, 字欽仲, 仁子也. 少受父業, 又講問尹默, 自
五經四部, 百家諸子, 伎藝箕計卜數醫術弓弩機械之巧, 皆致思焉. 為太子
中庶子右中郎將. 著《古文周易》《尚書》《毛詩》《三禮》《左氏注解》《太玄指
[歸]》, 依則賈馬, 異於鄭玄. 與王肅初不相見, 而意歸多同.

孫德果銳, 作劉幹臣. 李福, 字孫德, 涪人也. 先主初, 為成都令. 建興九
年, 遷巴西太守. 後為江州都督揚武將軍. 入為尚書僕射, 封平陽亭侯. 延熙
初, 以前監軍[領]司馬. 福同郡梓潼文恭仲賢, 亦以才幹為牧亮治中從事丞相
參軍.

衍衍偉彥, 玉潤蘭芬. 劭名表器, 江漢之俊. 總讚十五人也.

述梓潼人士.

季姜雍穆, 化播二婦. 王氏世興, 寔由賢母. 季姜, 梓潼文氏女, 將作大匠
廣漢王敬伯夫人也. 少讀《詩》《禮》. 敬伯前夫人有子博, 女紀流二人. 季姜
生康稚芝, 女始示. 凡前後八子, 撫育恩愛, 親繼若一. 堂祖母性嚴, 子孫雖見
官二千石, 猶杖之. 婦跪受罰. 於堂歷五郡, 祖母隨之官. 後以年老, 不願遠
鄉里, 姜亦常侍養左右. 紀流出適, 分己侍婢給之. 博好書寫, 姜手為作(衰)
[褻]. 於是內門相化, 動行推讓. 博妻犍為楊進及博子遵婦蜀郡張叔紀, 服姑之
教, 皆有賢訓, 號之"三母". 堂亡, 姜敕康稚芝婦事楊進如舅姑, 中外則之, 皆
成令德. 季姜年八十一卒, 四男棄官行服, 四女亦從官舍交赴, 內外冠冕百有
餘人, 當時榮之. 王氏遂世興.

杜慈專專, 父不諒只. 涪杜季女者, 巴郡虞顯妻也. 十八適顯. 顯亡, 無
子. 季欲改嫁與同縣楊上. 慈曰: "受命虞氏, 虞氏早亡, 妾之不幸. 當生事賢

姑，死就養成室，存亡等，但欲在終供養，亡不有恨．願不易圖.”季知不可告而奪也，乃密謀與彊逼迫之．慈縊而死．

敬楊雪讎，壯踰烈士．　敬楊，涪郭孟妻，楊文之女也．始生失母．八歲，父為闞．盛所殺．無宗親，依外祖鄭．行年十七，適孟．孟與盛有舊．盛數往來孟家．敬楊涕泣謂孟曰：“盛凶惡．薄命為女，無男昆．惡讎未報，未嘗一日忘也．雖婦人拘制，然父子恩深，恐卒狂惑，益君禍患．君宜疎之.”孟以告盛．盛不納．(安)漢[安]元年，盛至孟家，敬楊以大杖打殺盛．將自煞，孟止之，與俱逃．涪令雙勝出追，聞其故而止，安(尉)[慰]二門．會赦得免．中平四年，涪令向遵為立圖，表之．

惟茲三媛，仁暢義理．邦有斯嬪，以馳遐紀．　總讚三人．

述梓潼烈女．

右梓潼郡士女讚第六．　凡士女十八人(十五人士，三人女)．

(譔曰)二州人士，自漢及魏，二百四十八人而已．後賢二十人，合二百六十八人，以示來世之君子焉．如其遺脫，及後世可書者，願貽後雋．又，《春秋穀梁傳》首叙曰：“成帝時，議立《三傳》博士，巴郡胥君安獨駁《左傳》不祖聖人.”後漢時，魏郡太守王牧，薦尹方為三公，天子詔尚書郎蜀郡張俊策之．然不詳其行事．

譔曰：二州人士，自漢及魏，可謂衆矣．何者，世宗多士，則相如麟遊，伯司鳳翔，洛下雲翳，叔文龍驤．在孝宣，則王褒蔚炳，《中和》作詠，屬文《甘泉》，葩為世鏡．在元成，則君公謇謇，心思國病，慮經劉危，直忤王聽．其高者，則嚴君味道, 易俗移風. 仲元端委, 居為人宗. 若夫秉心塞淵, 與物盈冲, 則揚子雲也. 名重泰山, 華夏仰崇, 則鄭子眞也. 不屈其身, 志高青雲, 則譙玄也. 不恥惡君, 混道推運, 則楊宣也. 降及建武明章以來, 出者, 則能內貫朝揆, 外播五教, 贊和鼎味, 經綸治要, 上答泰階, 下允民照, 處者, 則利居槃桓, 皓然玄蹈, 天爵玩之, 人爵則笑, 懸車門肆, 夷惠齊紹. 若斯之倫, 海內服其英名, 洙泗方其煥耀矣. 故曰: "漢徵八士, 蜀出其四." 又曰: "漢具四義, 蜀選其二." 可謂不衆乎. 然巴郡胥君安, 以儒學典雅稱於孝成, 蜀郡張俊, 策問尹方, 不出五經常議. 犍為呂孟, 有託孤之節. 若茲之類, 郡邑往往垂象刊銘, 見有苗裔. 璩晚生長亂, 故老以沒, 莫所咨質, 不詳其事, 但依《漢書》《國志》陳君所載, 凡士女二百四十八人而已. 後賢二十人, 合二百六十八人, 以示來世之好事者. 如能詳其遺脫, 及有可書, 願附於左. 其傳志父祖子孫及有名失事失官位者, 不列. 寧州人士亦不列. 別為《目錄》, 至晉元康末, 凡三百九十二人也.

화양국지
(華陽國志)
—
권11
후현지(後賢志)

듣건대, 지방지(地方誌)를 잘 쓰는 사람은 전술(傳述)하되 짓지 않는다[述而不作]. 사실을 서술할 때는 박실(樸實)하되 화려하지 않다. 그래서 사마천(司馬遷)이 쓴 《사기(史記)》는 진한(秦漢) 시대의 사실(史實)을 상세하게 기록했다. 반고(班固)가 쓴 《한서(漢書)》는 애제(哀帝)와 평제(平帝)에 관해 빠짐없이 서술했다. 이는 모두 시대와 사실이 가까워서 쉽게 얻어 말할 수 있다. 파촉 땅[西州]이 성스러운 진(晉)나라를 받든 이후부터 걸출하고 기개 있는 선비들이 나와, 어떤 이는 덕을 쌓고 겸양하여 행동거지가 시세(時勢)를 따르고, 어떤 이는 공업(功業)을 세워 경성(京城)에서 높은 자리[羽儀]에 오르며[1] 왕부(王府)에서 훈공을 세울 것을 꾀한다. 인재를 선발하여 사서(史書)에 기록하니 앞 시대의 현인들과 필적한다. 나라가 전란에 처하거나 조정에 알력이 생기면 화하(華夏)가 뒤집히고 무너지며 전적(典籍)이 많이 없어지게 된다. 족조(族祖)인 무평 부군(武平府君) 상관(常寬)은 이러한 상황을 우려하여 종이와 붓을 쥐고 역사에서 빠뜨려진 것들을 모았다. 그러나 삼촉(三蜀)만을 기술하여, 파(巴)와 한중(漢中)은 서술하지 않았다. 또 선한 것을 열거하는 데 힘써, 진기한 것을 필요로 하지 않았다. 《익부기구전(益部耆舊傳)》을 살펴보면 이 서책은 마땅히 찬술되어야 한다. 나는

---

1 높은 자리[羽儀]에 오르며: 《주역(周易)》 〈점(漸)〉에 "상구(上九)는 기러기가 점차 하늘 길에 나아가니, 그 깃털을 의식에 사용할 수 있으니 길하다.[上九, 鴻漸于陸, 其羽可用為儀, 吉.]"라고 했다. 후에 '우의(羽儀)'는 사람이 높은 자리에 올라 그의 명덕(名德)을 빛낸다는 뜻으로 쓰였다.

지금 다시금 차서를 배열하고 내용을 가감하여 후인들이 봐야 할 28명의 인물들을 새겨서 이 책의 뒤편에 두었다. 비록 그들의 행적이 이미 사라지고 없지만 대략적으로 한 모퉁이를 열거한다.

- **위위**(衛尉) **산기상시**(散騎常侍) **문립**(文立) **광휴**(廣休)
  산기(散騎)는 신중하고 공경스러워 진실로 성군(聖君)을 감동시키네.
- **서하 태수**(西河太守) **유은**(柳隱) **휴연**(休然)
  서하(西河)는 기백이 넘치며 의로움을 견지하고 사람됨이 바르다.
- **한가 태수**(漢嘉太守) **사마승지**(司馬勝之) **흥선**(興先)
  한가(漢嘉)는 자신을 억제하고 남에게 잘 양보하며 겸허한 덕성은 필적할 사람이 없다.
- **비령**(郫令) **주주부**(州主簿) **상욱**(常勗) **수업**(修業)
  비군(郫君)은 바른말을 하며 자신을 연마하기를 견지한다.
- **강양 태수**(江陽太守) **하수**(何隨) **계업**(季業)
  강양(江陽)은 사람됨이 깨끗하며 천명에 순응하며 밝고 순박하다.
- **재동 태수**(梓潼太守) **왕화**(王化) **백원**(伯遠)
  재동(梓潼)은 조심하여 자중하며 위기에 처했을 때 상황을 호전시키는 능력이 있다.
- **태자 중서자**(太子中庶子) **진수**(陳壽) **승조**(承祚)
  서자(庶子)는 고문(古文)을 고찰하여 사마천(司馬遷), 반고(班固)와 함께 명성을 나란히 한다.
- **한중 태수**(漢中太守) **이밀**(李宓) **영백**(令伯)
  한중(漢中)은 빛나는 재주가 출중하다.

- 건위 태수(犍為太守) 두진(杜軫) 기종(起宗)

  건위(犍為)는 의기양양하며 형제가 모두 훌륭하다.[2]

- 급사중(給事中) 임희(任熙) 백원(伯遠)

  급사(給事)는 남을 대할 때 온유하고 공손하며 덕을 숭상하고 영예를 멸시한다.

- 중서랑(中書郎) 왕장문(王長文) 덕준(德雋)

  중서(中書)는 학식이 깊고 도를 보물처럼 소중히 여기며 빛을 감춘다.

- 대장추(大長秋) 수량(壽良) 문숙(文淑)

  장추(長秋)는 충성스럽고 정중하며 청렴하고 몹시 참된 사람이다.

- 대사농(大司農) 서역공(西城公) 하반(何攀) 혜흥(惠興)

  사농(司農)은 계책을 꾸미며 생각함이 장량(張良), 진평(陳平)과 어깨를 견준다.

- 소부(少府) 성도후위(成都侯威) 이의(李毅) 윤강(允剛)

  소부(少府)는 과감하고 굳세며 문무를 겸비했다.

- 형양내사(衡陽內史) 양빈(楊邠) 기지(岐之)

  형양(衡陽)은 굳은 절개가 은근하고 진중하여 기울지 않는다.

- 상서(尚書) 삼주도독(三州都督) 비립(費立) 건희(建熙)

  상서(尚書)는 옛날의 올곧은 사람들의 품행을 지금 사람을 평가하는 준칙으로 삼았다.

---

2 형제가 모두 훌륭하다: 원문 '우어(友于)'는 형제를 뜻한다. 《논어(論語)》 〈위정(為政)〉에서 《서경(書經)》을 인용하여 "효도할진저! 오직 부모에게 효도하고, 형제간에 우애가 있어야 한다.[孝乎惟孝, 友于兄弟.]"라고 했는데, 후세 문인들이 '우우(友于)'를 형제를 나타내는 말로 썼다. 두진의 동생 두열(杜烈)과 두량(杜良) 모두 이름을 날렸기에 형제가 모두 훌륭하다고 말한 것이다.

- 상동 태수(湘東太守) 상건(常騫) 계신(季愼)

  상동(湘東)은 널리 사랑하여 인으로 사람들과 교제한다.

- 무평 태수(武平太守) 상관(常寬) 태공(泰恭)

  무평(武平)은 학문에 힘써 지칠 줄 모르며 지조가 얼음과 옥처럼 맑고 높다.

- 양렬장군(揚烈將軍) 재동내사(梓潼內史) 파서(巴西) 사람 초등(譙登)

  강양 태수(江陽太守) 강양(江陽) 사람 후복(侯馥)

문립(文立)은 자가 광휴(廣休)이며, 파군(巴郡) 임강(臨江) 사람이다. 어렸을 때 촉(蜀) 땅의 태학(太學)에서 공부했으며 《모시(毛詩)》와 《삼례(三禮)》 등 여러 서책들을 두루 통달했다. 주자사(州刺史) 비의(費禕)가 그를 종사(從事)에 임명했다. 조정에 들어가 상서랑(尙書郞)이 되었다. 다시 불러 대장군동조연(大將軍東曹掾)에 임명했다. 얼마 뒤에 상서(尙書)로 벼슬이 바뀌었다. 촉나라가 위(魏)나라에 병합된 뒤 양주(梁州)를 세웠는데 문립이 별가종사(別駕從事)가 되었다. 함희(咸熙) 원년(264)에 수재(秀才)로 천거되어 낭중(郞中)에 임명되었다. 진 무제(晉武帝)가 양주와 익주(益州)를 회유하여 받아들이려 하여 준거한 선비들을 불러들였는데, 태시(泰始) 2년(266)에 문립을 제음 태수(濟陰太守)에 임명했다. 무제는 태자(太子)를 세우고 사도(司徒) 이윤(李胤)을 태부(太傅)로, 제왕(齊王) 표기장군(驃騎將軍) 사마유(司馬攸)를 소부(少傅)로 삼고, 문립을 중서자(中庶子)로 임명했다. 문립이 상소를 올려 이르기를, "삼가 생각하건대 황태자는 춘추가 아름다울 때이고 성대한 덕이 날로 새로워 어린 뜻을 세우기 시작하여 대도(大道)에 오르셨으니 이것은 마치 아침 해가 처음으로 빛을 발하며, 좋은 보배가 가공하지 않은 옥돌에서 빛나는 것과 같습니다. 황태자를 시종(侍

從)하는 신하는 마땅히 재덕(才德)이 출중하고 어진 선비를 가려 뽑아서, 눈으로 보시는 것은 예의 바른 차림새와 아름다운 모범이 될 태도이어야 하고, 귀로 들어서 받아들이시는 것은 들어서 놀랄 만한 교훈이 되는 훌륭한 말이어야 하며, 조용히 계실 때는 규범에 맞아야 하고, 움직이실 때는 채택하는 바가 있으셔야 합니다. 〈황태자를 시종하는 신하는〉 맑은 이치로 처음 떠오르는 태양을 보좌하며, 하늘의 빛을 빛나게 해야 합니다. 그 임무가 막중하여, 성왕께서는 면밀하게 살펴서 뽑으셔야 하는데, 진실로 미천한 사람[糞朽]이 감당할 수 있는 일이 아니옵니다. 신이 듣기로 신하된 사람의 도리는 자신의 역량을 헤아려 명을 받드는 것이라고 합니다. 만약 타당하지 않는 것이 있다면 성심을 다해 듣겠사옵니다."라고 했다. 황제가 답하기를, "옛사람이 전소(田蘇)와 더불어 노닌다[3]고 일컬었는데 이것은 옛날의 덕이 아닌가?"라고 했다. 문립이 상소를 올렸다. "옛 촉나라의 대관(大官)과 촉나라를 위해 충성을 다해 죽은 자들의 자손들이 비록 군국(郡國)을 위해 관리가 되었지만 그 가운데 재능이 없는 이들이 있습니다. 이들은 평민들과 같이 고생스런 일을 해야 합니다."라고 했다. 또 상소를 올리기를, "제갈량(諸葛亮), 장완(蔣琬), 비의(費褘) 등의 자손들이 중원(中原)에서 정처 없이 떠돌아다니고 있는데 마땅히 순서

---

3 전소(田蘇)와 더불어 노닌다: 《춘추좌씨전(春秋左氏傳)》 양공(襄公) 7년에 의하면 진(晉)나라 경(卿)인 한궐(韓厥)이 연로함을 이유로 그의 맏아들인 무기(無忌)에게 자신의 자리를 대신하게 하려 했으나 무기가 이를 사양하고 그의 동생인 한기(韓起)를 세울 것을 청했다. 그가 말하기를, "〈기(起)가〉 전소(田蘇)와 교유(交遊)했는데, '인을 좋아한다'고 했습니다.[與田蘇遊, 而曰好仁.]"라고 했다. 그리고 "기를 세우는 것이 좋지 않겠습니까?[立之, 不亦可乎.]"라고 했다. 이에 한궐은 기를 세워 자신을 대신하여 집정하게 했다. 전소는 진나라의 현인(賢人)이다. 황제가 이 말을 한 것은 문립이 교유한 사람들 대부분이 현인임을 말하려는 것이다.

에 따라 임용되어야 합니다. 첫째로는 파촉 백성들의 마음을 위로하기 위함이오, 그다음은 동오(東吳) 정권 통치하에 있는 사람들의 바람을 끊기 위함입니다."라고 했다. 그가 건의한 일들이 모두 실행되었다. 태시(泰始) 10년(274)에 황제가 조서를 내리기를, "태자 중서자(太子中庶子) 문립은 충성스럽고 절개가 굳으며 사람됨이 맑고 돈실하며, 생각함에 조리가 있고 재간이 있다. 앞서 제음 태수로 있었을 때 정사(政事)의 처리가 공정하고 명백했으며, 뒤에 동궁(東宮)을 섬길 때는 보필의 책무를 다했다. 옛날 광무제(光武帝)가 농(隴)과 촉을 평정할 때 모두 그곳의 뛰어난 인재들을 거두어들여서 편벽한 이역(異域)을 구원하고, 파묻혀서 등용되지 않았던 선비들을 발탁하여 임용했다. 그리하여 문립을 산기상시(散騎常侍)로 임명한다."라고 했다. 문립은 누차 사양했으나 받아들이지 않았다. 문립이 상소를 올리기를, "신하의 마음은 소원한 관계에서 가까워지기를 원합니다. 대체로 사람의 정은 어두운 곳에서 밝은 곳에 이르기를 탐합니다. 이것은 실로 사물의 본성으로 어질거나 우둔하거나 매한가지입니다. 신은 어떤 사람인가요? 이러한 마음이 없을 수 있겠습니까? 진실로 스스로 생각해 보니, 변경의 타다 남은 땔나무 같은 저는 늙음이 심하여 폐하의 측근에서 중요한 기밀을 다루고 왕명을 출납하는 임무를 감당할 만한 그릇이 되지 못합니다. 신이 비록 지극히 우둔하지만 무슨 면목으로 이 직무를 맡을 수 있겠습니까?"라고 했다. 황제가 조서를 내렸다. "산기상시[4]의 직(職)은 인재를 선발하여 벼슬을 주는 데 있다. 어찌 겸허(謙虛)할 수 있는가?"라고 했다. 문립은 내시(內侍)를 맡은 뒤부터 옳은 일과

---

4 산기상시: 원문은 '상백(常伯)'이다. 서주(西周) 때 상백이란 관직이 있었다. 위진(魏晉) 때 산기상시에 해당하는 관직이다.

바꿀 수 있는 일 그리고 불가한 일들을 건의했는데 대부분이 받아들여졌다. 양주와 익주 두 주(州)의 인재들을 감별하여 선발했는데, 전형(銓衡)함이 공평하고 타당하여 선비들의 모범이 되었다. 옛 촉의 상서(尙書) 건위(犍爲) 사람 정경(程瓊)은 품덕(品德)과 위망(威望)이 대단했는데 평소 문립과의 친분이 매우 두터웠다. 무제(武帝)가 그의 이름을 듣고 문립에게 물으니 문립이 대답하기를, "신은 그 사람을 잘 알지만 나이가 80세에 가깝고 성품이 겸허하여 예전의 위망을 회복할 수 없기에 주상께 아뢰지 않았습니다."라고 했다. 정경이 이 말을 듣고 말하기를, "광휴(廣休문립)는 작당하지 않는 사람이라 이를 만하다. 그래서 나는 이 사람을 좋아한다."라고 했다. 서쪽 경계에서 말을 바쳤는데 황제가 문립에게 물었다. "말이 어떠한가?" 대답하기를, "태복(太僕)[5]에게 물어보시기 바랍니다."라고 했다. 황제는 항상 그의 공경스럽고 조심스러움을 좋아했다. 문립은 위위(衛尉)로 관직이 바뀌었고 주도(州都)의 관직[6]을 겸했다. 조정에서는 그의 어질고 고아함에 탄복했는데, 문립은 당시 이름난 경상(卿相)이 되었다. 문립은 연달아 상소를 올렸다. "신은 연로하니 사직하여 다른 사람으로 교체하고 고향[7]으로 돌아가기를 청합니다."라고 했다. 황제는 그의 청을 들어주지 않았다. 함녕(咸寧) 말년(279)에 죽었다. 황제는 문립이 옛것을 그리는[懷舊] 마음이 있다고 하여 촉 땅에서 장사 지내게 하고 사자(使者)가 그의 관을 호송하게 했으며, 군현에서는 그의 무덤을 만들었는데,

---

5 태복(太僕): 황제의 거마(車馬)를 관리한다. 구경(九卿) 가운데 하나이다.

6 주도(州都)의 관직: 위 문제(魏文帝)는 구품관인법(九品官人法)을 만들었는데, 군읍(郡邑)에는 소중정(小中正)을 두고, 주(州)에는 대중정(大中正)을 두어 인재를 선발했다. 대중정을 '주도(州都)'라 칭하기도 했다.

7 고향: 원문은 '상재(桑梓)'이다. 뽕나무와 가래나무는 고향 마을을 가리킨다. 권8 대동지(大同志) 주(主) 48 '상재(桑梓)' 참조.

당시에는 이를 영광스럽게 여겼다. 안락사공(安樂思公) 유선(劉禪)의 세자(世子)가 일찍 죽어 둘째 아들이 마땅히 세자의 자리를 계승해야 했는데 안락사공은 자신이 좋아하는 아들을 세웠다. 문립이 즉시 간했으나 받아들이지 않았다. 유선이 좋아하는 아들은 세자가 된 후 교만하고 포악해져 양주와 익주 두 주의 인사들이 모두 그를 폐할 것을 상주(上奏)하고자 했다. 문립이 이를 말리며 말하기를, "그는 자신의 집안에서만 포악할 따름으로 그 해가 백성에게 미치지 않습니다. 그의 조부를 봐서 여기에서 그치시지요."라고 했다. 후에 안락공이 음란 무도하여 하반(何攀)과 상용 태수(上庸太守) 왕숭(王崇), 부릉 태수(涪陵太守) 장인(張寅)이 편지를 써서 간책(諫責)하여 일컫기를, "마땅히 문립의 말을 생각하셔야 합니다."라고 했다. 문립이 상주한 글을 모아 10편으로 만들었다. 시(詩), 부(賦), 논(論), 송(頌) 또한 수십 편이다. 같은 군(郡)의 모초(毛楚)와 양숭(楊崇)이 모두 아름다운 덕이 있으며, 모초는 장가 태수(牂柯太守), 양숭은 무릉 태수(武陵太守)를 지냈다.

유은(柳隱)은 자가 휴연(休然)이며, 촉군(蜀郡) 성도(成都) 사람이다. 어려서 같은 군(郡)의 두정(杜禎), 유신(柳伸)과 더불어 이름이 알려졌다. 유은은 사람됨이 솔직하고 성실하며 독실하고 정직하다. 친구를 사귐이 도탑고, 정치에 참여하는 일에는 통달했다. 수차례 대장군(大將軍) 강유(姜維)를 따라 정벌했는데, 일에 임하면 계획을 세웠고 적을 만나면 적진을 함락시켜서 그의 용기와 지략은 군(軍)의 으뜸이었다. 아문장(牙門將) 파군 태수(巴郡太守) 기도위(騎都尉)가 되었다. 한중황금위독(漢中黃金圍督)으로 관직을 옮겼다. 경요(景耀) 6년(263)에 위(魏)나라 진서장군(鎮西將軍) 종회(鍾會)는 촉 정벌에 나서 한천(漢川)으로 진입했는데, 포위한 둔영(屯營)의 대부분이 항복했으나 오직 유은의 견고한 성벽만이 꿈쩍도 하지 않았다.

종회의 별장(別將)이 공격했으나 이길 수 없었다. 후주(後主) 유선(劉禪)이 투항한 뒤 조서를 손수 써서 유은에게 투항할 것을 명하여, 유음은 비로소 종회에게 나아갔다. 진 문제(晉文帝)가 듣고 그를 의로운 사람이라 여겼다. 유은은 함희(咸熙) 원년(264)에 하동군(河東郡)으로 자리를 옮겨 의랑(議郎)에 임명되었다. 무제(武帝)가 등극하고 서하 태수(西河太守)로 삼았다. 관직에 있은 지 3년이 지나 연로함을 이유로 사직하고 고향인 촉으로 돌아가 죽기를 청했다. 집에서 죽으니 그때 나이가 80세였다. 장자(長子) 유충(柳充)은 연도(連道) 현령을 지냈다. 둘째 아들 유초(柳初)는 수재(秀才)에 천거되었다. 두정(杜禎)은 자가 문연(文然)이다. 유신은 자가 아후(雅厚)이다. 익주 목(益州牧) 제갈량(諸葛亮)이 이들을 종사(從事)에 임명했다. 두정은 부절(符節) 현령, 양주(梁州)와 익주(益州) 두 주의 도독(都督)에 임명되었다. 유신은 도지(度支)에 임명되었다. 두정의 아들 두진(杜畛)은 자가 백중(伯重)이며, 약양(略陽)의 호군(護軍)이다. 유신은 후에 한가(漢嘉)와 파동(巴東) 태수를 지냈다. 진(晉)나라가 통일한 뒤 모두 수재(秀才)에 천거되었다. 두진의 아들 두도(杜弢)는 자가 경문(景文)이다. 유신의 아들 유순(柳純)은 자가 위숙(偉叔)이다. 이들은 모두 명성과 덕을 겸비한 인재들로 수재에 천거되어 파군(巴郡), 의도(宜都), 건평(建平) 태수와 서이(西夷), 장수(長水) 교위(校尉) 그리고 파동 감군(巴東監軍)을 지냈다.

사마승지(司馬勝之)는 자가 홍선(興先)이며, 광한(廣漢) 면죽(綿竹) 사람이다. 《모시(毛詩)》를 배워서 통달하고 《삼례(三禮《주례(周禮)》,《의례(儀禮)》,《예기(禮記)》)》를 공부했다. 사람됨이 절조가 고상하며 겸허하고 소박하다. 성품이 담백하여 영리를 쫓지 않았다. 처음에 군(郡)의 공조(功曹)를 맡았는데, 기강을 매우 잘 준수했다. 주(州)에서 그를 종사(從事)에 임명했다. 또 상서좌선랑(尚書左選郎)에 천거되었고, 비서랑(秘書郎)으로 자리를 옮겼다. 당시 촉국

주서좌(蜀國州書佐) 가운데 성망(聲望)이 있는 자와 군의 공조가 선발에 참가했는데, 종사는 대랑(臺郎)과 엇비슷하다. 당시는 찰거(察擧)[8]를 중시했다. 설령 지위가 조정의 요직을 거쳤더라도 다시 수재와 효렴에 천거되면 더 높은 지위의 군주를 보좌하는 중신(重臣)[端右]이 될 수 있다. 경요(景耀, 258~263) 말에 군(郡)이 그를 효렴에 찰거할 것을 청했다. 진(晉)나라가 통일한 뒤 양주(梁州)는 그를 불러 별가종사(別駕從事)에 임명하고 수재에 천거했으며, 광도(廣都)와 신번(新繁) 현령을 거쳤는데, 치적(治績)이 탁월했다. 용모가 맑고 빼어난 것으로 부름을 받아 산기시랑(散騎侍郎)이 되었는데, 종실(宗室)의 예로 대접을 받았다. 마지막에는 병이 들어 사직했다. 〈조정은〉 그의 집으로 가서 그를 한가 태수(漢嘉太守)에 임명했다. 그를 환영하는 사람들이 문전에 가득했으나 그는 굳이 사양하여 부임하지 않았다. 한가로이 지내며 맑고 조용했고, 겸손하게 자기를 낮추고 자기수양에 힘써 항상 말하기를, "세상 사람들은 도덕을 힘써 구하지 않고 작록(爵祿)에만 급급한다. 나 같은 사람은 약간은 남은 영화가 있다고 할 수 있다."라고 했다. 향려(鄕閭)를 교화하여 공경을 우선했다. 나이 65세에 집에서 죽었다. 아들 사마존(司馬尊), 사마현(司馬賢), 사마좌(司馬佐) 모두 아름다운 덕이 있다.

상욱(常勖)은 자가 수업(修業)이며, 촉군(蜀郡) 강원(江原) 사람이다. 조부 상원(常員)은 장가(牂柯)와 영창(永昌) 태수를 지냈다. 부친 상고(常高)는 고묘령(高廟令)[9]을 지냈다. 당숙 상굉(常閎)은 한중(漢中)과 광한(廣漢) 태수를

8 　찰거(察擧): 승상(丞相), 제후(諸侯), 자사(刺史) 등의 추천을 받아 관리를 선발하는 제도로 한 무제(漢武帝) 때부터 시작되었다.

9 　고묘령(高廟令): 원문은 '묘령(廟令)'인데 고(高) 자가 누락된 것으로 보고 번역했다. 고묘령은 후한 때 태상(太常)의 속관이다. 한 무제(漢武帝)와 광무제(光武帝)의 묘를 지키는 일

지냈다. 상욱은 어려서 상굉의 아들 상기(常忌)와 함께 이름을 날렸다. 안빈낙도(安貧樂道)했으며, 뜻을 오로지 고대 전적(典籍)[墳典] 연구에 두었다. 《모시(毛詩)》와 《상서(尚書)》를 공부했으며, 많은 책을 섭렵하여 통람(通覽)한 책들이 많다. 주부(州府)에서 그를 불러 종사(從事)에 임명했으며, 조정에 들어가 광록랑중주사(光祿郎中主事)와 상서좌선랑(尚書左選郎)이 되었다. 군(郡)에서 그를 불러 공조(功曹)로 삼았다. 당시 주장(州將)이 군정(軍政)을 감독했는데, 그를 종사에 두고 형옥(刑獄)을 주관하게 했다. 상욱의 사람됨이 맑고 깨끗하여 다시 독군(督軍)이 되었다. 사건 처리가 공평하고 마땅했다. 다시 효렴에 찰거되었다. 비(郫) 현령에 임명되어 정사(政事)의 처리가 간략하면서 번거롭지 않았다. 위(魏)나라 정서장군(征西將軍) 등애(鄧艾)가 촉을 정벌하여, 제갈첨(諸葛瞻)을 면죽(綿竹)에서 무찔러 서쪽 땅[西土]에서 위세를 떨쳤다. 여러 현의 장리(長吏현의 우두머리나 상급관리)들 가운데 어떤 이는 기세를 살피고는[望風] 항복했고, 또 어떤 이는 관직을 버리고 달아났는데, 상욱만이 관원과 백성들을 이끌고 성을 굳건히 지켰다. 후주(後主) 유선(劉禪)이 격문(檄文)으로 쓴 명을 받아 등애에게 나아가 그를 만났다. 그래서 비현의 양식과 포백(布帛)이 온전했다. 자사(刺史) 원소(袁邵)가 상욱의 지조와 절개를 칭찬하여 그를 불러 주부(主薄)로 임명했다. 상욱은 풍채가 좋고 거동에 풍도가 있고,[10] 움직이면 모범이 되는 용모이며, 말하고 논하는 것은 장렬하여, 주부(州府)에서 그를 중히 여겼다. 그러나 친구를 사귐은 오로지 어진 사람과 하고, 자기보다 못한 사람과는 사귀지 않

을 맡았다.

10 거동에 풍도가 있고: 원문은 '상집(翔集)'이다. 《논어(論語)》 〈향당(鄉黨)〉에 "〈공자의〉 안색이 한번 변하자 〈꿩들이〉 곧 하늘로 날아올라 빙 돌더니 다시 한곳으로 내려앉았다.[色斯擧矣, 翔而後集.]"라고 했다. 거동에 풍도가 있음을 비유하는 말로 쓰였다.

으니, 널리 사랑하는 은혜로움을 베푸는 데는 오히려 부족함이 있다. 원소가 부름을 받고 〈상욱은〉 집으로 돌아가다 길에서 죽었다.[11] 상기는 자가 무통(茂通)이며, 촉알자(蜀謁者)와 황문시랑(黃門侍郞)을 지냈다. 부모가 죽고 지극한 효로 이름이 알려졌다. 효렴으로 찰거되어 낭(郞)이 되었다. 동오(東吳)에 사신으로 갔는데 그의 재능이 이 직무에 알맞았다. 장수참군(長水參軍)과 십방(什邡)과 낙현(雒縣)의 현령을 거쳤다. 진(晉)나라가 통일한 뒤 자사 원소가 성을 축조하는 데 죄를 지어 조정의 부름을 받았다. 상기는 낙양에 이르러 그의 억울함을 호소했다. "멀리 떨어진 나라가 이제 막 의탁하여 임금과 이곳 백성들이 비로소 관계가 도타워졌는데 〈관리를〉 바꾸시면 아니 됩니다."라고 했다. 또 표(表)를 올리기를, "성지(城池)를 축조하는 것은 안녕한 때에 있으면서 위태로울 때가 닥칠 것을 생각하기 위함으로 변방의 장수가 항상 하는 직무입니다."라고 했다. 그가 하는 일이 모두 정리(情理)에 들어맞았다. 상기는 진 문제(晉文帝) 때 상국(相國)이 되었으며, 또 조정은 상기를 불러 사인(舍人)에 임명했다. 무제가 등극하여 그를 기도위(騎都尉)에 임명했다. 상기가 하내주령(河內州令)을 맡았을 때 하내주는 다스리기 어렵다고 평판이 났는데, 상기가 강대한 세력들을 억눌러 풍속과 교화가 크게 행해졌다. 현에는 형수와 간음하고 형을 죽인 자가 있었는데, 같은 패거리들이 그를 숨겨서 전임 현령이 그를 잡을 수 없었지만, 상기는 이러한 사건들을 모두 다 처리했다. 〈주성(州城)으로〉 들어가 주도(州都 주대중정(州大中正)의 별칭)이 되었는데, 마침 그를 군수(郡守)로 임명하는 것을 논의하던 때에 죽었다. 상기는 사람됨이 정도(正道)

11 원소가 … 죽었다: 원문은 '邵徵還, 道卒.'이나 유림(劉琳)의 주석에 의거하여 '邵徵, 還家, 道卒.'로 보고 번역했다. 익주 자사 원소가 성지(城池)를 수리하는 과정에서 법을 어겨 진나라 조정의 부름을 받았다. 이 이야기는 《화양국지(華陽國志)》 권8에 나온다.

를 신봉하고 명운(命運)에 순종했으며, 남에게 순종하거나 굴복하지 않아
서 귀족과 호족들이 그를 좋아하지 않았다. 그래서 그는 시(詩)를 쓰고 논
(論)을 지어 먼저 자신의 단점을 책망했다. 장례와 즐거운 일을 대하면 기
뻐해야 할 때 기뻐하고 슬퍼해야 할 때 사신(士紳)들의 칭찬을 받았다. 상
기의 벗인 광한(廣漢) 사람 단종중(段宗仲) 또한 학문과 품행이 있었다. 촉
(蜀)나라 때 관직이 상기와 대등했다. 원소가 그를 주부로 임명하여 상기
와 함께 군(郡)의 일을 처리했는데, 문제(文帝)가 그들을 좋아했다. 양주(梁
州)에서 그를 불러 별가종사(別駕從事)에 임명하고 그를 수재에 천거했다.
얼마 안 있어 자리를 옮겼다. 관직이 운남(雲南)과 건녕(建寧) 태수에 이르
렀다.

하수(何隨)는 자가 계업(季業)이며, 촉군(蜀郡) 비성(郫城) 사람이다. 한(漢)
나라 때 사공(司空) 하무(何武)의 후예이다. 대대로 명망과 덕행이 있었다.
그는 부름을 받아 관부(官府)에 들어가 관리가 되었다. 하수는 《한시(韓
詩)》와 《구양상서(歐陽尚書)》를 공부했다. 글의 핵심[文緯]을 정연(精研)했으
며, 천문 역법에 정통했다. 군부(郡府)가 그를 공조(功曹)에 임명했다. 주부
(州府)는 그를 종사(從事), 광록랑중주사(光祿郎中主事), 안한(安漢) 현령에 임
명했다. 촉(蜀)나라가 망하고 관직을 떠났다. 당시 파(巴) 땅에 기근(飢饉)
이 들었는데 그가 있는 곳에 곡식이 떨어져 그를 배웅하던 관리가 피곤
하여 길가에 있던 백성의 토란을 파서 먹었다. 하수는 솜을 토란을 파서
먹은 곳에 매어 두었는데, 토란의 값어치를 넘는 것이었다. 백성이 토란
을 살피러 왔다가 솜이 있는 것을 보고 서로 말하기를, "안한 현령 하수
가 청렴하다고 들었는데, 길을 지나다가 그를 수행하던 사람이 양식을
갖고 있지 않아 이렇게밖에 할 수 없었을 것이다."라고 하고 솜을 가지
고 쫓아가 돌려주려 했으나 끝내 받지 않고 말하기를, "안한의 관리가 양

식을 취했으니 솜으로 보상을 하게 한 것이다."라고 했다. 효렴에 천거되
었다. 진(晉)나라가 통일한 뒤 부대(府臺^{지부(知府)의})가 그를 불렀으나 가지 않
았다. 하간왕(河間王)의 낭중령(郞中令)에 임명했으나 나아가지 않았다. 가
난하게 살며 항상 검소했다. 옷은 해어지고 푸성귀를 먹었다. 낮에는 몸
소 밭을 갈았고 저녁에는 학생들을 가르쳤다. 고향 친척들이 보낸 음식
과 후한 예물은 모두 받지 않았다. 눈으로는 오색을 보지 않았고, 입으로
는 이익을 말하지 않았다. 《담언(譚言)》 10편을 지어 도덕(道德)과 인애(仁
愛)와 겸양(謙讓)에 관해 논했다. 한 백정이 돼지를 끌고 하수의 집 앞을
지나다가 돼지를 끌던 끈이 끊어져 돼지를 잃어버리고는 억지로 하수의
집 돼지우리에 있는 돼지를 자기 돼지라고 우기니 하수는 돼지를 끌고
와 그에게 주었다. 백정이 문을 나간 뒤 문득 잃어버렸던 돼지를 발견하
고는 하수에게 사과하고 돼지를 돌려주려 했으나 하수는 돼지를 그에게
주었다. 하수의 집에 대밭이 있었다. 어떤 사람이 죽순을 훔쳤는데, 하수
가 우연히 지나가다가 그 광경을 목격했다. 도적이 알아차릴까 봐 두려
워 대나무 숲으로 도망치다가 손과 발을 다쳐 나막신을 손에 들고 천천
히 걸어서 돌아왔다. 그의 인자함이 이와 같다. 태강(太康, 280~289) 연간
에 강양 태수(江陽太守)에 임명되었는데 백성들이 그의 치적(治績)을 그리
워했다. 나이 71세에 재임 중에 죽었다. 후에 주(州)의 백성들이 그가 공
평하고 정당했다고 평하여 모두 '하강양(何江陽)'이라 일컬었다. 문산(汶山)
의 이인(夷人)들 중에는 정직하고 청렴결백하며 겸양하는 이가 있었는데
또한 '이중하강양(夷中何江陽)'이라 불렸다. 두경문(杜景文^{두도(杜弢)})과 하홍인(何
興仁)이 모두 그를 위해 전기(傳記)를 지었다. 장자(長子)인 하관(何觀)은 자
가 거충(巨忠)이며, 사람됨이 깨끗하고 공평하며 온화하고 신중하여 향리
(鄕里)에서 이름이 알려졌다. 효렴에 찰거되어 서도(西都)와 남안(南安) 현

령, 평서장사(平西長史)를 지냈다. 장창(張昌)이 형주(荊州)에서 난을 일으켜 그의 도당들을 따라 서쪽으로 올라갔는데, 군수(郡守)들이 그들의 기세를 보고 항복하지 않은 이가 없었다. 그들은 강양(江陽)에 당도했다. 평서장군(平西將軍) 나상(羅尚)이 그를 안원호군(安遠護軍)으로 임명하고 적을 토벌하여, 평정하고 전멸시켰다. 후에 파군 태수(巴郡太守)에 임명되었다. 조정이 그를 영주 자사(寧州刺史)로 삼고자 논의하고 있었을 때 병으로 죽었다. 둘째 아들 하유(何遊)는 치중 종사(治中從事)였다. 하수가 살아 있었을 때 같은 군 사람 신번(新繁) 현령 장숭(張崇)이 청렴하고 겸양하여 당시에 이름이 났다.

왕화(王化)는 자가 백원(伯遠)이며, 광한(廣漢) 처(郪) 사람이다. 한(漢)나라 때 장작대장(將作大匠) 왕당(王堂)의 후예이다. 조부 왕상(王商)은 자가 문표(文表)이며, 유장(劉璋)이 주목(州牧)으로 있었을 때 촉군 태수(蜀郡太守)를 지냈는데, 아름다운 덕행과 명성이 있었다. 《익부기구전(益部耆舊傳)》에 기재되어 있다. 부친 왕팽(王彭)은 자가 중(仲)이며, 파군 태수(巴郡太守)를 지냈다. 왕화의 형제는 4명인데 모두 아름다운 명망이 있다. 왕화는 《모시(毛詩)》, 《삼례(三禮)》, 《춘추공양전(春秋公羊傳)》을 공부했다. 군부(郡府)가 그를 공조(功曹)에 임명했으며, 주부(州府)는 그를 불러 종사(從事)와 광록랑중주사(光祿郎中主事), 상서랑(尚書郎)에 임명했다. 낭중(閬中) 현령을 지냈을 때 다스림이 조출하고 고요했다. 효렴에 찰거되었다. 진(晉)나라가 통일한 뒤 다시 군주를 보좌하는 중신(重臣)[端右]이 되었다. 군(郡)에서 그를 효렴으로 찰거했다. 낙환(樂逭) 현령이 되었다. 현이 변새(邊塞)와 가까웠는데, 마침 호인(胡人)들이 반란하여 왕화가 관원과 백성들을 이끌고 곡식을 쌓아 두고 굳게 지켰다. 호인들이 길을 끊고 겹겹이 포위하여 7년 동안 고립되어 외부와 단절되었다. 호인들이 나태해졌을 때를 엿보고 출병하여 토벌함에 따라 백성들이 들판에서 먹을 것을 취할 수 있었다. 대군이 이르니 호인들이 퇴각했다. 왕화는 그 공로로 관내후(關內侯)에 봉해졌다. 주제 태수(朱提太守)로 자리를 옮겼다. 풍속이 다른 지역을 위무(慰撫)하고 그들과 화목하게 지내어 이인(夷人)과 진인(晉人)의 환심(歡心)을 얻었다. 재동 태수(梓潼太守)로 전임되었는데, 칭송받을 만한 치적(治績)이 있었다. 사람됨이 엄중하고, 말하고 논함이 방정하고 고아했으며, 상벌이 적절하여 주부(州府)에서 그의 충성스러움에 탄복했다. 나이 72세에 재임 중에 죽었다. 동생 왕진(王振)은 자가 중원(仲遠)이며, 그 또한 덕망이 있었으며, 광도(廣都) 현령과 파동 태수(巴東太守)를 지냈다. 사촌 동생 왕대(王岱)는 자가 계원(季遠)이며, 재임 중에 직책을 엄수했다. 광양(廣陽)과 작당(作唐) 현령을 거쳤으며 일찍 죽었다. 어린 동생 왕숭(王崇)은 자가 유원(幼遠)이며, 학업이 깊고 넓었다. 성품이 고아하고 순미(純美)했다. 촉나라 때 동관랑(東觀郎)을 지냈다. 진나라가 통일한 뒤 양주(梁州)에서 그를 불러 별가(別駕)로 삼고 따로 수재(秀才)와 상서랑(尚書郎)에 천거했다. 수량(壽良), 이밀(李宓), 진수(陳壽), 이양(李驤), 두열(杜烈) 등과 함께 경성(京城)인 낙양(洛陽)에 들어갔으며, 익주(益州)와 양주(梁州) 두 주의 으뜸가는 인재가 되었다. 다섯 아들의 우애가 반드시 한결같을 수는 없었다. 오직 왕숭만이 마음이 넓고 온화하여 피차를 구분하지 않았다. 《촉서(蜀書)》와 시부(詩賦) 수십 편을 지었다. 그의 책은 진수의 책과는 자못 같지 않다. 관직이 상용(上庸)과 촉군(蜀郡) 태수에 이르렀다.

진수(陳壽)는 자가 승조(承祚)이며, 파서(巴西) 안한(安漢) 사람이다. 어려서 산기상시(散騎常侍) 초주(譙周)에게 배워 《상서(尚書)》와 《삼전(三傳)》[12]을

---

12 《삼전(三傳)》: 《춘추(春秋)》를 주석(注釋)한 《춘추좌씨전(春秋左氏傳)》, 《공양전(公羊傳)》, 《곡

공부했으며, 《사기(史記)》와 《한서(漢書)》에 능통했다. 그는 총명하고 기민하며 민첩하고 식견이 넓었으며, 그가 지은 글은 문채(文采)가 풍부했다. 처음에 주(州)의 명에 응하여 위장군주부(衛將軍主薄), 동관비서랑(東觀秘書郞), 산기(散騎), 황문시랑(黃門侍郞) 등을 지냈다. 진(晉)나라가 통일한 [大同] 뒤 효렴에 찰거되었으며 본 군(郡)의 중정(中正)이 되었다. 익부(翼部)는 건무(建武) 연간(304) 이후 촉군(蜀郡) 사람 정백읍(鄭伯邑), 태위(太尉) 조언신(趙彦信) 그리고 한중(漢中) 사람 진신백(陳申伯), 축원령(祝元靈), 광한(廣漢) 사람 왕문표(王文表) 등이 모두 박학다문(博學多聞)하여, 《파촉기구전(巴蜀耆舊傳)》을 지었다. 진수는 이 책이 먼 후대까지 전해지기에는 충분하지 않다고 여겨 파(巴)와 한(漢)에 관한 내용을 합하여 《익부기구전(益部耆舊傳)》 10편을 찬술했다. 산기상시 문립(文立)은 표(表)를 올려 《익부기구전》을 바치니 무제(武帝)가 잘 썼다고 했다. 다시 진수를 저작랑(著作郞)으로 삼았다. 동오(東吳)가 평정된 뒤 진수는 삼국(三國)의 역사를 합하여 〈위서(魏書)〉, 〈오서(吳書)〉, 〈촉서(蜀書)〉 등 삼서(三書) 65편을 짓고 '《삼국지(三國志)》'라 일컬었다. 또 《고국지(古國志)》 50편을 지었는데, 인물을 품평함이 전아(典雅)하다. 중서감(中書監) 순욱(荀勖)과 중서령(中書令) 장화(張華)가 진수를 매우 좋아하여 반고(班固)와 사마천(司馬遷)도 그와 견줄 만하지 않다고 여겼다. 진수는 조정을 나와 평양후상(平陽侯相)이 되었다. 장화는 또 표를 올려 진수로 하여금 《제갈량고사(諸葛亮故事)》를 편찬하도록 청하여, 편집하여 24편을 만들었다. 이때 수량(壽良) 또한 이러한 책을 편집했는데 자못 같지 않다. 진수는 다시 조정에 들어가 저작랑이 되었다. 진남장군(鎭南將軍) 두예(杜預)는 표를 올려 진수를 산기시랑(散騎侍郞)으로 삼을 것

량전(穀梁傳)》을 가리킨다.

을 주청했다. 황제가 조서를 내리기를, "어제 기용(起用)한 촉(蜀) 사람 수량이 정원(定員)을 채운 데다가 진수는 시어사(侍御史)로 삼을 수 있다."라 했다. 진수는 《관사론(官司論)》 7편을 바쳤는데, 전고(典故)에 의거하여 이어받고 바꿔야 할 바를 논의했다. 또 《석휘(釋諱)》와 《광국론(廣國論)》을 바쳤다. 장화는 표를 올려 진수가 중서랑(中書郞)을 겸임하도록 주청했으나 진수의 《위지(魏志)》가 순욱의 의견과 맞지 않아, 순욱은 진수를 내정(內廷)에 두려 하지 않아서, 표를 올려 그를 장광 태수(長廣太守)로 삼자고 주청했다. 진수는 계모의 유언을 따라 부장(附葬)하지 않았는데[13] 이로 인해 비웃음을 샀다. 몇 년 뒤 태자 중서자(太子中庶子)에 제수되었다. 태자가 폐서인(廢庶人)이 된[14] 뒤 다시 산기상시를 겸임했다. 혜제(惠帝)가 사공(司空) 장화(張華)에게 이르기를, "진수의 재능은 실질적인 일을 하는 게 마땅하다. 오래도록 겸직에 두어서는 아니 된다."라고 했다. 장화가 표를 올려 그를 구경(九卿)에 올리고자 했는데 때마침 주살을 당하여 충성스럽고 어진 이들이 배척되었다. 진수가 마침내 낙양(洛陽)에서 죽어 그의 지위와 명망이 그의 재간을 충족시키지 못했다. 당시로서는 억울한 일이었다. 형의 아들 진부(陳符)는 자가 장주(長住)인데, 그 또한 글재주가 있어 진수의 뒤를 이어 저작좌랑(著作佐郞)과 상렴령(上廉令)이 되었다. 진부의 동생 진리(陳莅)는 자가 숙도(叔度)이고, 양주별가(梁州別駕)와 표기장군

---

13 부장(附葬)하지 않았는데: 부장(附葬)은 여러 사람의 시체를 한 무덤에 묻는 것을 뜻하는데, 여기서는 남편의 무덤 곁에 묻는 것을 말한다. 《진서(晉書)》 〈진수전(陳壽傳)〉에 "계모가 유언을 남겨 낙양에 묻게 했는데, 진수가 그 뜻을 따랐다.[母遺言令葬洛陽, 壽遵其志.]"라고 했다. 원문 '계모(繼母)' 앞에 '준(遵)' 자가 빠진 것으로 보고 번역했다.

14 폐서인(廢庶人)이 된: 원문 '부종(傅從)'은 '전사(轉徙)'가 되어야 옳다. 태자는 진 혜왕(晉惠王)의 장자(長子)인 민회태자(愍懷太子) 사마휼(司馬遹)을 가리킨다. 원강(元康) 9년(299)에 가후(賈后)에 의해 폐서인이 되었다.

(驃騎將軍)을 지냈으며, 제왕(齊王)이 그를 불러 연리(掾吏)로 삼았고, 낙양에서 죽었다. 진리의 종제(從弟)인 진계(陳階)는 자가 달지(達芝)로, 주주부(州主薄)를 지냈고, 효렴에 천거되었으며, 포중령(褒中令), 영창서부도위(永昌西部都尉), 건녕(建寧)과 흥고 태수(興古太守)를 지냈다. 이들 모두 사장(辭章)이 화려하여 당대에 이름을 날렸다. 대체로 진수가 찬술한 것은 2백여 편이며, 진부와 진리 그리고 진계는 각각 수십 편이다. 익주(益州)와 양주(梁州) 두 주(州)의 선달(先達)과 화하(華夏)의 문사(文士)들이 진수와 그의 후손들을 위해 전(傳)을 지었는데 대략 이와 같다.

이밀(李宓)은 자가 영백(令伯)이며, 건위(犍為) 무양(武陽) 사람으로, 조부 이광(李光)은 주제 태수(朱提太守)를 지냈다. 아버지는 일찍 죽었다. 어머니 하씨(何氏)가 개가(改嫁)하여 조모가 그를 키웠다. 《춘추좌전(春秋左傳)》을 공부했으며 오경(五經)을 박람(博覽)했는데, 통섭하는 바가 많다. 사람 됨이 기지가 넘치고 언변이 좋으며, 말소리가 낭랑하다. 조모를 봉양하여 효로 이름이 났다. 조모가 병들어 시중들 때는 눈물을 흘리며 편히 쉬지 못하여,[15] 밤낮으로 허리띠를 풀지 않았고, 먹을 것과 마실 것 그리고 탕약 등은 반드시 훑어보고 맛을 보았다. 본 군(郡)에서 예를 갖춰 초빙했으나 응하지 않았다. 주부(州府)에서 그를 불러 종사(從事), 상서랑(尚書郎), 대장군주부(大將軍主薄), 태자세마(太子洗馬) 등을 지냈다. 그는 명을 받들어 동오(東吳)에 사신으로 갔다. 오(吳)나라 군주[吳主]가 촉 땅에는 몇 필의 말이 있는지 물었다. 대답하기를, "관용(官用)은 남음이 있고 민간에서는 자족합니다."라고 했다. 오나라 군주가 여러 신하들과 도의(道義)에 관해 폭

---

15 편히 쉬지 못하여: 원문 '측신(側身)'은 몸을 비스듬히 하고 있는 상태로 편히 쉬지 못함을 형용하는 말이다.

넓게 논하며 이르기를, "동생이 되고 싶소."라고 하니 이밀이 말하기를, "형이 되고 싶습니다."라고 했다. 〈오나라 군주가 말하기를, "무슨 연유로 형이 되고 싶은가?"라 하니 이밀이 대답하기를, "형이 되면 부모를 공양하는 시간이 길어집니다."라고 했다.〉[16] 오나라 군주와 여러 신하들이 모두 그를 칭찬했다. 진나라가 통일한 뒤 정서장군(征西將軍) 등애(鄧艾)가 그의 명성을 듣고 주부(主簿)를 맡아 주기를 청하고 편지를 써서 그를 초청하여 만나 보려 했으나 가지 않았다. 조모가 연로한 때문이었는데, 그의 마음은 안색을 좋게 하고 봉양하는 데 있었기에[17] 주부(州府)와 군부(郡府)의 임명을 거절했다. 그는 홀로 강학(講學)하여 깃발을 세우고 학생들을 받아들였다. 무제(武帝)가 태자를 세우고 그를 초빙하여 세마(洗馬)로 삼았다. 누차 조서를 내렸고, 군현의 관원들이 핍박했다. 이밀은 상소를 올렸다. 무제가 그의 상소를 보고 말하기를, "이밀이 헛되이 이름이 난 게 아니다."라고 했다. 그의 정성스러움을 칭찬하고 노비 2명을 하사했으며 군현에 조서를 내려 그의 조모에게 봉록과 음식을 주게 했다. 이밀은 상서랑과 하내 온 현령[河內溫令]으로 자리를 옮겼다. 그는 치소에서 덕을 베풀고 교화를 펼쳐, 정치로 백성을 교화시킴이 엄격하고 공정했다. 태부(太傅) 거평후(鉅平侯) 양공(羊公)이 죽고 아들이 없어 황제가 동족의 조카[宗子]를 세자(世子)로 삼아 대를 잇게 하여, 즉시 장례에 참가하게 했다. 이밀이 공문을 휴대한 호조(戶曹)를 파견했는데, 수레를 밀어서 보냈다. 중산왕(中山王)[18]이 온현(溫縣)을 지날 때마다 물품을 공급할 것을 요구하

---

16 오나라 군주가 … 했다: 원문 '吳主曰: 何以為兄? 密曰: 為兄供養之日長.'은 배송지(裴松之) 주(注)에 의거하여 보충하여 번역했다.

17 그의 마음은 … 있었기에:《논어(論語)》〈위정(為政)〉에 "자공이 효에 대해 물으니 공자가 말하기를, '안색이 어렵다.'[子貢問孝, 子曰: 色難.]"라고 했다.

여 온현의 관리와 백성들이 이를 걱정했다. 이밀이 부임하고 난 뒤 중산왕이 온현을 지나면서 말에게 먹일 풀과 땔감을 징수했다. 이밀은 〈중산왕에게 쓴 편지에서〉 한 고조(漢高祖)가 폐현(沛縣)을 지났을 때 늙고 어린 백성들을 대접하여 고향의 물품을 하나도 성가시게 쓴 것이 없었다는 이야기를 인용했다. "삼가 생각하건대 명왕(明王)의 효성스러운 마음은 준칙이 됩니다. 거동하심은 선현이 경계한 것을 이해합니다. 본국의 백성들은 명왕의 풍채를 앙망하여 노래 부르고 춤추며, 한편으로는 주구(誅求_{백성의 재물을 강제로 빼앗음})를 번거롭게 여기며, 아직 명을 듣지 못했습니다."라고 했다. 후에 여러 왕들이 지나면서 감히 온현을 성가시게 하지 않았다. 도적들의 출현이 하내(河內)의 다른 현들에서 일어났지만 감히 온현에 가까이 하지 않았다. 도적을 쫓는 자들 또한 감히 경계를 지나지 못했다. 농서왕(隴西王) 사마서(司馬舒)가 그를 깊이 존경하여 벗으로 사귀었다. 귀족과 호족들은 그의 공정하고 정직함을 꺼려 했다. 이밀은 사직한 뒤 주(州)의 대중정(大中正)이 되었다. 성품이 바르고 미더우며, 권세 있는 자에게 뜻을 굽히지 않아 순욱(荀勗)과 장화(張華)의 비호를 받지 못하여 한중 태수(漢中太守)로 좌천되었다. 제왕(諸王)이 매우 불공평하다고 여겼다. 일 년 뒤 사직하고 64세에 죽었다. 《술이론(述理論)》을 지어 중화(中和), 인의(仁義), 유학(儒學), 도화(道化) 등에 관한 일을 논했다. 모두 10편이다. 안동장군(安東將軍) 호비(胡羆)와 황보사안(皇甫士安)이 이 글을 매우 좋아했다. 그는 또 황보사안과 함께 백이숙제(伯夷叔齊)를 논했으며, 사마문중(司馬文中), 두초종(杜超宗), 극영선(郄令先), 문광휴(文廣休) 등과 함께 의론(議論)을 주고받으며

---

18 중산왕(中山王): 진 무제(晉武帝)의 종형제인 사마탐(司馬耽)이다. 중산국은 지금의 하북성(河北省) 정현(定縣)에 있는데, 낙양을 가려면 반드시 온현을 지나야 한다.

경학(經學)과 훈고학(訓詁學)을 이야기했는데, 사람들이 그 이취(理趣)에 탄복했다. 하내 사람 조자성(趙子聲)의 뇌(誄), 시(詩), 부(賦) 등의 20여 편의 글을 주석했다. 수량(壽良), 이양(李驤) 그리고 진승조(陳承祚)는 서로 시비를 따졌는데, 이밀이 그들의 득실을 공정하게 논의하고 그들을 호되게 질책했다. 그는 항상 말하기를, "나는 세상에 홀로 서서, 내 그림자를 반려자로 삼았지만 두렵지 않는 것은 마음속에 사람을 이편과 저편으로 나누지 않기 때문이다."라고 했다. 이밀의 여섯 아들은 모두 영준하고 빼어나며, 재지(才智)가 뛰어나서 '육룡(六龍)'이라 칭했다. 장자(長子) 이사(李賜)는 자가 종석(宗碩)이며, 주별가(州別駕)를 지냈고, 수재에 천거되었으며, 문산 태수(汶山太守)를 지냈다. 어렸을 때 동해왕(東海王) 사마원초(司馬元超)와 친하게 지내 항상 시서(詩書)를 주고받았는데, 뜻이 새로운 글이 많았다. 작은 아들 이홍(李興)은 자가 준석(雋碩)이며, 태부참군(太傅參軍)을 지냈다. 나이가 어린 아들 이성석(李盛碩)은 영포 태수(寧浦太守)를 지냈다. 이밀과 같은 시대의 촉군(蜀郡) 사람 고완(高玩)은 자가 백진(伯珍)이며, 어려서 태상(太常) 두경(杜瓊)에게 배웠는데, 경학(經學)이 미묘했으며, 박문강기(博聞強記)했고, 절조가 고상하며 간소하고 소박했다. 어려서 이밀과 함께 이름을 날렸으며 관직 또한 서로 비슷했다. 진(晉)나라가 통일한 뒤 효렴에 찰거되었으며, 곡양령(曲陽令)을 지냈다. 혼자 수레를 타고 현(縣)에 부임했는데, 격문(檄文)으로 현에 알려 영접하지 못하게 했다. 천지인(天地人)[三材]의 도리에 밝아 부름을 받아 태사령(太史令)이 되었는데 그를 환송하는 것 또한 경계를 넘지 않아 조정에서 그를 칭찬했다. 그를 중용(重用)하려 했는데 때마침 죽었다.

두진(杜軫)은 자가 초종(超宗)이며, 촉군(蜀郡) 성도(成都) 사람이다. 부친 두웅(杜雄)은 자가 백휴(伯休)이며, 안한현(安漢縣)과 낙현(雒縣)의 현령을 지냈다. 두진은 어려서 초주(譙周)를 스승으로 삼고 가르침을 받았는데, 독창적인 견해가 초주의 다른 문하생들보다 뛰어났다. 군부(郡府)가 그를 공조(功曹)에 임명했다. 등애(鄧艾)가 촉(蜀)을 공략하고 난 뒤 등애의 부름을 받았다. 종회(鍾會)가 성도에 진입했을 때 태수(太守)인 남양(南陽) 사람 장부군(張府君)은 관아에 출근하려 하지 않았다. 두진이 나아가 말하기를, "정서장군(征西將軍)은 감금되었고 진서장군(鎭西將軍)은 가까이 있으니 반드시 파견하는 바가 있을 겁니다. 지금은 병란(兵亂)이 있는 시기이니 누구와 사귀게 될지 누가 나에게 해를 끼칠지 알 수 없습니다. 마땅히 관저에서 피신하셔야 합니다."라고 했다. 장부군은 즉시 나와서 사택에 거주했다. 마침 등애는 과연 참군(參軍) 견홍(牽弘)을 파견하여 태수로 삼았는데, 수백의 기마병이 갑옷을 입고 말을 달려 군(郡성도)으로 들어갔다. 선봉이 태수[侯당시 태수(太守)나 자사(刺史)를 부르는 존칭가 있는 곳을 물으니 대답하기를, "이미 나갔다."라고 했다. 그래서 장부군을 잘 대했다. 견홍이 다시 〈두진을〉 불러 공조로 삼고, 효렴에 찰거하고 건녕(建寧) 현령에 임명했다. 자리를 옮겨 산양(山陽), 신성(新城), 지양(池陽) 등지에 임명을 받았는데, 그가 재직한 곳에서 치적(治績)이 있었다. 조정에 들어가 상서랑(尚書郎)이 되었다. 매번 오르내릴 때마다 낭각(廊閣) 아래를 추창(趨蹌예도(禮度)에 맞게 허리를 굽히고 빨리 걸어가는 것)했는데, 성대한 의용(儀容)이 볼만하여 조정 사람들이 그를 중시했다. 건위 태수(犍爲太守)로 자리를 옮겼는데, 백성들을 은혜롭게 사랑했다. 다시 주(州)의 대중정(大中正)이 되었다. 두진은 재학(才學)을 겸비했으며, 기량이 호방하여 무제(武帝)가 그를 높게 평가했다. 내시(內侍)로 쓰려던 차에 죽었다. 그때 나이 58세였다. 동생 두열(杜烈)은 자가 중무(仲武)이며, 어질고 능하며 민첩하고 견식이 높으며, 사람됨이 솔직하며 순수하고, 명예가 두진과 대등했다. 효렴에 찰거되어 평강(平康), 우비(牛鞞), 남정(南鄭), 안양(安

陽) 등지의 현령을 거쳤다. 〈성도에〉 왕국이 세워지고 처음에는 낭중령
(郎中令)에 선발되었고 형양 태수(衡陽太守)로 자리를 옮겼다. 형 두진이 죽
고 상소를 올려 사직하기를 청했는데, 형의 아들이 유약(幼弱)하고 형의
시체가 유락(流落)하여 아직 안장(安葬)하지 못하여 영구(靈柩)를 모시고 고
향에 묻고자 했다. 무제는 두진이 재능을 다 발휘하지 못했음을 애석하
게 여겼으며, 동생 두열의 마음씨를 칭찬하여 그를 전임(轉任)하여 건위
태수(犍為太守)에 임명했다. 또 그를 상동(湘東)으로 전임시켰다. 어린 동생
두량(杜良)은 자가 유륜(幼倫)이며, 그 역시 시국(時局)을 관리할 수 있는 타
고난 재능이 있었다. 수재에 찰거되어 다릉(茶陵)과 신도(新都)의 현령, 성
도국왕(成都國王)의 낭중령(郎中令)을 지냈으며, 부릉(涪陵)과 건녕(建寧)의
태수로 자리를 옮겼다. 형제가 모두 등용되어 주리(州里)의 사람들은 미
담(美談)으로 여겼다. 두진은 아들이 둘 있었는데, 장자(長子) 두비(杜毗)는
자가 장기(長基)이며, 작은 아들 두수(杜秀)는 자가 언영(彦穎)이다. 그들은
옥처럼 고상한 인품[圭璋]과 지조[琬琰]를 지녀 세상 사람들은 그들을 '이봉
(二鳳)'이라 불렀다. 두비는 수재에 찰거되어 대장군(大將軍)이 그를 불러
연(掾_{속관}(屬官))으로 임명했으며, 태부참군(太傅參軍), 평동장사(平東長史), 상서랑
(尚書郎)을 지냈다. 얼마 뒤 진남군사(鎮南軍司), 익주 자사(益州刺史), 주부(主
薄) 등으로 자리를 옮겼으며 일찍 죽었다.

임희(任熙)는 자가 백원(伯遠)이며, 촉군(蜀郡) 성도(成都) 사람이다. 한(漢)
나라 때 대사도(大司徒)였던 임방(任昉)의 후예이다. 대대로 덕 있는 선비
가 있었다. 부친 임원(任元)은 자가 수명(秀明)이며, 건위 태수(犍為太守)와
집금오(執金吾)를 지냈다. 임희는 《모시(毛詩)》와 《경역(京易^{경씨역전}(京氏易傳))》을 공
부했으며, 오경(五經)에 박통(博通)했다. 부모를 섬기는 효가 지극하여 상
중(喪中)에 있을 때는 〈너무 슬퍼하여〉 몸이 바짝 파리하여져서 고향 사

람들의 칭찬을 받았다. 효렴에 찰거되어 남정(南鄭) 현령에 임명되었는데 병으로 사직했다. 다시 남정 현령의 벼슬을 주었으나 나아가지 않았다. 그를 재동(梓潼) 현령으로 전임했는데, 청렴하게 다스렸다. 병으로 사직하고 고향으로 돌아가 부지런히 농사를 지어 생활하는 데 보태었다. 온 집안이 가훈을 준수했는데, 집안의 예법이 본받을 만했다. 널리 사랑하고 공손하고 겸손하게 사람을 대했다. 문을 열어 손님을 대접했고, 천박한 백성들에게 마음을 쏟았으며, 손님들은 노소를 막론하고 반드시 음식을 주었다. 한가롭게 청담(淸談)을 나눌 때 함부로 실언(失言)을 하지 않아 신중함으로 이름이 났다. 태강(太康) 연간에 월수호군(越嶲護軍)에 임명되었는데, 그가 평소에 좋아하는 것이 아니어서 가지 않았다. 그를 불러 급사중(給事中)에 임명했다. 임희는 시신(侍臣임금 옆에 가까이 모시는 신하)으로 황제[日月]의 좌우에 있으면서 빛[暉임금의 비유]이 발양(發揚)하는 것을 보좌하며 구차하게 사사로움을 취하지 않았다. 끝내는 병으로 사직했다. 촉군(蜀郡)의 군수와 현령들이 부임할 때마다 그를 뵈러 갔고 해마다 양고기와 술을 보냈다. 〈조정은〉 그의 집으로 가서 그를 주제 태수(朱提太守)에 임명했으나 굳이 사양하고 부임하지 않았다. 임희는 찬술하기를 좋아하여, 시(詩), 뇌(誄), 논(論), 난(難) 등의 글이 모두 찬란하고 아름답다. 나이 69세에 집에서 죽었다. 아들 임번(任蕃)은 자가 헌조(憲祖)이다. 효렴으로 찰거되어 신도(新都) 현령, 서이사마(西夷司馬), 부릉 태수(涪陵太守)를 지냈다. 임번의 아들 임적(任迪)은 자가 숙고(叔孤)이며, 어렸을 때 파서(巴西) 사람 공장(龔壯)과 함께 이름이 알려졌으며 학업에 뛰어났다. 일찍 죽었다. 임희와 같은 시대의 건위(犍爲) 사람 양팽(楊彭) 경종(敬宗)과 동생 임규(任逵) 훈종(訓宗)은 각각 덕행으로 세인의 칭찬을 받았으며 함께 효렴으로 찰거되었다. 양팽이 비소(比蘇) 현령을 지냈을 때 감로(甘露)가 그 현에 내렸다. 임규가 전지(滇池) 현령을 지냈을 때 풍속이 다른 지역 사람들이 그의 덕을 그리워했다.

왕장문(王長文)은 자가 덕준(德雋)이며, 광한(廣漢) 처(郪) 사람이다. 부친 왕옹(王顒)은 자가 백원(伯元)이며, 건위 태수(犍為太守)를 지냈다. 왕장문은 천성이 총명하고 기민하며, 목소리가 유창하고 민첩하며 식견이 넓다. 오경(五經)을 공부했고, 많은 책을 섭렵했다. 약관의 나이에 주부(州府)가 3차례나 불러 서좌(書佐)에 임명했다. 때마침 내란이 일어나 병을 핑계로 고향으로 돌아갔다. 진(晉)나라가 통일한 뒤 군(郡)의 공조(功曹)를 지냈다. 효렴에 찰거되었으나 나아가지 않고 우둔한 척했다. 항상 진홍빛 옷을 입고 진홍빛 모자를 쓰고 돼지를 끌고 시장을 지나면서 구걸했다. 사람들과 말할 때는 들리지 않는 것처럼 굴었다. 항상 소를 타고 맴돌았다. 군수가 처음 부임했을 때 그의 집을 방문하여 경의를 표했다. 군수가 이문(里門)에 이르렀을 때 그는 문밖으로 달려 나갔는데 군수가 그를 청했으나 끝내 돌아오지 않았다. 자사(刺史)인 회남(淮南) 사람 호비(胡罷)가 그를 불러 종사좨주(從事祭酒)에 임명했는데, 그는 집에서 누워 치료를 하고 있다고 했다. 호비가 추천서[版]를 제출하여 그를 수재에 천거했는데, 왕장문은 거짓으로 발광(發狂)한 것처럼 행동하여 짐을 짊어지고 문밖으로 뛰쳐나갔다. 호비는 여러 차례 사람을 보내 그에게 돌아올 것을 청했으나 끝내 돌아보지 않았다. 그는 고향으로 돌아가 모친을 봉양했다. 홀로 강학했다. 《무명자(無名子)》 12편을 지었는데, 《논어(論語)》를 본보기로 삼았다. 또 《통경(通經)》 4편을 지었는데, 괘명(卦名)이 있어 《역(易)》과 《현(玄)》을 본뜬 것이다. 그는 《춘추(春秋)》 삼전(三傳《춘추좌씨전(春秋左氏傳)》, 《공양전(公羊傳)》, 《곡량전(穀梁傳)》)이 전하는 경(經)이 같지 않다고 생각하여 학생들이 쟁론할 때마다 경(經)을 비교하여 전(傳)을 취했는데, 《춘추삼전(春秋三傳)》 12편을 지었다. 또

《약례기(約禮記)》를 찬술했다. 번잡한 것을 없애고 요점을 들었는데, 모두 10편이다. 이 책들은 모두 당시 유행했다. 왕장문은 재능이 고상하고 훌륭하다. 널리 사랑하고 넓게 받아들이며, 행위에 구속을 받지 않고 도량이 넓고 크며, 사소한 일에 얽매이지 않고 청렴하며 강직하다. 또한 인물의 좋고 나쁨을 평하는 것을 좋아하지 않았다. 그래서 당시 사람들은 그를 좋아하고 공경했다. 모친이 봉록을 받아 공양하기를 원하여 함녕(咸寧, 275~279) 연간에 촉군 태수(蜀郡太守)의 관직을 받았다. 비현(郫縣)에는 나우(羅偶)라는 효자가 있었는데, 부모를 모시는 효가 지극했다. 양친이 죽으려 할 때 병이 들어 고기를 먹을 수 없었다. 나우는 종신토록 고기를 먹지 않았다. 군부(郡府)가 그를 효렴에 찰거했다. 왕장문은 패방을 세워 그를 표창했다. 재부(宰府)가 그를 불렀으며, 삼사(三司)와 무군대장군(撫軍大將軍) 왕준(王濬)이 여러 차례 불렀으나 나아가지 않았다. 왕준이 죽자 왕장문은 예전 주장군(州將軍)의 신분[19]으로 조문하고 제사를 지냈다. 원강(元康, 291~299) 초에 강원(江原) 현령을 시수(試守)[20]했다. 현에서 도적을 붙잡았는데, 왕장문이 그들을 만나 달래고 위로했다. 마침 섣달 그믐날이어서 모두 집으로 돌아가게 했다. 감옥에 갇혀 있던 죄수들마저 떠나보내며 말하기를, "교화가 두텁지 않아 너희들로 하여금 이와 같은 처지에 놓이게 한 것은 장리(長吏)의 잘못이다. 납절(蠟節, 납제(臘祭)를 지내는 기간)은 경축하고 신에게 기원하는 때이니 너희의 윗사람과 아랫사람들에게 돌아가 즐겁게 보내라. 납절이 지나 돌아오면 다른 방도를 생각해 보겠다."라고 했

---

19 예전 주장군(州將軍)의 신분: 왕준이 일찍이 익주(益州)와 양주(梁州)의 도독(都督)을 지냈기에 그렇게 말한 것이다.

20 시수(試守): 한나라 때 정식으로 임명하기 전에 한 직위의 대리(代理)를 시행(試行)했던 제도이다. 그 기간을 1년을 두었다.

다. 여러 관리들이 황공하여 허둥대며 다투어 만류했으나 듣지 않았다. 오래지 않아 조정에서 사면령을 내려 그의 은혜에 감사하지 않은 이가 없었다. 그가 너그럽게 대한 사람은 더 이상 악행을 저지르지 않았다. 말하기를, "감히 왕부군(王府君)을 저버릴 수 없습니다."라고 했다. 왕장문이 장례를 치르기 위해 사직하니 백성들이 그의 치적(治績)을 그리워했다. 대장군(大將軍) 양왕(梁王) 사마융(司馬肜)과 여러 부(府)에서 모두 그를 불렀다. 왕장문이 말하기를, "저는 먼저 저를 임명한 사람을 따르겠습니다."라고 하고 사마융의 부름에 응하여 종사중서랑(從事中書郞)이 되었다. 제후왕과 공경(公卿)들이 그의 명망을 앙모하여 모두 그와 교류했다. 가씨(賈氏진혜제(晉惠帝)의가후(賈后))가 주살되어 사마융을 따라 공을 세워 관내후(關內侯)에 봉했다. 다시 중서랑(中書郞)이 되었다. 민회태자(愍懷太子)가 허창(許昌)에서 죽고 박사(博士)와 중서(中書)가 우부(虞祔)의 예[21]에 관해 논의했다. 왕장문이 제안하기를, "우제는 마땅히 동궁(東宮)에게 돌아가야 합니다. 태자의 자리를 계승하는 사람이 주(主)가 되어야 하며, 〈민회태자는 조부(祖父)인〉 영천부군(潁川府君)과 배제(配祭)해야 합니다."라고 했는데, 모두 시행되었다. 낙양령(洛陽令)에 임명되었다. 왕장문이 사마융을 만나 말하기를, "주윤공(主尹公)은 나쁜 사람입니다. 어떻게 저를 낙양령으로 주청하셨습니까?"라고 했다. 사마융이 웃으며 답하기를, "경이 나쁜 사람이지 내가 나쁜 게 아니오."라고 했다. 왕장문은 굳이 사양하여 부임하지 않았다. 익주(益州)에 반란이 일어났다는 소식을 듣고 《통경》으로 점을 치니 '늙은 누에가 마른 뽕나무에 기어오른다[老蠶緣枯桑]'라는 괘가 나왔다. 그

---

21 우부(虞祔)의 예: 우제(虞祭)와 부제(祔祭)를 이른다. 우제는 부모의 장례를 마치고 돌아와서 지내는 제사이며, 부제는 졸곡(卒哭) 다음날, 신주(神主)를 그의 조상의 신주 곁에 모실 때 지내는 제사이다.

가 탄식하며 말하기를, "뽕나무에 잎이 없으니 누에가 죽겠구나. 촉(蜀) 사람인 나는 여기에서 죽을 것이다."라고 했다. 촉군 태수(蜀郡太守)에 임명되었는데 급병(急病)에 걸려 죽었다. 그때 나이 64세였다. 왕장문과 같은 시대인 촉군(蜀郡) 사람 유축(柳竺)과 임흥(任興) 또한 박학한 것으로 알려졌으며 모두 주별가(州別駕)를 지냈다. 유축은 요직에 있었으며 공정하고 성실했다. 자사(刺史)가 매우 노하여 사람을 죽이려 했는데 여러 신하들이 말렸으나 듣지 않았다. 유축이 노끈을 품에 안고 곧바로 들어가 탁자 위에 놓고 극력하게 법률의 도리를 진술했다. 자사가 그의 말을 따랐고 사과하고는 노끈을 돌려줬다. 그들은 모두 일찍 죽었다.

수량(壽良)은 자가 문숙(文淑)이며, 촉군(蜀郡) 성도(成都) 사람이다. 부친과 조부 두 세대 모두 건위 태수(犍為太守)를 지냈다. 수량은 어렸을 때 건위 사람 장미(張微)와 비집(費緝)과 함께 이름이 알려졌다. 《춘추(春秋)》 삼전(三傳)을 공부했고, 오경(五經)을 철저히 이해했으며, 몸을 깨끗이 했고, 지조가 굳고 소박했다. 주종사(州從事), 산기(散騎), 황문시랑(黃門侍郎) 등을 지냈다. 진(晉)나라가 통일한 뒤 군주부(郡主薄)와 상계리(上計吏)를 지냈으며, 효렴에 찰거되었으나 나아가지 않았다. 주부(州府)에서 그를 불러 주부(主薄)에 임명하고 치중(治中)과 별가(別駕)를 겸임했으며, 재행(才行)에 천거되었다. 자사(刺史) 황보안(皇甫晏)이 삼사(三司)에 고하여 수량이 부름을 받아 태재(太宰)가 되었다. 패성령(霸城令)과 시평 태수(始平太守)에 임명되었는데 치적(治績)으로 이름이 났다. 부풍(扶風)에서 진국내사(秦國內史)로 전임(轉任)되었다. 문립(文立)이 죽은 뒤 온(溫) 현령 이밀(李宓)이 무제(武帝)에게 표(表)를 올려 말하기를, "〈익주(益州)와 양주(梁州)〉 두 주(州)의 인재들이 산일(散佚)하고 준재가 쇠미(衰微)해져 다시는 후진들을 보살피고 변방을 위로하고 평안케 하는 대열에 참여할 수 없습니다. 수량은 공정하고 유능하며 준수하고 걸출하여[22] 두 주의 희망이므로 마땅히 발탁하여[23] 문림의 뒤를 잇게 해야 합니다."라고 했다. 황제는 그를 불러 황문시랑(黃門侍郎)으로 삼고 두 주의 도급사중(都給事中)과 양주 자사(梁州刺史)를 겸임하게 했다. 후에 산기상시(散騎常侍)와 대장추(大長秋)로 자리를 옮겼다. 죽어서 낙양(洛陽) 북망산(北芒山)에 묻었다. 장미(張微)는 자가 건흥(建興)으로, 장익(張翼)의 아들이다. 마음을 오로지 학문에 쏟았으며, 관직이 광한 태수(廣漢太守)에 이르렀다. 비집(費緝)은 자가 문평(文平)이며, 청렴하며 백성들을 잘 다스리는 재간이 있었다. 수재에 천거되어 역성(歷城) 현령과 부릉 태수(涪陵太守)를 지냈으며, 초국내사(譙國內史)로 자리를 옮겼다.

하반(何攀)은 자가 혜흥(惠興)이며, 촉군(蜀郡) 비(郫) 사람이다. 한(漢)나라 사공(司空) 범향후(汎鄉侯) 하무(何武)의 동생 영천 태수(穎川太守) 하현(何顯)의 후예이다. 부친 하포(何包)는 자가 휴양(休揚)이며, 효렴과 수재에 찰거되었으나 모두 응하지 않았다. 낭야왕중위(琅琊王中尉)에 임명되었으나 나아가지 않았다. 하반의 형제는 다섯인데, 모두 이름이 알려졌다. 하반은 어려서부터 조숙했고, 풍채가 뛰어나며 탁월했다. 약관의 나이에 군주부(郡主簿)와 상계리(上計吏)를 지냈으며, 주부(州府)에서 그를 불러 종사(從事)에 임명했다. 자사(刺史) 황보안(皇甫晏)이 그를 왕을 보좌하는 인재라며 칭찬하고 주부로 임명했다. 태시(泰始) 10년(274)에 모친을 봉양하기 위해 고향으로 돌아갔다. 황보안이 아문(牙門) 장홍(張弘) 등으로부터 모함을 받자 하반은 표(表)를 들고 곧장 낙양으로 가서 그를 변호하여 그

---

22 공정하고 … 걸출하여: 원문은 '공조재시(公朝在時)'이나 유림(劉琳)의 주에 의거하여 '공간영특(公幹英特)'으로 보고 번역했다.

23 발탁하여: 원문은 '초자(超子)'이나 '초여(超予)'로 보는 것이 옳다.

의 결백함이 밝혀졌다. 자사 왕준(王濬)이 그를 다시 불러 주부와 별가(別駕)에 임명했다. 함녕(咸寧) 3년(277)에 왕준이 황제의 조서를 받아 군대의 둔전(屯田)을 그만두고 배를 건조하여 오(吳)나라를 정벌하기 위해 준비했다. 하반이 나아가 말하기를, "지금 보니 〈배를 만드는 데〉 동원된 병사[佃兵]들이 겨우 6백 명인데, 계산해 보니 6, 7년 동안 배를 만들어야 만명을 배에 실을 수 있습니다. 뒤에 있는 배가 아직 완성되지 않는데 앞에있는 배는 벌써 썩게 되니 나라를 이루는 데 보탬이 되지 않는 생각입니다. 즉시 쉬고 있는 병사[守休]들과 그 밖의 군관들을 모두 소환하여 합하여 만여 명이 배를 건조한다면 1년이 끝날 무렵이면 완료될 수 있을 겁니다."라고 했다. 왕준과 강기(綱紀문서를 담당하는주부(主簿))는 짧은 시간에 만 명의 병사들을 소집할 수 있다는 것에 의심을 품고 먼저 상주하여 보고하려 했다. 하반이 말하기를, "황제께서 비록 오나라를 치려고 하지만 의심을 품는자들이 아직 많아서 갑자기 만 명의 병사를 소집한다는 말을 들으시면분명 받아들이려 하시지 않을 것이다. 전병(佃兵)들을 동원하여 배를 건조하면 배가 때맞춰 완성되지 않을 것이다. 마땅히 곧바로 사람들을 소집하여 신속하게 기회를 잡아야 한다. 설령 내 말이 받아들여지지 않더라도 그동안 쏟은 노력들이 결실을 보았기에 형세를 돌이킬 수 없을 것이다."라고 했다. 왕준이 그의 말을 옳게 여겼다. 논의를 거쳐 산에 들어가 배를 건조하려 했는데, 수백 리 길을 움직여야 하기에 매우 힘이 들었다. 하반이 말하기를, "지금 무덤 가에 소나무와 측백나무를 많이 심어놓았는데, 4할을 구매하여 신속함으로 기회를 잡아야 합니다."라고 했다. 왕준이 기뻐하여 하반으로 하여금 배와 병기 그리고 의장(儀仗)을 만드는 일을 책임지게 했다. 겨울에 하반을 낙양(洛陽)에 사신으로 보냈다. 하반이 말하기를, "성인(聖人)의 공(功)이 성취될 수 있는 것은 사람들로

하여금 그를 믿게 하는 것이지 반드시 성공할 수 있는 것은 아니다. 한
고조(漢高祖) 유방(劉邦)의 대략(大略_{원대한 지략})은 오히려 한신(韓信)과 누경(婁敬)
의 고찰을 거치지 않고 숙하(蕭何)와 장자방(張子房)의 계책에 의거한 뒤에
쓴 것입니다. 지금 범상하지 않은 공을 세웠는데 혹자들은 믿지 않습니
다. 양공(羊公_{양호 羊祜})은 그대와 동맹이며[24] 국가의 소중한 인재입니다. 게다
가 지난번 강릉(江陵)에서 실책(失策)했는데,[25] 서둘러 출행하여 그에게 알
려 주어 그대에게 작은 보탬이 되었으면 하는 생각이 있습니다."라고 했
다. 왕준이 말하기를, "어찌 양숙자(羊叔子_{양호})뿐이겠습니까? 이것은 또한
송원량(宋元亮_{송정 宋廷})이 우려하는 일입니다. 그대가 낙양에 도착했는데, 만약
에 조정에서 거병할 생각이 없다면 그대는 양양(襄陽)으로 가서 양호, 송
원량과 이 일을 논의해 주시오."라고 했다. 하반은 낙양에 도착하여 표
(表)를 올리고[26] 책(策)을 바치고는 형주(荊州)에 이르러 자사 송정(宋廷)과
논의했다. 송정이 찬성하지 않아 양호를 만났다. 두 사람은 여러 날을 논
의한 끝에 함께 용병(用兵)의 관건을 계획했다. 하반이 말하기를, "만약
청주(青州)와 서주(徐州)에서 바다를 따라가서 경구(京口)에 이르고, 수춘
(壽春)과 양주(揚州)에서 곧바로 말릉(秣陵)으로 향하며, 연주(兗州)와 예주
(豫州)에서 회수(淮水)를 건너 상포(桑浦)를 점거하면 무창(武昌) 동쪽과 회

---

24 그대와 동맹(同盟)이며: 양호는 동오(東吳)를 정벌할 것을 강력하게 주장했는데, 왕준과
   의견이 같기 때문에 하반이 '그대와 동맹'이라 말한 것이다.
25 강릉(江陵)에서 실책(失策)했는데: 태시(泰始) 8년(272)에 동오(東吳)의 서릉(西陵) 독(督)인
   보천(步闡)이 진(晉)나라에 투항했다. 동오가 육항(陸抗)을 보내어 서릉에서 보천을 포위
   했다. 진나라는 양호를 보내 보천을 구원하게 했다. 양호는 강릉에 군대를 주둔하고
   편사(偏師, 주력 부대의 좌우익)를 서릉에 파견하여 육항을 공격하게 했으나 육항에 의해
   패했다. 서릉은 함락되고 보천은 사로잡혔다.
26 표(表)를 올리고: 원문은 '배표(拜表)'이다. 신하가 표를 올릴 때 먼저 땅바닥에 무릎을 꿇
   고 절하여 존경을 표하므로 표를 올리는 것을 '배표'라 일컫는다.

계(會稽) 서쪽은 화들짝 놀랄 겁니다. 형주에서 평남장군(平南將軍) 호분(胡奮)이 곧바로 하구(夏口한구(漢口))에 이르고, 파동(巴東)의 군사들이 서릉(西陵)을 군건하게 지키며, 익주(益州)와 양주의 무리들이 배를 타고 장강(長江)의 동쪽으로 내려오고, 낙향(樂鄕진수(鎭戍)의 이름. 지금의 호북성 송자현(松滋縣) 동쪽)을 봉쇄하며, 파구(巴丘지금의 호남성 악양(岳陽))를 점령하면 무릉(武陵), 영릉(零陵), 계양(桂陽), 장사(長沙), 상동(湘東) 등이 바람을 따라 쓰러질 겁니다. 성심성의껏 상을 내리면 선대(船隊)의 수미(首尾)가 모두 모이고, 깃발이 하늘에 빛나며, 사방에서 사람들이 구름처럼 모여 들어 기세를 몰아 석권하고, 남쪽 끝으로 격문을 전하면 오회(吳會)[27]가 평정되지 않은 곳이 없을 것입니다."라고 했다. 양호가 크게 기뻐하여 표(表)를 올려 동오를 칠 것을 청했다. 얼마 안 있어 왕준을 불러 대사농(大司農)에 임명했다. 진수(晉壽)에 도착하여 황제는 조서를 내려 왕준을 용양장군(龍驤將軍)에 임명하고, 하반을 낭중(郎中)에 제수하여 왕준의 군사 일에 참여하게 했다. 하반은 빈번하게 명을 받들어 낙양으로 사신으로 갔다. 이때 그는 아직 결혼을 하지 않았는데, 사공배공(司空裴公배수(裴秀))이 그의 재주를 알아보고 딸을 그에게 시집보냈다. 함녕 5년(279) 가을에 하반이 사신으로 낙양에 있었다. 안동장군(安東將軍) 왕혼(王渾)이 표를 올려 오주(吳主) 손호(孫晧)가 북상(北上)하려 하니 변방이 경계해야 함을 말했다. 조정은 정벌에 관해 논의했는데, 6년이 걸린다는 결론을 내렸다. 하반이 상소를 올려 손호가 감히 출병(出兵)하지 못하게 하려면 지금 계엄함에 말미암아 엄습하여 취하면 매우 쉽다는 책(策)을 제시했다. 중서령(中書令) 장화(張華)가 하반에게 명하여 집에서 지내게 하고

---

27 오회(吳會): 동한(東漢) 때 회계군(會稽郡)을 오군(吳郡)과 회계군(會稽郡)으로 나누고, 병칭(並稱)하여 '오회(吳會)'라 했다. 후에 이 두 개 군의 옛 땅을 '오회'라 칭했다.

는 여러 난제를 내었으나 하반은 모두 그 문제들을 풀었다. 하반이 또 말하기를, "왕준의 성품은 충렬(忠烈)하여 명을 받으면 반드시 그 일을 완수했으니 그의 작위(爵位)와 명호(名號)를 높여 줘야 함이 마땅합니다."라고 했다. 황제는 조서를 내려 왕준의 자리를 평동장군(平東將軍)으로 옮기고 익주와 양주 두 주의 일을 감독하게 했다. 오나라가 평정된 뒤 그를 관내후(關)에 봉했다. 왕준이 입조하여 보국(輔國)에 임명되고 하반은 사마(司馬)가 되었다. 그는 〈논시무(論時務)〉 5편을 올렸다. 형양령(榮陽令)에 제수되고 정위평(廷尉評)으로 승급했다. 도적이 성문 아래 빗장[下關]을 열었는데, 사형에 처할 만한 중죄이다. 하반이 이를 논박하기를, "위 빗장[上關]은 대문을 통제하는 관건이고, 아래 빗장은 예비로 사용하는 빗장입니다. 설령 위 빗장을 열었다 하더라도 어떻게 형벌을 가할 수 있겠습니까?"라고 했다. 이에 사형을 면했다. 하반은 여러 차례 죄의 심의를 주관했다. 그는 산기시랑(散騎侍郎)으로 자리를 옮겼다. 태부(太傅) 양준(楊駿)이 모반하여 여러 관리들을 청했다. 하반은 시중(侍中) 부기(傅祇), 시랑(侍郎) 왕개(王愷) 등과 함께 갔다. 혜제(惠帝)는 초왕(楚王) 사마위(司馬瑋)와 전중중랑(殿中中郎) 맹관(孟觀)의 책(策임금의 명령서)을 따라 계엄령을 내리고 양준을 주살했다. 양준의 집 밖은 이미 병사들이 바삐 움직였고, 하반과 부기는 담을 뛰어넘어 나와 황제를 모실 수 있었다. 황제는 하반을 익군교위(翊軍校尉)로 삼아 웅거(熊渠)의 병사들을 거느리고 한 차례 전쟁으로 양준을 죽이게 하여 사직(社稷)이 안정되었다. 하반을 서성공(西城公)에 봉하고 식읍만 호(戶)를 주었다. 책에 이르기를, "오호! 옛 선왕은 이 세상을 널리 구제하기 위해 강역을 열어 분봉하지 않은 땅이 없었으니 덕을 세우고 공을 드러내기 위함이었다. 그러므로 역신(逆臣) 양준은 사직을 위태롭게 하는 것을 도모하여 전쟁을 일으켜 하늘을 나는 화살이 조정에 집중되고, 하얀 칼날은 궁궐에서 서로 맞대었다. 하반이 명을 받아 분발하여 토벌하니 흉악한 역신이 신속하게 제거되었다. 하반은 충렬(忠烈)하며 결단력이 있고 굳세어 짐이 매우 기쁘다. 지금 위흥군(魏興郡)의 서성(西城)을 하반의 봉국(封國)으로 삼고, 그에게 북쪽 땅[玄社][28]을 주고, 백모초(白茅草)를 까니[29] 영원히 진(晉)나라의 번보(藩輔(번왕藩王))가 될지어다. 우러러 탄복할 만하다. 그 땅을 공경하여 중히 여기고, 백성들[黎元]에게 은혜를 베풀어 그들을 안락하게 하여 혹여 그들의 빛나는 공업(功業)을 훼손하지 말라.” 라고 하고 또 비단 만 필을 상으로 내렸다. 하반은 굳이 사양하여 5천 필만 받았다. 또한 하반의 동생 하봉(何逢)에게 평향후(平鄕侯), 형의 아들 하기(何夔)에게는 관내후(關內侯) 작위를 하사했다. 선성내사(宣城內史)로 벼슬이 바뀌었으나 나아가지 않았다. 동강교위(東羌校尉)로 자리를 옮겼다. 서쪽 오랑캐가 변경을 침범하여 장사(長史) 양위(楊威)를 보내 토벌하게 했는데, 하반이 지시한 것을 어겨서 결국 전쟁에서 패했다. 하반이 출정에서 돌아온 뒤 월기교위(越騎校尉)의 벼슬을 받았다. 무기고(武器庫)에 화재가 나서 백관(百官)이 모두 불을 끄러 갔다. 하반 혼자만이 군사들을 이끌고 황궁을 지켰다. 황제는 다시 그에게 비단 5백 필을 내렸다. 하반은 하남윤(河南尹)의 벼슬을 받았고 양주 자사(揚州刺史)로 벼슬이 바뀌었으며 부절(符節)을 쥐는 권력을 얻었다.[30] 하반이 관직에 있은 수년 동안 덕치와 교화가 선양되었다. 정로장군(征虜將軍) 석숭(石崇)이 표(表)를 올려 동남쪽

---

28 북쪽 땅: 원문은 ‘현사(玄社)’인데, 검은색을 뜻하는 ‘현(玄)’은 음양오행에서 북쪽과 상응한다. 고대 중국에서 천자는 오색(五色)으로 제후를 봉했다.

29 백모초(白茅草)를 까니: 백모초는 고대 중국에서 제물을 싸거나 제후를 분봉하는 데 쓰였다.

30 부절(符節)을 쥐는 권력을 얻었다: 한나라 말과 위진남북조 때 지방 군정을 담당하는 관리에게 간혹 ‘가절(假節)’이라는 칭호가 주어졌다.

에 병기(兵氣^{전쟁의}_{기운})가 있으니 멀리 있는 사람을 등용하는 것³¹은 마땅하지 않다고 말했다. 조정은 하반을 대사농(大司農)에 임명하고 삼주도(三州都)를 겸하게 했다. 하반은 스스로 표를 올려, 병이 들어 일을 그르치고 잊어버려 인재를 저울질하는 것을 감당할 수 없기에 임희(任熙)와 비집(費緝)에게 도직(都職)을 사양한다고 말했다. 황제는 그의 건의를 받아들이지 않았다. 연주 자사(兗州刺史)로 벼슬을 바꾸고 보검과 붉은 신을 하사했으나 하반은 굳이 사양하여 벼슬에 나아가지 않았다. 그때 황실의 정권이 쇠미해져 충직한 신하들이 많이 해를 입었다. 게다가 제후왕들이 번갈아 일어났고, 관리들은 도당 맺기를 좋아했다. 하반은 문을 닫고 병을 치료하여, 세상일에 관여하지 않았다. 조정은 논의하여 그를 공후(公侯)로 삼고자 했으나 공교롭게도 때마침 그가 죽었다. 그때 나이 57세였다. 천자는 그의 죽음을 애석하고 섧게 여겨 그에게 사농인수(司農印綬)를 추증하고 시호를 '환공(桓公)'이라 했다. 하반은 유언을 남겨 세자(世子)에게 공경과 검약에 힘쓰고, 순공증(荀公曾^{순욱}_(荀勖))과 제갈림(諸葛林^{제갈전}_(諸葛詮))을 전범(典範)으로 삼을 것을 신칙했다. 아들 하장(何璋)이 그의 작위를 이어받았다.

이의(李毅)는 자가 윤강(允剛)이며 광한(廣漢) 처(郪) 사람이다. 조부 이조(李朝)는 자가 위남(偉南)이며 주별가종사(州別駕從事)를 지냈다. 아버지 이단(李旦)은 자가 흠종(欽宗)이며 광록낭중주사(光祿郎中主事)를 지냈다. 이의는 어려서부터 산만하고 구속받지 않는 성격이라 절약하는 습관을 기르지 않았다. 나이 20세 즈음 군(郡)의 학교[文學]에 가서 수업을 받았는데, 《시(詩)》, 《예(禮)》, 훈고(訓詁)에 통달하여 학주사(學主事^{학교에서 행정업무를}_{담당하는 직원})가 되

---

31 멀리 있는 사람을 등용하는 것: 편벽한 곳인 촉 땅 사람인 하반을 양주 자사로 삼는 것을 말한 것으로 보인다.

었다. 태수 홍농(弘農) 사람 왕준(王濬)이 학교에 와서 강학(講學)을 검사하며 좨주(祭酒) 희염(姬豔)에게 묻기를, "학교에 학업을 이루어 찰거할 만한 인재가 몇백 명이나 되는가?"라고 했다. 희염이 대답하기를, "백 명은 되옵니다."라고 했다. 왕준이 노하여 말하기를, "학생[童冠][32]이 8백 명인데 학업을 이룬 자가 백 명이니 가르친 학생이 적은 것은 무엇 때문인가?"라고 했다. 이의가 대답하기를, "희염의 말대로 태수[33]의 교육은 공자보다 더 성합니다. 적다고 할 수 없습니다."라고 했다. 왕준이 기이하게 여겨 주부(主薄)로 삼았다. 왕준은 일찍이 세 자루 칼을 얻는 꿈을 꿨는데, 어떤 이가 벼의 싹을 가져다가 칼 위에 놓았는데[益] 손으로 잡았으나 들 수가 없었다고 한다. 그는 이 일을 군승(郡丞)과 아전[掾史]에게 물어봤으나 아무도 알지 못했다. 이의가 대답하기를, "길조입니다. 칼 세 자루[三刀]는 '주(州)' 자가 됩니다. 여기에 벼의 싹[禾]을 더했는데 손으로 잡을 수 없다고 했으니, 벼 '화(禾)' 자 옆에 잃을 '실(失)' 자를 더하면 '질(秩)' 자가 됩니다. 태수의 관직[秩]이 마땅히 익주 자사(益州刺史)에 이를 것입니다."라고 했다. 왕준이 웃으며 말하기를, "경의 말대로 된다면 마땅히 그대를 수재로 삼아야 한다."라고 했다. 장홍(張弘)이 익주 자사 황보안(皇甫晏)을 죽이고 표(表)를 올려 황보안이 반란했다고 무고(誣告)했다. 이의가 왕준에게 고하여 말하기를, "황보후(皇甫侯)는 제생(諸生)에서 시작하여 지위가 주군(州郡)에서 가장 높은 데까지 이르렀습니다. 또 무엇을 구하겠습니까? 또

---

32 학생[童冠]: 원문 '동관(童冠)'은 청소년을 뜻한다. 《논어(論語)》〈선진(先進)〉에 "늦은 봄 3월에 봄옷을 모두 입고, 어른 오륙 명과 동자 육칠 명과 함께 기수(沂水)에서 목욕을 하여, 무우대(舞雩臺)에서 바람을 쐬고, 노래를 부르며 돌아오겠습니다.[莫春者, 春服既成, 冠者五六人, 童子六七人, 浴乎沂, 風乎舞雩, 咏而歸.]"라고 했다.

33 태수: 원문 '명부(明府)'는 태수에 대한 존칭으로 쓰였다.

한 광한(廣漢)과 성도(成都)가 밀접하여 양주(梁州)가 통할하는 것은 광한이 익주의 요지(要地)를 점하고 있어 지금과 같은 사태를 방비하게 한 것입니다. 익주에서 사고가 발생하면 이 군의 걱정이 됩니다. 게다가 장홍이 놈은 무리들이 그와 함께 하지 않으니 마땅히 출병하여 토벌해야 합니다."라고 했다. 왕준은 먼저 조정에 아뢰고 난 뒤에 토벌을 하려고 했는데 이의가 말하기를, "대부(大夫)가 변새로 나가 진실로 사직에 이롭다면 권력을 독점하는 것은 어진 일입니다. 하물며 주인을 죽이는 강도야 더 말할 나위가 있겠습니까? 시급합니다. 마땅히 평상시의 형식에 얽매이지 마셔야 합니다."라고 했다. 왕준이 그의 말을 따라 출병하여, 아문만태(牙門滿泰) 등과 함께 장홍을 토벌하여 그를 죽였다. 조정은 조서를 내려 왕준의 벼슬을 익주 자사로 바꿨고, 이의는 다시 주의 주부와 별가(別駕)가 되었고 수재에 천거되었다. 왕준이 오(吳)나라를 정벌했을 때 이의는 하반과 함께 참군(參軍)이 되었다. 오나라가 평정되고 관내후(關內侯)에 봉해졌으며, 농서호군(隴西護軍)에 제수되었으나 병을 핑계로 관직을 사양했다. 신번(新繁) 현령으로 자리를 옮겼으며, 운남 태수(雲南太守)로 벼슬이 바뀌었다. 왕준이 죽을 때 표(表)를 올렸는데, 후에 진 무제(晉武帝)는 왕준의 공훈을 생각하여 이의의 소재를 물어 그를 건위(犍為)로 자리를 옮기고 부절(符節)을 쥐고 남이교위(南夷校尉)가 되게 했다. 오랜 시간이 지나 건위 백성 모선(毛詵)과 이예(李叡)가 주제(朱提) 백성 이맹(李猛)과 함께 태수 두준(杜俊)과 옹약(雍約)을 쫓아내고 반란하여 수만 명이 무리를 이루었는데 이의가 토벌하여 그들을 무찔러 모선과 이맹의 목을 베었다. 이예가 도주하여 오령이(五苓夷)에 의탁했는데, 그들 또한 반란했다. 진(晉)나라 조정이 다시 영주(寧州)를 설치하여, 이의를 자사(刺史)로 삼고 용양장군(龍驤將軍)을 더하고 성도현후(成都縣侯)에 봉했다. 이인(夷人)들이 드디어 크게 반란하여 군현을 무너뜨리고 주성(州城)을 공격하여 포위했다. 중원(中原)이 난리가 났고 이웅(李雄)이 촉(蜀) 땅을 침범했으나 구원병이 이르지 않았다. 이의가 병이 나서 곤궁한 성 안에서 죽었다. 진 회제(晉懷帝)가 그의 충절을 가상히 여겨 그를 소부(少府)에 추증하고 시호를 '위후(威侯)'라 했다. 이의의 성품이 통달박학(通達博學)하고, 감정이 순정(純正)하고 관후(寬厚)하며, 춥고 가난한 백성들을 진휼하며, 친구들에게 도탑게 하여 사람들이 모두 그에게 귀의했다. 그러나 조롱하기를 좋아하여 어질고 삼가함이 부족했다. 종제인 이필(李苾)은 자가 숙평(叔平)이며, 몸을 닦고 자신의 명망와 덕행을 연마했다. 여러 차례 이의에게 자긍심을 갖고 엄숙하기를 간했다. 이의가 웃으면서 응답하기를, "나는 어려서부터 나의 명예와 소양을 기르는 데 관심이 없었지만 결국에는 모절(旄節)을 거머쥐고 구경(九卿)에까지 이를 수 있었다. 경이 청렴하고 검약하며 도를 행하여 종국에는 성도(成都) 현령 자리를 잃지 않을 것이다."라고 했다. 그때 이의는 비로소 남이(南夷)를 관할하는 관직을 받았으며, 이필은 역성(歷城) 현령이 되었다. 후에 이필은 과연 성도 현령이 되었으며, 건위태수(犍爲太守)로 벼슬이 바뀌었으나 지위와 관직이 이의에 미치지 못했다. 이의의 아들 이쇠(李釗)는 유학(儒學)을 견지하여 큰 명망을 얻었다. 아버지 덕분[34]에 알자(謁者)가 되었다. 수림후상(壽林侯相)에 제수되었으나 벼슬에 나아가지 않았다. 상서외병랑(尚書外兵郎)이 되었다. 스스로 표(表)를 올려 난(亂)이 일어난 곳으로 가기를 청했다. 장가(牂柯)에 이르자 이인(夷人)들이 길을 끊어 해가 지나도 진입할 수 없었다. 영주(寧州) 성 안에 양

---

34 아버지 덕분: 원문 '부임(父任)'이다. 한나라 때 2천 석(石) 이상의 고관들은 친형제나 아들 한 명을 낭(郎) 등의 관직에 임명할 수 있었다. 이러한 제도를 '부임(父任)'이라고 한다.

식이 없어 아버지가 병이 들어도 길흉을 알 수 없어 곡식은 먹지 않고 풀만 먹은 것이 분상(奔喪먼 곳에서 친상(親喪)의 소식을 듣고 집으로 급히 돌아감)할 때까지 지속되었다. 관직이 주제(朱提)와 월수(越嶲) 태수, 서이교위(西夷校尉)에 이르렀다. 이의의 딸 이수(李秀)는 한가 태수(漢嘉太守) 신도(新都) 사람 왕재(王載)에게 시집갔다. 재기가 있었다. 아버지가 돌아가신 뒤에 주(州)의 문무 관원들이 그녀를 추천하여 주를 3년간 다스렸다.

익주(益州)와 양주(梁州) 두 주에서 원강(元康) 연간 이후로 주군(州郡)에서 부절(符節)을 쥔 장군의 지위에 이른 자는 수량(壽良), 하반(何攀) 그리고 이의(李毅)이다. 영가(永嘉) 연간에 파서(巴西) 사람 장혁(張奕) 희조(希祖)가 형주 자사(荊州刺史), 남만(南蠻)과 장수(長水)의 교위(校尉)가 되었다. 촉군(蜀郡) 사람 장준(張峻) 소무(紹茂)가 감남중팔부사(監南中八部事), 서이교위(西夷校尉)가 되었고 부절(符節)을 쥐는 일을 맡았다.

양빈(楊邠)은 자가 기지(岐之)이며 건위(犍爲) 무양(武陽) 사람이다. 어려서 배우기를 좋아하고 옛것에 뜻을 두었으며, 자신의 명예와 덕행을 쌓기 위해 연마했다. 주부(州府)에서 그를 불러 주부(主薄)와 별가(別駕)에 임명했다. 자사(刺史) 왕준(王濬)이 수재에 천거했고, 안한(安漢)과 낙(洛) 현령, 국왕중위(國王中尉)를 지냈다. 후에 선발되어 상서랑(尚書郞)이 되었다. 문산 태수(汶山太守)로 벼슬이 바뀌었다. 그때 이인(夷人)들이 진(晉)나라 사람들에게 복수하여 이속(異俗)의 땅이 화목함을 잃게 되었고, 양빈은 파동(巴東)과 광한(廣漢)으로 자리를 옮겼다. 영가(永嘉) 초에 형양내사(衡陽內史)에 천거되었다. 당시 유민(流民)들이 반란하여 장사(長沙)와 상동(湘東)을 공격하여 무너뜨렸는데 양빈이 곧바로 출병하여 구원했다. 도적 무리의 세력이 점차 흥성해져 군성(郡城)을 함락하고 양빈을 사로잡고 그를 수령으로 삼으려 했으나 양빈이 허락하지 않았다. 유민들은 주야로 그를 철저하게 감시했다. 양빈은 감시가 다소 느슨해질 때를 기다렸다가 밤에 급히 도주했다. 발각되었을 때는 이미 멀리 달아난 뒤였다. 양빈은 잔여 무리를 수습하여 중안현(重安縣^{형양군(衡陽郡)에}^{속한 현의 이름})에 주둔했다. 상주 자사(湘州刺史) 순조(荀眺)에게 달려가 그와 함께 나아가 취함을 도모하려 했다. 때마침 순조가 도적에게 투항했다. 양빈의 군대만이 홀로 성을 지켰는데 도적이 공격하여 성을 포위했으나 죽기를 맹세하고 성을 버리지 않아 결국 성 안에서 죽었다. 그때 나이 69세였다. 진 원제(晉元帝)가 진동대장군(鎭東大將軍)이었을 때 양빈의 충절함과 의를 위해 죽은 것을 가상히 여겨 사자(使者)를 보내 조의를 표했다. 책(策)에 이르기를, "영가(永嘉) 7년(313) 4월 기미일에 사지절(使持節) 도독강양제군사(都督江揚諸軍事) 진동대장군(鎭東大將軍) 낭야왕(瑯琊王) 사마예(司馬睿)는 삼가 사신을 보내 전 형양내사(衡陽內史) 양군(楊君)을 표장(表章)하니, 그는 충성스럽고 공경스러우며 마음이 곧고 굳으며, 일의 처리가 공평하며, 비록 위급한 지경에 처했어도 그 절의(節義)가 가상하다. 불행히도 외로운 성에서 죽었으니 심히 슬프다. 지금 상서(尙書)의 대열에 올리고 군을 회남내사(淮南內史)에 추증한다. 혼령이 있다면 이러한 영예에 기뻐할 것이다. 슬프도다!"라고 했다.

비립(費立)은 자가 건희(建熙)이며 건위(犍爲) 남안(南安) 사람이다. 아버지 비읍(費揖)의 자는 군양(君讓)이며 파서 태수(巴西太守)를 지냈다. 비립은 학문이 심오하고 사람됨이 평온하고 과묵하다. 효렴에 찰거되어 왕국중위(王國中尉)가 되었다. 왕의 나이가 어려서 가벼운 차림으로 유람에 나서기를 좋아했다. 비립은 항상 정색을 하고 바로잡아 고치기 위해 직간했다. 비립이 황제에게 상소를 올려 풍유(諷喩)했는데, 문사(文辭)가 단도직입적이어서 규권(規勸)하는 문체에 걸맞았다. 밖으로 나가 성도(成都) 현령이 되었는데, 성도현은 다스리기 어렵기로 이름이 났다. 비립은 성도에 부임하여 선정을 베풀었다. 성품이 공평하고 밝아 안으로 들어와 주(州)의 대중정(大中正)이 되었다. 파서 태수에 제수되었으나 나아가지 않았다. 양주(梁州), 익주(益州), 영주(寧州) 등 세 주(州)의 도독(都督)으로 자리를 옮겼고 상서(尚書)를 겸했다. 황제의 어가(御駕)가 서쪽으로 장안(長安)에 거둥했을 때[35] 비립은 다른 대신들과 함께 낙양(洛陽)을 진수(鎮守)했다.[36] 원외산기상시(員外散騎常侍) 벼슬이 더해지고 관내후(關內侯)에 봉해졌다. 매양 일정한 기준을 두고 세 개 주(州)의 인물들을 조사하여, 품격의 고하를 따져 포폄(褒貶)했다. 규정에 따라 일을 처리하니, 그와의 관계가 가깝고 먼 것을 막론하고 그를 경외하지 않은 이가 없었다. 그러나 억울함을 당한 사람들은 그가 적용하는 기준을 많이 원망했다. 비립은 수차례 여러 군의 임무를 사양했는데, 그의 생각은 황하(黃河), 태산(泰山), 여수(汝水), 영수(潁水) 등의 지역에 있었다. 오랜 시간이 지난 뒤 조정은 논의하여 그를 형주(荊州)에 가게 하려 했다. 영가(永嘉) 5년(311)에 그는 아들과 함께 오랑캐 도적[胡寇]에 의해 피살되었다.[37]

비립과 같은 시기에 한국(漢國)의 여숙(呂叔)은 자가 위덕(偉德)이며 청렴하며 재덕을 겸비한 이유로 부름을 받았으며, 주부(州府)는 그를 수재에 천거했다. 상서랑(尚書郎), 진국내사(秦國內史), 장수교위(長水校尉), 원외상시(員外常侍), 양주도독(梁州都督)을 지냈다. 비립과 함께 오랑캐 도적에 의

---

35 황제의 … 거둥했을 때: 진 혜제(晉惠帝)는 영흥(永興) 원년(304)에 낙양에서 장안으로 거둥했다.

36 진수(鎮守)했다: 원문 '거수(居守)'는 황제가 출정하거나 순행했을 때 중신(重臣)들이 수도를 진수(鎮守)하는 것을 뜻한다.

37 영가(永嘉) … 피살되었다: 원문은 영가 6년으로 되어 있다. 여기서 말하는 오랑캐 도적은 흉노족인 전조(前趙)의 유총(劉聰)을 가리킨다. 유총은 영가 5년인 311년에 낙양을 공격하여 진 회제를 사로잡았다.

해 피살되었다.

상건(常騫)은 자가 계신(季愼)이며 촉군(蜀郡) 강원(江原) 사람이다. 조부 상축(常竺)은 자가 대문(代文)이며 남광 태수(南廣太守)와 시중(侍中)을 지냈다. 아버지 상위(常偉)는 자가 공연(公然)이며 낭중령(閬中令)을 지냈다. 상건은 《모시(毛詩)》와 《삼례(三禮)》를 공부했으며, 절조가 고상한 것으로 이름이 알려졌다. 주부(州府)에서 그를 불러 종사(從事)와 주부(主薄)로 삼았다. 군부(郡府)에서 그를 초청하여 공조(功曹)로 삼았으며, 효렴에 찰거되어 평향령(萍鄕令)을 지냈으며, 선발되어 국왕시랑(國王侍郞)이 되었다. 밖으로 나가 면죽(綿竹) 현령이 되었다. 국왕이 돌아온 뒤 다시 안으로 들어가 낭중령(郞中令)이 되었다. 왕을 따라 의거를 일으켜 공을 세워 관내후(關內侯)에 봉해졌다. 위군 태수(魏郡太守)로 벼슬이 바뀌었으며 재관장군(材官將軍)이 더해졌다. 진(晉)나라 정권이 쇠락하여 중원이 조용하지 않는 것을 목도하고 굳이 사양하여 벼슬을 떠났다. 신도내사(新都內史)에 임명되었다. 그때 촉에 반란이 일어나 백성들이 모두 형상(荊湘) 지역을 떠돌았는데, 그는 상동 태수(湘東太守)로 자리를 옮겼다. 병이 들어 임명되기 전에 죽었다. 나이 68세였다. 상건은 성품이 널리 사랑하고 사람됨이 돈후하고 공경스럽고, 종족들에게 우애로웠다. 관리가 되어 지방을 다스릴 때 관대함으로 아랫사람을 어루만졌고, 자문하기를 좋아했으며, 움직이면 반드시 겸양했다. 주(州)와 향(鄕)의 사람들이 그를 귀감으로 삼았다.

익주(益州)와 양주(梁州) 두 주의 청관(淸官) 가운데 언급된 사람은 앞은 의도 태수(宜都太守) 건위(犍爲) 사람 당정(唐定) 의업(義業)과 농서 태수(隴西太守) 파서(巴西) 사람 풍헌(馮岾) 휴익(休翊)이 있고 뒤로는 상건(常騫)이다.

상관(常寬)은 자가 태공(泰恭)이며 상건의 족제(族弟)로 비성(郫城) 현령 상욱(常勖) 아우의 아들이다. 아버지 상곽(常廓)은 자가 경업(敬業)이며 경학

(經學)에 밝은 것으로 이름이 알려졌는데 요절했다. 상관은 문을 닫고 폭넓게 공부하여, 《모시(毛詩)》, 《삼례(三禮)》, 《춘추(春秋)》, 《상서(尚書)》를 배웠으며, 특히 《대역(大易)》을 탐구했고, 《사기(史記)》, 《한서(漢書)》, 《상서(尚書)》를 두루 섭렵했으며, 박학강기(博學強記)하며, 겸허하고 청빈하여 당시 세속 사람들과는 달랐다. 군부(郡府)가 그를 공조(功曹)에 임명하고 효렴에 찰거했으나 나아가지 않았다. 주부(州府)가 그를 불러 주부(主簿)와 별가(別駕)로 삼았다. 자사(刺史) 나상(羅尚)이 그를 수재로 천거하고 시어사(侍御史)로 삼았다. 신번(新繁) 현령에 제수되었는데, 백성들을 따라 영릉(零陵)에 현을 설치했다.[38] 그를 천거한 사람[39]이 죽어서 관직을 버렸다. 상주(湘州)에서 반란이 일어나 남쪽으로 교주(交州)로 들어갔다. 교주자사(交州刺史) 도함(陶咸)이 표를 올려 그를 장사(長史)로 삼을 것을 청했으나 굳이 사양하고 부임하지 않았다. 비록 교성(交城)에서 정처 없이 떠돌아다니며 허술한 옷을 입고 머리에는 가죽 모자를 쓰며 소가 끄는 수레를 타고 다니지만 홀로 경전을 모으고 자세히 연구하고 저술했다. 맹양종(孟揚宗)과 노사구(盧師矩)의 체제에 의거하여 《전언(典言)》 5편을 지었고, 《촉후지(蜀後志)》와 《후현전(後賢傳)》을 찬술했으며, 진수(陳壽)의 《익부기구전(益部耆舊傳)》을 보충하여 더했고, 《양익편(梁益篇)》을 지었다. 진 원제(晉元帝)가 등극했을 때 상관의 덕행이 결백함을 칭찬하여 무평 태수(武平太守)에 임명했는데, 백성들의 그의 다스림을 기뻐했다. 그러나 영화와

---

38 백성들을 … 설치했다: 당시 번현(繁縣) 현민들 가운데 많은 사람들이 영릉으로 유입되어 진나라 조정이 영릉에 번현을 교치(僑置)했다. 교치란 육조(六朝) 시대에 다른 나라에 빼앗긴 땅 이름을 자국 수중에 있는 땅에다 옮겨 놓음으로써 그 땅이 빼앗기지 않은 것처럼 가장하는 것을 가리킨다.

39 그를 천거한 사람: 원문 '거장(舉將)'은 천거를 받은 사람이 자신을 천거한 사람을 가리킬 때 쓰는 말이다. 여기서는 상관을 천거한 나상을 가리킨다.

부귀가 그의 뜻이 아니었기에 관직에 있은 지 3년이 지나 사직했다. 얼마 안 있어 양석(梁碩)이 난을 일으켰는데 난리를 면할 수 있었다. 교주(交州)에서 죽었다. 그가 지은 글은 시(詩), 부(賦), 논(論), 의(議) 20여 편이 있다. 아들 상장생(常長生)은 자가 팽조(彭祖)인데 그 또한 학문과 덕행이 있다. 주주부(州主薄)와 자중(資中) 현령, 치중 종사(治中從事) 등을 지냈다. 일찍 죽었다. 당시 촉군 태수(蜀郡太守) 파서(巴西) 사람 황용(黃容) 또한 저술을 좋아하여, 《가훈(家訓)》, 《양주파기(梁州巴紀)》, 《성족(姓族)》, 《좌전초(左傳抄)》 등 수십 편을 지었다. 한가 태수(漢嘉太守) 촉군(蜀郡) 사람 두공(杜襲) 경수(敬修) 또한 《촉후지(蜀後志)》를 지었다. 조흠(趙廞)과 이특(李特)이 반란한 일과 상사(喪事)에 관한 예의(禮儀)를 기록했는데, 후생들이 취할 바가 있다.

초등(譙登)은 자가 신명(愼明)이며 파서(巴西) 서충국(西充國) 사람으로 초주(譙周)의 손자이다. 그의 백부 초희(譙熙)는 효렴에 찰거되어 본 군의 대중정(大中正)과 면양(沔陽) 현령을 지냈다. 숙부 초동(譙同)은 자가 언소(彦紹)이고 어렸을 때부터 이름이 알려졌다. 주(州)와 군(郡)의 임명을 거절했다. 양주 자사(梁州刺史) 수량(壽良)과 동강교위(東羌校尉) 하반(何攀)이 삼사(三司)와 대장군(大將軍) 막부(幕府)에 그를 천거했다. 상서랑(尙書郎)이 되고, 석(錫) 현령에 제수되었다. 또한 그의 전(傳)을 지은 이가 있다. 초등은 어려서 공정하고 미더우며 의롭고 굳센 것으로 이름이 났다. 군부(郡府)는 그를 공조(功曹)에 임명했고, 주부(州府)는 그를 주부(主薄)와 별가종사(別駕從事)에 임명했다. 음평 태수(陰平太守)의 벼슬을 받았다. 군(郡)의 오관연(五官掾)은 본디 대성(大姓)들로 강성하고 권세가 있어 강인(羌人)과 진인(晉人)을 업신여겨서 초등이 그들을 죽이니 군이 모두 정숙(整肅)해졌다. 후에 이특(李特)이 난을 일으켜 이 군이 그들에 의해 함락되었는데 초등

의 아버지 초현(譙賢)이 이웅(李雄)의 파서 태수(巴西太守) 마탈(馬脫)에 의해
살해되어 초등은 동쪽으로 진남장군(鎭南將軍) 유공(劉公⁽劉弘⁾)에게 가서 청
병(請兵)했다. 당시 중원(中原)에 난리가 나서 초등은 유홍이 있는 곳에서
3년을 기다렸으나 구원병을 얻을 수 없었다. 그리하여 양렬장군(揚烈將軍)
과 재동내사(梓潼內史)로 임명해 줄 것을 청하는 표를 올렸고 의로움으로
합하여 파촉(巴蜀)의 유민들을 모집하여 2천 명을 얻었다. 평서장군(平西
將軍) 나상(羅尙)이 물러나 파군(巴郡)에 주둔하고 있었는데, 초등은 나상에
게 가서 군대를 보내 이웅(李雄)을 토벌할 것을 청했으나 구원병을 얻지
못하여 〈자신만의 군대를 이끌고〉 탕거(宕渠)를 공격하여 마탈의 목을 베
고 그의 간을 먹었다. 파서(巴西)의 역적들을 무찌르고 초등은 다시 나상
에게 와서 구원병을 청했다. 나상의 부하들 대다수가 필시 이득이 없다
고 여겨 초등이 화가 나서 여러 차례 그들을 욕보였다. 또한 나상을 책망
했으나 나상은 단지 미안하다고만 할 뿐이었다. 마침 나양(羅羕)이 이웅
의 태위(太尉) 이리(李離)를 죽이고 재동(梓潼)을 들어 투항하여, 초등은 곧
바로 부성(涪城)으로 들어갔다. 이웅은 몸소 초등을 공격했는데 초등에
의해 패했다. 나상의 부장(部將) 장라(張羅)가 건위군(犍爲郡)의 합수(合水)로
나아가 진을 쳤고, 문석(文碩)이 이웅의 태재(太宰) 이국(李國)을 죽이고 파
서군(巴西郡)을 바쳐 투항했다. 장라는 군대를 보내 광한(廣漢)을 노략질하
고, 이웅의 숙부인 이양(李驤)을 무찌르고, 그의 처자를 포로로 잡고, 이
웅의 목을 벨 사람들을 모집했다. 유적(流賊)들이 점차 지쳐 갔다. 나상이
죽었다. 나상의 부하는 초등이 그들에게 모욕을 준 데에 한을 품고 초등
에게 군량을 공급하지 않았다. 익주 자사(益州刺史) 피소(皮素)가 파동(巴東)
에 이르러 평서장군(平西將軍)에게 이전 장령(將領) 장순(張順)과 양현(楊顯)
을 파견하여 초등을 구원하게 했다. 점강(墊江)에 이르러 피소가 해(害)를

만나 장순과 양현이 돌아왔다. 이웅은 초등이 군량이 부족하다는 사실을 알고 이양을 보내 공격하게 했다. 초등은 무기가 다하고 병사들은 굶주렸으나 죽기를 맹세하고 물러나지 않았다. 무리들 역시 굶주려 죽더라도 그를 떠나는 자가 없었다. 영가(永嘉) 5년(311) 초등은 이양에 의해 생포되었는데, 이양은 초등을 수레에 태워 이웅에게 보냈다. 초등은 언사(言辭)가 강개(慷慨)하며, 눈물을 흘리고 한숨을 지으며, 투항하여 뜻을 굽혀 복종할 생각이 없었기에 이웅은 그를 죽었다. 그의 군사들을 가두고 모두 노예로 삼아 병사들에게 상으로 주었다. 장마가 100여 일 동안 계속되어 이웅은 속으로 초등이 억울하게 죽은 것이며 그가 거느렸던 사람들은 잘못이 없다고 여겨서 노기(怒氣)가 하늘에 닿았다. 이웅은 사면하라는 명을 내리고 물에 빠진 초등의 군사들을 구출했다. 처음에 나상이 성도(成都)에 있었을 때 이웅과 전쟁을 했는데, 비성(郫城) 현령 건위(犍為) 사람 장흔(張昕) 흠명(欽明)이 항상 이웅을 격파시켜 이웅의 무리들은 그를 무서워했다. 그러나 구조한 군사들이 마음을 합칠 수 없어 장흔은 이웅에 의해 살해되었다. 이웅이 항상 말하기를, "나상의 부장(部將)들이 모두 장흔 같았다면 우리는 일찌감치 남음이 없었을 것이다."라고 했다. 그때 아문좌사(牙門左汜) 또한 전공(戰功)이 있었는데, 나상은 그에게 무기와 군량을 보충해 줄 수 없었기에 아문좌사는 분노하여 모친상을 이유로 들어 고향으로 돌아갔다. 나상이 여러 차례 그를 소환했으나 가지 않았다. 나상이 노하여 말하기를, "아문좌사가 없으면 도적들을 소멸할 수 없는 것인가?"라고 하고 아문좌사를 죽였다. 이웅은 아문좌사가 죽었다는 소식을 듣고 대소 신료들이 서로 축하했다. 초등과 같은 군현(郡縣)의 이고(李高) 역시 무예에 재간이 있었는데, 오(吳)나라를 평정했을 때 아문좌사와 함께 선두에 나서 손호(孫皓)를 붙잡아 현후(縣侯)에 봉해졌고 관직이 금성(金城)과 안문(雁門) 태수에 이르렀다.

후복(侯馥)은 자가 세명(世明)으로, 강양(江陽) 사람이다. 효렴에 찰거되어 평서참군(平西參軍)을 지냈다. 궐문 나상(羅尙)이 죽은 뒤 파군(巴郡)에 난리가 나서 후복은 전란을 피해 장가(牂柯)로 들어갔다. 영주 자사(寧州刺史) 왕손(王遜)이 평서장군(平西將軍)을 겸임했는데 다시 후복을 취하여 참군(參軍)으로 삼았다. 왕손은 장가 태수(牂柯太守) 사서(謝恕)를 부릉 태수(涪陵太守)로 자리를 옮겨 파군(巴郡)의 파구(把口)에 진을 치게 할 심산이었다. 그는 표를 올려 후복을 강양 태수(江陽太守)로 임명하여 강양(江陽)의 비원(沘源)으로 가서 만인(蠻人)과 노인(獠人)을 무휼(撫恤)하고, 강양을 수복하고, 장강(長江)을 개통할 것을 청했다. 이웅(李雄)의 정동대장군(征東大將軍) 이공(李恭)은 이미 강양을 점령하고 있었다. 후복이 이인(夷人)과 노인(獠人)에게 투항할 것을 권유하여 선박을 건조하고 수리했으며, 진공(進攻)을 위해 인력을 배치했다. 사전에 왕손에게 아뢰어 군대를 파견해줄 것을 청했는데, 〈왕손은〉 이문(移文)을 보내 사서와 함께 부릉을 빠져나왔기에 친히 갈 수 없다고 했다. 이공이 무리를 이끌고 후복을 공격했다. 중과부적(衆寡不敵)으로 이공에 의해 패하고 사로잡혀 이웅에게 보내졌다. 이웅의 수하인 정위(廷尉)가 그를 질책했다. 후복이 말하기를, "그대를 섬기라면 죽음만이 있을 뿐 다른 길은 없다. 그다음으로 가정과 국가가 모두 무너졌다. 지금 죽지 않으면 나라에 이로울 것이 없을 것이다. 죽는 것은 나의 본분에 속하는 일이니 나의 충성스런 마음을 지킬 뿐 다른 바람은 없다."라고 했다. 이웅은 반드시 그를 굴복시키려고 하여, 후복과 같은 군의 사람인 장영(張迎)으로 하여금 그를 효유(曉諭)하게 했다. 후복이 노하여 장영에게 욕하며 말하기를, "우리는 나라가 망하면 존재할 수 없거늘 큰 난리가 났는데도 죽지 못하고 온 천하에 눈썹을 낮게 드리우니[40] 무슨 면목으로 보겠는가? 게다가 영주 자사 왕손(王遜)은 난리를 다스릴 수 있는 인재이다. 내가 고향[桑梓]의 치욕이 있기에 그는 멀리 상서(尚書)에게 표를 올려 나를 보내 도적을 토벌하게 한 것이다. 명을 받은 날에 난 실지로 침식(寢食)을 잊었으나 배의 건조가 완료되지 않고, 요청한 구원병이 이르지 않아 너희에 대한 견제가 미치지 않아 그들에 의해 기선을 제압당했다. 마땅히 내가 죽어서 미치지 못한 것을 사죄하며, 위로는 해와 달[41]을 저버리지 않고, 아래로는 왕후(王侯)들에게 부끄럽지 않기를 바란다. 내가 어찌 너희 아녀자처럼 구차하게 살아가겠는가?"라고 했다. 장영이 돌아와 이웅에게 고했다. 이웅은 그를 의롭다 여겨 그를 사면했다. 그때 이웅의 무리들에 의해 붙잡혀 있던 건위 태수(犍為太守) 건녕(建寧) 사람 위기(魏紀), 한국 태수(漢國太守) 재동(梓潼) 사람 문염(文琰), 파군 태수(巴郡太守) 파서(巴西) 사람 황감(黃龕), 부릉 태수 파서(巴西) 사람 조필(趙弼), 영창(永昌) 사람 사준(謝俊), 장가(牂柯) 사람 문맹(文猛) 등은 모두 구차하게 이마를 조아려 후복과 같은 자가 없다. 후복은 몇 년 뒤에 죽었다.

사관이 논한다.

주(周)나라 문왕(文王) 때는 선비들이 많았으나[42] 그들의 재능은 똑같이 쓰이지 않았다. 공자(孔子)의 제자는 70명이나 되는데 뛰어난 바가 서로

---

40 눈썹을 낮게 드리우니: 원문 '저미(低眉)'는 눈썹을 낮게 드리워 부드럽고 순종하는 표정을 짓는다는 뜻으로, 비굴하게 순종하는 것을 비유한다. 《포박자(抱朴子) 외편(外篇) 자교(刺驕)》에 "눈썹을 낮게 드리우고 무릎을 굽혀 권세 있는 자를 섬기고 따른다.[低眉屈膝, 奉附權豪.]"라고 했다.

41 해와 달: 황제를 가리킨다.

42 주나라 … 많았으나: 《시경(詩經) 대아(大雅) 문왕(文王)》에 "빛나는 많은 선비들이 이 왕

같지 않다. 가는 길은 달라도 하나로 귀결되는 것이 중요하다. 이와 같은 이들은 어떤 이는 규장(圭璋)을 들 만한 자질이며, 어떤 이는 호련(瑚璉)을 품을 그릇이며, 어떤 이는 유가와 묵가의 학문을 탐구하고, 어떤 이는 왕을 보좌할 계략을 가슴에 감추고 있어, 물에 잠기면 진흙에 몸을 서리고 있다가 뛰어오르면 용이 되어 하늘로 날아가, 날갯죽지를 힘차게 흔들며 향기를 드날리고, 빛을 먼 곳까지 발산할 것이니, 그들은 실로 서쪽 땅의 소중한 선비들이며, 성스러운 진(晉)나라의 뛰어난 인재들이다. 다만 태어난 곳이 변방이라 〈진나라의 교화를〉 받아들인 시간이 짧아 영현(榮顯)한 책무를 짊어졌으나 그 재능을 충분히 발휘하지 못했다. 만약 그들을 중원(中原)[華宇]의 동량으로 삼아 더 넓은 세상[神區]에서 능력을 발휘하게 한다면 그들의 덕행은 각자 장단이 있을 것이다. 그러나 삼조(三趙)인 조계(趙戒), 조겸(趙謙), 조온(趙溫), 이이(二李)인 이합(李郃), 이고(李固) 그리고 장호(張皓)와 하무(何武) 등의 궤적은 미칠 수 있겠는가? 초등(譙登)과 후복(侯馥)은 마음이 충성스럽고 장렬하나 아름다운 뜻을 이루지 못했으니 슬프다!!

오공(五公)에는 사공(司空) 하무(何武), 사공(司空) 조계(趙戒), 태위(太尉) 조겸(趙謙), 사도(司徒) 조온(趙溫), 사공(司空) 장호(張皓)가 있다.

국에 생겨나네.[思皇多士, 生此王國.]"라고 했다.

卷十一
後賢志

聞之: 善志者, 述而不作; 序事者, 實而不華. 是以史遷之《記》, 詳於秦漢; 班生之《書》, 備乎哀平, 皆以世及事邇, 可得而言也. 西州自奉聖晉後, 俊瑋倜儻之士, 或修德讓, 行止從時; 或播功立事, 羽儀上京, 策勳王府; 甄名史錄, 侔於先賢. 會遇喪亂軋遷, 華夏顛墜, 典籍多缺. 族祖武平府君, 愍其若斯, 乃操簡援翰, 拾其遺闕. 然但言三蜀, 巴漢未列; 又務在舉善, 不必珍異. 揆之《耆舊》, 竹素宜闡. 今更撰次損益, 足銘後觀者凡二十人, 綴之斯篇. 雖行故墜沒, 大較舉其一隅.

衛尉散騎常侍文立廣休:

散騎穆穆, 誠感聖君.

西河太守柳隱休然:

西河烈烈, 秉義居真.

漢嘉太守司馬勝之興先:

漢嘉克讓, 謙德之倫.

郫令州主簿常勖修業:

郫君謇諤, 自固底身.

江陽太守何隨季業:

江陽皎皎, 命世清淳.

梓潼太守王化伯遠:

梓潼矜矜, 在險能平.

太子中庶子陳壽承祚:

庶子稽古, 遷固並聲.

漢中太守李宓令伯:

漢中魋[43]曄, 才蓋羣生.

犍為太守杜軫超[44]宗:

犍為卭卭, 友於寔令.

給事中任熙伯遠:

給事溫恭, 尚德蔑榮.

中書郎王長文德雋:

中書淵識, 寶道韜明.

大長秋壽良文淑:

長秋忠肅, 明允篤誠.

大司農西城公何攀惠興:

司農運籌, 思侔良平.

少府成都侯威李毅允剛:

少府果壯, 文武是經.

---

43 魋: '위(暐)' 자의 오기로 보고 번역했다.

44 원문은 '기(起)'로 되어 있으나 유림(劉琳)과 임내강(任乃强)의 교주본을 참조하여 '초(超)'로 고쳤다.

衡陽內史楊邠岐之:

衡陽固節, 隱然不傾.

尚書三州都費立建熙:

尚書準繩, 古之遺直.

湘東太守常騫季慎:

湘東汜愛, 仁以接物.

武平太守常寬泰恭:

武平亹亹, 冰清玉嶷.

揚烈將軍梓潼內史巴西譙登

江陽太守江陽侯馥

文立, [字]廣休, 巴郡臨江人也. 少遊蜀太學, 治《毛詩》《三禮》, 兼通羣
書. 州刺史費禕命為從事. 入為尚書郎. 復辟禕大將軍東曹掾. 稍遷尚書. 蜀
並於魏, 梁州建, 首為別駕從事. 咸熙元年, 舉秀才, 除郎中. 晉武帝方欲懷
納梁益, 引致雋彥, 泰始二年, 拜立濟陰太守. 武帝立太子, 以司徒李胤 為太
傅, 齊王驃騎為少傅, 選立為中庶子. 立上疏曰: "伏惟皇太子春秋美茂, 盛德
日新, 始建幼志, 誕陟大緣, 猶朝日初暉, 良寶耀璞; 侍從之臣, 宜簡俊乂, 妙
選賢彥, 使視觀則覿禮容棣棣之則, 聽納當受嘉話駭耳之言, 靜應道軌, 動有
所采; 佐清初陽, 緝熙天光, 其任至重, 聖王詳擇, 誠非糞朽 能可堪任. 臣聞
之: 人臣之道, 量力受命, 其所不諧, 得以誠聞." 帝報曰: "古人稱與田蘇遊,
非舊德乎?" 立上: "故蜀大官及盡忠死事者子孫, 雖仕郡國, 或有不才, 同之齊
民為劇." 又上: "諸葛亮蔣琬費禕等子孫, 流徙中畿, 宜見叙用, 一則以慰巴蜀
民之心, 其次傾東吳士人之望." 事皆施行. 十年, 詔曰: "太子中庶子立, 忠貞

清實, 有思理器幹. 前在濟陰, 政事修明, 後事東宮, 盡輔導之節. 昔光武平隴蜀, 皆收其才秀, 所以援濟殊方, 伸叙幽滯也. 其以立為散騎常侍." 累辭, 不許. 上疏曰: "臣子之心, 願從疏以求昵. 凡在人情, 貪從幽以致明. 斯實物性, 賢愚所同. 臣者何人, 能無此懷? 誠自審量: 邊荒遺燼, 犬馬老甚, 非左右機納之器. 臣雖至愚, 處之何顏." 詔曰: "常伯之職, 簡才而授. 何謙虛也." 立自內侍, 獻可替否, 多所補納. 甄致二州人士, 銓衡平當, 為士彥所宗. 故蜀尚書犍為程瓊, 雅有德望, 素與立至厚. 武帝聞其名, 以問立, 立對曰: "臣至知其人, 但年垂八十, 稟性謙退, 無復當時之望, 不以上聞耳." 瓊聞之, 曰: "廣休可謂不黨矣! 故吾善夫人也." 西界獻馬, 帝問立: "馬何如?" 對曰: "乞問太僕." 帝每善其恭慎. 遷衛尉, 猶兼都職, 中朝服其賢雅, 為時名卿. 連上表: 年老, 乞求解替, 還桑梓. 帝不聽. 咸寧末卒. 帝緣立有懷舊性, 乃送葬於蜀, 使者護喪事, 郡縣修墳塋. 當時榮之. 初, 安樂思公世子早歿, 次子宜嗣, 而思公立所愛者. 立亟諫之, 不納. 及愛子立, 驕暴, 二州人士皆欲表廢. 立止之, 曰: "彼自暴其一門, 不及百姓. 當以先公故得爾也." 後安樂公淫亂無道, 何攀與上庸太守王崇涪陵太守張寅為書諫責, 稱: "當思立言." 凡立章奏, 集為十篇; 詩賦論頌, 亦數十篇. 同郡毛楚楊崇皆有德美, 楚牂柯, 崇武陵太守.

柳隱, 字休然, 蜀郡成都人也. 少與同郡杜禎柳伸並知名. 隱直誠篤亮, 交友居厚, 達於從政. 數從大將軍姜維征伐, 臨事設計, 當敵陷陣, 勇略冠軍. 為牙門將, 巴郡太守騎都尉. 遷漢中黃金圍督. 景耀六年, 魏鎮西將軍鍾會伐蜀, 入漢川, 圍成多下, 惟隱堅壁不動. 會別將攻之, 不能克. 後主既降, 以手令敕隱, 乃詣會. 晉文帝聞而義之. 咸熙元年, 內移河東, 拜議郎. 武帝踐祚, 以為西河太守. 在官三年, 以年老去官, 乞骸還蜀. 卒於家, 時年八十. 長子充, 連道令. 次子初, 舉秀才. 杜禛, 字文然. 柳伸, 字雅厚. 州牧諸葛亮辟為從事. 禛, 符節令, 梁益二州都督. 伸, 度支. 禛子珍, 字伯重, 略陽護軍. 伸, 漢嘉巴東太守. 大同後, 並舉秀才. 珍子(彌)[弢], 字景文; 伸子純, 字偉叔, 有名德幹器, 舉秀才, 巴郡宜都建平太守, 西夷長水校尉, 巴東監軍.

司馬勝之, 字興先, 廣漢綿竹人也. 學通《毛詩》, 治《三禮》, 清尚虛素, 性澹不榮利. 初為郡功曹, 甚善綱紀之體. 州辟從事, 進尚書左選郎, 徙祕書郎. 時蜀國州書佐望與郡功曹參選, 而從事侔臺郎; 時重察舉, 雖位經朝要, 還為秀孝, 亦為郡端右. 景耀末, 郡請察孝廉. 大同後, 梁州辟別駕從事, 舉秀才, 歷廣都新繁令, 政理尤異. 以清秀徵為散騎侍郎, 以宗室禮之. 終以疾辭去職. 即家拜漢嘉太守, 候迎盈門, 固讓, 不之官. 閒居清靜, 謙卑自牧, 常言: "世人不務求道德, 而汲汲於爵祿. 若吾者, 可少以為有餘榮矣." 訓化鄉閭, 以恭敬為先. 年六十五, 卒於家. 子尊賢佐, 皆有令德.

常勗, 字修業, 蜀郡江原人也. 祖父員, 牂柯永昌太守. 父高, 廟令. 從父閎, 漢中廣漢太守. 勗少與閎子忌齊名, 安貧樂道, 志篤墳典. 治《毛詩》《尚書》. 涉(治)[洽]羣籍, 多所通覽. 州命辟從事, 入為光祿郎中主事. (入)[又]為尚書左選郎, 郡請迎為功曹. 時州將董軍政, 置從事, 職典刑獄; 以勗清亮, 復為督軍, 治訟平當. 還察孝廉, 除郫令, 為政簡而不煩. 魏征西將軍鄧艾伐蜀, 破諸葛瞻於綿竹, 威振西土, 諸縣長吏或望風降下, 或委官奔走. 勗獨率吏民固城拒守. 後主檄令, 乃詣艾, 故郫穀帛全完. 刺史袁邵嘉勗志節, 辟為主簿. 勗善儀容翔集, 動為表觀, 言論壯烈, 州里重之. 然交友惟賢, 不交下己者, 汎愛之恩猶不足. 邵徵還, 道卒. 忌字茂通, 蜀謁者黃門侍郎. 喪親, 以(致)[至]孝聞. 察孝廉, 為郎. 使吳, 稱職. 歷長水參軍, 什邡雒令. 大同後, 刺史邵坐治城被徵. 忌詣洛陳訴："遠國初附，君民始結，不宜改易." 又表："修治城池，居安思危，邊將常職." 事皆中情. 晉文帝時為相國，辟忌舍人. 武帝踐祚，拜騎都尉，除河內令，州名為難治，忌挫折豪勢，風教大行. 縣有奸嫂殺兄者，羣黨蔽匿，前令莫得，忌皆窮治. 入為州都. 方議為郡守，會卒. 忌為人信道任數，不從下人，故為貴勢所不善，是以作詩著論，先攻己短. 臨喪與樂，歡哀俱至，為士類所稱. 忌友人廣漢段宗仲亦有學行. 蜀時，官與忌比. 袁邵為主簿，與忌共理郡事，文帝善之. 梁州辟別駕從事，舉秀才. 稍遷，官至雲南建寧太守.

何隨，字季業，蜀郡郫人也，漢司空武後. 世有名德，徵聘入官. 隨治《韓詩》《歐陽尚書》，研精文緯，通星曆. 郡命功曹，州辟從事，光祿郎中主事，除安漢令. 蜀亡，去官. 時巴土飢荒，所在無穀，送吏行，乏，輒取道側民芋. 隨以綿繫其處，使足所取直. 民視芋，見綿，相語曰："聞何安漢清廉，行過，從者無糧，必能爾耳." 持綿追還之，終不受，因為語曰："安漢吏取糧，令為之償." 察孝廉. 大同後，臺召，不詣. 除河間王郎中令，不就. 居貧固儉，衣弊蔬食，晝躬耕耨，夕修講諷. 鄉族饋及禮厚皆不納. 目不視色，口不語利. 著《譚言》十篇，論道德仁讓. 嘗有屠牽豬過隨門，豬索斷，失之. 強認溷中豬，隨便牽豬與之. 屠人出門，尋得其所亡豬，謝隨，還豬. 遂以乞之. 有家養竹園，人盜其笋，隨偶行見之，恐盜者覺，怖走竹中，傷其手足，挈屨徐步而歸. 其仁如此. 太康中，即家拜江陽太守，民思其政. 年七十一卒官. 後州鄉人言議平當者，皆相謂何江陽. 至於汶山夷有正直廉讓者，亦號夷中何江陽. 杜景文何興仁皆為作傳. 長子觀，字巨忠，清公淑慎，知名州里. 察孝廉，西都南安令，平西長史. 張昌作亂荊州，從黨西上，郡守無不望風降下，至江陽. 平西將軍羅尚表為安遠護軍，討賊，平殄. 除巴郡太守. 朝議欲以為寧州刺史，會病卒. 次子遊, 治中從事. 隨時, 同郡繁令張崇, 清廉推讓, 見稱當時.

王化, 字伯遠, 廣漢郪人也. 漢將作大匠王堂後也. 祖父商, 字文表, 州牧劉璋時為蜀太守, 有懿德高名, 在《耆舊傳》. 父彭, 字仲, 巴郡太守. 化兄弟四人, (少)[並]有令望. 化治《毛詩》《三禮》《春秋公羊傳》. 郡命功曹, 州辟從事光祿郎中主事尚書郎, 除閬中令, 為政清靜. 察孝廉. 大同後復端右, 郡察孝廉. 為樂涫令. 縣近邊塞, 值胡虜反, 化率吏民積穀堅守. 虜斷道重圍, 孤絕七年. 伺虜怠惰, 出軍討之, 民得野掠. 大軍至, 虜退, 以功封關內侯. 遷朱提太守. 撫和殊俗, 得夷晉懽心. 轉在梓潼, 復有稱績. 為人嚴重, 言論方雅, 臧否允衷, 州里服其誠亮. 年七十二, 卒官. 弟振, 字仲遠, 亦有德望, 廣都令巴東太守. 叔弟岱, 字季遠, 恪居官次, 歷廣陽作唐令, 早亡. 少弟崇, 字幼遠, 學業淵博, 雅性洪粹. 蜀時東觀郎. 大同後, 梁州辟別駕, 別舉秀才尚書郎. 與壽良李宓陳壽李驤杜烈同入京洛, 為二州標雋. 五子情好未必能終. 惟崇獨以寬和, 無所彼此. 著《蜀書》及詩賦之屬數十篇. 其書與陳壽頗不同. 官至上庸蜀郡太守.

陳壽, 字承祚, 巴西安漢人也. 少受學於散騎常侍譙周, 治《尚書》《三傳》, 銳精《史》《漢》. 聰警敏識, 屬文富豔. 初應州命, 衛將軍主簿, 東觀秘書郎, 散騎黃門侍郎. 大同後, 察孝廉. 為本郡中正. 益部自建武後, 蜀郡鄭伯邑太尉趙彥信, 及漢中陳申伯祝元靈, 廣漢王文表, 皆以博學洽聞, 作《巴蜀耆舊傳》. 壽以為不足經遠, 乃并巴漢, 撰為《益部耆舊傳》十篇. 散騎常侍文立表呈其《傳》, 武帝善之. 再為著作郎. 吳平後, 壽乃鳩合三國史, 著魏吳蜀三書六十五篇, 號《三國志》; 又著《古國志》五十篇, 品藻典雅. 中書監荀勖令張華深愛之, 以班固史遷不足方也. 出為平陽侯相. 華又表令次定《諸葛亮故事》,

集為二十四篇．時壽良亦集，故頗不同．復入為著作郎．鎮南將軍杜預表為散騎侍郎，詔曰：“昨適用蜀人壽良具員，且可以為侍御史．”上《官司論》七篇，依據典故，議所因革．又上《釋諱》《廣國論》．華表令兼中書郎．而壽《魏志》有失勗意，勗不欲其處內，表為長廣太守．繼母遺令不附葬，以是見譏．數歲，除太子中庶子．太子傅從後，再兼散騎常侍．惠帝謂司空張華曰：“壽才宜真，不足久兼也．”華表欲登九卿，會受誅，忠賢排擯．壽遂卒洛下，位望不充其才，當時冤之．兄子符，字長住，亦有文才，繼壽著作佐郎，上廉令．符弟蒞，字叔度，梁州別駕，驃騎將軍齊王辟掾，卒洛下．蒞從弟階，字達芝，州主簿，察孝廉，褒中令，永[昌]西部都尉，建寧興古太守．皆辭章燦麗，馳名當世．凡壽所述作二百餘篇，符蒞階各數十篇．二州先達及華夏文士多為作傳，大較如此．

　　李宓，字令伯，犍為武陽人也．祖父光，朱提太守．父早亡．母何更行，見養祖母．治《春秋左傳》，博覽五經，多所通涉．機警辯捷，辭義響起．事祖母以孝聞．其侍疾，則泣涕側息，日夜不解帶，膳飲湯藥，必過目嘗口．本郡禮命，不應．州辟從事尚書郎大將軍主簿太子洗馬．奉使聘吳．吳主問蜀馬多少？．對曰：“官用有餘，民間自足．”吳主與羣臣汎論道義，謂：“寧為人弟．”宓曰：“願為人兄．”吳王及羣臣稱之．大同後，征西將軍鄧艾聞其名，請為主簿，及書招欲與相見，皆不往．以祖母年(孝)[老]，心在色養，拒州郡之命．獨講學，立旌授生．武帝立太子，徵為洗馬．詔書累下，郡縣相逼．宓上疏，武帝覽之，曰：“宓不空有名也．”嘉其誠款，賜奴婢二人，下郡縣供其祖母奉膳．徙尚書郎河內溫令．敷德陳教，政化嚴明．太傅鉅平侯羊公薨，無子，帝令宗子為世子嗣之，不時赴喪．宓遣戶曹淶移推轂遣之．中山諸王每過溫縣，必責求供給．吏民患之．宓至，中山王過縣，徵芻茭薪蒸．宓引高祖過沛，賓老幼，桑梓之供，一無煩費.“伏惟明王, 孝思惟則, 動識先戒; 本國望風, 式歌且舞; 誅求煩碎, 所未聞命.”後諸王過, 不敢煩溫縣. 盜賊發河內餘縣, 不敢近溫. 追賊者不敢經界. 隴西王司馬子舒深敬友之, 而貴豪憚其公直. 宓去官, 為州大中正. 性方亮, 不曲意勢位者, 失苟張指, 左遷漢中太守. 諸王多以為冤. 一年去官, 年六十四卒. 著《述理論》, 論中和仁義儒學道化之事, 凡十篇, 安東將軍胡罷與皇甫士安深善之. 又與士安論夷齊, 及司馬文中杜超宗郄令先文廣休等議論往返, 言經訓詁, 衆人服其理趣. 釋河內趙子聲(譏)[誄]詩賦之屬二十餘篇. 壽良李驤與陳承祚相長短, 宓公議其得失而切責之. 常言:“吾獨立於世, 顧景為疇, 而不懼者, 心無彼此於人故也.”宓六子皆英挺秀逸, 號曰‘六龍’. 長子賜, 字宗碩, 州別駕, 舉秀才, 汝山太守. 少與東海王司馬元超友昵, 每書詩往返, 雅有新聲. 少子興, 字雋碩, 太傅參軍. 幼子盛碩, 寧浦太守. 宓同時蜀郡高玩, 字伯珍, 少受學於太常杜瓊, 術藝微妙, 博聞強識, 清尚簡素. 少與宓齊名, 官位相比. 大同後, 察孝廉, 除曲(隅)[陽]令. 單車之縣, 移檄縣綱紀不使遣迎. 以明三才, 徵為太史令, 送者亦不出界, 朝廷稱之. 方論大用, 會卒.

杜軫, 字超宗, 蜀郡成都人也. 父雄, 字伯休, 安漢雒令. 軫少師譙周, 發明高經於譙氏之門. 郡命為功曹. 鄧艾既破蜀, 被徵. 鍾會進成都, 時太守南陽張府君不肯出官, 軫進曰:“征西囚執鎮西在近, 必有所遣. 軍亂之際, 交害無常. 宜避正殿.”府君即出住下舍. 會果遣參軍牽弘為太守, 數百騎摜甲馳馬入郡. 前驅問侯所在, 云:“已出.”善之. (引)[弘]復召為功曹. 察孝廉, 除建寧令. 徙任山陽新城池陽, 所在有治. 入為尚書郎. 每升降趨翔廊閣之下, 盛容可觀, 中朝偉之. 遷犍為太守, 惠愛在民. 還為州大中正. 軫既才學兼該, 而器量倜儻, 武帝雅識之, 方用內侍, 會卒, 時年五十八. 弟烈, 字仲武, 貞幹敏識, 平坦和粹, 名譽侔軫. 察孝廉, 歷平康牛鞞南鄭安陽令. 王國建, 首選為郎中令. 遷衡陽太守. 兄軫喪, 自上求去官, 以兄子幼弱, 軫喪飄颻, 欲扶將靈柩葬舊墳. 武帝歎惜軫能用未盡, 而嘉烈弟意, 轉拜, 徙官犍為太守. 又轉湘東. 少弟良, 字幼倫, 亦有當世局分. 舉秀才, 茶陵新都令, 國王郎中令, 遷涪陵建寧太守. 兄弟並興, 州里以為美譚. 軫二子, 長子毗, 字長基; 少子秀, 字彥穎. 圭璋琬琰, 世號"二鳳". 毗舉秀才, 大將軍辟掾, 太傅參軍, 平東長史, 尚書郎. 稍遷鎮南軍司益州刺史主簿, 早卒.

任熙, 字伯遠, 蜀郡成都人也. 漢大司徒任(方)[昉]後也. 世有德彥. 父元, 字秀明, 犍為太守, 執金吾. 熙治《毛詩》《京易》, 博通五經. 事親至孝, 居喪毀瘠, 為州鄉所稱. 察孝廉, 除南鄭令, 以病去官. 復授南鄭, 不就. 轉梓潼令. 為政清淨. 辭疾告歸, 勤農力稼, 居室致給. 循訓闔門, 內則可法, 博愛以謙恭接物. 開門待賓, 傾懷下士. 客無長幼, 必有供膳. 清談遊講, 不妄失言, 祇慎著聞. 太康中, 除越雋護軍, 非其雅好, 不往. 徵給事中. 熙以侍臣日月左右, 贊暉揚光, 不可苟私. 終以疾辭. 而蜀郡令每至官, 為之修謁, 歲致羊酒. 即家拜朱提太守, 固讓, 不之官. 好述作, 詩誄論難皆燦豔. 年六十九, 卒於家. 子蕃, 字憲祖. 察孝廉, 新都令, 西夷司馬, 涪陵太守. 蕃子迪, 字叔孤, 少與巴西龔壯俱知名, 而學業優之, 早歿. 熙同時, 犍為楊彭敬宗, 弟逯訓宗, 各以德行稱, 同察孝廉. 彭, 比蘇令, 甘露降其縣. 逯, 滇池令, 殊俗懷其德.

王長文, 字德雋, 廣漢郪人也. 父顒, 字伯元, 犍為太守. 長文天姿聰警, 高暢敏識; 治五經, 博綜羣籍. 弱冠, 州三辟書佐. 丁時興衰, 託疾歸家. 大同後, 郡功曹. 察孝廉, 不就, 遂陽愚. 常着絳衣絳帽, 牽猪過市中乞, 人與語, 偽不聞. 常騎牛周旋. 郡初至, 詣門修敬, 至閤. 走出, 請, 終不還. 刺史淮南胡罷辟從事祭酒, 臥在治. 罷出版舉秀才, 長文陽發狂疾, 步擔走出門. 罷累遣教請還, 終不顧. 還家養母. 獨講學. 著《無名子》十二篇, 依則《論語》. 又著《通經》四篇, 亦有卦名, 擬《易》《玄》. 以為《春秋》三傳, 傳經不同, 每生訟議, 乃擬經撼傳, 著《春秋三傳》十二篇. 又撰《約禮記》, 除煩舉要, 凡十篇, 皆行於時. 長文才鑒清妙, 汎愛廣納, 放蕩闊達, 不以細宜廉(分)[介]為意, 亦不好臧否人物, 故時人愛而敬之. 以母欲祿養, 咸寧中, 領蜀郡太守. 郫有孝子羅偶, 事親至孝. 二親將亡時, 病不能食肉. 終身不食肉. 郡察孝廉. 長文追為立表以旌之. 宰府辟, 三司[及]撫(及)軍大將軍王濬累辟, 不詣. 濬薨, 以故州將軍弔祭. 元康初, 試守江原令. 縣收得盜賊, 長文引見誘慰. 時適臘晦, 皆遣歸家. 獄先有繫囚, 亦遣之. 謂曰: "教化不厚, 使汝等如此, 長吏之過也. 蜡節慶祈, 歸就汝上下, 善相懽樂. 過節來還, 當為思他理." 羣吏惶遽爭請, 不許. 尋有赦令, 無不感恩. 所有人輒不為惡, 曰: "不敢負王君." 將喪去官, 民思其政. 大將軍梁王肜及諸府並辟, 長文曰: "吾從其先命者." 遂應肜招, 為從事中書郎. 諸王公卿慕其名, 咸與之交. 賈氏之誅, 從肜有功, 封關內侯. 再為中書郎. 愍懷太子死於許下, 博士中書論虞祔之禮. 長文議: "虞祭宜還東宮, 以繼太子者為主, 配食於潁川府君." 皆施行. 除洛陽令. 長文見肜曰: "主者不庶幾奏長文為洛陽令?" 肜笑答曰: "卿乃不庶幾, 非主者也." 固辭, 不拜. 聞益州亂, 以《通經》筮, 得"老羸緣枯桑"之卦, 歎曰: "桑無桑[葉], 羸以卒也. 吾蜀人殄於是矣." 拜蜀郡太守, 暴疾卒. 時年六十四. 長文時人蜀郡柳竺任興, 亦博學著聞, 俱為州別駕. 竺在右職, 公亮謇蹇. 刺史盛怒欲殺人, 羣下請, 不聽. 竺乃懷縛徑入, 頓几上, 乃極陳其刑理. 刺史從謝, 還縛. 闕. 皆早亡.

　壽良, 字文淑, 蜀郡成都人也. 父祖二世犍為太守. 良少與犍為張(徵)[微]費緝並知名, 治《春秋》三傳, 貫通五經, 澡身貞素. 州從事, 散騎黃門侍郎. 大同[後], 郡主簿上計吏察孝[廉], 不就. 州辟主簿治中別駕, 舉才行. 刺史皇甫晏貢之三司, 遂辟太宰. 除霸城令始平太守, 治政著稱. 從扶風轉秦國內史. 文立卒後, 溫令李宓表武帝, 言：“二州人士零頹, 才彥淩遲, 無復廁豫綱紀後進慰寧遐外者. 良公朝在時, 二州之望, 宜見超子紹繼立後.”帝徵為黃門侍郎, 兼二州都給事中梁州刺史. 遷散騎常侍大長秋, 卒, 葬洛北芒山. (徵)[微]字建興, 張翼子也. 篤志好學, 官至廣漢太守. 緝字文平, 清檢有治幹, 舉秀才, 歷城令, 涪陵太守. 遷譙內史.

何攀, 字惠興, 蜀郡郫人, 漢司空氾鄉侯武弟潁川太守顯後也. 父包, 字休揚, 察舉孝秀, 皆不行；除瑯琊王中尉, 不就. 攀兄弟五人, 皆知名. 攀少夙成, 奇姿卓逸. 弱冠, 郡主簿, 上計吏, 州辟從事. 刺史(王)[皇甫]晏稱攀“王佐才也.”以為主簿. 泰始十年, 養母歸家. 晏為牙門張弘等所害, 攀操表徑詣洛訟釋, 事得清. 刺史王濬復辟主簿別駕. 咸寧三年, 濬被詔罷屯田兵, 作船, 為伐吳調. 攀進曰：“今見佃兵但六百人, 計作船六七年, 財可勝萬人. 後者未成, 前者已腐, 無以輔成國意. 宜輒召四[45]守休兵, 及諸武吏, 并萬餘人造作, 歲終可辦.”濬及綱紀疑輒召萬兵, 欲先上, 須報. 攀曰：“官家雖欲伐吳, 疑者尚多, 卒聞召萬兵, 必不見聽. 以佃兵作船, 船不時成. 當輒召, 以速為機. 設當見却, 功夫已成, 勢不得止.”濬善之. 議欲入山裁船, 動數百里, 艱難. 攀曰：“今冢墓多種松柏, 當什四市取. 以速為機.”濬悅之, 任攀典舟船器仗. 冬, 遣攀使洛. 攀曰：“聖人之功可成, 使人信之, 不可必也. 夫高祖之大略, 猶未察於韓信婁敬, 因蕭何子房而後用之. 今建非常之功, 或莫之信. 羊公, 使君同

---

45 四：‘회(回)’가 되어야 옳다.

盟, 國家所重. 加曩日失策江陵, 思有奉駕, 宜與相聞. 此一助也." 濬曰:"何但羊叔子, 亦宋元亮之憂. 君至洛, 官家未有舉意, 便前襄陽, 與羊宗論之." 攀既至洛, 拜表獻策, 因至荊州, 與刺史宋庭[46]論. 宋未許, 乃見羊祜, 累日, 共畫用兵之要. 攀曰:"若令循清海[47]以趣京下, 壽春揚州直指秣陵, 兗豫踰海[48]並據桑浦, 則武昌以東會稽以西, 騷然駭矣. 荊州平南徑造夏口, 巴東諸軍固守西陵, 益梁之衆乘浮江東下, 封樂鄉, 要巴丘, 則武陵零桂長沙湘東從風而靡矣. 但明信賞, 首尾俱會, 旌旗耀天, 四面雲合, 乘機席捲, 傳檄南極, 吳會不盡平者未之有也." 羊祜大悅, 遂表請伐吳. 尋徵濬大司農, 至晉壽, 詔以濬為龍驤將軍, 除攀郎中, 參濬軍事. 攀頻奉使詣洛, 時未婚, 司空裴公奇其才, 以女妻之. 五年秋, 攀使在洛. 安東將軍王渾表孫皓欲北上, 邊戍警戒. 朝議征, 却須六年. 攀上疏策皓必不敢出. 宜因今戒嚴, 掩取甚易. 中書令張華命宿下舍, 設諸難, 攀皆通之. 又[言]:"濬性在忠烈, 受命必果, 宜重其位號." 詔書遷濬平東將軍, 督二州事. 吳平, 封關內侯. 濬入拜輔國, 攀為司馬. 上《論時務》五篇, 除滎陽令. 進廷尉評. 有盜開城門下關者, 法據大辟. 攀駁之曰:"上關, 執信之主. 下關, 儲備之物. 設有開上關, 何以加刑?" 遂減死. 多所議讞. 遷散騎侍郎. 太傅楊駿謀逆, 請衆官. 攀與侍中傅祇侍郎王愷等往. 惠帝從楚王瑋殿中中郎孟觀策, 戒嚴, 誅駿. 駿外已忽忽, 攀與祇踰牆, 得出侍天子. 天子以為翊軍校尉, 領熊渠兵, 一戰口斬駿, 社稷用安. 封西城公, 邑萬戶. 策曰:"於戲! 在昔先王, 光濟厥世, 罔不開國列土, 建德表功也. 故逆臣楊

---

46 庭: '정(廷)'이 되어야 옳다.

47 令循清海: 유림(劉琳)의 교주에 의거하여, '청서순해(青徐循海)'로 보는 것이 옳다.

48 海: '회(淮)'가 되어야 옳다.

駿，謀危社稷，構兵，飛矢集於殿庭，白刃交於宮闈．攀受命奮討，凶逆速殄．忠烈果毅，朕甚嘉焉．今以魏興之西城為攀封國，錫茲玄社，苴以白茅，永為晉藩輔．往欽哉！敬乃有土，惠康黎元，無或以隳爾顯烈．”又賞絹萬匹．攀固辭，受五千匹．又錫拜弟逢平鄉侯，兄子夔關內侯．遷宣[城]內史，不就．轉東羌校尉．西虜寇邊，遣長史楊威討之，違攀指授，失利．徵還，領越騎校尉．武庫災，百官皆赴火．攀獨以兵衛宮．復賜絹五百匹．領河南尹，遷揚州刺史，假節．在官數年，德教敷宣．征虜將軍石崇表東南有兵氣，不宜用遠人．徵拜大司農．兼三州都．自表以被疾錯忘，不堪銓量人物．讓都職於任熙費緝．不聽．遷兗州刺史，錫寶劍赤舃，固辭，不之官．時帝室政衰，多害忠直．又諸王迭起，好結黨徒．攀闔門治疾，不與世務．朝議欲以為公，會薨．時年五十七．天子愍悼，追贈司農印綬，謚曰桓公．遺令敕世子務行恭儉，引荀公曾諸葛林為模範．子璋嗣．

　　李毅，字允剛，廣漢郪人也．祖父朝，字偉南，州別駕從事．父旦，字欽宗，光祿郎中主事．毅少散達，不治素檢．年二十餘，乃詣郡文學受業，通《詩》《禮》訓詁，為學主事．太守弘農王濬臨學講試，問祭酒姬豔曰：“學中有可成進幾人？”豔對曰：“可有百人．”濬怒曰：“童冠八百，而成者百人．教少何為？”毅對曰：“如豔之言，明府之教盛於孔氏，不為少也．”濬奇之，命為主簿．濬嘗夢得三口刀，云：人以禾益之，手持，不得．以問郡丞與掾吏，莫能知．毅對曰：“吉祥也．三刀者‘州’字，而益之禾，持不得，‘禾’旁‘失’者‘秩’字．明府秩當至益州．”濬笑曰：“如卿言，當相以為秀才．”張弘殺益州刺史皇甫晏，誣表晏反．毅白濬曰：“皇甫侯起自諸生，位極方州，又當何求？且廣漢與成都密爾，而統梁州者，衿益州之領，須防若今日也．益州有禍，乃此郡之憂．加張弘小

豎, 衆所不與, 宜時赴討." 潛欲先上後行. 毅曰: "大夫出疆, 苟利社稷, 專之

為賢, 何況殺主賊. 急, 當不拘常宜." 潛從之, 發兵, 與牙門滿泰等共討弘, 斬

之. 詔書遷潛益州刺史, 毅復為州主簿別駕, 舉秀才. 及潛伐吳, 與何攀並為

參軍. 吳平, 封關內侯. 除隴西護軍, 以疾去官. 徙繁令. 遷雲南太守. 潛臨薨

上表, 後武帝思潛勳, 問毅所在. 徙犍為, 使持節南夷校尉. 久之, 犍為民毛詵

李叡與朱提民李猛共逐太守杜俊雍約以叛, 衆數萬, 毅討破之, 斬詵猛首. 叡

走依五茶[49]夷, 亦叛. 晉朝復置寧州, 以毅為刺史, 加龍驤將軍, 封成都縣侯.

夷遂大反, 破沒郡縣, 攻圍州城. 中原亂而李雄寇蜀, 救援不至. 疾病, 薨於窮

城中. 懷帝嘉其忠節, 追贈少府, 諡曰威侯. 毅性通博, 居情雅厚, 賑恤寒貧,

篤於故舊, 人咸歸之. 但好談調, 德重猶少. 從弟芯, 字叔平, 修身, 砥礪名行.

數諫毅宜自矜嚴. 毅笑應之曰: "吾小來不治名素, 終杖旄節. 故可至九卿. 卿

清儉履道, 卒不失成都令也." 時毅始受南夷, 而芯為歷城令. 果作成都. 遷犍

為太守, 位官不及毅. 毅子釗, 世秉儒學, 有格望. 以父任為調者, 除壽林侯

相, 不就. 為尚書外兵郎. 自表赴難. 至牂柯, 夷斷道, 不得進經年. 以寧州城

中無穀, 父疾病未知吉凶, 不食穀, 惟茹草, 迄至奔喪. 官至朱提越巂太守, 西

夷校尉. 毅女秀, 適漢嘉太守新都王載, 有才智. 父亡後, 州文武推領州三年.

二州當太清[50]中位, 至方州節將者, 壽良何攀及毅. 永嘉中, 巴張弈希祖,

為荊州刺史, 南蠻長水校尉. 蜀郡張峻紹茂, 為監南中八部事, 西夷校尉, 持

節事.

楊邠, 字岐之, 犍為武陽人也. 少好學志古, 藻勵名行. 州辟主簿別駕. 刺

---

49 茶: '영(荼)'이 되어야 옳다.

50 太清: 서진(西晉)에는 '태청(太淸)'이란 연호가 없다. '원강(元康)'의 오기로 보인다.

史王瀋舉秀才, 安漢雒令, 國王中尉. 以選為尚書郎. 遷汝山太守. 值夷復讎, 失殊俗和, 徙授巴東, 轉廣漢. 永嘉初, 進衡陽內史. 遇流民叛亂, 攻沒長沙湘東, 邠輒救助. 賊眾浸盛, 遂破郡城, 獲邠, 欲以為主, 邠不許. 賊晝夜執守. 邠候其小怠, 夜急走. 比覺, 已去遠. 收餘眾軍重安, 欲投湘州刺史荀眺, 共圖進取. 會眺降賊. 邠孤軍固城, 賊攻圍之. 誓死不移, 遂卒城中. 時年六十九. 帝為鎮東大將軍, 嘉其忠節死義, (大)[遣]使弔贈, 策曰:"惟永嘉七年四月己未, 使持節都督江(陽)[揚]諸軍事鎮東大將軍瑯琊王睿, 謹遣版命前衡陽內史楊君, 忠肅貞固, 守正不移, 雖危逼, 節義可嘉. 不幸殞卒孤城, 甚悼之. 今列上尚書, 贈君淮南內史. 魂而有靈, 嘉茲寵榮. 哀哉!"

費立, 字建熙, 犍為南安人也. 父揖, 字君讓, 巴西太守. 立學義沖邃, 玄靜沈嘿. 察孝廉, 王國中尉. 王年少, 好輕行遊觀. 立常正色匡諫, 及上疏風喻, 詞義劘切, 合箴規之體. 出為成都令, 縣名難治, 立茌之垂績. 以性公亮, 入為州大中正. 除巴西太守, 不就. 轉梁益寧三州都督, 兼尚書. 值大駕西幸長安, 常與大臣居守在洛, 加員外散騎常侍, 封關內侯. 每準正三州人物, 品格褒貶, 帥意方矩, 無復疏親, 莫不畏敬. 然委曲者多恨其繩墨. 數辭諸郡, 意在河泰汝潁. 久之, 朝議欲以為荊州. 永嘉六年, 與子并歿於胡寇.

立時, 漢國呂(毅叔)[淑字]偉德, 以清彥辟, 別舉秀才. 尚書郎, 秦國內史, 長水校尉, 員外常侍, 梁州都督. 與立同歿胡寇.

常騫, 字季慎, 蜀郡江原人也. 祖父竺, 字代文, 南廣太守侍中. 父偉, 字公然, 閬中令. 騫治《毛詩》《三禮》, 以清尚知名. 州辟部從事主簿. 郡請功曹. 察孝廉. 萍鄉令. 以選為國王侍郎. 出為綿竹令. 國王歸之, 復入為郎中令. 從王起義有功, 封關內侯. 遷魏郡太守, 加材官將軍. 以晉政衰, 覦中原不靜,

固辭去官. 拜新都內史. 時蜀亂, 民(在)[皆]流在荊湘, 徙湘東太守. 疾病, 未

拜卒. 年六十八. 騫性汎愛敦敬, 友宗族. 當官修理, 恕以撫物, 好咨問, 動必

謙讓. 州鄉以為儀範.

二州淸官見述者, 先有宜都太守犍為唐定義業隴西太守巴西馮介休翊, 而後

騫云.

常寬, 字泰恭, 騫族弟, 郫令勗弟子也. 父廓, 字敬業, 以明經著稱, 早亡.

闔門廣學, 治《毛詩》《三禮》《春秋》《尚書》, 尤耽意《大易》, 博涉《史》《漢》,

(彊)[疆]識多聞, 而謙虛淸素, 與俗殊務. 郡命功曹及察孝廉, 不就. 州辟主簿

別駕. 舉刺史羅尚秀才, 為侍御史. 除繁令, 隨民安縣零陵. 以舉, 將喪去官.

湘州叛辭[亂], 乃南入交州. 交州刺史陶咸表為長史, 固辭, 不之職. 雖流離交

城, 衣弊褞袍, 冠皮冠, 乘牛往來, 獨鳩合經籍, 研精著述. 依孟揚宗盧師矩著

《典言》五篇, 撰《蜀後志》及《後賢傳》. 續陳壽《耆舊》, 作《梁益篇》. 元帝踐

祚, 嘉其德行潔白, 拜武平太守. 民悅其政. 以榮貴非志, 在官三年, 去職. 尋

梁碩作亂, 得免難. 卒於交州. 凡所著述, 詩賦論議二十餘篇. 子長生, 字彭

祖, 亦有學行. 州主簿, 資中令, 治中從事. 早亡. 時蜀郡太守巴西黃容, 亦好

述作, 著《家訓》《梁州巴紀》《姓族》《左傳抄》, 凡數十篇. 漢嘉太守蜀郡杜

襲敬修, 亦著《蜀後志》, 及志趙廞李特叛亂之事及喪紀禮式, 後生有取焉.

譙登, 字愼明, 巴西西充國人, 譙周孫也. 仲[51]父熙, 察孝廉, 本郡大中正,

沔陽令. 叔父同, 字彥紹, 少知名, 拒州郡之命. 梁州刺史壽良與東羌校尉何

攀貢之三司及大將軍幕府. 為尚書郎, 除錫令. 亦有為作傳者. 登少以公亮義

烈聞. 郡命功曹, 州辟主簿別駕從事, 領陰平太守. 郡五官素大姓豪擅, 侵淩

---

51 仲: '백(伯)'이 되어야 옳다.

羌晉, 登誅之, 郡中皆肅. 後以李特作亂, 本郡沒寇, 父為李雄巴西太守馬脫所殺, 乃東詣鎭南劉公請兵. 時中原亂, 守公三年, 不能得兵. 表拜揚烈將軍梓潼內史, 使合義募巴蜀流士, 得二千人. 鎭⁵²西將軍羅尚以退住巴郡, 登(凡募登)從尚索益軍討雄, 不得. 乃往攻宕渠, 斬脫, 食其肝. 巴西賊破, 復詣尚求軍. 尚參佐多以必無利, 登憤患, 數淩折之. 又加責於尚, 尚但下之而已. 會羅兼殺雄太尉李離, 舉梓潼來降, 登徑進涪城. 雄自攻登, 為登所破. 而尚將張羅進屯犍為之合水, 文碩殺雄太宰李國, 以巴西降. 羅遣軍掠廣漢, 破雄叔父驤, 虜其妻子, 募人斫雄頭. 賊以(向)[尚]困, 而尚本參佐恨登之見矜侮,⁵³ 不供其軍食. 益州刺史皮素至巴東, 敕平西送故遣將張順楊顯救登. 至墊江, 素遇害, 順顯還. 雄知登乏食, 遣驤致攻. 兵窮士餓, 誓死不退. 衆亦餓死而無去者. 永嘉三年,⁵⁴ 為驤所生得, 輿登致雄. 言辭慷慨, 涕泣歔欷, 無服降臣折情, 雄乃殺之. 囚其軍士, 皆以為奴虜, 畀兵士. 而連陰雨百餘日, 雄中以登為枉, 而所領無辜, 怒氣感天. [雄]下敕, 出登軍士湮沒者. 初, 尚之在成都也, 與雄攻戰, 郫令犍為張昕欽明, 每摧破雄. 雄衆憚之. 而救助不能并心, 為雄所殺. 雄常言: "羅尚將均如張昕吾輩族早無遺矣." 時牙門左氾亦有戰功, 尚不能益其兵穀, 氾恚恨, 以母喪歸. 尚累召, 不往. 尚怒曰: "微左氾, 當不滅賊乎?" 遂殺之. 雄聞氾死, 大小相賀. 登同郡縣李高, 亦有武幹, 平吳時, 與牙門將處前, 獲孫皓, 封縣侯, 官至金城鴈門太守.

---

52 鎭: '평(平)'이 되어야 옳다.

53 賊以(向)[尚]困, 而尚本參佐恨登之見矜侮: 유림(劉琳)의 교주(校注)에 의거하여 '賊以向困, 而尚卒. 參佐恨登之見矜侮,'로 보고 번역했다.

54 永嘉三年: '영가오년(永嘉五年)'이 되어야 옳다.

侯馥，字世明，江陽人也．察孝廉，平西參軍．闕．薨後，巴郡亂，避地入牂柯．寧州刺史王遜領平西將軍，復取為參軍．遜議欲遷牂柯太守謝恕為涪陵太守，出屯巴郡之把口．表馥為江陽太守，往江陽之沘源，撫恤蠻獠，克復江陵，請通長江．雄征東大將軍李恭已在江陽．馥招降夷獠，修繕舟艦，為進取調．預白遜請軍，移恕俱出涪陵，不能自前．恭舉衆攻馥．衆寡不敵，為恭所破獲．生虜馥，送雄．雄下廷尉責．曰：「事君，有死無二，其次，破家與國．今縱不死，又無益國，灰沒其分．守心而已，無他願望．」雄必欲屈之，使馥同郡人張迎曉喻之．馥怒罵迎曰：「吾等國亡不能存，大難不能死，低眉海內，何面目相見也．且王寧州，治亂才也，以吾有桑梓之恥，故遠上尚書，遣吾討賊．受命之日，實忘寢食．但裁船未辦，請軍未至，牽揣不及，為他所先．當滅身隕碎，以謝不及，冀上不負日月，下不愧王侯．吾豈苟生如卿兒女之人乎？」迎還白雄．雄義而赦之．時雄衆寇所獲犍為太守建寧魏紀，漢國太守梓潼文琰，巴郡太守巴西黄龕，涪陵太守巴西趙弼，永昌謝俊，牂柯文猛，皆區區稽頼，無如馥者．數年卒．

譔曰：文王多士，才不同用．孔門七十，科揆百行．殊塗貴於一致．若斯諸子，或挺珪璋之質，或苞瑚璉之器，或耽儒墨之業，或韜王佐之略，潛則泥蟠，躍則龍飛，揮翩揚芳，流光遐紀，實西土之珍彥，聖晉之多士也．徒以生處限外，服膺日淺，負荷榮顯，未充其能．假使植幹華宇，振條神區，德行自有長短．然三趙兩李張何之軌，其有及之者乎？譙登侯馥，忠規奮烈，美志不遂，哀哉！

五公

司空何武 司空趙戒 太尉趙謙 司徒趙溫 司空張皓

화양국지
(華陽國志)

—

권12
서지(序志)

상거도장(常璩道將)

파(巴)와 촉(蜀)이 처음으로 개국한 것은 서책에 실려 있다. 어떤 것은 위서(緯書)에 의거하고, 어떤 것은 역사의 기록에 보인다. 시대가 오래되고 멀어서 은몰(隱沒)했기에 실제로 소략된 것이 많다. 주(周)나라 때에 이르러 후백(侯伯)들이 위세를 천단(擅斷)하여, 비록 〈파와 촉이〉 목야(牧野)의 군대에 참가했으나 회맹(會盟)에 참가하는 경우는 드물었다. 진(秦)나라는 파와 촉의 부유함에 의지하여 천하를 통일했다. 한(漢)나라 고조(高祖)는 이를 의지하여 사해(四海)를 차지했다. 양주(梁州)와 익주(益州)가 진(晉)나라 때에 이르러 익주를 나누어 영주(寧州)를 만들었다. 사마상여(司馬相如), 엄군평(嚴君平^{엄준}), 양자운(揚子雲^{양웅}), 양성자현(陽成子玄), 정백읍(鄭伯邑^{정근}), 윤팽성(尹彭城^{윤공}), 초상시(譙常侍^{초주}), 임급사(任給事^{임회}) 등은 각각 전기(傳記)를 모아 본기(本紀)를 지었는데,[1] 대체로 그 일부분을 알 수 있다. 그다음으로 성인(聖人), 현인(賢人), 인인(仁人), 지사(志士)라 일컬어지는 이들의 말은 세간의 전범(典範)이 되고, 그들의 행위는 귀감이 될 수 있는데, 이들의 이름을 역사서의 명록(名錄)에 올렸다. 진수(陳壽)는 따로 《익부기구전(益部耆舊傳)》을 지었는데, 한(漢)나라에서 시작하여 위(魏)나라까지 인물들의 광채가 빛나 볼만하다. 그러나 삼주(三州^{익주(益州), 양주(梁州), 영주(寧州)})의 땅에 대해서는 모두 다 싣지 못했다. 〈반고(班固)의〉《지리지(地理志)》는 자못 산수

---

1 사마상여(司馬相如) … 지었는데: 사마상여(司馬相如)와 엄준(嚴遵)은 《촉본기(蜀本紀)》를 지었고, 양웅(揚雄)은 《촉왕본기(蜀王本紀)》를 지었다. 초주(譙周)는 《촉본기(蜀本紀)》를 지었다.

(山水)에 관해 말하지만 시대를 거쳐 온 것이 오래되었고, 군(郡)과 현(縣)이 나뉘어져 세워지고, 지명이 변경되는 것은 매우 자연스러운 일이다. 사물을 분별하여 거해야 할 곳을 아는 것은[2] 아직 상세하게 갖추지 못했다. 한나라와 진나라가 바야흐로 융성했을 때는 관부(官府)가 별처럼 늘어서서 토지의 면적을 계산하는 데 필요한 도록(圖錄)과 부책(簿冊)이 매년 사공(司空)[3]에게 모여들었다. 그러므로 임금과 학사(學士)들이 묘당(廟堂)과 장막에서도 족히 물산과 토지를 통할할 수 있으니 《본기(本紀)》와 같은 책을 기다릴 필요가 없었다. 예전에 액운을 만나 화하(華夏)[函夏]가 고통에 빠졌는데, 이웅(李雄)[李氏]이 촉(蜀)을 할거하여 전쟁이 끝없이 이어져서 삼주(三州)가 무너지고 백성들이 섬멸되었다. 관아[府庭]가 여우의 소굴로 변하고, 성곽에 수풀이 우거져 곰이 머무는 곳이 되었으며, 주택에는 꿩과 사슴이 뛰어놀고, 밭에는 호랑이와 표범이 살며, 평원에는 보리와 기장의 싹을 보기 힘들며, 천 리나 되는 땅에 닭과 개의 소리가 사라졌으며, 성읍(城邑)은 황폐한 언덕이 되었으니 이러한 상황들은 말할 바가 없다. 아하! 삼주(三州)는 이제 황폐한 변방이 되었다. 고향[桑梓] 땅이 황량하게 벌판이 되었다. 생각하면 할수록 마음은 타는 불꽃처럼 초조해지고, 이곳이 화하에서 더욱 멀리 버려져[4] 성읍과 성가퀴에 관한 이야기를 듣지 못할까 두렵다. 그래서 옛 기록들과 선현(先賢)[先宿]들이 전하는 말을 《남예지(南裔志)》와 합치고, 《한서(漢書)》의 내용과 대조하여 서

---

2 사물을 분별하여 거해야 할 곳을 아는 것은: 《주역(周易)》〈미제(未濟)〉에 "군자는 보고서 신중히 사물을 분별하여 방소(方所)에 거하게 한다.[君子以慎辨物居方.]"라고 했다.

3 사공(司空): 토목 건설을 주관하는 벼슬이다.

4 멀리 버려져: 《시경(詩經)》〈주남(周南) 여분(汝墳)〉에 "당신을 만나 뵈니 나를 멀리 버리지 않으셨어라.[既見君子, 不我遐棄.]"라고 했다.

로 가까운 것을 취하고, 내가 들은 바를 보태어 이 글들을 짓게 되었다. 또한 대략적으로 공손술(公孫述)과 《촉서(蜀書)》 그리고 함희(咸熙) 연간 이 래 전란에 관한 일들을 서술하고, 대체적으로 《익부기구전》에 실려 있 는 남녀들 가운데 걸출한 인재들을 취하고, 또한 촉 땅이 개벽(開闢)한 것 에서부터 시작하여 영화(永和) 3년(347)에서 끝맺으니 모두 10편의 글로 《화양국기(華陽國記)》라 칭한다. 무릇 글[書契]에는 다섯 가지 좋은 점들이 있으니, 도의(道義)를 통달하고, 법계(法戒)를 밝히고, 고금(古今)을 통하며, 공훈(功勳)을 드러내며, 현능(賢能)한 이를 표창하는 것이다. 나의 재주가 짧음이 한스럽다. 어려서는 시야가 원대하지 못하여 일찌감치 붓과 흰 깁을 들고 널리 탐문하지 못했다. 정처 없이 떠돌아다니고 병이 들었을 때 비로소 쓰러져 가는 담벼락 아래에서 썩은 비단에 의지하여 먼지 속 에서 은은하게 남은 빛을 찾는 가운데 잃어버린 것이 많아 빠진 것이 있 지만 그래도 잊어버리는 것보다는 낫다.

《촉기(蜀紀)》 양웅(揚雄)의 《촉왕본기(蜀王本紀)》에 이르기를, "삼황(三皇 천황(天皇), 지황(地皇), 인황(人皇))이 수레를 타고 곡구(谷口)를 나왔다."라고 했다. 진밀(秦宓)이 말하기를, "지금의 사곡(斜 谷)이다."라고 했다. 무왕(武王)이 주왕(紂王)을 정벌했을 때 촉(蜀) 또한 따 라 참가했다. 《사기(史記)》에 주 정왕(周貞王) 16년(기원전 453)에 진 여공(秦 厲公)이 남정(南鄭)에 성을 쌓았다고 했는데, 이것은 곡도(谷道)가 통한 지 오래되었음을 설명해 준다. 어떤 이는 촉왕(蜀王)이 석우(石牛)로 인해 비 로소 〈중원과〉 소통하게 되었다[5]고 말하는데 그렇지 않다. 《본기(本紀)》

---

5 촉왕(蜀王)이 … 소통하게 되었다: 기원전 316년에 진 혜왕(秦惠王)이 금으로 만든 소 5마 리를 촉왕에게 보냈는데, 촉의 다섯 장정들이 이 소를 끌면서 길이 생겨나게 되었다. 그래서 길의 이름을 '금오도(金牛道)'라고 했다. 이후로 촉과 중원이 소통하게 되었다. 《태평어람(太平御覽)》 권888에서 인용한 《촉왕본기(蜀王本紀)》에 나온다.

에서는 이미 분명하게 밝혔으나 민간에는 촉 땅에 전해지는 전설이 있는데, 촉왕과 잠총(蠶叢) 사이에 3천 년을 순환했다고 한다. 또 이르기를, 형(荊)나라 사람 별령(鱉靈)이 죽고 그의 시신이 화하여 서쪽으로 올라가 후에 촉제(蜀帝)가 되었다.[6] 주(周)나라 사람 장홍(萇弘)의 피가 벽옥(碧玉)으로 변했고,[7] 두우(杜宇)의 혼백이 화하여 두견새[子鵑]가 되었다고 한다. 또 말하기를, 촉 땅 사람들은 쇠몽치 모양으로 상투를 틀고[椎髻] 옷깃을 왼쪽으로 여미며[左衽] 글을 몰라 문옹(文翁)에 의해 비로소 글을 배웠다. 《촉왕본기(蜀王本紀)》를 살펴보면, "천자(天子)는 방수(房宿)와 심수(心宿)에 거하고, 삼성(參星)과 벌성(伐星)에 있으면서 정사(政事)를 결정한다."라고 했다. 삼성과 벌성은 촉의 분야(分野)이니 촉 땅이 천자가 정사를 논의하는 곳이라는 것을 말해 준다. 천자가 정사를 논의하지 않으면 왕의 기운이 서쪽 땅에서 떠돌게 된다. 그러므로 주나라가 기강(紀綱)을 잃을 때 촉나라가 선왕(先王)의 정치를 펼칠 수 있다. 7개 나라가 모두 왕 노릇을 할 때 촉나라 또한 칭제(稱帝)했다. 잠총(蠶叢)이 스스로 왕(王)이라 칭하고, 두우가 스스

---

6 그의 시신이 … 되었다: 별령(鱉靈)을 달리 별령(鱉令)이라고도 한다. 《태평어람(太平御覽)》 권56에서 응소(應劭)의 《풍속통(風俗通)》을 인용하여 "형나라 별령이 죽고 그의 시신이 물을 따라 올라갔는데 형나라 사람들이 그것을 구하려 했으나 얻지 못했다. 별령은 민산 아래에 이르러 다시 태어나 일어나서 촉나라 망제를 알현했다. 망제는 별령으로 하여금 무산을 뚫게 했는데 그런 연후에 촉나라가 물을 얻었다. 망제는 자신의 덕이 그만 같지 못하다고 여겨 나라를 별령에게 선위하여 별령이 촉왕이 되었는데 개명이라 일컬었다.[荊鱉令死, 尸隨水上, 荊人求之不得也. 鱉令至岷山下, 已復生, 起見蜀望帝. 帝使鱉令鑿巫山, 然後蜀得陸處. 望帝自以德不如, 以國禪與鱉令, 為蜀王, 號為開明.]"라고 했다.

7 주(周)나라 … 변했고: 장홍(萇弘)은 춘추 말 때 주나라 대부(大夫)이다. 주 경왕(周敬王) 28년(기원전 492)에 진(晉)나라 범씨(范氏)와 중행씨(中行氏)가 반란을 일으켰는데 장홍이 이 일에 참여했다. 진나라가 이것으로 주나라를 책망하니 주나라가 장홍을 죽였다. 장홍에 관한 전설이 많은데, 《장자(莊子)》〈외물(外物)〉에 "장홍이 촉 땅에서 죽었는데, 그 피를 보관한 지 3년이 되어 화하여 벽옥이 되었다.[萇弘死于蜀, 藏其血, 三年而化為碧.]"라고 했다.

로 제(帝)라 칭한 것은 모두 주나라가 쇠퇴했을 때였으니 어떻게 3천 년을 지속할 수 있겠는가? 또한 태소(太素)가 의뢰하여 시작하니[8] 태어남이 있으면 반드시 죽는다. 죽음은 물질의 마지막이다. 예로부터 죽은 자가 다시 태어날 수 있다는 말을 들어 본 적이 없다. 지금 혹 이러한 일을 만나게 된다면 괴이한 일이 될 것이다. 공자(孔子)가 말하지 않는 바이니[9] 하물며 제왕과 관련이 있을 수 있겠는가? 벽옥이 나온 곳이 한곳이 아니니 땅이 서로 떨어져 있는 것이 수천 리를 움직여야 하니 한 사람의 피가 어찌 이러할 수 있겠는가? 두견새를 지금은 '시휴(是鵙)'라 이르며, 혹 '휴주(鵙周)'라고도 한다. 사해(四海) 어느 곳에나 다 있거늘 어찌 촉나라에만 있다고 하는가? 옛날 당요(唐堯)가 만국(萬國)을 화목하게 했으며, 우순(虞舜)은 팔방(八方)에 광채를 빛냈으며, 대우(大禹)의 공업(功業)이 구주(九州)를 구제했으며, 후직(后稷)은 천하에 흙을 돋아 모종을 심었다. 정전(井田)의 제도와 상서(庠序)의 교육[10]이 유래된 지 오래되었다. 공자(孔子)가 말하기를, "논술하지만 창작하지 않으며 믿고서 옛것을 좋아하여 몰래 나를 나의 노팽(老彭)과 비교하노라."[11]라고 했다. 팽조(彭祖)는 본래 촉 땅에서 태어나 은(殷)나라 태사(太史)가 되었다. 그는 나라의 역사를 기술했고, 공자는 그를 성인의 법칙으로 삼았으며, 팽조는 상고(上古)의 시대에 신선이 되었

---

8 태소(太素)가 … 시작하니: '태소(太素)'는 고대 중국인들이 우주가 처음 형성될 때의 한 상태를 상상해서 이른 말이다. 《주역(周易)》〈건(乾)〉에 "〈단전(彖傳)〉에 말했다. '위대하다, 건원(乾元)이여! 만물이 의뢰하여 시작하니, 이에 하늘을 통합했도다.[彖曰, 大哉乾元, 萬物資始, 乃統天.]'라고 했다.

9 공자(孔子)가 … 바이니: 《논어(論語)》〈술이(述而)〉에 나오는 말이다.

10 상서(庠序)의 교육: 상서(庠序)는 학교를 이르는 말이다. 향교(鄕校)를 주(周)나라 때는 '상(庠)', 은(殷)나라에서는 '서(序)'라고 불렀다.

11 공자(孔子)가 … 비교하노라: 《논어(論語)》〈술이(述而)〉에 나오는 말이다.

지만 과거에 그의 이름이 일컬어졌다. 주나라 말에 이르러 촉 땅은 진(秦)나라를 섬겨 첫 번째로 군현(郡縣)이 되었다. 비록 융인(戎人), 이인(夷人)과 이웃하고 있지만 그래도 유아(儒雅)한 선비들[冠冕]이 있다. 그러므로 《촉왕본기》에 이르기를, "큰사람[大人][12]이 있는 곳은 광활한 나라이다."라고 했다. 한(漢)나라가 흥기할 때에 이르러서는 오히려 황복(荒服)으로 간주하여 학문이 없는 곳으로 여기지 않았는가? 《한서(漢書)》에 이르기를, "군국(郡國)에 학교[文學]가 있는 것은 문옹(文翁)에 의해 시작되었다."[13]라고 했다. 만약 그렇다면 문옹 이전 제(齊)나라와 노(魯)나라에는 학교가 없었다는 것인가? 한나라 말에 한중(漢中) 사람 축원령(祝元靈)은 성격이 익살스러워[滑稽] 주목(州牧) 유언(劉焉)과 농담한 지엽적인 것과 촉 땅 선비들과 함께 연회를 즐겼던 일들을 애오라지 글로 썼는데, 당시 사람들은 매우 기뻐했지만 후인들 가운데 의혹을 품은 이들이 있다. 이러한 유(類)의 논조는 분명 축원령에게서 비롯된다. 오직 지혜로운 이들만이 그렇지 않음을 판별해 낼 수 있을 것이니 다행이다.

그 이치를 종합해 보면, 어떤 이는 서쪽 땅이 지세가 험준하고 견고하여 〈중원(中原)의〉 요대(腰帶)[衿帶][14]로 지키기가 용이하여 세상이 혼란하면 먼저 거역하고, 천하가 다스려지면 나중에 복종하니 오(吳)나라나 초(楚)나라와 같다고 여긴다. 그러므로 도피하는 사람들은 반드시 이곳에 모여들고, 간웅(奸雄)이 넘본다. 무릇 제왕은 천하를 통치하고 만물을 다스리며, 반드시 땅의 가운데에 거하며, 덕은 하늘의 명운(命運)을 받은 자

---

12 큰사람: 큰사람 '대인(大人)'은 성인(聖人)을 가리킨다. 《주역(周易)》 〈건(乾)〉에 "큰사람은 천지(天地)와 그 덕을 합한다.[大人者, 與天地合其德.]"라고 했다.

13 군국(郡國)에 … 시작되었다: 《한서》 〈순리전(循吏傳)〉에 나오는 말이다.

14 요대(腰帶)[衿帶]: 형세가 요대처럼 둘러싸고 있는 요충지를 비유한다.

로서 개인의 능력에 의지하고 지세의 험준함을 믿어서 조정의 기강(紀綱)을 문란하게 해서는 안 된다. 비록 명성(名聲)을 탐내어 절취(竊取)하여 종국에는 멸문지화를 당하는 것은 왜인가? 천명(天命)은 속여서 구할 수 있는 것이 아니어서 신기(神器)[15]는 요행으로 취할 수 있는 것이 아니다. 그래서 사악(四岳),[16] 삼도(三塗),[17] 양성(陽城),[18] 태실(太室)[19] 등은 모두 구주(九州)에서 가장 험준한 곳이지만 한 집안의 천하는 아니다. 기주(冀州)의 북쪽 땅은 말이 생산되는 곳으로 예로부터 나라가 세워진 적이 없다. 험준한 지세를 믿고 의지하여 흥망성쇠의 천명에 의거하지 않고서 나라를 대대로 전할 수 있었던 예는 아직 없다.[20] 그러므로 공손술(公孫述)과 유씨(劉氏)는 앞에서 실패했고, 이특(李特)과 이웅(李雄)은 그들의 족적을 이어 뒤에서 무너졌다. 하늘과 인간의 사이와 존망의 술수(術數)가 영원토록 귀감으로 삼을 수 있다. 운명을 거스르면 집안이 무너지고 나라가 멸망하니 죽은 자들의 경관(京觀)[21]을 만들 수 있다. 지금 《삼국지(三國志)》를 살펴보면 하나의 원칙으로 관철되며, 조정에 거역하는 신하들을 기술함으로써 미친 듯이 날뛰는 역신(逆臣)을 방지하고 간사한 마음이 생겨나는 것을 막고자 했다. 그럼으로써 《춘추(春秋)》의 폄척(貶斥) 필법(筆法)을 존숭했다. 그래서 현능(賢能)한 이들을 드러내고, 치란(治亂)의 도를 밝히는

---

15 신기(神器): 제왕(帝王)의 권위를 가리킨다.

16 사악(四岳): 동악(東岳) 태산(泰山), 서악(西岳) 화산(華山), 남악(南岳) 형산(衡山), 북악(北岳) 항산(恆山) 등을 가리킨다.

17 삼도(三塗): 지금의 하남성(河南省) 숭현(嵩縣) 동남쪽에 있는 산이다.

18 양성(陽城): 지금의 하남성 등봉현(登封縣) 동북쪽에 있는 산이다.

19 태실(太室): 지금의 하남성 등봉현 북쪽에 있는 숭산(嵩山)이다.

20 사악(四岳) … 아직 없다: 유사한 표현이 《춘추좌씨전(春秋左氏傳)》 소공(昭公) 4년에 나온다.

21 경관(京觀): 고대 중국에서 전쟁에서 승리한 자가 무공(武功)을 과시하기 위해 적의 머리를 수집하여 무덤처럼 쌓은 것을 말한다.

것을 또한 장려하여 권했다.

　서문에 이르기를,

　선왕(先王)이 나라를 다스리고 경영하여 만국(萬國)을 쪼개어 나누었다. 그들은 천상(天象)에 걸려 있는 별들을 본받아 파주(巴州)와 양주(梁州)를 다스렸다. 구주(九州)의 목백(牧伯)이 술직(述職)²²하니, 모두 고르게 정치를 펼쳤다. 주(周)나라를 보좌하여 주왕(紂王)을 멸했고, 한(漢)나라를 도와 진(秦)나라를 멸망시켰으며, 백성들을 번성하게 하고, 대대로 준걸을 배출했다. 〈파지(巴志)〉 권1을 기술한다.

　하늘에는 은하수[河漢]가 있고, 〈은하수를 거울삼는 지상의 한수(漢水)〉에도 빛이 빛난다. 실제로 여기 한수에서 여러 망제(望祭)를 주관하니 한수는 곧 우리 화양(華揚) 땅의 표지이다. 화덕(火德)의 유씨(劉氏) 왕조(王朝한(漢)나라)는 하늘과 상응하니 제위(帝位)가 오래도록 이어질 것이다. 〈한중지(漢中志)〉 권2를 기술한다.

　정수(井宿)²³가 빛을 발하며, 문창제군(文昌帝君)이 부절(符節)에 들어맞고,²⁴ 아득한 우(禹) 임금의 공적은 이 세상을 구주(九州)로 나눈 것이다. 공로가 하늘 아래 온 세상을 기쁨으로 충만하게 했다. 그의 광채가 멀리까지 비추니 행복이 흘러넘친다. 나라 안은 인재들이 넘치고, 대대로 쌓은 덕이 부합된다.²⁵ 〈촉지(蜀志)〉 권3을 기술한다.

---

22 술직(述職): 고대 중국에서 제후가 조회에 나아가 천자에게 직무의 상황을 보고하던 일을 가리킨다.

23 정수(井宿): 촉(蜀)의 분야(分野)이다.

24 문창제군(文昌帝君)이 … 들어맞고: 고대 중국인들은 문창제군이 문운(文運)을 주관한다고 여겼다. 이를 통해 《화양국지》를 쓴 상거(常璩)는 촉 땅에 문사(文士)들이 많이 배출되었음을 말하고자 했다.

벌레가 꿈틀거리는 남쪽 땅²⁶은 요황(要荒)에 있다. 한 무제(漢武帝)의 위덕(威德)이 위세를 떨쳐 만인(蠻人)과 맥인(貊人)의 땅을 개척했다. 주군(州郡)을 개설하니 멀고 외진 땅의 사람들이 귀복했다. 먼 지역은 편안하게 하고 가까운 지역과 화목하게 지내려면 실로 충량(忠良)한 인재들이 필요하다. 덕행(德行)을 표창하고 과실(過失)은 드러내어 기강(紀綱)을 밝힌다. 〈남중지(南中志)〉 권4를 기술한다.

적덕(赤德한(漢)나라의 기운)이 쇠미해져 왕망(王莽)[거활(巨猾)]²⁷이 왕위를 찬탈했다. 공손술(公孫述)[백로(白虜)]²⁸이 기회를 틈타 〈반란을 일으켜〉 백성들을 도탄에 빠지게 했다. 한(漢)나라 영제(靈帝)와 헌제(獻帝) 때에 이르러 황극(皇極제왕이 천하를 다스리는 준칙)이 세워지지 않아 주목(州牧유언(劉焉)과 유장(劉璋))이 스스로 왕이 되었고, 영웅(英雄유비(劉備)등을 가리킴)들이 연이어 촉 땅으로 들어왔다. 같은 길[齊軌]에서 수레가 전복되어²⁹ 촉중(蜀中)이 이러한 어려움을 겪었다. 〈공손유이목지(公孫劉二牧志)〉 권5를 기술한다.

정치가 왕실을 떠나 권력이 세 명의 호걸(豪傑조조(曹操), 손권(孫權), 유비(劉備))에게로 흘러들었다. 천하가 박을 쪼개듯이 분할되었고, 백성들의 물산이 착취되었다. 미덥고 순종하는 사람들은 버리고 모략과 간계를 쓰는 인물들을 등용했다. 대도(大道)는 이미 자취를 감추었고, 속임수가 판을 쳤다. 모두가 무

---

25 대대로 쌓은 덕이 부합된다: 《시경(詩經)》〈대아(大雅) 하무(下武)〉에 "대대로 쌓은 덕에 부합되시네.[世德作求.]"라고 했다.

26 벌레가 꿈틀거리는 남쪽 땅: 《시경》〈소아(小雅) 채기(采芑)〉에 "벌레가 꿈틀대는 만형(蠻荊)의 땅[蠢爾蠻荊.]"이라 했다. '춘(蠢)'을 '어리석다'로 해석할 수도 있다.

27 왕망(王莽): 왕망의 자가 거군(巨君)이다. 원문 '거활(巨猾)'은 왕망을 가리킨다.

28 공손술(公孫述): 공손술은 자신이 금덕(金德)을 얻었다고 여겨 스스로 '백제(白帝)'라 칭했다. 그래서 원문 '백로(白虜)'는 공손술을 가리킨다.

29 같은 길에서 수레가 전복되어: 유언(劉焉)과 유장(劉璋)이 공손술(公孫述)의 전철을 밟았음을 가리킨다.

력에 의지하여 진력을 다해 천하를 다투었다. 〈유비는〉 정도(正道)에 거하고 공명(公明)을 생각했으나 한나라 황실의 명호(名號)가 끊어졌다. 몸은 만승(萬乘)의 자질을 겸비했으나 자리는 열국(列國)과 같았다. 〈유선주지(劉先主志)〉 권6을 기술한다.

하늘과 땅이 혼돈에서 시작하여, 군왕을 세워 하늘의 일을 사람이 대신하게 되어[30] 만방(萬邦)의 백성들이 희망을 갖게 되었다. 하늘에 두 개의 해가 있을 수 없듯이 땅에는 두 명의 왕이 있을 수 없다.[31] 진실로 그 그릇이 아니면 높이 오른 만큼 추락할 것이다. 우매한 후주(後主)는 사려가 깊지도 착하지도 않다. 지고 있어야 하는데도 타고 있으니 도적을 오게 하여[32] 선대가 이뤄 놓은 업적이 내버려졌다. 〈유후주지(劉後主志)〉 권7을 기술한다.

태양이 삼공구경(三公九卿)의 위에 오르니[33] 만물이 비로소 형통하게 되었다.[34] 황제가 조정의 기강을 상실하고, 등용한 자들이 현량한 이들이 아니었다. 조흠(趙廞)이 재난의 시작을 열어 난리가 오래 지속되었다. 익주 자사(益州刺史) 나상(羅尙)은 〈유민들을〉 옮기며 붉은 깃발[35]을 들지 않

---

30 하늘의 … 되어: 《서경(書經)》 〈고요모(皐陶謨)〉에 "〈비적임자를 등용하여〉 한 가지 직무라도 내버리는 일이 없도록 해야 하니, 하늘의 일을 사람이 대신하는 것이기 때문입니다.[無曠庶官, 天工人其代之.]"라고 했다.

31 하늘에 … 없다: 《예기(禮記)》 〈방기(坊記)〉에 "하늘에 두 개의 태양이 없고, 땅에는 두 명의 왕이 없다.[天無二日, 土無二王.]"라고 했다.

32 지고 … 오게 하여: 《주역(周易)》 〈해(解)〉에 "지고 있어야 하는데도 타고 있는지라 도적이 오게 한다.[負且乘, 致寇至.]"라고 했다. 《주역》 〈계사(繫辭)〉에 "지는 것은 소인의 일이다. 타는 것은 군자의 도구이다. 소인이 군자의 도구를 타니 도적이 빼앗을 것을 생각하는 것이다.[負也者, 小人之事也. 乘也者, 君子之器也. 小人而乘君子之器, 盜思奪之矣.]"라고 했다.

33 태양이 … 오르니: 사마염(司馬炎)이 제위(帝位)에 오른 것을 가리킨다.

34 만물이 … 되었다: 천하가 태평함을 뜻한다. 《주역(周易)》 〈곤괘(坤卦)〉에 "만물이 다 형통하다.[品物咸亨.]"라고 했다.

왔다. 피소(皮素)와 장라(張羅)는 성취한 바가 없어 못된 서쪽 오랑캐 무리가 출행했다.[36] 애처로운 백성들은 사방을 둘러봐도 희망이 없다. 〈대동지(大同志)〉 권8을 기술한다.

유민(流民)[白精][37]들은 남쪽으로 떠돌고, 조정은 기강이 해이해졌다. 수많은 이특(李特)의 유민들이 승냥이처럼 몰려다녔다. 이탕(李蕩)과 이웅(李雄)이 뒤를 이어 우리 익주(益州)와 양주(梁州)를 섬멸했다. 목수(牧守)의 머리가 베어지고, 백성들은 온갖 고초를 다 겪었다. 삼주(三州)가 무너져 황량해졌다. 왕의 그물을 이었으나[38] 백성들은 정처 없이 떠돌아다녔다. 〈이특웅기수세지(李特雄期壽勢志)〉 권9를 기술한다.

화산(華山)에서 정령(精靈)을 내리고, 강한(江漢)에서 정영(精英)을 토해 내니 수많은 선비들이 당대에 이름을 날렸다. 덕으로 세상의 준재가 되고, 재간으로 시대의 기둥이 되었다. 대략적으로 남녀를 열거하여 여러 현명한 이들을 대표한다. 세상이 그 미덕(美德)의 도움을 받으니 그들의 이름을 매몰시켜서는 아니 된다. 〈선현사녀총찬론(先賢士女總讚論)〉 권10을 기술한다.

위대한 진(晉)나라는 천하를 다스려서, 널리 교화하여 많은 인재들을 탄생시켰다. 그들은 높은 산처럼 재능이 출중하며, 아름다울 정도로 재주가 탁월하여 산처럼 높고 난처럼 향기롭다. 덕을 쌓고 지혜를 갖춘 것이 맵시 있고 아름답다. 〈후현지(後賢志)〉 권11을 기술한다.

---

35 붉은 깃발: 원문 '주정(朱旌)'은 자사(刺史)의 마차 위에 꽂는 붉은색 깃발이다.

36 못된 … 출행했다《시경(詩經)》〈대아(大雅) 면(綿)〉에 "땅의 신 모시는 사당 세우고, 큰 무리가 출행하네.[乃立冢土, 戎醜攸行.]"라고 했다.

37 유민(流民): 원문 '소정(素精)'은 농서(隴西) 6개 군(郡)의 유민(流民)들을 가리킨다. '소(素)'는 흰색으로, 서방(西方)의 색이다.

38 왕의 그물을 이었으나: 촉중(蜀中)이 왕에게 귀속된 것을 가리킨다.

옛일을 널리 고찰하고, 옛이야기를 두루 수집한다. 주부(州部)에 차서(次序)를 두고, 산천(山川)을 구별한다. 성패(成敗)의 원인을 설명하고, 인자하고 어진 사람을 표창한다. 허망한 사람을 축출하고, 그릇된 말을 바로잡는다. 선한 사람은 표창하고, 악한 사람은 징벌하여 아직 일어나지 않는 일을 미연에 방지한다. 〈서지(序志)〉 권12를 기술한다.

네 필의 수말이 끄는 마차가 위의(威儀) 있게 나아가니[39] 만 필의 말이 용이 날듯이 뒤따른다. 흥겨워 몸을 흔들며 성대하게 경도(京都)로 모여든다.[40] 서쪽 사냥에서 기린(麒麟)을 포획하고[41] 사슴이 동쪽 물가로 나아간다.[42] 순백(郇伯)이 위로하니[43] 순시(旬始)가 북진(北辰)과 접해 있지 않기 때문이다.[44] 맛있는 음식을 먹으니 마음이 흡족하여 희망을 가져 본다.[45] 중용(中庸)의 도를 갖추는 것은 아름다운 덕이니 하나의 선행을 하는 사람

---

39 네 필의 … 나아가니: 《시경(詩經)》 〈상유(桑柔)〉, 〈증민(烝民)〉, 〈채기(采芑)〉 등에 나오는 표현이다.

40 네 필의 … 모여든다: 상거(常璩)가 이세(李勢)를 따라 진(晉)나라에 투항하여 건강(建康)으로 오는 광경을 묘사한 것이다.

41 서쪽 사냥에서 … 포획하고: 환온(桓溫)이 서정(西征)하여 이씨(李氏)를 멸한 것을 가리킨다.

42 사슴이 … 나아간다: 이세(李勢)가 동진(東晉)에 귀순함을 비유한다. 원문 '미(麋)'는 물가를 뜻하는 '미(湄)'와 통한다. 동진의 수도 건강(建康)이 물가에 있기에 이러한 표현을 쓴 것이다.

43 순백(郇伯)이 위로하니: 《시경(詩經)》 〈조풍(曹風) 하천(下泉)〉에 "사방 나라에서 받드는 임금님 계신데 순백이 그를 위로해 드리네.[四國有王, 郇伯勞之.]"라고 했다. 순백은 주 문왕(周文王)의 아들이다. 주백(州伯)이 되어 제후들을 다스리는 데 공을 세웠는데, 사방에서 귀부(歸附)하면 그가 위로했다.

44 순시(旬始)가 … 때문이다: 순시(旬始)는 북두칠성 옆에 있는 별자리이다. 촉(蜀)이 중원(中原)과 멀리 떨어져 있음을 비유한 표현이다.

45 맛있는 … 가져 본다: 상거가 진나라 조정이 초대한 연회에 참석하여 맛좋은 음식을 먹고 마음이 흡족하여 진나라 조정에 등용될 수도 있다는 희망을 품었다는 이야기이다.

은 스승으로 삼을 수 있다. 능력이 탁월하며 호방하여 속박을 받지 않으니 귀한 인재가 광채를 감추었다. 겸허함을 견지하고 중정(中正)을 행하니 공자(孔子)와 대등하게 읍(揖)한다. 〈군왕(君王)이〉 예악(禮樂)으로 백성들을 인도하면 교화가 윤택하고 가지런해진다.[46] 소박하고 말을 쉽게 내뱉지 않으며 강직하고 결단력이 있으니,[47] 위의(威儀)가 있으며 백성들을 덕으로 품게 된다.[48] 음악 소리가 천하에 퍼지니[49] 경쇠와 피리 소리가 조화롭다. 금속 악기를 연주하고 경쇠를 두드리니 내리시는 복이 매우 아름답다.[50] 대도(大道)와 법식(法式)[道檢]을 총괄하며, 그윽하고 미묘한 도리를 총람하게 된다.[51] 어질고 능한 인재를 등용하면 인(仁)이 멀겠는가?[52]

---

46 군왕(君王)이 … 가지런해진다:《논어(論語)》〈위정(爲政)〉에 "덕으로 백성들을 인도하고, 예로써 그들을 바로잡으면 백성들은 염치를 알게 되고 또한 인심이 돌아오게 된다.[道之以德, 齊之以禮, 有恥且格.]"라고 했다.

47 소박하고 … 있으니:《논어(論語)》〈자로(子路)〉에 "공자가 말했다. '강직하고, 결단력 있고, 소박하고 말을 쉽게 내뱉지 않는 네 가지 인품을 가진 사람이 인덕에 가깝다.[子曰, 剛毅木訥近仁.]"라고 했다.

48 위의(威儀)가 … 품게 된다: 강직하고 결단력이 있으며 소박하고 말을 쉽게 내뱉지 않는 자신과 같은 인재를 등용하게 되면 조정이 위의가 있고 백성들을 덕으로 품게 된다는 말이다.

49 음악 소리가 천하에 퍼지니: 원문 '궁현(宮懸)'은 천자가 악기를 사면(四面)에 매다는 것을 이른다.

50 내리시는 … 아름답다:《시경(詩經)》〈주송(周頌) 풍년(豊年)〉에 "내리시는 복 매우 아름답네.[降福孔皆]"라고 했다.

51 대도(大道)와 … 총람하게 된다: 천자가 나와 같은 인재를 등용하게 되면 이러한 결과를 가져오게 된다는 말이다.

52 어질고 … 멀겠는가:《예기(禮記)》〈예운(禮運)〉에 "어질고 능한 자를 등용하여 신뢰와 화목을 강구한다.[選賢與能, 講信修睦.]"라고 했다.《논어(論語)》〈술이(述而)〉에 "공자가 말하기를, 인(仁)이 멀겠는가? 내가 인하고자 하면 인이 이르게 될 것이다.[子曰, 仁遠乎哉. 我欲仁, 斯仁至矣.]"라고 했다.

卷十二
序志

常璩道將

　　巴蜀厥初開國, 載在書籍. 或因文緯, 或見史記. 久遠隱沒, 實多疎略. 及周之世, 侯伯擅威, 雖與牧野之師, 希同盟要之會. 而秦資其富, 用兼天下. 漢祖階之, 奄有四海. 梁益及晉, 分益爲寧. 司馬相如嚴君平揚子雲陽成子玄鄭伯邑尹彭城譙常侍任給事等, 各集傳記以作《本紀》, 略舉其隅. 其次聖稱賢, 仁人志士, 言爲世范行爲表則者, 名挂史錄. 而陳君承祚別爲《耆舊》, 始漢及魏, 焕乎可觀. 然三州土地不復悉載. 《地里志》頗言山水, 歷代轉久, 郡縣分建, 地名改易, 於以居然; 辨物知方, 猶未詳備. 於時漢晉方隆, 官司星列, 提封圖簿, 歲集司空. 故人君學士, 蔭高堂, 翳帷幕. 足綜物土, 不必待《本紀》矣. 曩遭阨運, 函夏滔墊, 李氏據蜀, 兵連戰結, 三州傾墜, 生民殲盡, 府庭化爲狐狸之窟, 城郭蔚爲熊羆之宿, 宅游麑鹿, 田棲虎豹, 平原鮮麥黍之苗, 千里蔑雞狗之響, 丘城蕪邑, 莫有名者. 嗟乎三州, 近爲荒裔, 桑梓之域, 曠爲長野. 反側惟之, 心若焚灼, 懼益遲弃, 城陣靡聞. 乃考諸舊紀先宿所傳幷《南裔志》, 驗以《漢書》, 取其近是, 及自所聞, 以著斯篇. 又略言公孫述《蜀書》咸熙以來喪亂之事, 約取《耆舊》士女英彦, 又肇自開辟, 終乎永和三年, 凡十篇, 號曰《華陽國記》. 夫書契有五善: 達道義, 章法戒, 通古今, 表功勳, 而後旌賢能. 恨璩才短, 少無遠及, 不早援翰執素, 廣訪博咨, 流離困瘵, 方資腐帛於顛牆之下, 求餘光於灰塵之中, 蠲滅者多, 故有所闕, 猶愈於遺忘焉.

《蜀紀》言: "三皇乘祇車出谷口." 秦宓曰: "今之斜谷也." 及武王, 蜀亦從行.《史記》: 周貞王之十六年, 秦厲公城南鄭. 此谷道之通久矣. 而說者以爲蜀王因石牛始通, 不然也.《本紀》既以炳明, 而世俗間橫有爲蜀傳者, 言蜀王蠶叢之間周迴三千歲. 又云: 荆人鱉靈死, 屍化西上, 後爲蜀帝. 周萇弘之血, 變成碧珠; 杜宇之魄, 化爲子鵑. 又言: 蜀椎髻左衽, 未知書, 文翁始知書學. 案《蜀紀》: "帝居房心, 決事參伐." 參伐則蜀分野, 言蜀在帝議政之方, 帝不議政, 則王氣流於西; 故周失紀綱, 而蜀先王; 七國皆王, 蜀又稱帝. 此則蠶叢自王, 杜宇自帝, 皆周之叔世, 安得三千歲? 且太素資始, 有生必死. 死, 終物也. 自古以來, 未聞死者能更生; 當世或遇有之, 則爲怪異, 子所不言, 況能爲帝王乎? 碧珠出不一處, 地之相距動數千里, 一人之血豈能致此? 子鵑鳥, 今云是巂, 或曰巂周, 四海有之, 何必在蜀? 昔唐帝萬國時雍, 虞舜光宅八表, 大禹功濟九州, 後稷封殖天下, 井田之制, 庠序之教, 由來遠矣. 孔子曰: "述而不作, 信而好古, 竊比於我老彭." 則彭祖本生蜀, 爲殷太史. 夫人爲國史, 作爲聖則, 僊自上世, 見稱在昔. 及周之末, 服事於秦, 首爲郡縣, 雖濱戎夷, 亦有冠冕, 故《蜀紀》曰 "大人之鄉, 方大人之國"也. 至於漢興, 反當荒服而無書學乎?《漢書》曰: "郡國之有文學, 因文翁始." 若然, 翁以前齊魯當無文學哉? 漢末時, 漢中祝元靈, 性滑稽, 用州牧劉焉談調之末, 與蜀士燕胥, 聊著翰墨, 當時以爲極歡, 後人有以爲惑. 恐此之類, 必起於元靈之由也. 惟智者辨其不然, 幸也.

綜其理數, 或以爲西土險固, 衿帶易守, 世亂先違, 道治後服, 若吳楚然.

故迪逃必萃, 奸雄闚覦. 蓋帝王者統天理物, 必居土中, 德膺命運, 非可資能恃險, 以干常亂紀. 雖簒竊名號, 終於絶宗殄祀. 何者? 天命不可以詐詭而邀, 神器不可以僥倖而取也. 是以四岳三塗陽城太室, 九州之險, 而不一姓. 冀之北土, 馬之所産, 古無典國. 夫恃險憑危, 不階歷數, 而能傳國垂世, 所未有也. 故公孫劉氏以敗於前, 而諸李踵之覆亡於後. 天人之際, 存亡之術, 可以爲永鑒也. 干運犯歷, 破家喪國, 可以爲京觀也. 今齊之《國志》, 貫於一揆, 同見不臣, 所以防狂狡, 杜奸萌, 以崇《春秋》敗絶之道也. 而顯賢能, 著治亂, 亦以爲奬勸也.

其序曰:

先王經略, 萬國剖分. 厥甸巴梁, 式象懸辰. 九俊[53]述職, 賦政以均. 佐周斃紂, 相漢亡秦. 寔繁其民, 世載其俊. 述《巴(蜀)志》第一.

維天有漢, 鑒亦有光, 實司羣望, 表我華陽. 炎劉是應, 洪祚攸長. 述《漢中志》第二.

井絡啓耀, 文昌契符. 茫茫禹續, 畫爲九州. 功冒普天, 率土以休. 光靈遐照, 慶祚爽流, 邦家濟濟, 世德球球. 述《蜀志》第三.

蠢爾南域, 在彼要荒. 漢武德振, 蠻貊是攘. 開州列郡, 幽裔來王. 柔遠能邇, 實須才良. 甄德表失, 以明紀綱. 述《南中志》第四.

赤德中微, 巨猾干篡. 白虜乘釁, 致民塗炭. 爰洎靈獻, 皇極不建. 牧後失(國)[圖], 英雄迭進. 覆車齊軌, 蒙此艱難. 述《公孫劉二牧志》第五.

政去王室, 權流三桀. 瓜分天壤, 宰割民物. 舍彼信順, 任此智計. 大道既隱, 詭詐競設. 並以豪恃, 力爭當世. 居正慮明, 名號絶替. 身兼萬乘, 籍同列

---

53 俊: '목(牧)'이 되어야 옳다.

國. 述《劉先主志》第六.

乾坤混始, 樹君立王, 天工人代, 萬邦是望. 明不二日, 地不二皇. 苟非其器, 窮高必亢. 濛濛後主, 弗慮弗臧, 負乘致寇, 世業以喪. 述《劉後主志》第七.

陽升三九, 品物始亨. 帝絋失振, 任非其良. 趙倡禍階, 亂是用長. 羅州播蕩, 朱旌莫亢. 皮張不造, 戎醜攸行. 哀哀冗黎, 顧瞻靡望. 述《大同志》第八.

素精南飄, 天維弛綱. 薨薨特流, 肆其豺狼. 蕩雄纂承, 殲我益梁. 牧守顛摧, 黔首卒嘗. 三州毀曠, 悠然以荒. 絡結王罔, 民亦流亡. 述《李特雄期壽勢志》第九.

華嶽降精, 江漢吐靈. 濟濟多士, 命世克生. 德爲世儁, 幹爲時貞. 略擧士女, 表諸賢明. 世濟其美, 不隕其名. 述《先賢士女總贊論》第十.

皇皇大晉, 下土是覆, 化澹教洽, 誕茲彦茂. 峨峨俊乂, 亹亹英秀, 如嶽之崇, 如蘭之臭. 經德秉哲, 綽然有裕. 述《後賢志》第十一.

博考行故, 總厥舊聞. 班序州部, 區別山川. 憲章成敗, 旌照仁賢. 抑紃虛妄, 糾正謬言. 顯善懲惡, 以杜未然. 述《序志》第十二.

馴牡騤騤, 萬馬龍飛. 陶然斯猶, 皋會京畿. 麚獲西狩, 鹿從東麋. 郇伯勞之, 旬不接辰. 嘗茲珍嘉, 甘心庶幾. 中爲令德, 一行可師. 瑣瑋倜儻, 貴韜光輝. 據沖體正, 平揖宣尼. 導以禮樂, 教洽化齊. 木訥剛毅, 有威有懷. 鏘鏘宮懸, 磬筦諧諧. 金奏石拊, 降福孔皆. 綜括道檢, 總覽幽微. 選賢與能, 人遠乎哉?

화양국지
(華陽國志)

—

익량녕삼주선한이래
사녀목록
(益梁寧三州先漢以來
士女目錄)

상도장집(常道將集)

고상(高尚)은 일민(逸民) 엄준(嚴遵), 자는 군평(君平). [성도(成都) 사람이다.]

고상은 일민 임여(林閭), 자는 공유(公孺). [임공(臨邛) 사람으로, 양웅(楊雄)이 그를 스승으로 삼았다. 《방언(方言)》에 보인다.]

덕행(德行)은 치중 종사(治中從事) 이홍(李弘), 자는 중원(仲元). [성도 사람이다.]

덕행은 급사황문시랑(給事黃門侍郞) 양웅, 자는 자운(子雲). [성도 사람이다.]

문학(文學)은 신동(神童) 양오(揚烏). [양웅의 아들로, 아버지를 도와 《태현(太玄)》을 지었다. 9세에 죽었다.]

문학은 시중(侍中) 양주 자사(揚州刺史) 장관(張寬), 자는 숙문(叔文). [성도 사람이다. 처음 〈촉군 태수(蜀郡太守)〉 문옹(文翁)이 그를 〈장안(長安)으로〉 파견했을 때 동쪽으로 가서 칠경(七經)을 받아 돌아와서 가르쳤다.]

문학은 중랑장(中郎將) 사마상여(司馬相如), 자는 장경(長卿). [성도 사람이다.]

문학은 간의대부(諫議大夫) 왕포(王褒), 자는 자연(子淵). [자중(資中) 사람이다.]

　　상서랑(尙書郞) 양장(楊壯). [성도 사람이다. 양자(揚子 양웅(揚雄))의 《방언(方言)》에 보인다.]

미수(美秀 재능이 탁월한 사람)는 중랑장(中郎將) 하패(何霸), 자는 옹군(翁君). [비(郫)사람이다.]

집정(執政)은 대중사공(大中司空), 범향후(汎鄉侯) 하무(何武), 자는 군공(君公). [하패(何霸)의 동생이며, 충정(忠正)으로 삼공(三公^{대사마(大司馬), 대사도(大司徒), 대사공(大司空)})이 되었다. 왕망(王莽)이 찬위(簒位)하려고 하여 그를 꺼려 죽였다.]

　　영천 태수(潁川太守) 하현(何顯). [하무(何武)의 동생으로, 형제가 다섯인데, 모두 《한서(漢書)》에 실렸다. 하무의 아들 하황(何況)이 하무의 작위를 이어받았는데, 왕망 때 폐했다.]

　　황문시랑(黃門侍郎) 등통(鄧通). [촉(蜀) 사람으로, 효문제(孝文帝) 때 시랑(侍郎)이 되었는데, 총애를 많이 받았다.]

　　탁왕손(卓王孫). [임공(臨邛) 사람이다. 《식화지(食貨志)》에 보인다. 예전에는 '집정신(執政臣)' 아래에 나열되어 있었다.]

정사(政事)는 좌위호군(左衛護軍) 진립(陳立), 자는 소천(少遷). [임공(臨邛) 사람으로, 장가(牂柯), 파군(巴郡), 천수(天水) 등 3개 군(郡)의 태수(太守)를 지내어, 천하에서 가장 잘 다스렸다.]

절사(節士)는 태중대부(太中大夫) 장명(章明), 자는 공유(公孺). [번(繁) 사람이다.]

절사는 상서랑(尙書郎) 후강(侯岡), 자는 선맹(宣孟). [신번(新繁) 사람이다.]

절사는 상서랑 왕가(王嘉), 자는 공경(公卿). [강원(江原) 사람이다.]

절사는 미양령(美陽令) 왕호(王皓), 자는 자리(子離). [강원 사람이다.]

위 19인은 전한(前漢) 때 살았다. [시랑(侍郎) 전의(田儀)와 양덕의(楊德意)는 잘한 일이 없기 때문에 목록에 넣지 않았다.]

　　지사(知士)는 박사(博士) 나연(羅衍), 자는 백기(伯紀). [성도(成都) 사람이다.]

　　덕정(德政^{덕으로 다스리는 정치})은 익주 태수(益州太守) 왕부(王阜), 자는 세공(世公). [성도 사람이다.]

　　장사 태수(長沙太守) 임순(任循), 자는 백도(伯度). [성도 사람으로, 어렸을 때 아버지를 여의었다. 후에 장사 태수가 되었는데, 아버지가 떠돌아 다니다가 멀리 장사에 이르러 군(郡)의 오관연(五官掾)이 되었는데 부모가 알아보았다. 이것은 정성(精誠)이 서로 통했기 때문이다.]

공량(公亮^{공정하고 성실하며}_{신용을 지킴})은 대사농(大司農), 사례교위(司隷校尉) 임방(任昉), 자는 문시(文始). [임순의 아들이다.]

서주 자사(徐州刺史) 임개(任愷), 자는 문제(文悌). [임방의 동생이다.]

문학(文學)은 시중(侍中), 한오경(漢五更) 장패(張霸), 자는 백요(伯饒). 시호는 문보(文父). [성도 사람이다.]

빙사(聘士)¹ 장해(張楷), 자는 공초(公超). [문보(文父)의 아들이다.]

빙사 장광초(張光超). [공초의 동생이다.]

상서(尚書) 장릉(張陵), 자는 허충(處冲). [공초의 아들이다. 장릉의 후손부터 대대로 대관(大官)이 나왔다.]

의사(義士) 조정(趙定). [성도 사람으로 어진 사람을 이끌고 의로운 사람에게 달려가고, 궁핍한 사람을 구제하는 것을 업으로 삼았다.]

보귀(保貴)는 태위(太尉), 사도(司徒), 사공(司空), 특진(特進), 주정문후(廚亭文侯) 조계(趙戒), 자는 지백(志伯). [조정의 아들이다.]

문학(文學)은 국사(國師), 태상(太常) 조전(趙典), 자는 중경(仲經). [조계의 둘째 아들이다.]

충량(忠亮^{충성스럽고}_{의지가 확고함})은 태위(太尉), 사도(司徒), 비혜후(邶惠侯) 조겸(趙謙), 자는 언신(彦信). [조계의 손자이다. 그의 자손들이 주정후(廚亭侯)를 세습했는데, 현달하지는 않았다.]

---

1 빙사(聘士): 학문과 덕행이 높아 임금이 부르나 나아가 벼슬을 하지 않은 은사(隱士)이다.

도덕(道德)은 사도(司徒), 사공(司空) 조온(趙溫), 자는 자유(子柔). [조겸의
동생이다. 그 이후로 대대로 이천석(二千石)을 지냈다.]

의열(義烈)은 시중(侍中), 장수교위(長水校尉) 상흡(常洽), 자는 무니(茂尼).
[강원(江原) 사람이다. 《조온전(趙溫傳)》에 보인다.]

도덕(道德)은 시어사(侍御史) 상후(常詡), 자는 맹원(孟元). [강원 사람이다.
조태위공(趙太尉公)의 《기구전(耆舊傳)》에 보인다.]

술작(述作)은 알자복야(謁者僕射) 하영(何英), 자는 숙준(叔俊). [비(郫) 사람
으로, 《한덕춘추(漢德春秋)》를 지었다.]

경치(經治^{통치의 도리를})는 건위속국(犍爲屬國) 하문(何汶), 자는 경유(景由). [하
영의 손자이다.]

고사(高士) 양유(楊由), 자는 애후(哀侯). [성도(成都) 사람이다. 《후한서(後漢
書)》〈방술전(方術傳)〉에 보인다.]

독애(篤愛^{깊이 사랑함})는 고사(高士) 후기(侯祈), 자는 승백(升伯). [번(繁) 사람으로,
문보(文父) 양서(楊序)의 제자이다.]

독애는 박사(博士) 양각(楊玨), 자는 중환(仲桓). [성도 사람으로, 하장(何萇)
의 제자이다.]

　공부벽사(公府辟士) 나형(羅衡), 자는 중백(仲伯). [비(郫) 사람으로, 나형
　또한 하장의 제자이다.]

지효(至孝)는 효렴(孝廉) 금견(禽堅), 자는 맹유(孟由). [성도 사람이다.]

추현(推賢^{어진 사람을 추천함})은 미양령(美陽令) 유종(柳宗), 자는 백건(伯騫). [성도 사람
이다.]

구차방(求次方). 왕중증(王仲曾). 장숙요(張叔遼). 은지손(殷知孫). [모두 촉
(蜀) 사람이자 백건이 발탁한 인물들로, 모두 군수(郡守)에 이르렀는데, 관직의
이름은 전하지 않는다.]

광정(匡正^{바르게})은 치중 종사(治中從事) 장충(張充), 자는 백춘(伯春). [강원(江原) 사람이다.]

광정은 사공벽사(司空辟士) 이□(李□), 자는 맹원(孟元). [강원 사람이다.]

맹략(猛略)은 부종사(部從事) 양송(楊竦), 자는 자공(子恭). [성도(成都) 사람으로, 아들은 양통(楊統)이며, 이천석(二千石)이 되었는데, 그의 관직 이름은 전하지 않는다.]

수헌(守憲)은 진담(陳湛), 자는 자백(子伯). [성도 사람이다.]

절사(節士) 중욱(仲昱). [성도 사람이다.]

고사(高士) 왕광(王廣). [왕호(王皓)의 아들이다. 아버지는 공손술(公孫述)의 부름을 받았으나 자결했다. 왕광은 도망하여 숨었다. 공손술이 패한 뒤 군(郡)과 주(州)에서 찰거(察擧)했으나 모두 가지 않았다. 그가 말하기를, "내가 복수를 하지 못하면 감히 당세에 명예와 이익을 탐하겠는가."라고 했다.]

인의(仁義)는 지사(志士) 임말(任末), 자는 숙본(叔本). [번(繁) 사람이다.]

열사(烈士) 엄도 주부(嚴道主簿) 이경(李磬), 자는 문사(文寺). [엄도(嚴道) 사람이다.]

의열(義烈)은 군공조사(郡功曹史) 주진(朱普), 자는 백금(伯禽). [광도(廣都) 사람이다.]

파군 태수(巴郡太守) 주진(朱辰), 자는 원연(元燕). [광도 사람이다.]

술작(述作)은 한중 태수(漢中太守) 정근(鄭廑), 자는 백읍(伯邑). [임공(臨邛) 사람으로, 《기구전(耆舊傳)》을 지었다.]

위 40인은 후한(後漢) 때 이름을 날렸다. 상서랑(尚書郎) 장준(張俊)은 그가 행한 일이 전하지 않아 기재하지 않았다. 학사(學士) 장녕(張寧)은 《주창전(朱倉傳)》에 보인다. 주창(朱倉)은 자가 운경(雲卿)으로, 아래 항목에 보인다. 십방 사람(什邡)이며, 그의 전기(傳記)는 상세하지 않다.

대홍려(大鴻臚) 하종(何宗), 자는 언영(彦英). [비(郫) 사람이다.]

쌍백장(雙柏長) 하쌍(何雙), 자는 한우(漢偶). [하종의 아들이다. 쌍백(雙柏)은 건녕군(建寧郡)의 속현(屬縣)이다.]

영일(穎逸 ^{수려(秀麗)하고}_{초일(超逸)함})은 광한(廣漢)과 건위(犍爲) 태수(太守) 하지(何祗), 자는 군숙(君肅). [비(郫) 사람이다.]

충근(忠勤 ^{충성스럽고}_{근면함})은 보한장군(輔漢將軍) 장예(張裔), 자는 군사(君嗣). [성도(成都) 사람이다.]

현적(玄寂 ^{현허(玄虛)하고}_{적정(寂靜)함})은 태상(太常) 두경(杜瓊), 자는 백유(伯瑜). [성도 사람이다.]

시중(侍中) 상축(常竺), 자는 대문(代文). [《기구전(耆舊傳)》에 나온다.]

안남장군(安南將軍) 장표(張表), 자는 백원(伯遠). [성도(成都) 사람이다. 백부(伯父) 장숙(張肅)은 광한 태수(廣漢太守)이다. 아버지 장송(張松)은 자가 자교(子喬)이며, 주목(州牧) 유장(劉璋)의 별가종사(別駕從事)이다.]

영창 태수(永昌太守) 왕항(王伉). [성도 사람이다. 《촉서(蜀書)》에 보인다.]

위 8인은 유씨(劉氏)의 시대에 살았다.

오경(五更 ^{천자(天子)가 장로(長}_{老)에게 칭하는 말}) 장패(張霸)의 부인(夫人) 사마경사(司馬敬司). [성도(成都) 사람이다.]

공승회(公乘會)의 부인(婦人) 장씨(張氏). [광도(廣都) 사람이다.]

건위(犍爲) 사람 양봉규(楊鳳珪)의 처 진조(陳助). [임공(臨邛) 사람이다.]

광한(廣漢) 사람 편경빈(便敬賓)의 부인(婦人) 상원(常元).[2] [강원(江原) 사람으로, 광도령(廣都令) 상량(常良)의 딸이다.]

---

2 상원(常元): 원문은 '상원상(常元常)'인데, 뒤의 '상(常)'은 연문(衍文)이다. 뒤에 나오는 '상미상(常靡常)'과 '상기상(常紀常)'의 경우도 마찬가지이다.

은씨(殷氏)의 부인(婦人) 상미(常靡). [강원 사람으로, 상중산(常仲山)의 딸이다.]

조후(趙侯^{조섭}(趙讘))의 부인(夫人) 상기(常紀). [강원 사람으로, 산기상시(散騎常侍) 상흡(常洽)의 딸이다.]

경기(景奇)의 처(妻) 나공(羅貢). [비(郫) 사람으로, 나천(羅倩)의 딸이다.]

조헌(趙憲)의 처 하현(何玹). [비 사람이다.]

주숙현(朱叔賢)의 처 장소의(張昭儀). [번(繁) 사람이다.]

광유장(廣柔長) 요초(姚超)의 두 딸 요비(姚妣)와 요요(姚饒). [비 사람이다.]

광한(廣漢) 사람 왕준(王遵)의 처 장숙기(張叔紀). [장패(張霸)의 손녀이다.]

위 12인은 열녀(烈女)이다.

위는 촉군(蜀郡) 사녀(士女) 74인이다. 63인이 사(士), 11인이 여성이다.

명략(明略^{고명(高明)한 지혜와 계략})은 도면후(渡沔侯) 범목(范目). [낭중(閬中) 사람이다.]

문학(文學)은 빙사(聘士) 낙하굉(洛下宏), 자는 장공(長公). [낭중 사람이다.]

현시(玄始)는 시어사(侍御史) 임문손(任文孫). [낭중 사람이다.]

문학은 사공연(司空掾) 임문공(任文公). [임문손의 동생이다.]

선생(先生) 서군안(胥君安). [《춘추곡량전(春秋穀梁傳)》 수전(首傳)에 보인다.]

경조윤(京兆尹) 서송(徐誦), 자는 자산(子產). [낭중 사람이다.]

충정(忠正^{충실하고 올바름})은 시중(侍中) 초융(譙隆), 자는 백사(伯司). [낭중 사람이다.]

고청(高清)은 태중대부(太中大夫) 초현(譙玄), 자는 군황(君黃). [낭중 사람이다.]

결백(潔白)은 상서랑(尚書郎) 초영(譙瑛). [초현의 아들로, 《역(易)》으로 효명제(孝明帝)에게서 벼슬을 제수받았다.]

공거령(公車令) 조양(趙珜), 자는 손명(孫明). [낭중 사람이다.]

공부연(公府掾) 조의(趙毅), 자는 중도(仲都). [조양의 아들이다.]

공거령(公車令) 장태백(臧太伯). [탕거(宕渠) 사람으로, 《조양전(趙珜傳)》에

보인다.]

준재(儁才)는 양주 자사(涼州刺史) 조굉(趙宏), 자는 온유(溫柔). [낭중(閬中)
사람이다.]

위 13인은 전한(前漢) 때 인물이다.

정사(政事)는 양주 자사(揚州刺史) 엄준(嚴遵), 자는 왕사(王思). [낭중(閬中)
사람이다.]

　　서주 목(徐州牧) 엄우(嚴羽), 자는 자익(子翼). [엄준의 아들이다.]

　　장안 령(長安令) 왕위경(王偉卿). [엄준의 친구이다. 《왕사전(王思傳)》에
　　보인다.]

정사(政事)는 대사농(大司農) 현하(玄賀), 자는 문화(文和). [탕거(宕渠) 사람
이다.]

장략(將略 용병(用兵)의 모략(謀略))은 대홍려(大鴻臚) 방웅(龐雄), 자는 선맹(宣孟). [탕거 사
람이다.]

정사(政事)는 유주 자사(幽州刺史) 풍환(馮煥). [탕거 사람이다.]

명략(明略)은 사지절(使持節), 거기장군(車騎將軍) 풍곤(馮緄), 자는 홍경(鴻
卿). [풍환의 아들이다.]

　　항로교위(降虜校尉) 풍원(馮元), 자는 공신(公信). [풍곤의 동생이다.]

　　상서랑(尙書郎) 풍준(馮遵), 자는 문형(文衡). [풍원의 아들이다.]

정사(政事)는 사례교위(司隸校尉) 진선(陳禪), 자는 기산(紀山). [안한(安漢)
사람이다.]

　　한중 태수(漢中太守) 진징(陳澄). [진선의 아들이다.]

　　별가종사(別駕從事) 진실(陳實), 자는 성선(盛先). [진징의 손자로, 왕문
　　표(王文表)와 친구이다.]

사방(思防)은 치중 종사(治中從事) 양인(楊仁), 자는 문의(文義). [낭중(閬中)

사람이다.]

지사(志士) 형주 자사(荊州刺史) 공조(龔調), 자는 숙후(叔侯). [안한(安漢) 사
람이다.]

충정(忠貞)은 위군 태수(魏郡太守) 조안(趙晏), 자는 평중(平仲). [안한 사람
이다.]

주획(籌畫^{모획})은 익주 태수(益州太守) 이옹(李顒), 자는 덕앙(德卬). [점강(墊
江) 사람이다. 《한서(漢書)》와 《파기구(巴耆舊)》에 보인다.]

여남 태수(汝南太守) 알환(謁煥), 자는 빠졌다. [강주(江州) 사람이다.
《여남기(汝南紀)》에 보인다.]

도요장군(度遼將軍), 계양 태수(桂陽太守) 연온(然温), 자는 빠졌다. [강
주(江州) 사람이다. 《파기구전(巴耆舊傳)》에 보인다.]

미화(美化)는 월준 태수(越雟太守) 장흡(張翕), 자는 숙양(叔陽). [안한(安漢)
사람이다.]

월준 태수(越雟太守) 장만(張瑞). [장흡의 아들로, 태수(太守) 왕당(王堂)이
효렴(孝廉)으로 찰거(察擧)했다.]

지효(至孝)는 상채령(上蔡令) 조소(趙邵), 자는 태백(泰伯). [낭중(閬中) 사람
이다.]

효자(孝子) 엄영(嚴永).

명유(名儒) 진모(陳髦).

은사(隱士) 황조(黃錯). [위 3인은 파군 태수(巴郡太守) 왕당(王堂)이 천거한 사람
들로, 그들의 관직 이름은 전하지 않는다. 《왕당전(王堂傳)》에 보인다.]

파군 태수(巴郡太守) 공양(龔楊), 자는 빠졌다. [점강(墊江) 사람이다.]

무재(茂才^{수재}) 맹표(孟彪). [강주(江州) 사람이다. 위는 모두 왕문표(王文表)
가 추천한 사람들이다.]

일남 태수(日南太守) 여경(黎景), 자는 빠졌다. [점강(墊江) 사람이다.]

무재(茂才) 왕담(王澹). [낭중(閬中) 사람이다. 《왕문표전(王文表傳)》에 보인다.]

문학(文學)은 연(掾) 공책(龔策). [점강(墊江) 사람이다.]

계양 태수(桂陽太守) 이온(李溫). [탕거(宕渠) 사람이다.]

호조연(戶曹掾) 조분(趙芬). [탕거 사람이다.]

상용 태수(上庸太守) 진홍(陳弘). [안한(安漢) 사람이다. 《파기(巴紀)》에 보인다.]

충의(忠義)는 탕거주부(宕渠主簿) 곡유(曲庾). [탕거 사람이다.]

충의는 탕거주부 풍담(馮湛). [탕거 사람이다.]

열사(烈士) 학백도(郝伯都). [낭중(閬中) 사람이다.]

위 39인은 후한(後漢) 때 사람들이다. 사례교위(司隷校尉) 정오(程烏) 등은 그들에 관한 일이 전하지 않아 기록하지 않는다.

의렬(義烈)은 강양 태수(江陽太守) 정기(程畿), 자는 계묵(季默). [낭중(閬中) 사람이다.]

정기(程祁), 자는 공홍(公弘). [정기의 아들이다.]

양태(楊汰), 자는 계유(季儒). [파군(巴郡) 사람이다.] 한엄(韓儼). [파서(巴西) 사람이다.] 여도(黎韜). [파서 사람이다. 3인은 《양문연전(楊文然傳)》에 보인다.]

장렬(壯烈)은 장군(將軍) 엄안(嚴顔). [임강(臨江) 사람이다. 《장비전(張飛傳)》에 보인다.]

현진(玄眞$_{(淳朴)}^{(순박)}$)은 징사(徵士) 주서(周舒), 자는 숙포(叔布). [낭중(閬中) 사람이다.]

문학(文學)은 유림교위(儒林校尉) 주군(周羣), 자는 중직(仲直). [주서의 아들

이다.]

　　박사(博士) 주거(周巨). [주군의 아들이다.]

아중(雅重 ^{문아(文雅)하고 신중함})은 거기장군(車騎將軍), 육양경후(育陽景侯) 황권(黃權), 자는 공형(公衡). [낭중(閬中) 사람으로, 위(魏)나라에서 의동삼사(儀同三司)를 지냈다.]

　　상서랑(尙書郞) 황숭(黃崇). [황권의 아들이다.]

용장(勇壯)은 절형장군(折衝將軍), 서릉 태수(西陵太守) 감녕(甘寧), 자는 흥패(興霸). [임강(臨江) 사람으로, 오(吳)나라에서 벼슬을 했다.]

정사(政事)는 진남대장군(鎭南大將軍), 팽향정후(彭鄕亭侯) 마충(馬忠), 자는 덕신(德信). [낭중(閬中) 사람이다.]

장략(將略)은 진북대장군(鎭北大將軍), 안한후(安漢侯) 왕평(王平), 자는 자균(子均). [탕거(宕渠) 사람이다.]

과장(果壯)은 좌장군(左將軍), 탕거후(宕渠侯) 구부(句扶), 자는 효흥(孝興). [한창(漢昌) 사람이다. 《왕평전(王平傳)》에 보인다.]

장략(將略)은 탕구장군(盪寇將軍), 관내후(關內侯) 장의(張嶷), 자는 백기(伯岐). [남충국(南充國) 사람이다.]

　　상서복야(尙書僕射) 요주(姚伷), 자는 자서(子緖). [낭중(閬中) 사람이다. 《양희전(楊羲傳)》과 《제갈고사(諸葛故事)》에 보인다.]

　　별가종사(別駕從事) 마훈(馬勳), 자는 성형(盛衡). [낭중 사람이다. 《계한보신전(季漢輔臣傳)》에 보인다.]

　　상서(尙書) 마삼(馬參), 자는 승백(承伯). [낭중 사람이다. 《촉서(蜀書)》에 보인다.]

　　월준 태수(越巂太守) 공록(龔祿), 자는 덕서(德緖). [안한(安漢) 사람이다. 아버지 공심(龔諶)은 건위 태수(犍爲太守)로, 《파기(巴紀)》에 보인다.]

진군장군(鎭軍將軍) 공교(龔斅), 자는 덕광(德光). [공록의 동생이다.]

징사(徵士) 초□(譙岍)[3], 자는 영시(榮始). [서충국(西充國) 사람으로, 초주(譙周)의 아버지이다.]

연통(淵通 연박(淵博)하고 통달(通達)함)은 산기상시(散騎常侍), 성양정후(城陽亭侯) 초주(譙周), 자는 윤남(允南). [초□(譙岍)의 아들로, 유씨(劉氏) 때 광록대부(光祿大夫)이다.]

위 23인은 유씨(劉氏) 삼국(三國) 시대에 살았다.

마묘기(馬妙祈) 처(妻) 의(義). [정렬(貞烈 절개를 굳게 지킴)이다.]

조운군(趙雲君) 처 화(華). [정렬이다.]

왕원궤(王元憒) 처 희(姬). [정렬이다. 이상은 모두 낭중(閬中) 사람이다.]

조괴(趙瓊) 처 희. [절렬(節烈)이다. 탕거(宕渠) 사람이다.]

동녀(童女) 조영(趙英). [조괴의 딸이다.]

조만(趙萬) 처 아(娥). [탕거(宕渠) 사람이다.]

경병(耿秉) 처 행(行). [안한(安漢) 사람이다.]

선니(鮮尼) 모(母) 강(姜). [안한 사람이다.]

위 8인은 열녀(烈女)이다.

위는 파군(巴郡), 모두 사녀(士女) 78인. 사(士) 70인(人), 8인은 여성이다.

도덕(道德)은 삼로(三老 교화(敎化)에 관한 일을 담당하는 관리) 양통(楊統), 자는 중통(仲通). [신도(新都) 사람이다. 증조부 양중속(楊仲續)은 기현(祁縣) 현령이다. 아버지 양춘경(楊春卿)은 공손술(公孫述) 휘하 장수이다.]

광록대부(光祿大夫) 양박(楊博), 자는 중달(仲達). [양통의 큰아들이다.]

문학(文學)은 시중(侍中) 양서(楊序), 자는 중환(仲桓), 시호는 문보(文父).

3　岍: 이 글자는 우리말 독음을 찾을 수 없다.

[양박의 동생이다.]

고사(高士) 구환(寇懽), 자는 문의(文儀). [면죽(綿竹) 사람으로, 양서의 제자이다.]

고사 소약(昭約), 자는 절재(節宰). [낙(雒) 사람으로, 양서의 제자이다. 두 사람은 《양서전(楊序傳)》에 보인다.]

술예(術藝경서(經書)와문예(文藝))는 사지절(使持節), 교주 목(交州牧) 양선(楊宣), 자는 군위(君緯). 십방(什邡) 사람.

학사(學士) 엄상(嚴象). [광한(廣漢) 사람으로, 양선의 제자이다.]

대유(大儒) 조교(趙翹). [광한 사람으로, 양선의 제자이다.]

　　오환교위(烏丸校尉) 곽견(郭堅). [낙(雒) 사람이다.]

선적(善績)은 사례교위(司隸校尉) 곽하(郭賀), 자는 교경(喬卿). [곽견의 손자이다.]

　　영창 태수(永昌太守) 정순(鄭純), 자는 장백(長伯). [처(郫) 사람이다.]

문학(文學)은 고사(高士) 왕우(王祐), 자는 평중(平仲). [처 사람이다. 동생 왕관(王灌)은 문재(文才)가 있으나, 일을 행하는 데는 충실하지 않았다.]

문재(文才)는 낙안상(樂安相) 이우(李尤), 자는 백인(伯仁). [낙(雒) 사람이다.]

　　상서랑(尙書郎) 이충(李充). [이우의 손자이다.]

문재는 동관랑(東觀郎) 이승(李勝), 자는 무통(茂通). [낙(雒) 사람이다. 《이우전(李尤傳)》에 보인다.]

공량(公亮)은 장작대장(將作大匠) 적포(翟酺), 자는 초(超). [낙 사람이다.]

빙사(聘士) 왕치(王稚), 자는 숙기(叔起). 시호는 헌문(憲文). [왕당(王堂)의 막내아들이다.]

　　왕당(王堂)의 맏아들 왕박(王博). [관직 이름은 전해지지 않는다.]

　　왕박의 아들 왕준(王遵). [왕준 역시 관직 이름은 전해지지 않는다.]

선적(善績)은 촉군 태수(蜀郡太守) 왕상(王商), 자는 문표(文表). [왕준의 아들이다.]

은사(隱士) 부자(夫子) 단예(段翳), 자는 원장(元章). [신도(新都) 사람이다.]

항렬(亢烈일자가은 벽사(辟士) 단공(段恭), 자는 절영(節英). [신도 사람이다.]

　무위 태수(武威太守), 남양절후(南陽折侯) 장강(張江). [낙(雒) 사람이다.]

　울림 태수(鬱林太守) 절국(折國). [장강의 4세손으로, 국(國)에 봉해져 성을 절(折)로 바꾸었다.]

고사(高士) 절상(折象), 자는 백식(伯式). [절국의 아들이다.]

　치중좨주(治中祭酒) 주창(朱倉), 자는 운경(雲卿). [십방(什邡) 사람이다.]

정사(政事)는 장가 태수(牂柯太守) 유방(劉寵), 자는 세신(世信). [면죽(綿竹) 사람이다.]

효자(孝子) 강양부장(江陽符長) 강시(姜詩), 자는 사유(士游). [낙(雒) 사람이다.]

음덕(陰德)은 미현(郿縣) 현령 왕돈(王忳), 자는 소림(少林). [신도(新都) 사람이다.]

　교주 목(交州牧) 양심(羊甚). [처(郪) 사람이다.]

추양(推讓)은 야왕령(野王令) 양기(羊期), 자는 중어(仲魚). [양심의 아들이다.]

문학(文學)은 시중(侍中) 동부(董扶), 자는 무안(茂安). [면죽(綿竹) 사람으로, 양후(楊厚)의 제자이다.]

문학은 빙사(聘士) 임안(任安), 자는 정조(定祖). [면죽 사람으로, 그 역시 양후의 제자이다.]

고양(高讓)은 의사(義士) 두진(杜真), 자는 맹종(孟宗). [면죽 사람이다.]

정성(精誠)은 오관(五官) 양보(諒輔), 자는 한유(漢儒). [신도(新都) 사람이다.]

의사(義士) 양관(楊寬), 자는 숙중(叔仲). [신도 사람으로, 아버지 양빈(楊斌)과 형 양혼(楊混)은 모두 임금의 일을 증명함이 있었으나, 그들의 관직 이름은 전

해지지 않는다.]

의사 장겸(張鉗), 자는 자안(子安). [광한(廣漢) 사람이다.]

열사(烈士) 가허(賈栩), 자는 원집(元集). [십방(什邡) 사람이다.]

절사(節士) 영숙(甯叔), 자는 무태(茂泰). [광한(廣漢) 사람이다.]

충의(忠義)는 면죽주부(綿竹主簿) 한규(韓揆), 자는 백언(伯彦).

장동(壯童) 좌교운(左喬雲). [면죽(綿竹) 사람이다.]

효렴(孝廉) 여돈(汝敦). [신도(新都) 사람이다.]

주간(周幹). [광한(廣漢) 사람이다.] 팽협(彭勰). [광한 사람이다.] 고박(古朴).
[광한 사람이다. 위 3인은 유학(儒學)의 문재(文才)들이며,《촉지(蜀志)》와《왕상
전(王商傳)》에 보인다.]

방술(方術)은 태의승(太醫丞) 곽옥(郭玉), 자는 통직(通直).

위 52인은 한(漢)나라 때 이름을 날렸다.

　별가종사(別駕從事) 이조(李朝), 자는 영남(永南). [처(郪) 사람이다.]

　승상서조연(丞相西曹掾) 이소(李邵), 자는 위남(偉南). [이조의 동생이다.]

문재(文才)는 대사농(大司農) 태밀(秦宓), 자는 자칙(子敕). [면죽(綿竹) 사람
이다.]

　익주 태수(益州太守) 왕사(王士), 자는 의강(義彊). [처(郪) 사람이다. 왕
　우(王祐)의 사촌 동생이다.]

　별가종사(別駕從事) 왕보(王甫), 자는 국산(國山). [왕사의 사촌동생이다.]

우유(優游_{유유자적함}), 특진(特進), 태상(太常), 관내후(關內侯) 심승(譚承), 자는 공
문(公文). [처(郪) 사람이다.]

재준(才雋)은 강양 태수(江陽太守) 팽양(彭羕), 자는 영년(永年). [광한(廣漢)
사람이다.]

충모(忠謀)는 종사(從事) 정도(鄭度). [면죽(綿竹) 사람이다.《유장전(劉璋傳)》에

보인다.]

충렬(忠烈)은 종사(從事) 왕루(王累). [신도(新都) 사람이다. 《유장전(劉璋傳)》에 보인다.]

위 9인은 유씨(劉氏)의 시대와 두 목(牧 유장(劉璋)과 유비(劉備))의 시기에 살았다.

빙사(聘士) 임안(任安) 모(母) 요(姚). [면죽(綿竹) 사람이다.]

강시(姜詩) 처(妻) 방행(龐行). [낙(雒) 사람이다.]

강빈(姜嬪), 자는 의구(義舊). [면죽(綿竹) 사람이다. 적도장(狄道長) 강목(姜穆) 의 딸이며, 사마아(司馬雅)의 처(妻)이다.]

요백(廖伯) 처(妻) 은기배(殷紀配). [광한(廣漢) 사람이다.]

편경(便敬) 처(妻) 왕화(王和). [신도(新都) 사람이다.]

이이(李珥), 자는 진아(進娥). [처(郪) 사람으로, 이씨의 딸이며, 풍계재(馮季宰) 의 처(妻)이다.]

왕보(王輔) 처(妻) 팽비(彭非). [광한(廣漢) 사람이다.]

이평(李平), 자는 정류(正流). [광한(廣漢) 사람 이원(李元)의 딸이며, 양문(楊文) 의 처(妻)이다.]

원치(袁稚) 처(妻) 상오(相烏). [덕양(德陽) 사람이다.]

여돈(汝敦) 처(妻). [성(姓)은 알 수 없고, 어느 현(縣) 사람인지 모른다.]

위 11인은 열녀(烈女)이다.

위 광한군(廣漢郡)은 모두 사녀(士女)가 72인. [61인이 사(士)이며, 11인이 여성 이다.]

지술(知術 재지방략(才智方略))은 광록대부(光祿大夫), 관내후(關內侯) 왕연세(王延世), 자 는 장숙(長叔). [자중(資中) 사람이다.]

양주 자사(揚州刺史) 양망(楊莽), 자는 옹군(翁君). [무양(武陽) 사람이다. 《하패전(何霸傳)》에 보인다.]

충장(忠壯)은 복한장군(復漢將軍) 주준(朱遵), 자는 효중(孝仲). [무양 사람이다.]

은지(隱知)는 징사(徵士) 임영(任永), 자는 군업(君業). [북도(僰道) 사람이다.]

은둔(隱遯)은 합포 태수(合浦太守) 비이(費貽), 자는 봉군(奉君). [남안(南安) 사람이다.]

정밀(精密)은 상당 태수(上黨太守) 조송(趙松), 자는 군교(君橋). [무양(武陽) 사람이다.]

문학(文學)은 성문교위(城門校尉) 동균(董鈞), 자는 문백(文伯). [자중(資中) 사람이다.]

수영(秀穎^{매우 우수하고}_{총명한 사람})은 사례교위(司隷校尉) 양환(楊渙), 자는 맹문(孟文). [무양(武陽) 사람이다. 《건위기구전(犍爲耆舊傳)》에 보인다.]

> 한중 태수(漢中太守) 양문방(楊文方). [양환의 아들이며 양문방의 아들 양영백(楊穎伯)은 기주 자사(冀州刺史)이다. 양중영(楊仲穎)은 이천석(二千石)이다. 그가 행한 것에 관해서는 전해지지 않는다.]

정사(政事)는 사마교위(司隷校尉) 양준(楊準), 자는 백비(伯邳). [양문방 형의 아들로, 태수(太守)를 지냈는데, 태위(太尉) 이고(李固)가 그를 찰거했다.]

청수(淸秀)는 대사공(大司空) 장호(張皓), 자는 승명(升明). [무양(武陽) 사람이다.]

정직(正直)은 광록대부(光祿大夫), 광릉 태수(廣陵太守) 장강(張綱), 자는 문기(文紀). [장호의 아들이다.]

> 낭중(郞中) 장식(張植). [장강의 아들이다.]

> 상서(尙書) 장속(張續). [장식의 동생이다.]

> 예주 목(豫州牧) 장방(張方), 자는 공시(公始). [장속의 동생이다.]

정직(正直)은 사례교위(司隷校尉) 조기(趙旂), 자는 자난(子鸞). [자중(資中)

사람이다.]

　　별가종사(別駕從事) 왕원(王元). [무양(武陽) 사람으로, 자사(刺史) 장교(張喬) 때 활동했다. 《양통전(楊統傳)》에 보인다.]

의사(義士) 공거령(公車令) 두무(杜撫), 자는 숙화(叔和). [자중(資中) 사람이다.]

의사 신도령(新都令) 조돈(趙敦), 자는 건후(建侯). [무양(武陽) 사람이다.]

효사(孝士), 상서랑(尚書郎) 외상(隗相), 자는 숙통(叔通). [북도(僰道) 사람이다.]

　　여맹(呂孟). [남안(南安) 사람이다. 그에 관한 일은 자세하지 않다.]

　　오순(吳順), 자는 숙화(叔和). [북도 사람이다.]

학사(學士) 한자방(韓子方). [북도 사람으로 장정(張貞)의 스승이다.]

학사 사포(謝褒). [남안(南安) 사람이다. 《장겸전(張鉗傳)》에 보인다.]

위 24인은 한(漢)나라 때 살았다.

정사(政事)는 촉군 태수(蜀郡太守), 관내후(關內侯) 양홍(楊洪), 자는 계휴(季休). [무양(武陽) 사람이다.]

고솔(固率)은 간의대부(諫議大夫) 비시(費詩), 자는 공거(公擧). [남안(南安) 사람이다.]

충정(忠正)은 거기장군(車騎將軍), 도정후(都亭侯) 장익(張翼), 자는 백공(伯恭). [무양(武陽) 사람이다. 장강(張綱)의 후손이다.]

문학(文學)은 오관중랑장(五官中郎將) 오량(伍梁), 자는 덕산(德山). [남안(南安) 사람이다.]

문재(文才)는 사성교위(射聲校尉) 양희(楊羲), 자는 문연(文然). [무양(武陽) 사람이다.]

위 5인은 유씨(劉氏)의 시대에 살았다. [종사(從事) 가룡(賈龍)은 그에 관한 일을 다 알지 못하기에 기록하지 않는다.]

한중 태수(漢中太守) 양문방(楊文方) 처(妻) 양희(陽姬). [무양(武陽) 사람이다.]

상등(相登) 처 주도(周度). [북도(僰道) 사람이다.]

조금(曹禁), 자는 경희(敬姬). [남안(南安) 사람으로, 주기(周紀)의 처이다.]

정정매(程貞玫), 자는 원옥(瑗玉). [우비(牛鞞) 사람으로, 자중(資中) 사람 장유(張惟)의 처이다.]

윤중량(尹仲讓) 처 한강(韓姜). [북도 사람이다.]

의성(儀成) 처 사희(謝姬). [남안 사람이다.]

조원강(趙媛姜). [자중 사람으로, 조성도(趙盛道)의 처이다.]

장정(張貞) 처 황백(黃帛). [북도 사람이다.]

양진(楊進). [무양(武陽) 사람으로, 광한(廣漢) 사람 왕박(王博)의 처이다.]

위 9인은 열녀(烈女)이다.

위 건위군(犍爲郡) 사녀(士女)는 모두 38인. 29인은 사(士), 9인은 여성이다.

충정(忠正)은 성양중위(城陽中尉) 등선(鄧先). [성고(成固) 사람으로, 경제(景帝) 때 사람이다.]

　　양왕손(楊王孫).

치원(致遠)은 위위(衛尉), 박망후(博望侯) 장건(張騫). [성고 사람으로, 무제(武帝) 때 사람이다.]

상랑(爽朗 호쾌하고 활달함)은 급사중(給事中) 장맹(張猛). [장건의 손자로, 원제(元帝) 때 사람이다.]

고상(高尙)은 일민(逸民) 정자진(鄭子眞). [포중(褒中) 사람으로, 성제(成帝) 때 사람이다.]

대유(大儒) 이힐(李頡). [남정(南鄭) 사람이다.]

문학(文學)은 사도(司徒) 이합(李郃), 자는 맹절(孟節). [이힐의 아들이다.]

집정(執正))은 태위(太尉) 이고(李固), 자는 자견(子堅). [이합의 아들이다.]

아망(雅望^{청고(淸高)한})은 경조윤(京兆尹) 이섭(李爕), 자는 덕공(德公). [이고의 막내아들이다.]

봉거도위(奉車都尉) 이력(李歷), 자는 계자(季子). [이고의 사촌동생이다.]

선적(善績)은 사례교위(司隷校尉) 이법(李法), 자는 백도(伯度). [남정(南鄭) 사람이다.]

건위 태수(犍爲太守) 조선(趙宣), 자는 자아(子雅). [남정 사람이다.]

덕망(德望)은 광한 태수(廣漢太守) 조요(趙瑤), 자는 원규(元珪). [조선의 아들이다.]

온아(溫雅)는 상서(尙書) 조염(趙琰), 자는 치규(稚珪). [조요의 동생이다.]

의장(義壯)은 홍농 태수(弘農太守) 진강(陳綱), 자는 중경(仲卿). [성고(成固) 사람이다.]

의렬(義烈)은 종사(從事) 진조(陳調), 자는 원화(元化). [진강의 손자이다.]

지사(知思)는 파군 태수(巴郡太守) 진아(陳雅), 자는 백대(伯臺). [성고(成固) 사람이다.]

남군 태수(南郡太守) 정기(程基), 자는 치업(稚業). [남정 사람이다.]

대홍려(大鴻臚) 유거공(劉巨公). [남정 사람이다. 《열녀전(列女傳)》에 보인다.]

광한속국(廣漢屬國) 장태(張泰), 자는 백강(伯彊). [남정 사람이다.]

정사(政事)는 도요장군(度遼將軍) 장량칙(張亮則), 자는 원수(元修). [장태의 사촌 동생이다.]

개제(愷悌^{마음이 편안}_{하고 화락함})는 면죽령(綿竹令) 염헌(閻憲), 자는 맹도(孟度). [성고(成固) 사람이다.]

은사(隱士) 번지장(樊志張). [남정 사람이다. 《정서장군은경전(征西將軍段潁傳)》에 보인다.]

상지(尙志)는 빙사(聘士) 위형(衛衡), 자는 백량(伯梁). [남정 사람이다. 번지

장의 제자이다.]

주획(籌劃)은 계조사(計曹史) 정포(程苞), 자는 원도(元道). [남정 사람이다.]

문재(文才)는 가맹장(葭萌長) 축귀(祝龜), 자는 원령(元靈). [남정 사람이다.]

의열(義烈)은 군주부(郡主簿) 단숭(段崇), 자는 예고(禮高). [남정 사람이다.]

의열은 공조(功曹) 정신(程信), 자는 백의(伯義). [남정 사람이다.]

엄자(嚴孳). 이용(李容). 진사(陳巳). 왕종(王宗). 강제(姜濟). 조렴(曹廉). 구
구(勾矩). 유정(劉旌). 원전(原展). [9인은 태수(太守) 정광(鄭廣)의 벼슬아치이
다.《단숭정신전(段崇程信傳)》에 보인다.]

의열은 종사(從事) 연빈(燕邠), 자는 원후(元侯). [남정 사람이다.]

의열은 주부(主簿) 조숭(趙嵩), 자는 백고(伯高). [남정 사람이다.]

위 38인은 후한(後漢) 때 사람이다.

진술(陳術), 자는 신백(申伯). [2개 군(郡)의 태수(太守)를 지냈는데,《촉서(蜀
書)》에 보인다.《익부기구전(益部耆舊傳)》을 지은 자이다.]

위 1인은 유씨(劉氏) 시대 사람이다.

이목강(李穆姜). [안중령(安衆令) 정기(程祗) 처(妻)이고, 이법(李法)의 고모이며,
아들은 이기(李基)이다.]

유태영(劉泰瑛). [유거공(劉巨公)의 딸이며, 양구(楊矩)의 처이다.]

두태희(杜泰姬). [남정(南鄭) 사람이다. 건위 태수(犍爲太守) 조선(趙宣) 처이다.]

양례규(楊禮珪). [성고(成固) 사람 양원진(楊元珍)의 딸이며, 진성(陳省) 처이다.]

이문희(李文姬). [태위(太尉) 이고(李固)의 딸이며, 조영(趙瑛) 처이다.]

진순겸(陳順謙). [등령(鄧令) 조녕(曹寧) 처이며, 진백대(陳伯臺)의 조카딸이다.
형의 아들 진규(陳規)가 저서(著書)로 일컬어졌다.]

진혜겸(陳惠謙). [진순겸의 손아래 누이로, 도요장군(度遼將軍) 장량칙(張亮則)
부인(夫人)이다.]

장례수(張禮修). [남정(南鄭) 사람으로, 조숭(趙嵩) 처이다.]

한수남(韓樹南). [남정 사람으로, 조자천(趙子賤) 처이다.]

위 9인은 열녀(烈女)이다.

위 한중군(漢中郡) 사녀(士女)는 모두 50인. 41인은 사(士), 9인은 여성이다.

충의(忠義)는 진원장군(鎭遠將軍), 의후(義侯) 문제(文齊), 자는 자기(子奇). [재동(梓潼) 사람이다. 평제(平帝)가 그를 등용하여 익주 태수(益州太守)로 삼았는데, 왕망(王莽)과 공손술(公孫述)에 복종하지 않아 광무제(光武帝)가 그를 칭찬했다.]

북해 태수(北海太守) 문돈(文忳). [문제의 아들이다.]

절사(節士) 이업(李業), 자는 거유(巨游). [재동(梓潼) 사람이다.]

수구령(遂久令) 이휘(李翬). [이업의 아들이다.]

익주 태수(益州太守) 경의(景毅), 자는 문견(文堅). [재동 사람이다.]

정사(政事)에 도(道)가 있기로는 경란(景鸞), 자는 한백(漢伯). [재동 사람이다.]

문학(文學)은 효렴(孝廉) 양충(楊充), 자는 성국(盛國). [재동 사람이다.]

장렬(壯烈)은 제음상(濟陰相) 구기(寇祺), 자는 재조(宰朝). [재동 사람이다.]

장렬은 동인(童人) 이여(李餘). [부(涪) 사람이다.]

의사(義士) 공조(功曹) 장수(張壽), 자는 백희(伯僖). [부 사람이다.]

의사 왕안(王晏), 자는 숙박(叔博). [부 사람이다.]

방사(方士) 이조(李助), 자는 옹군(翁君). [부 사람이다.]

위 12인은 한(漢)나라 때 사람이다.

상현(尙玄)은 간의대부(諫議大夫) 두미(杜微), 자는 국보(國輔). [부 사람이다.]

이인(李仁), 자는 덕현(德賢). [부 사람이다.]

태자복사(太子僕射) 이손(李巽), 자는 흠중(欽仲). [이인의 아들이다.]

태자가령(太子家令) 윤묵(尹默), 자는 사잠(思潛). [부 사람이다.]

승상참군(丞相參軍) 문공(文恭), 자는 중현(仲賢). [재동(梓潼) 사람이다.]

과예(果銳)는 전감군장군사마(前監軍將軍司馬) 이복(李福), 자는 손덕(孫德). [부 사람이다. 《제갈고사(諸葛故事)》와 《촉서(蜀書)》에 보인다.]

위 6인은 유씨(劉氏) 때 사람이다.

문극(文極), 자는 계강(季姜). [재동(梓潼) 사람이다. 장작대장(將作大匠) 왕당(王堂) 부인(夫人)이다.]

파군(巴郡) 사람 우현(虞顯) 처 두자(杜慈). [부 사람 두계(杜季)의 딸이다.]

곽맹(郭孟) 처(妻) 양경(楊敬). [부 사람 양문(楊文)의 딸이다.]

위 3인은 열녀(烈女)이다.

위 재동군(梓潼郡) 사녀(士女)는 21인. 18인은 사(士), 3인은 여성이다.

수신(修愼)은 소부(少府), 태상(太常), 관내후(關內侯) 왕모(王謀), 자는 원태(元泰). [한가(漢嘉) 사람이다.]

운남 태수(雲南太守) 장휴(張休).

위 2인은 한가(漢嘉) 인사(人士)로 유씨(劉氏)의 시대에 살았다.

문학(文學)은 형주 자사(荊州刺史) 윤진(尹珍), 자는 도진(道珍). [모렴(母斂) 사람이다.]

파군 태수(巴郡太守) 부보(傅寶), 자는 기도(紀圖). [하이(下夷) 사람이다.]

충의(忠義)는 관군장군(冠軍將軍), 영주 자사(寧州刺史) 사서(謝恕), 자는 무리(茂理). [모렴(母斂) 사람이다.]

위 3인은 장가(牂柯) 인사(人士)이다.

충의(忠義)는 대장군(大將軍), 조후좨주(朝侯祭酒) 석광(錫光), 자는 장충(長冲).

위 1인은 서성(西城) 인사(人士)이다.

충의(忠義)는 운남 태수(雲南太守), 양천정후(陽遷亭侯) 여개(呂凱), 자는 계평(季平).

위 1인은 영창(永昌) 사(士)이다.

의정(義正)은 안한장군(安漢將軍), 건녕 태수(建寧太守) 이회(李恢), 자는 덕앙(德昻).

영군(領軍) 찬습(爨習).

어사중승(御史中丞) 맹획(孟獲).

위 3인은 건녕(建寧) 사(士)이다.

보한장군(輔漢將軍) 맹염(孟琰), 자는 휴명(休明).

위 1인은 주제(朱提) 사(士)이다.

선니화(先泥和)의 딸 낙(絡). [부(符) 사람이다.]

위 1인은 열녀(烈女)로, 강양(江陽) 사람이다.

대체로 3개 주(州), 13개 군(郡), 한나라가 일어난 때부터 삼국이 끝날 때까지, 사녀(士女) 가운데 전기(傳記)에 실린 자는 340인이다. 293인은 사(士), 47인은 여성이다.

공(公)이 7인.

대장군(大將軍)이 22인.

후(侯)가 20인.

경좌(卿佐)가 14인.

시중(侍中)이 7인.

상서(尚書)가 5인.

사례교위(司隸校尉)가 6인.

주자사(州刺史)가 13인.

군수(郡守)가 48인.

국사(國師)가 3인.

광록대부(光禄大夫)가 4인.

상서랑(尚書郎)이 12인.

중서랑장(中書郎將), 어사(御史)가 6인.

공거령(公車令), 간의(諫議), 태중(太中)이 11인.

공부벽사(公府辟士)가 8인.

고사(高士)가 1인.

빙사(聘士)가 7인.

징사(徵士)가 4인.

절사(節士)가 4인.

열녀(列女)가 47인.

익주(益州), 양주(梁州), 영주(寧州) 3개 주(州)의 삼국(三國)과 양진(兩晉) 이래 인사(人士) 목록(目錄)[益梁寧三州三國兩晉以來人士目錄] [《목록(目錄)》을 첨가한다.]

명략(明略)은 대사농(大司農), 서성공(西城公) 하반(何攀), 자는 혜흥(惠興.) [비(郫) 사람이다.]

청수(清秀)는 대장추(大長秋) 수량(壽良), 자는 문숙(文淑). [성도(成都) 사람이다.]

과열(果烈)은 서하 태수(西河太守) 유은(柳隱), 자는 휴연(休然). [성도 사람이다.]

　　양익이주도독(梁益二州都督) 두진(杜禛), 자는 문연(文然). [성도 사람

이다.]

　도독도지(都督度支), 파동 태수(巴東太守) 유신(柳伸), 자는 아후(雅厚). [성도 사람이다.]

덕행(德行)은 강양 태수(江陽太守) 하수(何隨), 자는 계업(季業). [비(郫) 사람이다.]

영덕(令德)은 건위 태수(犍爲太守) 두진, 자는 초종(超宗). [성도 사람이다.]

　건위 태수 두열(杜烈), 자는 중무(仲武). [두진의 동생이다.]

　건녕 태수(建寧太守) 두량(杜良), 자는 유륜(幼倫).

　익주 자사(益州刺史) 두비(杜毗), 자는 장기(長基).

덕행(德行)은 급사중(給事中) 임희(任熙), 자는 백원(伯遠). [성도 사람이다.]

　부릉 태수(涪陵太守) 임번(任蕃), 자는 헌조(憲祖). [임희의 아들이다.]

의정(義正)은 비현(郫縣) 현령 상욱(常勖), 자는 수업(修業). [강원(江原) 사람이다.]

　주도(州都) 상기(常忌), 자는 무통(茂通). [상욱의 사촌 동생이다.]

영재(令才)는 태사령(太史令) 고완(高玩), 자는 백진(伯珍). [강원 사람이다.]

온재(溫才)는 상동 태수(湘東太守) 상건(常騫), 자는 계신(季愼). [강원 사람이다.]

술작(述作)은 무평 태수(武平太守) 상관(常寬), 자는 태공(泰恭). [상건의 사촌 동생이다.]

　사지절(使持節), 서이교위(西夷校尉) 장준(張峻), 자는 소무(紹茂). [성도 사람이다.]

　정서장군(征西將軍), 서이교위(西夷校尉), 익주 자사(益州刺史) 왕이(王異), 자는 언명(彦明). [성도 사람이다.]

용략(勇略)은 옹주 자사(雍州刺史), 남중낭장(南中郎將), 중안개국후(重安開

國侯) 이양(李陽), 자는 숙문(叔文). [비 사람이다.]

정로장군(征虜將軍), 광한(廣漢)·재동(梓潼) 태수(太守) 양겸(楊謙), 자는 영지(令志). [성도 사람이다.]

위 22인은 촉군(蜀郡) 사람으로, 진(晉)나라 때 살았다.

강제(强濟)는 소부(少府), 성도위후(成都威侯) 이의(李毅), 자는 윤강(允剛). [비 사람이다.]

서이교위(西夷校尉) 이쇠(李釗), 자는 세강(世康). [이의의 아들이다.]

인양(仁讓)은 한가 태수(漢嘉太守) 사마승지(司馬勝之), 자는 홍선(興先). [면죽(綿竹) 사람이다.]

덕의(德義)는 재동 태수(梓潼太守) 왕화(王化), 자는 백원(伯遠). [처(郪) 사람으로, 왕문표(王文表)의 손자이다.]

파동 태수(巴東太守) 왕진(王振), 자는 중원(仲遠). [왕화의 동생이다.]

작당령(作唐令) 왕대(王岱), 자는 계원(季遠). [왕진의 동생이다.]

술작(述作)은 촉군 태수(蜀郡太守) 왕숭(王崇), 자는 유원(幼遠). [왕대의 동생이다.]

소은(素隱)은 중서랑(中書郎) 왕장문(王長文), 자는 덕준(德雋). [처(郪) 사람이다.]

건녕 태수(建寧太守) 경용(耿容), 자는 종중(宗仲). [광한(廣漢) 사람이다.]

위 9인은 광한(廣漢) 사람으로, 진(晉)나라 때 살았다.

한중 태수(漢中太守) 이밀(李宓), 자는 영백(令伯). [무양(武陽) 사람이다.]

문산 태수(汶山太守) 이사(李賜), 자는 종석(宗碩). [이밀의 아들이다.]

태부참군(太傅參軍) 이흥(李興), 자는 준석(雋碩). [이사의 동생이다.]

광한 태수(廣漢太守) 장징(張徵), 자는 건흥(建興). [장익(張翼)의 아들이다.]

초국내사(譙國内史) 비집(費緝), 자는 문평(文平). [남안(南安) 사람이다. 두 아들은 《수량전(壽良傳)》에 보인다.]

집의(執義)는 형양 태수(衡陽太守) 양빈(楊邠), 자는 기지(岐之). [무양(武陽) 사람이다.]

청정(清正)은 상서(尚書) 비립(費立), 자는 건희(建熙). [남안 사람이다.]

위 7인은 건위(犍爲) 사(士)로, 진(晉)나라 때 살았다.

위위(衛尉) 문립(文立), 자는 광휴(廣休). [임강(臨江) 사람이다.]

무릉 태수(武陵太守) 양수(楊守). [임강 사람이다.]

장가 태수(牂柯太守) 모초(毛楚). [지(枳) 사람이다.]

위 3인은 파군(巴郡) 사람으로, 진(晉)나라 때 살았다.

술작(述作)은 태자중서자(太子中庶子) 진수(陳壽), 자는 승조(承祚). [안한(安漢) 사람이다.]

표기부연(驃騎府掾) 진리(陳苙), 자는 숙도(叔度). [진수 형의 아들이다.]

상렴령(上廉令) 진부(陳符), 자는 장주(長住). [진수 형의 아들이다.]

건녕 태수(建寧太守) 진계(陳階), 자는 달지(達芝). [진리의 동생이다.]

정직(正直)은 한중 태수(漢中太守) 염적(閻績), 자는 속백(續伯). [안한 사람이다.]

탁략(卓略)은 장수교위(長水校尉), 형주 자사(荊州刺史) 장혁(張奕), 자는 희조(希祖). [남충국(南充國) 사람이다.]

의열(義烈)은 양열장군(揚烈將軍), 재동내사(梓潼内史) 초등(譙登), 자는 순명(順明). [초주(譙周)의 손자이다.]

영덕(令德)은 석현(錫縣) 현행 초동(譙同), 자는 언소(彥紹). [초주의 아들이다. 《촉지(蜀志)》〈초주전(譙周傳)〉에 보인다.]

위 8인은 파서(巴西) 인사(人士)로, 진(晉)나라 때 살았다.

청중(淸重)은 장수교위(長水校尉) 여숙(呂淑), 자는 위덕(衛德).

위 1인은 한중(漢中) 사람이다.

광한 태수(廣漢太守) 이양(李驤), 자는 숙룡(叔龍). [이복(李福)의 아들이다.]

위 1인은 재동(梓潼) 사람이다.

충의(忠義)는 강양 태수(江陽太守) 후복(侯馥), 자는 세명(世明).

위 1인은 강양(江陽) 사람이다.

삼주(三州)의 후현(後賢) 51인, 전현(前賢)과 함께 모두 391인이다.

사관이 논한다.

대체로 이 인사(人士)들은 혹자는 《한서(漢書 반고(班固)의 《한서(漢書)》와 《동관한기(東觀漢記)》)》에 보이고, 혹자는 《기구(耆舊 진수(陳壽) 《익부기구전(益部耆舊傳)》과 그 밖의 《기구전(耆舊傳)》)》에 실려 있고, 혹자는 《군기(郡記 지방지(地方誌))》에 보이고, 혹자는 《삼국서(三國書 《삼국지(三國志)》)》에 있는데, 그 가운데 빼어나고 특출한 이들을 취하여 이 글에서 밝혔다. 그 가운데 큰 공적을 세운 자들과 다른 사람의 전기(傳記)에 덧붙여 실은 자들도 함께 목록에 편입시켰다. 그 가운데 명목(名目)만 보이고 행적이 자세하지 않거나, 전기가 있으나 뛰어남이 없는 자는 제외했다. 글과 부합되는 것을 실록으로 삼기 위함이다.

(梁益)[益梁]寧三州先漢以來
士女目錄

常道將集

高尚, 逸民嚴遵, 字君平. [成都人也.]

高尚, 逸民林閭, 字公孺. [臨邛人.] 楊雄師之. [見《方言》.]

德行, 治中從事李弘, 字仲元. [成都人也.]

德行, 給事黃門侍郎揚雄, 字子雲. [成都人也.]

文學, 神童揚烏. [雄子也, 預父《玄》文, 九歲卒.]

文學, 侍中揚州刺史張寬, 字叔文. [成都人, 始受文翁遣, 東受七經, 還以教授者.]

文學, 中郎將司馬相如, 字長卿. [成都人也.]

文學, 諫議大夫王褒, 字子淵. [資中人也.]

　尚書郎楊壯. [成都人也, 見揚子《方言》.]

美秀, 中郎將何霸, 字翁君. [郫人也.]

執政, 大中司空, 汎鄉侯何武, 字君公. 霸弟. 以忠正爲三公. 王莽欲篡
位, 憚而殺之.

　潁川太守何顯. [武弟也. 兄弟五人, 皆在《漢書》. 武子況嗣武侯. 王莽時廢.]

　黃門侍郎鄧通. [蜀人, 孝文帝時爲侍郎, 甚有寵.]

　卓王孫. [臨邛人也. 見《食貨志》. 姑仍舊列於執政臣下.]

政事, 左衛護軍陳立, 字少遷. [臨邛人. 歷牂柯巴郡天水三郡太守, 治爲天下最.]

節士太中大夫章明, 字公孺. [繁人也.]

節士尚書郎侯岡, 字宣孟. [新繁人也.]

節士尚書郎王嘉, 字公卿. [江原人也.]

節士美陽令王皓, 字子離. [江原人也.]

右十九人在前漢. [其侍郎田儀楊德意, 無善事在中也.]

知士博士羅衍, 字伯紀. [成都人也.]

德政, 益州太守王阜, 字世公. [成都人也.]

　　長沙太守任循, 字伯度. [成都人. 少失父. 後爲長沙, 父流離遠屆長沙, 爲郡五官, 父

　　(之)母識知, 是事在精通也.]

公亮, 大司農司隷校尉任昉, 字文始. [循子也.]

　　徐州刺史任愷, 字文悌. [昉弟也.]

文學, 侍中漢五更張霸, 字伯饒. 諡曰文父. [成都人也.]

　　聘士張楷, 字公超. [文父子也.]

　　聘士張光超. [公超弟也.]

　　尚書張陵, 字處冲. [公超子. 自陵之後, 世有大官.]

義士趙定. [成都人. 以延仁赴義, 濟窮恤乏爲業.]

保貴, 太尉司徒司空特進厨亭文侯趙戒, 字志伯. [定子.]

文學, 國師太常趙典, 字仲經. [戒第二子也.]

忠亮, 太尉司徒郫惠侯趙謙, 字彥信. [戒孫也. 其子孫襲厨亭侯, 不顯.]

道德, 司徒司空趙溫, 字子柔. [謙弟. 自是後, 世有二千石.]

義烈, 侍中長水校尉常洽, 字茂尼. [江原人, 見《趙溫傳》.]

道德, 侍御史常詡, 字孟元. [江原人. 在趙太尉公《耆舊傳》.]

述作, 謁者僕射何英, 字叔俊. [郫人也. 作《漢德春秋》.]

經治, 犍爲屬國何汶, 字景由. [英孫也.]

高士楊由, 字哀侯. [成都人. 見《後漢方術傳》.]

篤愛, 高士侯祈, 字升伯. [繁人. 文父楊序弟子.]

篤愛, 博士楊珏, 字仲桓. [成都人, 何苌弟子也.]

　公府辟士羅衡, 字仲伯. [郫人. 亦苌弟子也.]

至孝, 孝廉禽堅, 字孟由. [成都人.]

推賢, 美陽令柳宗, 字伯騫. [成都人也.]

求次方. 王仲曾. 張叔遼. 殷知孫. [并蜀人, 伯騫所拔, 皆至郡守, 失其官名.]

匡正, 治中從事張充, 字伯春. [江原人.]

匡正, 司空辟士李□, 字孟元. [江原人也.]

猛略, 部從事楊竦, 字子恭. [成都人也. 子統, 爲二千石, 失其官.]

守憲, 陳湛, 字子伯. [成都人.]

節士仲(旦)[昱]. [成都人也.]

高士王廣. [皓子也. 父爲公孫述所聘, 自刎. 廣逃匿. 述破後, 郡及州察擧, 皆不往, 曰: "吾不能復辨, 敢當世榮利也."]

仁義, 志士任末, 字叔本. [繁人也.]

烈士嚴道主簿李磬, 字文寺. [嚴道人也.]

義烈, 郡功曹史朱普, 字伯禽. [廣都人也.]

巴郡太守朱辰, 字元燕. [廣都人.]

述作, 漢中太守鄭廑, 字伯邑. [臨邛人也. 作《耆舊傳》.]

右四十人, 馳名後漢. [尚書郎張俊, 失其行事, 不載. 學士張寧, 見《朱倉傳》. 朱倉字雲卿, 見下目. 什邡人, 傳未詳.]

大鴻臚何宗, 字彥英. [郫人也.]

雙柏長何雙, 字漢偶. [宗子. 雙伯乃建寧郡屬縣也.]

(穎)[穎]逸, 廣漢犍爲太守何祗, 字君肅. [郫人.]

忠懃, 輔漢將軍張裔, 字君嗣. [成都人也.]

玄寂, 太常杜瓊, 字伯瑜. [成都人也.]

　　侍中常竺, 字代文. [在《耆舊傳》.]

　　安南將軍張表, 字伯遠. [成都人. 伯父肅, 廣漢太守. 父松字子喬, 州牧劉璋別駕從事.]

　　永昌太守王伉. [成都人. 見《蜀書》.]

右八人, 在劉氏世.

五更張霸夫人司馬敬司. [成都人也.]

公乘會婦張氏. [廣都人也.]

犍爲楊鳳珪妻陳助. [臨邛人也.]

廣漢便敬賓婦常元常. [江原人, 廣都令常良女也.]

殷氏婦常靡常. [江原人, 常仲山女也.]

趙侯夫人常紀常. [江原人, 常常侍女.]

景奇妻羅貢. [郫人, 羅倩女也.]

趙憲妻何玹. [郫人也.]

朱叔賢妻張昭儀. [繁人也.]

廣柔長姚超二女姚妣饒. [郫人也.]

廣漢王遵妻張叔紀. [霸女孫也.]

右十二人烈女.

右蜀郡士女七十四人. [六十三人士, 十一人女.]

明略, 渡沔侯范目. [閬中人.]

文學, 聘士洛下宏, 字長公. [閬中人也.]

玄始, 侍御史任文孫. [閬中人也.]

文學, 司空掾任文公. [文孫弟也.]

先生胥君安. [見《春秋》首傳.]

京兆尹徐誦, 字子產. [閬中人也.]

忠正, 侍中譙隆, 字伯司. [閬中人也.]

高清, 太中大夫譙玄, 字君黃. [閬中人也.]

潔白, 尚書郎譙瑛. [玄子也, 以《易》授孝明帝.]

公車令趙珛, 字孫明. [閬中人也.]

公府掾趙毅, 字仲都. [珛子也.]

公車令臧太伯. [宕渠人也, 見《珛傳》.]

雋才, 涼州刺史趙宏, 字溫柔. [閬中人也.]

右十三人, 前漢.

政事, 揚州刺史嚴遵, 字王思. [閬中人也.]

徐州牧嚴羽, 字子翼. [王思子也.]

長安令王偉卿. [王思友, 見《王思傳》.]

政事, 大司農玄賀, 字文和. [宕渠人也.]

將略, 大鴻臚龐雄, 字宣孟. [宕渠人也.]

政事, 幽州刺史馮煥. [宕渠人也.]

明略, 使持節車騎將軍馮緄, 字鴻卿. [煥子.]

　降虜校尉馮元, 字公信. [緄弟.]

　尚書郎馮遵, 字文衡. [元子.]

政事, 司隷校尉陳禪, 字紀山. [安漢人.]

　漢中太守陳澄. [禪子.]

　別駕從事陳實, 字盛先. [澄孫也. 與王文表爲友.]

思防, 治中從事楊仁, 字文義. [閬中人也.]

志士荊州刺史龔調, 字叔侯. [安漢人也.]

忠貞, 魏郡太守趙晏, 字平仲. [安漢人也.]

籌畫, 益州太守李顒, 字德卬. [墊江人也. 《漢書》及《巴耆舊》也.]

　汝南太守謁煥, 字闕. [江州人也. 見《汝南紀》.]

　度遼將軍桂陽太守然温, 字闕. [江州人. 見《巴耆舊傳》.]

美化, 越巂太守張翕, 字叔陽. [安漢人也.]

越巂太守張瑞. [翕子也. 太守(三)[王]堂察舉孝廉.]

至孝, 上蔡令趙邵, 字泰伯. [閬中人也.]

孝子嚴永.

名儒陳髦.

隱士黃錯. [右三人, 巴郡太守王堂所進, 失其官位, 見《堂傳》.]

　巴郡太守龔楊, 字闕. [墊江人.]

　茂才孟彪. [江州人. 右並王文表所薦.]

　日南太守黎景, 字闕. [墊江人.]

　茂才王澹. [閬中人. 見《文表傳》.]

文學, 掾龔策. [墊江人.]

　　桂陽太守李温. [宕渠人.]

　　戶曹掾趙芬. [宕渠人.]

　　上庸太守陳弘. [安漢人. 見《巴紀》.]

忠義, 宕渠主簿曲庾. [宕渠人也.]

忠義, 宕渠主簿馮湛. [宕渠人也.]

烈士郝伯都. [閬中人.]

右三十九人後漢. [司隷校尉程烏等, 失其事, 不錄.]

　義烈, 江陽太守程畿, 字季默. [閬中人也.]

　　程祁, 字公弘. [畿子也.]

　　楊汰, 字季儒. [巴郡人.] 韓儼. [巴西人.] 黎韜. [巴西人. 三人見《楊文然傳》.]

　壯烈, 將軍嚴顔. [臨江人. 見《張飛傳》.]

　玄真, 徵士周舒, 字叔布. [閬中人也.]

　文學, 儒林校尉周羣, 字仲直. [舒子也.]

　　博士周巨. [羣子也.]

　雅重, 車騎將軍育陽景侯黃權, 字公衡. [閬中人. 在魏, 儀同三司.]

　　尚書郎黃崇. [權子也.]

　勇壯, 折衝將軍西陵太守甘寧, 字興霸. [臨江人. 仕吳.]

　政事, 鎮南大將軍彭鄉亭侯馬忠, 字德信. [閬中人也.]

　將略, 鎮北大將軍安漢侯王平, 字子均. [宕渠人.]

　果壯, 左將軍宕渠侯句扶, 字孝興. [漢昌人. 見《王平傳》.]

　將略, 盪寇將軍關內侯張嶷, 字伯岐. [南充國人也.]

尚書僕射姚伷, 字子緒. [閬中人. 見《楊義傳》,《諸葛故事》也.]

別駕從事馬勳, 字盛衡. [閬中人. 見《季漢輔臣傳》.]

尚書馬參, 字承伯. [閬中人. 見《蜀書》.]

越嶲太守龔禄, 字德緒. [安漢人. 父諶, 犍爲太守, 見《巴紀》.]

鎮軍將軍龔皦, 字德光. [禄弟也.]

徵士譙岍, 字榮始. [西充國人也. 周父.]

淵通, 散騎常侍城陽亭侯譙周, 字允南. [岍子. 在劉氏光禄大夫.]

右二十三人在劉氏三國之世.

馬妙祈妻義. [貞烈.]

趙雲君妻華. [貞烈.]

王元憒妻姬. [貞烈. 以上皆閬中人.]

趙瓚妻姬. [節烈. 宕渠人.]

童女趙英. [瓚女.]

趙萬妻娥. [宕渠人.]

耿秉妾行. [安漢人.]

鮮尼母姜. [安漢人.]

右八人烈女.

右巴郡, 凡士女七十八人. [士七十人士, 八人女.]

道德, 三老楊統, 字仲通. [新都人也. 曾祖仲續, 祁令. 父春卿, 爲公孫述將.]

光禄大夫楊博, 字仲達. [統長子.]

文學, 侍中楊序, 字仲桓, 諡曰文父. [博弟.]

高士寇懽, 字文儀. [綿竹人, 序弟子也.]

高士昭約, 字節宰. [雒人也. 序弟子. 二人見《序傳》.]

術藝, 使持節交州牧楊宣, 字君緯. [什邡人.]

學士嚴象. [廣漢人, 宣弟子也.]

大儒趙翹. [廣漢人, 宣弟子也.]

　　烏丸校尉郭堅. [雒人也.]

善績, 司隸校尉郭賀, 字喬卿. [堅孫.]

　　永昌太守鄭純, 字長伯. [郪人也.]

文學, 高士王祐, 字平仲. [郪人也. 弟灌, 有文才, 而不悉行事也.]

文才, 樂安相李尤, 字伯仁. [雒人也.]

　　尚書郎李充. [尤孫也.]

文才, 東觀郎李勝, 字茂通. [雒人也,《尤傳》.]

公亮, 將作大匠翟酺, 字超. [雒人.]

聘士王稚, 字叔起. 謚曰憲文. [堂少子也.]

　　堂長子博. [失官位.]

　　博子遵. [亦失官位.]

善績, 蜀郡太守王商, 字文表. [遵子.]

　　隱士夫子段翳, 字元章. [新都人也.]

亢烈, 辟士段恭, 字節英. [新都人也.]

　　武威太守南陽折侯張江. [雒人.]

　　鬱林太守折國. [江四世孫, 因封國改姓折.]

高士折象, 字伯式. [國之子也.]

治中祭酒朱倉, 字雲卿. [什邡人.]

政事, 牂柯太守劉寵, 字世信. [綿竹人.]

孝子江陽符長姜詩, 字士游. [雒人.]

陰德, 郫令王忳, 字少林. [新都人也.]

交州牧羊甚. [郫人也.]

推讓, 野王令羊期, 字仲魚. [甚子.]

文學, 侍中董扶, 字茂安. [綿竹人, 楊厚弟子也.]

文學, 聘士任安, 字定祖. [綿竹人, 亦厚弟子.]

高讓, 義士杜真, 字孟宗. [綿竹人.]

精诚, 五官諒輔, 字漢儒. [新都人.]

義士楊寬, 字叔仲. [新都人. 父斌, 兄混, 皆有證明君事, 失其官位.]

義士張鉗, 字子安. [廣漢人也.]

烈士賈栩, 字元集. [什邡人也.]

節士甯叔, 字茂泰. [廣漢人也.]

忠義, 綿竹主簿韓揆, 字伯彦.

壯童左喬雲. [綿竹人.]

孝廉汝敦. [新都人.]

周幹. [廣漢人.] 彭勰. [廣漢人.] 古朴. [廣漢人. 右三人儒學文才, 見《蜀志》及《王商傳》.]

方術, 太醫丞郭玉, 字通直.

右五十二人馳名漢世.

別駕從事李朝, 字永南. [郫人也.]

丞相西曹掾李邵, 字偉南. [朝弟也.]

文才, 大司農秦宓, 字子敕. [綿竹(也)[人].]

益州太守王士, [字]義(字)彊. [郪人. 王祐從弟也.]

別駕從事王甫, 字國山. [士從弟也.]

優游, 特進太常關內侯鐔承, 字公文. [郪人.]

才雋, 江陽太守彭羕, 字[永]年. [廣漢人.]

忠謀, 從事鄭度. [綿竹人也. 見《劉璋傳》.]

忠烈, 從事王累. [新都人也. 見《劉璋傳》.]

右九人在劉氏世及二牧時.

聘士任安母姚. [綿竹人也.]

姜詩妻龐行. [雒人也.]

姜嫄, 字義舊. [綿竹人也. 狄道長姜穆女, 司馬雅妻.]

廖伯妻殷紀配. [廣漢人也.]

便敬妻王和. [新[都人也.]

李珥, (妻)[字]進娥. [郪人, 李氏女, 馮季宰妻也.]

王輔妻彭非. [廣漢人也.]

李平, 字正流. [廣漢李元女, 楊文妻.]

袁稚妻相烏. [德陽人也.]

汝敦妻. [失姓, 不知何縣人也.]

右十一人烈女

右廣漢郡凡士女七十二人. [六十一人士, 十一人女.]

知術, 光祿大夫關內侯王延世, 字長叔. [資中人.]

揚州刺史楊莽, 字翁君. [武陽人. 見《何霸傳》.]

忠壯, 復漢將軍朱遵, 字孝仲. [武陽人也.]

　隱知, 徵士任永, 字君業. [樊道人也.]

隱遜, 合浦太守費貽, 字奉君. [南安人.]

精密, 上黨太守趙松, 字君橋. [武陽人.]

文學, 城門校尉董鈞, 字文伯. [資中人.]

秀穎, 司隸校尉楊渙, 字孟文. [武陽人. 見《犍爲耆舊傳》.]

　漢中太守楊文方. [渙子. 文方子穎伯, 冀州刺史. 仲穎, 二千石; 失其行事也.]

政事, 司隸校尉楊準, 字伯邵. [文方兄子, 太守, 太尉李固舉之.]

清秀, 大司空張皓, 字升明. [武陽人也.]

正直, 光禄大夫廣陵太守張綱, 字文紀. [皓子也.]

　郎中張植. [綱子也.]

　尚書張續. [植弟也.]

　豫州牧張方, 字公始. [續弟也.]

正直, 司隸校尉趙旐, 字子鸞. [資中人也.]

　別駕從事王元. [武陽人, 刺史張喬時, 見《楊統傳》.]

義士公車令杜撫, 字叔和. [資中人也.]

義士新都令趙敦, 字建侯. [武陽人也.]

孝士尚書郎隗相, 字叔通. [樊道人也.]

　呂孟. [南安人. 不詳其事.]

　吳順, 字叔和. [樊道人也.]

學士韓子方. [樊道人. 張貞之師.]

學士謝褒. [南安人. 見《張鉗傳》.]

右二十四人在漢世.

政事, 蜀郡太守關內侯楊洪, 字季休. [武陽人.]

固率, 諫議大夫費詩, 字公舉. [南安人.]

忠正, 車騎將軍都亭侯張翼, 字伯恭. [武陽人. 綱後也.]

文學, 五官中郎將伍梁, 字德山. [南安人.]

文才, 射聲校尉楊羲, 字文然. [武陽人.]

右五人在劉氏世. [從事賈龍, 不悉其事, 不錄.]

漢中太守楊文方妻陽姬. [武陽人.]

相登妻周度. [僰道人也.]

曹禁, 字敬姬. [南安人, 周紀妻也.]

程貞玫, 字瑗玉. [牛鞞人, 資中張惟妻也.]

尹仲讓妻韓姜. [僰道人也.]

儀成妻謝姬. [南安人也.]

趙媛姜. [資中人, 趙盛道妻也.]

張貞妻黃帛. [僰道人也.]

楊進. [武陽人, 廣漢王博妻.]

右九人列女.

右犍爲郡士女凡三十八人. [二十九人士, 九人女.]

忠正, 城陽中尉鄧先. [成固人. 景帝時.]

楊王孫.

致遠, 衛尉博望侯張騫. [成固人. 武帝時.]

爽朗, 給事中張猛. [騫孫. 元帝時.]

高尙, 逸民鄭子眞. [褒中人. 成帝時.]

大儒李頡. [南鄭人.]

文學, 司徒李郃, 字孟節. [頡子.]

執正, 太尉李固, 字子堅. [郃子.]

雅望, 京兆尹李燮, 字德公. [固少子.]

　奉車都尉李歷, 字季子. [固從弟也.]

善績, 司隷校尉李法, 字伯度. [南鄭人也.]

　犍爲太守趙宣, 字子雅. [南鄭人也.]

德望, 廣漢太守趙瑤, 字元珪. [宣子.]

溫雅, 尙書趙琰, 字稚珪. [瑤弟.]

義壯, 弘農太守陳綱, 字仲卿. [成固人也.]

義烈, 從事陳調, 字元化. [綱孫.]

知思, 巴郡太守陳雅, 字伯(壹)[臺]. [成固人.]

　南郡太守程基, 字稚業. [南鄭人也.]

　大鴻臚劉巨公. [南鄭人. 見《列女傳》.]

廣漢屬國張泰, 字伯彊. [南鄭人也.]

政事, 度遼將軍張亮則, 字元修. [泰從弟.]

愷悌, 綿竹令閻憲, 字孟度. [成固人也.]

隱士樊志張. [南鄭人也. 見《征西將軍段頴傳》.]

尙志, 聘士衛衡, 字伯梁. [南鄭人. 樊志張弟子也.]

籌劃, 計曹史程苞, 字元道. [南鄭人也.]

文才, 葭萌長祝龜, 字元靈. [南鄭人也.]

義烈, 郡主簿段崇, 字禮高. [南鄭人也.]

義烈, 功曹(曹)程信, 字伯義. [南鄭人也.]

嚴𡝭. 李容. 陳巳. 王宗. 姜濟. 曹廉. 勾矩. 劉旌. 原展. [九人, 太守鄭廣吏, 見《段崇程信傳》.]

義烈, 從事燕邠, 字元侯. [南鄭人.]

義烈, 主簿趙嵩, 字伯高. [南鄭人.]

右三十八人後漢.

陳術, 字申伯. [歷二郡太守, 見《蜀書》. 撰《益部耆舊傳》者.]

右一人, 劉氏之世.

李穆姜. [安衆令程祗妻, 李法姑也, 子基.]

劉泰瑛. [巨公女, 楊矩妻.]

杜泰姬. [南鄭人. 犍爲太守趙宣妻.]

楊禮珪. [成固楊元珍女, 陳省妻.]

李文姬. [太尉固女, 趙瑛妻.]

陳順謙. [鄧令曹寧妻, 陳伯臺從女也. 兄子陳規著書稱之.]

陳惠謙. [順謙妹, 度遼將軍張亮則夫人.]

張禮修. [南鄭人, 趙嵩妻.]

韓樹南. [南鄭人, 趙子賤妻也.]

右九人, 烈女.

右漢中郡士女凡五十人. [四十一人士, 九人女.]

忠義, 鎭遠將軍義侯文齊, 字子奇. [梓潼人也. 平帝用爲益州太守, 遂不服王莽公孫述, 光武嘉之.]

北海太守文忨. [齊子.]

節士李業, 字巨游. [梓潼人也.]

遂久令李翬. [業子.]

益州太守景毅, 字文堅. [梓潼人也.]

政事有道, 景鸞, 字漢伯. [梓潼人也.]

文學, 孝廉楊充, 字盛國. [梓潼人也.]

壯烈, 濟陰相寇祺, 字宰朝. [梓潼人也.]

壯烈, 童人李餘. [涪[人]也.]

義士功曹張壽, 字伯僖. [涪人也.]

義士王晏, 字叔博. [涪人也.]

方士李助, 字翁君. [涪人也.]

右十二人, 漢世.

尚玄, 諫議大夫杜微, 字國輔. [涪人也.]

李仁, 字德賢. [涪人也.]

太子僕射李㢸, 字欽仲. [仁子.]

太子家令尹默, 字思潛. [涪人也.]

丞相參軍文恭, 字仲賢. [梓潼人也.]

果銳, 前監軍將軍司馬李福, 字孫德. [涪人. 見《諸葛故事》《蜀書》.]

右六人, 劉氏世.

文極, 字季姜. [梓潼人. 將作大匠王堂夫人也.]

巴郡虞顯妻杜慈. [涪杜季女也.]

郭孟妻楊敬. [涪楊[文]女也.]

右烈女三.

右梓潼郡士女二十一人. [十八人士, 三人女.]

修慎, 少府太常關内侯王謀, 字元泰. [漢嘉人也.]

　雲南太守張休.

右二人, 漢嘉人士, 在劉氏世.

文學, (制)[荆]州刺史尹珍, 字道珍. [母斂人也.]

　巴郡太守傅寶, 字紀圖. [下夷人也.]

忠義, 冠軍將軍寧州刺史謝恕, 字茂理. [母斂人也.]

右三人, 牂柯人士.

忠義, 大將軍朝侯祭酒錫光, 字長沖.

右一人, 西城人士.

忠義, 雲南太守陽遷亭侯呂凱, 字季平.

右一人, 永昌人士.

義正, 安漢將軍建寧太守李恢, 字德昂.

　領軍爨習.

　御史中丞孟獲.

右三人, 建寧人士.

輔漢將軍孟琰, 字休明.

右一人, 朱提人士.

先泥和女絡. [符人也.]

右一人, 烈女, 江陽人.

大凡三州十三郡, 自漢興至三國之终, 士女載傳記者三百四十人. [二百九十三人士, 四十七人女.]

公七人

大將軍二十二人

侯二十人

卿佐十四人

侍中七人

尚書五人

司隷校尉六人

州刺史十三人

郡守四十八人

國師三人

光禄大夫四人

尚書郎十二人

中書郎將御史六人

公車令諫議太中十一人

公府辟士八人

高士一人

聘士七人

徵士四人

節士四人

列女四十七人

益梁寧三州三國兩晉以來人士目錄[添立《目錄》]

明略, 大司農西城公何攀, 字惠興. [鄆人.]

清秀, 大長秋壽良, 字文淑. [成都人也.]

果烈, 西河太守柳隱, 字休然. [成都人也.]

　　梁益二州都督杜禎, 字文然. [成都人也.]

　　都督度支巴東太守柳伸, 字雅厚. [成都人也.]

德行, 江陽太守何隨, 字季業. [鄆人.]

令德, 犍爲太守杜軫, 字超宗. [成都人也.]

　　犍爲太守杜烈, 字仲武. [軫弟.]

　　建寧太守杜良, 字幼倫.

　　益州刺史杜毗, 字長基.

德行, 給事中任熙, 字伯遠. [成都人也.]

　　涪陵太守任蕃, 字憲祖. [熙子.]

義正, 鄆令常勗, 字修業. [江原人也.]

　　州都常忌, 字茂通. [勗從弟也.]

令才, 太史令高玩, 字伯珍. [江原人也.]

溫才, 湘東太守常騫, 字季慎. [江原人也.]

述作, 武平太守常寬, 字泰恭. [騫從弟也.]

　　使持節西夷校尉張峻, 字紹茂. [成都人也.]

征西將軍西夷校尉益州刺史王異, 字彦明. [成都人也.]

　勇略, 雍州刺史南中郞將重安開國侯李陽, 字叔文. [郫人.]

征虜將軍廣漢梓潼太守楊謙, 字令志. [成都人也.]

右二十二人, 蜀郡人, 在晉世.

　强濟, 少府成都威侯李毅, 字允剛. [郫人.]

　　西夷校尉李釗, 字世康. [毅子.]

　仁讓, 漢嘉太守司馬勝之, 字興先. [綿竹人.]

　德義, 梓潼太守王化, 字伯遠. 郫人, [文表孫.]

　　巴東太守王振, 字仲遠. [化弟也.]

　　作唐令王岱, 字季遠. [振弟也.]

　述作, 蜀郡太守王崇, 字幼遠. [岱弟也.]

　素隱, 中書郞王長文, 字德雋. [郫人也.]

　　建寧太守耿容, 字宗仲. [廣漢人也.]

　右九人, 廣漢人, 在晉世.

　　漢中太守李宓, 字令伯. [武陽人也.]

　　汶山太守李賜, 字宗碩. 宓子也.

　　太傅參軍李興, 字雋(頭)[碩]. [賜弟也.]

　　廣漢太守張微, 字建興. [翼子也.]

　　譙國內史費緝, 字文平. [南安人. 二子見《壽良傳》.]

　執義, 衡陽太守楊邠, 字岐之. [武陽人.]

　清正, 尚書費立, 字建熙. [南安人.]

　右七人, 犍爲人士, [在晉世.]

衛尉文立, 字廣休. [臨江人也.]

武陵太守楊守. [臨江人也.]

牂柯太守毛楚. [枳人.]

右三人, 巴郡人, 在晉世.

述作, 太子中庶子陳壽, 字承祚. [安漢人.]

驃騎府掾陳苻, 字叔度. [壽兄子.]

上廉令陳符, 字長住. [壽兄子.]

建寧太守陳階, 字達芝. [苻弟.]

正直, 漢中太守閻續, 字續伯. [安漢人.]

卓略, 長水校尉荆州刺史張奕, 字希祖. [南充國人.]

義烈, 揚烈將軍梓潼内史譙登, 字順明. [周孫.]

令德, 錫令譙同, 字彦紹. [周子. 見《周傳》.]

右八人, 巴西人士, 在晉世.

清重, 長水校尉呂淑, 字衛德.

右一人, 漢中人.

廣漢太守李驤, 字叔龍. [福子.]

右一人, 梓潼人.

忠義, 江陽太守侯馥, 字世明.

右一人, 江陽人.

三州後賢五十一人, 并前賢三百九十一人.

譔曰: 凡此人士, 或見《漢書》, 或載《耆舊》, 或見《郡記》, 或在《三國

書》，并取其秀异，表之斯篇．其弘伐洪顯者，(生)[並]附載者，齊之；其但見名
目，而不詳其行故，或有以傳，無珍善，闕之；以副其文，爲實錄矣．

찾아보기

상거 常璩(대략 291~361)

자는 도장(道將)이며, 촉군(蜀郡) 강원현[江源縣, 지금의 사천성 숭경현(崇慶縣)] 사람이다. 그의 집안은 후한(後漢, 25~220) 때부터 진(晉, 266~420)나라 때까지 강원 지역에서 대대로 관리를 지낸 문벌사족이었다. 서진(西晉, 266~317) 말에 저족(氐族) 사람 이웅(李雄, 274~334)이 촉(蜀) 지역의 성도(成都)에 성한(成漢, 304~349) 왕조를 세웠다. 상거는 이 성한 왕조의 세 번째 황제인 이기(李期, 재위 334~338)와 네 번째 황제인 이수(李壽, 재위 338~343)의 시대에 사관(史官)으로 재직하면서 《양익이주지지(梁益二州地志)》·《파한지(巴漢志)》·《촉지(蜀志)》·《남중지(南中志)》를 저술했다. 여기에서 당시 수많은 지방정권 가운데 하나인 성한 왕조의 통치자들이 대내외적으로 그 정통성을 인정받고자 왕조의 역사서를 편찬하는 데 많은 노력을 기울였음을 알 수 있다. 작은 지방정권의 사관이었던 상거는 정치적, 사회적 상황이 급변했던 시대적 상황에 직면하여 새로운 환경에서 서남을 바라보게 되었다. 동진(東晉, 317~429) 영화(永和) 3년(347)에 환온(桓溫, 312~373)이 촉 지역을 정벌하자 그는 성한의 마지막 황제인 이세(李勢, 재위 343~347)에게 투항할 것을 권했다. 상거는 그 공을 인정받아 중원(中原)의 문벌사족들이 주축을 이룬 동진 정부에서 관직 생활을 했지만 지역 차별로 인해 그의 벼슬길이 그리 순탄하지는 않았다. 이에 그는 멸망한 성한 왕조에 대한 회한과 고향에 대한 그리움으로 예전에 저술했던 《양익이주지지》·《파한지》·《촉지》·《남중지》 등을 모아 중국 서남 지역의 역사인 《화양국지(華陽國志)》를 편찬했다. 상거는 제국에 소속된 사관이 아니라 지방정권인 성한의 사관으로서 파(巴)·한중(漢中)·촉(蜀)·남중(南中) 등 지역의 정체성을 표상하는 《화양국지》를 기술하여 최초로 중국 서남 지역의 역사를 썼다.

역주자 소개

이은상 李垠尚

한국과 미국에서 중국 문학을 공부했다. 중국 신화와 소설에 관한 내용을 박사 학위 논문으로 썼다.
현재 세종대왕기념사업회에서 연구원으로 있다.
2007년에 출간된 《시와 그림으로 읽는 중국 역사》를 시작으로 2021년에 《이미지 제국: 건륭제의 문화 프로젝트》가 나오기까지 10권의 책을 썼다.
대학원 시절 조식(曹植, 192~232)을 전공한 스승 Prof. Robert Joe Cutter의 가르침을 받으며 《화양국지(華陽國志)》를 처음 접했다.

임승권 林承權

1955년 대구에서 출생했으며 서울에서 성장했다.
오랜 시간 대만과 홍콩, 중국 대륙을 오가며 중국의 토지경제를 공부했다. 국토연구원 동북아연구팀과 토지공개념연구위원회에 참여했다. 대만의 국립정치대학에서 〈土地使用分區管制之比較研究〉로 경제학 박사 학위를 받았다.
아시아나 항공에 입사하여 금호그룹의 임원으로 중국 내 업무와, 금호고속 정비공장장을 지냈다. 전경련 국제경영원, 한국무역협회 등에서 강의했으며, 청운대학교 중국학과에서 정년퇴직했다.
저서로는 《중국토지제도론》, 《중국학개론》이 있으며, 번역서로는 《중국경제대추세》, 《중국 풍류를 마시다》, 《마오쩌둥의 의식주》 그 밖에 다수의 중국 관련 논문이 있다.